TABLEAUX

de

L'ANNÉE TRAGIQUE

Gᵃˡ CHANZY.
Gᵃˡ FAIDHERBE
VINOY.
Gᵃˡ ABEL DOUAY.
DE SONIS.
NAPOLEON III.
BOURBAKI.
DUCROT.
CANROBERT.
MAC-MAHON.
D'AURELLE DE PALADINES
Cᵒˡ DENFERT.
1870-1871
CHARETTE.
TROCHU.
J. FAVRE.
THIERS.
GAMBETTA.

TABLEAUX

de

L'ANNÉE TRAGIQUE

ANTHOLOGIE DE LA GUERRE DE 1870
D'APRÈS LE RÉCIT DES LITTÉRATEURS,
POÈTES, HISTORIENS, HOMMES DE GUERRE,
ORATEURS POLITIQUES ET DE LA CHAIRE,
LES CORRESPONDANCES ET LES MÉMOIRES

Hachette & Cie

79, Bd St-Germain, PARIS 1901

A NOS LECTEURS

Bien des volumes de tous ordres ont déjà retracé les annales de la guerre funeste ; à côté d'eux nous plaçons un livre nouveau.

Ce livre n'est point une histoire de la guerre de France, mais il rassemble les tableaux douloureux et vivants de ces six mois de luttes, les plus terribles et les plus pesants de lourdes conséquences que la Patrie ait traversés depuis les débuts du siècle qui s'achève.

Chefs de Corps et Soldats, Hommes d'État et Orateurs, Historiens et Poètes, Romanciers et Journalistes, acteurs et spectateurs de toutes les conditions, rendent en ces pages un témoignage personnel sur ces heures d'angoisses, de misères ou d'héroïsme.

Avec son âme vibrante de grand patriote, Pasteur avait souhaité une anthologie de la guerre de 70 ; puisse notre Livre être ce Manuel qu'il rêvait sur la table de chacun, au foyer, dans les Écoles, dans les Casernes !

A tous ceux qui aiment la France, à tous ceux qui saluent son Drapeau avec respect, aux jours de deuil comme aux jours de gloire, à tous ceux qui se souviennent et qui espèrent, nous présentons ces Tableaux de l'Année Tragique.

TABLEAUX DE L'ANNÉE TRAGIQUE

I

AVANT LA PREMIÈRE BATAILLE

ÉMILE OLLIVIER (1825)

M. ÉMILE OLLIVIER, dont le Ministère, au 2 Janvier 1870, inaugura la politique libérale de l'Empereur, est un de ceux qui portèrent le plus durement dans l'opinion publique le poids des fautes commises par la Diplomatie. On comprend qu'il ait cherché à se disculper, à faire entendre que le Pays avait eu tort de s'en prendre uniquement à lui-même et aux Ministres de l'Empereur, qu'on nous avait forcés à recourir aux armes. Les aveux cyniques de M. de Bismarck lui ont été d'un utile secours et il les résume, en les interprétant, dans l'introduction de son récent ouvrage : L'EMPIRE LIBÉRAL.

BISMARCK ET LA DÉPÊCHE D'EMS. — Un soir d'automne, à Varzin, dans un grand salon orné de la statue de Rauch, *la Victoire distribuant des couronnes*, le Prince de Bismarck était assis près d'un poêle dans lequel il jetait machinalement des pommes de pin. Il laissa échapper une plainte mélancolique sur sa destinée qui paraissait si brillante. Il n'avait fait le bonheur de personne, ni de lui-même, ni de sa famille, ni de qui que ce fût. « Vous avez fait le bonheur d'une grande Nation, lui riposta-t-on. — Oui, mais le malheur de combien ! répondit-il. Sans moi trois grandes guerres n'auraient pas eu lieu ; quatre-vingt mille hommes n'auraient pas péri ; des pères, des mères, des sœurs ne seraient pas plongés dans le deuil... Maintenant, j'ai cela à régler avec Dieu[1]. »

D'ordinaire, c'est avec orgueil et non mélancoliquement qu'il revenait sur ses grandes initiatives. Il se complaisait à exposer la tactique générale, d'abord dilatoire tant que l'armée n'était pas prête, puis provocante dès qu'elle le fut[2], par laquelle il nous avait conduits peu à peu à l'exaspération. Il expliquait en détail le tour de main[3] par lequel il avait converti le compte rendu télégraphique des conversations de Benedetti avec le Roi, le 13 Juillet, en une insulte à laquelle le peuple de l'honneur était contraint de répondre par un appel à la bataille.

Le jeune Empereur de son côté revendiquait fièrement pour tous les Prussiens le mérite que Bismarck paraissait vouloir s'attribuer à lui seul. « Dans les années 1864, 1866, 1870, a-t-il dit dans un de ses discours (Décembre 1890), quiconque sortait de l'école pour faire son volontariat ou entrer dans la vie active était unanime sur ce point : l'Empire allemand serait de nouveau restauré et l'Alsace-Lorraine reconquise. »

A peine quelques-uns de nos écrivains entendirent-ils ces confidences[4], le plus grand nombre n'y prit pas garde.

Mais après son renvoi, Bismarck eut un intérêt plus direct à convain-

---

1. Moritz Busch, *Unser Reichskanzler*, t. I, p. 115.
2. Moritz Busch, *Ibid.*, t. II, p. 52.
3. Moritz Busch, t. II, p. 65.
4. M. Cherbuliez en releva immédiatement l'importance dans la *Revue des Deux Mondes* (article de Valbert du 1er Avril 1884). — Mme Dronsart, dans sa biographie de *Bismarck*, la plus remarquable certainement de toutes celles publiées

cre ses compatriotes qu'il était le véritable auteur des événements sans lesquels l'Unité allemande ne se fût pas constituée. Il reprit alors les confidences de Varzin et les reproduisit lui-même, les authentiquant ainsi, dans des discours ou des conversations répétés aussitôt et commentés par tous les journaux de l'Europe. « Une de mes tâches, dit-il à Iéna et surtout à Kissingen, était d'aplanir le chemin pour le glaive allemand…. Et cela m'a réussi. Mon vieux souverain, âgé de 73 ans en 1870, n'avait pas grande envie de faire la guerre à la France; cependant cette guerre était nécessaire pour créer l'Empire allemand. *Il fallait absolument faire la guerre à la France ; seulement nous devions attendre le moment où les Français perdraient la patience.* C'est ce que nous avons fait. »

Il expliqua une fois de plus, et cette fois sur la place publique, comment il s'y était pris pour nous faire perdre patience. « Il est si facile, dit-il à l'un de ses interlocuteurs, de modifier complètement, sans le falsifier, le sens d'un discours, par des omissions et des ratures. Je me suis essayé moi-même un jour dans cette partie, en qualité de rédacteur de la dépêche d'Ems que les socialistes me reprochent depuis vingt ans. Le Roi me l'envoya, avec instruction de la publier dans sa teneur intégrale ou partielle, et lorsque je l'eus « composée », après force ratures et coupures, Moltke, qui était chez moi, s'écria : « Auparavant c'était une chamade, maintenant c'est une fanfare ! »

Le commentaire des *Hamburger Nachrichten*, connues pour recevoir les confidences du célèbre Chancelier, ajoutait encore à l'importance du récit. « Le Prince mérita bien de la patrie allemande en contraignant de cette façon la France à prendre l'initiative et à endosser la responsabilité de la guerre. Si l'on avait agi autrement, la guerre n'aurait pas eu lieu, l'Allemagne aurait été dans la situation humiliante d'avoir été provoquée et insultée par la France et d'avoir reculé : cela eût été un second Olmütz. La guerre était indispensable pour fonder l'Unité allemande.

« Si l'on avait laissé échapper cette occasion, on aurait été obligé de trouver un autre prétexte, moins adroit peut-être, qui aurait aliéné à l'Allemagne les sympathies de l'Europe. La guerre de 1870 fut entreprise pour éviter l'humiliation d'une paix imposée et pour empêcher l'avortement de l'Unité allemande, qui devait être glorieusement conquise par les combats de tous les peuples allemands contre l'ennemi héréditaire. Si M. de Bismarck avait préféré une paix boiteuse laissant subsister la ligne du Mein, la fleur de la Confédération de l'Allemagne du Nord se serait probablement flétrie et n'aurait pas donné comme fruit l'Unité impériale. » (12 ou 14 Novembre 1892.)

Cette fois, l'émotion fut si universelle qu'il fallut bien entendre. La clameur française en faveur du bon droit de la Prusse parut déconcertée ; nos journaux de toute nuance, modérés [1] et radicaux [2],

---

chez nous, a mis l'incident en lumière, p. 250. — Le fait a été aussi noté en Italie par Gaetano Negri, *Bismarck*, Milan, 1884. — Un de nos diplomates les plus distingués, Charles Gavard, dans ses articles remarqués du *Moniteur universel*, les a maintes fois signalées.

1. *Journal des Débats* du 16 Novembre 1892 : « L'échafaudage de calomnies est abattu de la main même de celui qui l'a élevé… Craignant que l'incident Hohenzollern n'aboutît pas à la rupture espérée, il a lancé à grand fracas une nouvelle mensongère qui devait infailliblement amener cette rupture. »

Figaro du 17 Novembre : « Le prince de Bismarck avoue, au bout de vingt-deux ans, que lui seul est cause de la guerre et que toutes les accusations portées contre nous sont fausses. »

2. *Rappel* du 18 Novembre 1892. « A RETENIR : Des récentes et curieuses confidences du Prince de Bismarck, il convient de relever quelques points. C'est monnaie courante en Allemagne que d'accuser les Français d'avoir follement provoqué la guerre en 1870. Il sera impossible désormais de répéter cette accusation sans se mettre en contradiction avec M. de Bismarck. Le provocateur c'est lui-même ; il en convient avec une désinvol

avec eux les journaux étrangers [1], s'accordèrent à signaler la portée décisive de ce récit et de ces commentaires. On put croire que la justice allait enfin prévaloir. Effet d'un jour ! Dès le lendemain, la révélation était à peu près comme non avenue ; les anciennes injures reprenaient plus ou moins leur cours ; on recommençait à attribuer la guerre fatale « à l'homme au cœur léger », qui, seul survivant des Ministres du 2 Janvier, est devenu le bouc émissaire consacré de la catastrophe.

ÉMILE OLLIVIER.

L'Empire libéral. Garnier frères, Éditeurs.

COMTE VINCENT BENEDETTI (1817-1900)

M. BENEDETTI est un de ceux dont le nom est revenu le plus fréquemment dans les polémiques engagées autour des négociations de 1870 et de la déclaration de guerre. Nommé Ambassadeur en Prusse en 1864, il occupait encore cette haute situation lors des difficultés que la candidature au trône d'Espagne d'un Prince de Hohenzollern fit naître entre Paris et Berlin. Pris violemment à partie pour le rôle que lui prêtaient certaines relations de ses entrevues à Ems avec le Roi de Prusse, il eut à cœur, après avoir quitté la carrière diplomatique, de rétablir la vérité des faits et de montrer sous son vrai jour le rôle de son ambassade en Prusse. De là, MA MISSION EN PRUSSE, *qui est moins d'ailleurs un ouvrage apologétique qu'un recueil de documents.*

RAPPORT OFFICIEL SUR CE QUI S'EST PASSÉ A EMS, RÉDIGÉ SOUS LA SURVEILLANCE DU ROI.

LE Comte Benedetti sollicita le 9 Juillet, à Ems, une audience du Roi, qui lui fut accordée.

Dans cette audience, il demanda que le Roi donnât au Prince héritier de Hohenzollern l'ordre de retirer son acceptation de la couronne d'Espagne. Le Roi répondit que dans toute cette affaire il ne devait être considéré que comme chef de famille et nullement comme Roi, et que, par conséquent, il ne pouvait

ture qui frise l'inconscience. Il est donc avéré que, sans la criminelle manipulation de la dépêche datée d'Ems, 13 Juillet 1870, on eût pu éviter la guerre, ou du moins l'ajourner pour un temps indéfini. C'est donc M. de Bismarck qui porte la responsabilité, sinon entière, du moins principale, de la mort de plusieurs centaines de mille d'êtres humains tombés sur les champs de bataille. »

Intransigeant : « C'est Bismarck qui, de propos délibéré, a cherché et provoqué la guerre entre la France et l'Allemagne ; et ce conflit, dont les conséquences troublent l'Europe depuis vingt-deux ans, a été rendu inévitable par un faux dont l'auteur est l'ex-Chancelier, qui parle bien haut de sa probité et qui condamnait hier comme « une iniquité toute « guerre entreprise sans nécessité absolue ». La presse étrangère, qui, depuis tant d'années, accusait la France d'inconséquence et de frivolité paraît troublée par ces révélations qui l'amènent à se déjuger. »

1. *Times* : « Pendant vingt ans on a dit à la France qu'elle ne portait que la légitime peine d'une semblable iniquité (l'initiative de la déclaration de guerre), et voici que le reste du monde est tranquillement informé qu'après tout c'était l'homme d'État dirigeant de Prusse qui avait à cœur de

déclarer la guerre en 1870, et que c'est lui dont les actes ont rendu la guerre inévitable. De toutes les sérieuses responsabilités que le Prince de Bismarck a assumées dans ces dernières années, il n'en est aucune peut-être qui soit plus grave que celle-ci. »

Daily News : « On a cru que les Français, dans leur incorrigible vanité, voulaient se battre à tout hasard, et que, bien que, par le retrait de la candidature Hohenzollern, on leur eût présenté une joue, ils exigeaient qu'on leur présentât l'autre. Il est lamentable d'apprendre que la responsabilité morale du plus grand crime de l'histoire a été si longtemps déplacée. »

Gazette libérale de Berlin : « L'histoire de la dépêche d'Ems, telle qu'elle est racontée dans le *Nouvelliste de Hambourg*, détruit tout un cycle de légendes qui s'était formé au sujet de l'origine de la guerre de 1870. »

Germania : « Tout Allemand sentira une rougeur de honte quand il constatera, à la suite du témoignage de l'ancien Chancelier lui-même, que l'Allemagne a été indignement trompée au sujet de la guerre de 1870. M. de Bismarck n'a pas seulement désiré la guerre, mais il l'a amenée par tous les moyens. »

donner aucun ordre relativement à l'acceptation de la candidature au trône. Le 11 Juillet, l'Ambassadeur de France demanda et obtint une seconde audience, dans laquelle il essaya d'exercer une pression sur le Roi (*eine Pression auf den König auszuüben versuchte*), pour que celui-ci forçât le Prince (*in den Prinzen dringe*) à renoncer à la couronne. Le Roi répondit que le Prince était entièrement libre de ses résolutions; que, du reste, il ne savait même pas où se trouvait actuellement le Prince, qui projetait un voyage en Suisse. Sur la promenade des Sources, (*Brunnen Promenade*), le 13 au matin, le Roi donna à l'Ambassadeur un supplément de la *Gazette de Cologne* qui venait de lui être remis, et contenant un télégramme privé, daté de Sigmaringen, annonçant la renonciation du Prince. Le Roi fit observer qu'il n'avait pas encore reçu de lettre de Sigmaringen, mais qu'il en attendait pour le jour même. Le Comte Benedetti dit à Sa Majesté que, dès la veille au soir, il avait reçu de Paris avis de la renonciation du Prince, et tandis que le Roi considérait par cela même l'affaire comme vidée, l'Ambassadeur demanda d'une façon tout à fait inattendue au Roi d'énoncer l'assurance formelle qu'il ne donnerait jamais de nouveau son approbation, si cette candidature venait à se représenter. Le Roi repoussa catégoriquement cette prétention, et maintint son refus, lorsque le Comte Benedetti appuya de nouveau et avec une insistance de plus en plus pressante sur sa proposition. Malgré cela, le Comte Benedetti, au bout de quelques heures, demanda une troisième audience. Invité à en désigner l'objet, il fit répondre qu'il désirait renouveler l'entretien du matin. Le Roi refusa une nouvelle audience, en se basant sur ce qu'il n'avait pas d'autre réponse à donner que celle déjà fournie, et que, du reste, toutes les négociations devaient désormais être traitées par les ministères. Le désir qu'avait le Comte Benedetti de prendre congé du Roi, au moment du départ de Sa Majesté, fut satisfait, puisque, en partant pour Coblentz, le Roi salua le Comte en passant, le 14 Juillet, dans la gare. Ainsi donc, l'Ambassadeur eut trois audiences du Roi, qui ont toujours conservé le caractère d'entretiens privés, puisque le Comte Benedetti ne s'est jamais présenté comme chargé de mission ni comme négociateur (*Niemals als Beauftragter, oder Unterhändler sich gerierte*).

BENEDETTI.

Ma Mission en Prusse, Plon, Nourrit et Cie, 187

ADOLPHE THIERS (1797-1877)

THIERS a attaché son nom à la libération du territoire. Ministre sous Louis-Philippe, Député en 1863 et en 1869, il s'opposa vainement à la déclaration de la guerre; l'Empire renversé, il entreprit à travers l'Europe un voyage diplomatique, sollicitant l'intervention des puissances neutres dans le conflit franco-allemand. Il négocia longtemps avec Bismarck pour en obtenir des conditions de paix meilleures. Il fut nommé Chef du Pouvoir Exécutif, puis Président de la République en 1871. De sa déposition devant la Commission d'enquête parlementaire sur les événements du 4 Septembre, nous avons extrait ces paroles relatives à la déclaration de guerre.

LE VOTE DE LA DÉCLARATION DE GUERRE.

LE lendemain, arrivés tous de bonne heure au Corps législatif, nous fûmes saisis par cette nouvelle désolante que la guerre était résolue.

Je ne pouvais le croire, et je demandais à tout le monde s'il en était ainsi, sans jamais obtenir un réponse tant soit peu raisonnable.

On me répondait confusément que le Roi de Prusse avait fait à la France, dans la personne de son représentant, un sanglant outrage. Je demandais lequel, et on ne me répondait que ces mots : « C'est intolérable ! c'est intolérable ! »

Nous avons appris depuis ce que c'était que ce prétendu outrage. M. Benedetti l'a dit lui-même, et, à Versailles, allant négocier une première fois l'armistice, une seconde fois la paix, j'ai appris par des témoins oculaires, tout à fait dignes de foi, ce qu'avait été cet outrage, et la vérité, la voici, à ce que je crois.

MM. de Bismarck et de Moltke, accourus auprès du Roi, le Roi lui-même, son fils, la Cour, les principaux Ministres, les Généraux influents, et enfin le public de Berlin tout entier, avaient reconnu que c'était une faute que d'avoir patronné, même d'une façon insignifiante, la candidature Hohenzollern, qu'il fallait réparer cette faute en abandonnant la candidature cause de tant de trouble, mais que si la France exigeait davantage, il fallait lui tenir tête et accepter avec elle un duel devenu inévitable. C'est, en effet, le parti qu'on avait pris. Mais nos bonapartistes de Paris avaient demandé que le Roi de Prusse prît l'engagement pour l'avenir de ne plus laisser reparaître la candidature Hohenzollern ; à quoi le Cabinet prussien avait répondu qu'il n'était pas l'auteur de cette candidature, qu'il l'avait connue, mais à peine connue, et qu'il n'avait pas à s'engager à l'égard d'une détermination qui n'avait pas dépendu de lui dans le présent, et dans l'avenir en dépendrait encore moins.

Il était évident que cette exigence du Gouvernement français avait pour but de rendre plus mortifiante la reculade de la Prusse, et qu'en faisant une telle entreprise contre l'orgueil prussien, on s'exposerait à une résistance qui amènerait la guerre. La faute de se conduire ainsi était d'autant plus grande, que ce dont on ne voulait pas se contenter était cependant un vrai triomphe, qui serait apprécié comme tel par toute l'Europe, et que les mortifications de 1866 auraient été presque entièrement effacées sans coup férir !

Or l'outrage fait à M. Benedetti s'était réduit à ceci : le Roi de Prusse se trouvait aux eaux d'Ems, maladif, agité, irrité par la grande affaire du moment. Il prenait ses eaux du matin avec son fils, lorsque M. Benedetti, ne se contentant pas des demandes communiquées au Cabinet prussien, et déjà refusées, avait voulu renouveler ses instances auprès du Roi dans un moment tout à fait inopportun. Le Roi, sans brusquerie, mais avec brièveté, lui avait dit qu'il ne pouvait rien ajouter aux réponses de ses Ministres, et l'avait quitté sans rien, du reste, qui eût le caractère d'une impolitesse. Il faut ajouter toutefois que, toute l'Allemagne étant impatiente de savoir ce qui se passait, M. de Bismarck lui avait mandé la réponse du Roi par le télégraphe. Tel est le grand outrage pour lequel on nous demanda la guerre, et pour lequel à un vrai triomphe, celui d'avoir fait reculer la Prusse devant l'Europe, on substituait le plus affreux désastre.

Tant que je vivrai, je me rappellerai cette terrible journée. Le Corps législatif était réuni dès le matin, et on vint nous lire la déclaration de guerre fondée sur les motifs que je viens d'exposer. Je fus saisi ; la Chambre le fut comme moi. On se regardait les uns les autres avec une sorte de stupeur. Les principaux membres de la gauche, se groupant autour de moi, me demandèrent ce qu'il fallait faire. Craignant les mauvaises dispositions de la majorité à l'égard de la gauche, je dis à mes collègues : « Ne vous en mêlez pas, et laissez-moi faire. »

Je voyais un orage prêt à fondre sur nos têtes. Mais j'aurais bravé la foudre, avec certitude d'être écrasé, plutôt que d'assister impassible à la faute qui allait se commettre. Je me levai brusquement, je jaillis, si je puis dire, et, de ma place, je pris la parole. Des cris furieux retentirent aussitôt. Cinquante énergumènes me montraient le poing, m'injuriaient, disaient que je déshonorais, que je souillais mes cheveux blancs. Je ne cédai pas. De ma place, je courus à la tribune, où je ne pus faire entendre que quelques paroles entrecoupées. Convaincu qu'on nous trompait, qu'il n'était pas possible que le Roi de Prusse, sentant la gravité de la position, puisqu'il avait cédé sur le fond, eût voulu nous faire un outrage, je demandai la production des pièces sur lesquelles on se fondait pour se dire outragé.

J'étais sûr que si nous gagnions vingt-quatre heures, tout serait expliqué, et la paix sauvée. On ne voulut rien entendre, rien accorder, sauf toutefois la réunion d'une Commission, réunion de quelques instants, où rien ne fut éclairci. La séance commença ; avec la séance le tumulte. Je fus insulté de toutes parts, et les députés des centres, si pacifiques les jours précédents, intimidés, entraînés dans le moment, s'excusant de leur faiblesse de la veille par leur violence d'aujourd'hui, votèrent cette guerre, qui est la plus malheureuse certainement que la France ait entreprise dans sa longue et orageuse carrière.

AD. THIERS.

Histoire de la Révolution du 4 Septembre et de l'insurrection du 18 Mars.
Garnier frères, Éditeurs.

BARON STOFFEL (1823)

M. le BARON STOFFEL, Officier supérieur d'artillerie, avait été envoyé en 1866 à l'Ambassade de France à Berlin comme Attaché militaire. A ce titre, il avait adressé au Gouvernement des Tuileries de nombreux rapports sur l'organisation militaire de la Prusse et la situation que lui avaient faite les événements de 1866. Après le siège de Paris, où il joua un rôle important à la défense du plateau d'Avron, il publia l'ensemble de ses RAPPORTS. Le livre fit grand bruit ; il fournissait de nombreux arguments à ceux qui accusaient l'impéritie d'un gouvernement qui, dûment renseigné, semblait ne pas voir les transformations accomplies de l'autre côté du Rhin et les dangers qui nous menaçaient.

LE DÉPART DE BERLIN DU COLONEL STOFFEL. ATTACHÉ MILITAIRE EN PRUSSE.

J'AVAIS reçu pendant mon séjour à Berlin l'accueil le plus courtois des hautes classes de la société; mais six jours avant la déclaration de guerre, des officiers à l'esprit étroit, me traitant en ennemi par anticipation et croyant à tort que j'avais contribué à la rupture entre les deux pays, me tournèrent le dos ostensiblement; des gens grossiers, donnant à leur patriotisme la plus singulière des formes, me poursuivirent d'insultes et m'assaillirent de pierres chaque fois que je me montrai dans la rue. Le 18 Juillet, je fus bloqué dans ma maison par quatre misérables, qui, armés de pavés, n'attendaient que ma sortie pour me lapider.

Toutes ces aménités devaient être couronnées par une mesure arbitraire contraire à tous les usages diplomatiques, mesure brutale, dont M. de Bismarck aurait pu et dû se dispenser à mon égard. Voici le fait. A partir du 14 Juillet, l'effervescence fut très vive à Berlin. Je rendis compte les jours suivants au Ministre de la Guerre, par dépêches chiffrées, des faits qui pouvaient l'intéresser. Mes renseignements se bornaient à lui apprendre qu'à Berlin on se croyait surpris par les préparatifs de la France, qu'on s'y attendait à voir une armée française se porter sur le

Rhin et le franchir, et que le trouble avait gagné les esprits. Je donnais en outre quelques détails sur la mobilisation des forces allemandes et je faisais savoir qu'après vingt jours, comptés à partir du 15 Juillet, la Prusse aurait plusieurs armées de 100 000 hommes concentrées chacune sur des points déterminés de nos frontières. J'avais reçu du Maréchal Le Bœuf l'ordre de quitter Berlin en même temps que l'Ambassade de France.

Le 18 Juillet, le Chargé d'affaires de France venait de remettre officiellement à M. de Bismarck la déclaration de guerre, lorsque celui-ci lui demanda à quel moment l'Ambassade française comptait quitter Berlin. « Demain soir, si vous n'y voyez pas d'inconvénient, répondit le Chargé d'affaires. — Et le Colonel Stoffel? — Il a l'ordre de partir en même temps que nous. — Cela n'est pas possible, dit alors le Chancelier; j'ai parlé avec le Général de Moltke; veuillez faire savoir au Colonel que, s'il est encore à Berlin demain matin, « il sera considéré comme prisonnier « de guerre ».

Je me le tins pour dit, et le 18 Juillet au soir je partis de Berlin, escorté et protégé par la police depuis ma maison jusqu'à la gare.

STOFFEL.

Rapports militaires écrits de Berlin, 1866-1870. Garnier frères, 1871.

❧ ♣ ☙

NAPOLÉON III (1808-1873)

Les œuvres posthumes de NAPOLÉON III ont été réunies par le Comte de la Chapelle et publiées avec divers autographes. Son récit des événements est bref; mais il nous a paru intéressant de reproduire le plan de campagne selon l'idée première qui était de pénétrer en Allemagne, d'opérer notre jonction avec les armées de l'Autriche et de l'Italie, pour la destruction de l'hégémonie prussienne. La marche rapide de l'ennemi changea toutes les combinaisons et la guerre d'Allemagne devint la guerre de France.

❧ ☙

NOTRE PLAN DE CAMPAGNE

STRASBOURG n'avait pas paru à l'Empereur un point de passage favorable, parce qu'après avoir franchi le Rhin on se serait trouvé en face des défilés de la Forêt Noire; ou bien, si on voulait suivre la rive droite du fleuve et s'emparer du chemin de fer, il aurait fallu entreprendre le siège de Rastadt. Le point qui paraissait préférable était Maxau, qui se trouvait à 30 kilomètres au-dessus de la forteresse de Germersheim et à 20 kilomètres au-dessous de Rastadt, ce qui permettait de laisser ces deux forteresses, l'une à sa gauche, l'autre à sa droite.

Ce plan n'avait de chance de réussite que si on gagnait l'ennemi de vitesse en s'emparant de Maxau avant qu'il n'y eût rassemblé ses troupes. Le passage de vive force d'un grand fleuve est une opération hasardeuse qui a rarement réussi; on ne devait pas y songer.

Le but à atteindre consistait à rassembler d'abord sur les points indiqués ci-dessus les Corps d'armée, non seulement avec le nombre d'hommes arrêté d'avance, mais avec les accessoires essentiels, tels que les voitures, les parcs, les équipages de pont, les chaloupes canonnières, et, enfin, les approvisionnements indispensables en vivres et en matériel.

La concentration des principales forces françaises en Alsace et à Metz ne dévoilait pas à l'ennemi les projets de l'Empereur; elle lui permettait, le moment arrivé, de réunir sept Corps d'armée, et, à leur tête, de prendre résolument l'offensive. Mais pour qu'il en fût ainsi, il était nécessaire que tous les Corps fussent également prêts à entrer en campagne: car une armée est un grand corps dont toutes les parties doivent se prêter un mutuel appui, et agir avec ensemble; si une seule fait défaut, tout se trouve paralysé et le plan général ne peut plus être exécuté. Ainsi, il était indispensable non seulement que les troupes réunies à Metz fussent au complet, mais il fallait que le Corps qui se rassemblait à Belfort fût arrivé à Strasbourg pour renforcer celui du Maréchal de Mac-Mahon; il fallait que le Corps de réserve du Maréchal Canrobert, qui se formait à Châlons, eût remplacé en Lorraine les troupes destinées à entrer en Allemagne. Malheureusement, les espérances que l'on avait conçues ne purent se réaliser.

Au lieu d'avoir, comme on devait s'y attendre, 385 000 hommes en ligne à opposer aux 430 000 de l'Allemagne du Nord jointe aux États du Sud, l'armée, lorsque l'Empereur arriva à Metz, le 25 Juillet, ne comptait que 220 000 hommes, et encore, non seulement les effectifs n'étaient pas au complet, mais bien des accessoires indispensables faisaient défaut. L'Armée de la Moselle n'avait que 110 000 hommes au lieu de 220 000; celle du Maréchal de Mac-Mahon que 40 000, au lieu de 107 000. Le Corps du Général Douay à Belfort éprouvait de grandes difficultés à se former; enfin le Corps du Maréchal Canrobert n'était pas encore complet.

L'Empereur comprit que dans de pareilles conditions le passage du Rhin devenait impossible, et, obéissant, pour ainsi dire, à l'impatience de l'Armée et de la Nation, il se décida alors à marcher sur la Sarre. Le 2 Août, toute l'armée occupait les positions suivantes :

Le 2e Corps, Général Frossard, à Forbach; le 3e Corps, Maréchal Bazaine, à Saint-Avold; le 4e Corps, Général Ladmirault, à Boulay; le 5e corps, Général de Failly, à Sarreguemines; la Garde impériale était aux environs de Metz. Les quatre premiers Corps d'armée, formant près de 80 000 hommes, étaient réunis dans un rayon de 20 kilomètres.

Le Corps du Général Frossard s'empara facilement des hauteurs de Sarrebruck. Cette affaire n'eut pas une grande importance, vu le petit nombre de troupes ennemies; toutefois, elle nous assurait le passage de la rivière, ce qui était un avantage et permettait d'empêcher les troupes prussiennes, qui se réunissaient à Trèves, de se servir du chemin de fer pour se porter vers l'Est. Dans cette circonstance, le Prince Impérial montra un sang-froid au-dessus de son âge, mais des amis maladroits ayant exagéré le mérite de son attitude, les malveillants tournèrent en ridicule ce qui au fond était digne d'éloge.

Quoique l'affaire de Sarrebruck eût eu lieu le 2 Août, l'Armée française resta immobile le 3 et le 4. L'Empereur, pour marcher en avant, attendait que l'effectif de l'armée fût augmenté par l'arrivée des hommes de la réserve, que l'Armée d'Alsace fût complétée par l'adjonction du 7e Corps, enfin que le Corps de Châlons fût arrivé à Metz. Pouvait-on, en effet, s'avancer dans un pays difficile, offrant peu de ressources, avant d'avoir pu combiner ses mouvements avec les autres Corps d'armée ? En se dirigeant vers Mayence, la difficulté des approvisionnements était grande, car il était impossible de songer à rétablir le chemin de fer dont les tunnels, disait-on, avaient été détruits, et les flancs de notre armée pouvaient être inquiétés, à gauche par les troupes prussiennes de Trèves, à droite par celles qui étaient déjà à Kaiserslautern. Les troupes restèrent donc inactives sur la rive gauche de la Sarre. Mais lorsque le 4 Août on apprit l'échec subi à Wissembourg par la division du Général Abel Douay, l'Empereur donna aussitôt l'ordre de concentrer l'Armée, de la rappeler vers Metz, et il donna le commandement des trois Corps d'armée de la Sarre au Maréchal Bazaine.

NAPOLÉON III.

Œuvres posthumes. E. Lachaud, Éditeur.

DUC D'AUDIFFRET-PASQUIER (1823)

M. le DUC D'AUDIFFRET-PASQUIER joua un grand rôle à l'Assemblée nationale de 1871, surtout comme Président de la Commission chargée d'examiner les marchés de fournitures militaires passés à propos de la guerre de 1870. Le 4 Mai 1872, il prononça un discours sur les achats d'armes et de matériel faits avant le 4 Septembre. M. Rouher voulut contester les faits avancés dans ce discours et justifier l'administration impériale. Le duc d'Audiffret-Pasquier fut ainsi amené à prononcer un nouveau discours (22 Mai 1872); par des documents irréfutables, il y montrait à quel point la préparation matérielle de la guerre était imparfaite. De ce discours, qui eut dans l'Assemblée et dans le Pays un grand retentissement, nous extrayons cette douloureuse énumération.

LE MANQUE D'ORGANISATION MILITAIRE.

Voulez-vous que je vous lise ce triste défilé de toutes les dépêches télégraphiques qui, de tous les côtés, peignent la détresse de notre armée ? Est-ce à Belfort, à Metz, à Strasbourg ? Ah ! j'en trouverai partout ! Voulez-vous que je les lise ? (*Lisez ! Oui ! oui !*)

De Metz....

Intendant général à Blondeau, directeur Guerre. — Paris.

Metz, 20 Juillet 1870.

Il n'y a à Metz ni café, ni sucre, ni riz, ni eau-de-vie, ni sel, peu de lard et de biscuit.

Envoyez d'urgence un million de rations sur Thionville.

Intendant 3ᵉ Corps à Guerre. — Paris.

Metz, 24 Juillet.

Le 3ᵉ Corps quitte Metz demain.

Je n'ai ni *infirmiers*, ni *ouvriers* d'administration, ni *caissons* d'ambulances, ni *fours de campagne*, ni *train*, ni *instruments de pesage*, et, à la 4ᵉ division et à la division de cavalerie, je n'ai pas même un *fonctionnaire*. Je prie Votre Excellence de me tirer de l'embarras où je suis, le grand Quartier général *ne pouvant me venir en aide bien qu'il y ait plus de 10 fonctionnaires*.

Sous-intendant à Guerre subsistances. — Paris.

Mézières, 25 Juillet.

Il n'existe aujourd'hui dans les places de Mézières et de Sedan, ni biscuits, ni salaisons.

Major général à Guerre. — Paris.

Metz, 27 Juillet.

Les détachements qui rejoignent l'armée continuent à arriver sans cartouches et sans campement.

Intendant 7ᵉ Corps à Guerre. — Paris.

Belfort, 4 Août.

Le 7ᵉ Corps n'a pas d'infirmiers, pas d'ouvriers, pas de train. Les troupes font mouvement. Je pare autant que possible à la situation ; mais il est urgent d'envoyer du personnel à Belfort.

Général subdivision à Général division. — Metz.

Verdun, 7 Août.

Il manque à Verdun comme approvisionnement de siège, vin, eau-de-vie, sucre et café, lard, légumes secs, viande fraîche. Prière de pourvoir d'urgence pour 4 000 hommes.

Intendant 6ᵉ Corps à Guerre. — Paris.

Camp de Châlons, 8 Août.

Je reçois de l'Intendant en chef de l'Armée du Rhin la demande de 400 000 rations de biscuits et de vivres de campagne.

Je n'ai pas une ration de biscuit ni de vivres de campagne, à l'exception du sucre et du café.

Décidez si je dois en envoyer.

Général à Major général, Armée du Rhin. — Metz.

Paris, 8 Août.

Le Commandant de la place de Thionville me fait connaître qu'il vient de déclarer la ville en état de siège ; il demande des renforts. La garnison, qui devrait être de 4 à 5 000 hommes, n'en a que 1 000, dont 600 mobiles, 90 douaniers et 300 cavaliers artilleurs non instruits.

Conseiller d'État en mission à Intérieur. — Paris.

Évreux, 30 Août.

Ici, près de Paris. la mobile n'a pas un fusil ; son esprit est excellent, mais elle demande des armes ; il est inouï qu'elle n'en ait pas. Le Commandant part pour Paris. Absolument nécessaire qu'il en rapporte ce soir.

Messieurs, l'énumération serait longue ; je ne veux pas fatiguer l'Assemblée ; mais je veux appeler son attention sur deux documents d'une haute importance.

Le brave Général Vinoy bat en retraite ; cette retraite l'honore aussi bien que le Corps d'armée qui rentrait dans Paris.

Il vous dit que toutes ses préoccupations c'est de ne pas rencontrer l'ennemi. Entendez-vous, messieurs ? Un général français ! Sa préoccupation est de ne pas rencontrer l'ennemi, parce qu'il n'a pas de cartouches ! Il revient à Laon, il espère qu'à cette ligne de second rayon, où personne n'a passé, il va trouver des approvisionnements ; il n'y a pas, dit-il, d'artillerie réglementaire pour défendre les remparts...

Que vous dit le Général Ladmirault ?...

« Il est impossible d'entreprendre une affaire de longue haleine, car à la première, on serait usé, faute de munitions. »

Que dit le Maréchal Canrobert ?

« Verneuil, 17 Août.

«... Je n'ai plus de cartouches, plus de munitions d'artillerie. »

Je ne vous lirai pas les dépêches de Besançon : le défilé en serait long et douloureux.

Je me suis donné la peine de relever dans un livre excellent qui a été fait par le Lieutenant-Colonel Prévot, du génie, l'état de toutes nos places et de toutes nos fortifications...

Messieurs, c'est lamentable ; il n'y a rien nulle part ! A Metz, les fortifications ne sont pas complètes. Vous trouvez des places de grande importance où il n'y a qu'un canonnier. A Toul, il n'y en a pas un ; dans d'autres il n'y a pas d'ouvriers du génie ; dans d'autres on est obligé de se servir comme officiers d'artillerie des officiers de la mobile.

Journal officiel, 23 Mai 1872.

II

L'ARMÉE DE MAC-MAHON

A. DE MAZADE

M. ALEXANDRE DE MAZADE, commerçant de Paris, cousin de l'académicien du même nom, ayant servi comme garde national pendant le siège, a publié sous le titre de LETTRES ET NOTES INTIMES, 1870-1871, *une sorte de journal historique. Composé de lettres de parents et d'amis ou d'observations notées au jour le jour, ce gros recueil de près de 750 pages a été destiné à l'intimité et distribué parmi les amis de l'auteur. Cependant, c'est bien un livre d'histoire ; dans le grand nombre des journaux de la guerre et du siège, il y en a peu qui puissent rivaliser avec celui-ci pour l'intérêt, la variété, le pittoresque des documents, la sincérité des impressions, l'émotion patriotique qui se dégage de ces éphémérides d'un emmuré de Paris. Nous lui empruntons la lettre d'un soldat du 5ᵉ Corps, datée du 28 Juillet.*

UN SOLDAT DU 5ᵉ CORPS.

LETTRE ÉCRITE AU CRAYON PAR UN SOLDAT NOUVELLEMENT APPELÉ.

A M. Henri Franck, employé, Lyon.

Bitche (Moselle). Jeudi, 28 Juillet 1870.

Mon cher Henri,

Parti comme tu le sais le 17, à trois heures et demie de Lyon-Vaise, je suis arrivé à Strasbourg le lendemain à huit heures du soir ; vingt-quatre heures de chemin de fer ; mais en compensation, à toutes les gares depuis Beaune jusqu'à Strasbourg, on nous acclamait ; un peu plus, on nous portait en triomphe ; non contents de cela, on nous servait à boire et à manger, on nous passait des cigares, du tabac, etc... Des dames et des messieurs, ce qu'il y a de plus *rupin*, se faisaient un devoir et un plaisir de nous servir.

Nous avons passé par Mulhouse, où je n'ai pas eu la chance de voir mes parents ; je n'avais pas pu les prévenir par une dépêche, *on n'en prenait pas*. Enfin à Strasbourg j'ai campé au polygone pendant quarante-huit heures.

Tous les matins, il y a de fausses alertes ; on s'empresse de faire le café et on attend ! On remonte les tentes, et on recommence le bibelot comme si rien n'était.

De Strasbourg, nous avons continué notre route jusqu'à Haguenau, et de là ici, à pied ; cette fois-ci, j'ai eu de la peine pour y arriver, car le sac est très lourd ; enfin j'y suis tout de même.

A Haguenau, j'ai été à la synagogue et l'on m'a invité à dîner, ainsi que mon camarade ; nous avons bien mangé, poisson et *kokel* (plumpudding) et tout ce qui s'ensuit ; nous sommes comme les condamnés à mort, on nous sert tout ce que nous pouvons désirer.

Depuis quatre jours nous sommes à Bitche, sale pays ! moitié prussien, à 20 kilomètres de la Prusse. Il y a ici une jolie forteresse qui est imprenable, sur une grande hauteur, bâtie sur des rochers.

On s'attend d'un moment à l'autre à aller de l'autre côté (Prusse).

Nous faisons partie du 5ᵉ Corps d'armée.

Excuse-moi, je n'ai pas de plume, et c'est par terre, sur mon couvre-pied, que j'écris.

Rends-moi le service de chercher au fond de ma malle ; il y a un vieux foulard et un mouchoir à carreaux jaunes ; mets-les-moi à la poste, les nuits sont fraîches.

Avant-hier, nous avons eu une inondation dans nos tentes ; il y avait un tel vent qu'à six nous n'étions pas assez forts pour les empêcher d'écrouler ; j'étais mouillé jusqu'aux os, et je n'avais pas de chemise, ni rien pour changer, car mon sac était totalement trempé. Enfin, Dieu merci ! le soleil est revenu et nous avons pu nous sécher un peu.

Ici, nous sommes le 27ᵉ, 17ᵉ, 30ᵉ, 68ᵉ, 12ᵉ chasseurs à cheval, des hussards, une batterie d'artillerie, du génie, des cavaliers de remonte, etc... Nous partirons demain ou après-demain, peut-être cette nuit.

Nous avons pris (c'est-à-dire les chasseurs à cheval) trois soldats et deux officiers prussiens, du côté de Niederbronn ; ils étaient en reconnaissance ; il y a eu un petit engagement. Entre nous, de notre côté, il y a eu un sous-officier tué, et du leur, un officier et un soldat, le restant prisonniers.

J'ai bon espoir et courage.

Réponds-moi bientôt, *sans affranchir*. Porte-toi bien.

Ton ami,
S. L.

27ᵉ 3 6, à Bitche (ou à la suite).

A. DE MAZADE,
Lettres et Notes intimes, 1870-1871.
Frémont, Beaumont-sur-Oise, 1892.

LIEUTENANT-COLONEL ROUSSET

Le LIEUTENANT-COLONEL ROUSSET, Professeur à l'École supérieure de Guerre, a raconté dans de nombreux ouvrages et à divers points de vue, soit pour le grand public, soit pour les spécialistes, les événements militaires de la guerre de 1870 ; peu d'ouvrages de ce genre ont eu un plus grand nombre de lecteurs. A côté de sa grande HISTOIRE GÉNÉRALE DE LA GUERRE FRANCO-ALLEMANDE, en six volumes, ses SCÈNES ET ÉPISODES DE LA GUERRE 1870-71 forment un ensemble de tableaux pittoresques, dessinés à grands traits, animés d'un profond amour pour la France et ceux qui la défendirent vaillamment. Nous en détachons un épisode de grande allure dans sa simplicité héroïque.

LE DRAPEAU DU 96ᵉ DE LIGNE A FRŒSCHWILLER.

Peu d'instants avant la charge de la division Bonnemains, le 96ᵉ de ligne, envoyé à Frœschwiller sur la prière du Maréchal par le Général Ducrot, avait, lui aussi, fait une charge vigoureuse pour reprendre le hameau d'Elsasshausen.

« Comptez sur moi jusqu'à la mort, » dit le Colonel de Franchessin au Général Colson, Chef d'État-Major général, qui lui montrait Elsasshausen comme le point à atteindre.

A peine arrivé sur le terrain où il doit combattre, le 96ᵉ de ligne se déploie : les Prussiens, déconcertés par la brusquerie de son attaque, plient et se débandent ; le Colonel veut profiter tout de suite de ce succès et poursuivre l'ennemi l'épée dans les reins. « En avant ! mes enfants ! » crie-t-il, le sabre haut et debout sur ses étriers. Malheureusement, un obus tue raide son cheval et le blesse trois fois de ses éclats. N'importe, il ne veut pas quitter le champ de bataille ; on lui fait un pansement sommaire, et il reprend la tête de ses troupes. Le sabre en main, un pied entouré de linges sanglants, il entraîne ses soldats, électrisés par tant de bravoure... Mais tout à coup, une balle le frappe au ventre. Cette fois, c'est fini ! Le Colonel tombe en s'écriant : « Mes amis, en avant ! vengez votre colonel ! »

A ce moment, le feu est terrible ; le drapeau du régiment, sa hampe brisée par un coup de feu, tombe à terre, et le Sous-Lieutenant Henriet, qui le portait, est tué. Un autre officier, M. Bonade, se précipite alors à la tête de quelques vaillants soldats et le saisit. Après avoir reçu lui-même deux blessures, le brave officier allait succomber, quand l'Adjudant-major Obry parvient à prendre à son tour le drapeau que lui tendait Bonade. Les balles pleuvaient sur ce groupe héroïque ; Obry et Bonade criaient de toutes leurs forces : « Au drapeau, mes amis ! sauvez le drapeau ! »

De nouveaux défenseurs accourent, la lutte redouble d'acharnement, enfin l'Adjudant-major parvient à se relever, tenant toujours son précieux trophée, et à sauter sur un mulet, tandis que les hommes, groupés en avant de lui, repoussent les Allemands à coups de baïonnette et protègent sa retraite.

Mais la noble loque n'avait été sauvée à Frœschwiller que pour courir encore une fois, à Sedan, le risque d'être prise. Là, elle fut préservée par le Colonel Bluem, qui ordonna de la faire enfouir ! Le Sous-Lieutenant porte-aigle Lemonnier l'enterra avec l'aide d'un sapeur à dix pas de la porte près de laquelle le régiment était campé.

Après la signature de la paix, Lemonnier vint à Sedan, où se trouvait encore l'ennemi ; deux braves citoyens de la ville, le tisserand Chernand et son fils, escaladèrent alors la palissade à dix pas d'une sentinelle prussienne, et se mirent à fouiller le sol de leurs mains jusqu'à ce qu'ils eussent retrouvé l'aigle. Lemonnier coupa ce qui restait de la hampe, cacha le drapeau sous ses vêtements, et rentra dans la ville, à la barbe du poste prussien.

Le lendemain, il traversait les lignes allemandes, rejoignait son régiment, et, le 29 Mars 1871, le drapeau du 96e, tout maculé de sang, percé de balles et souillé de boue, mais faisant encore flotter au vent les trois couleurs de la Patrie, était remis aux mains du Colonel et salué par le régiment qui pleurait d'émotion.

COMMANDANT ROUSSET.

Scènes et Épisodes de la Guerre 1870-1871.
Paris, Tallandier, 1898.

ÉMILE BERGERAT (1845)

ÉMILE BERGERAT, écrivain brillant et fécond, s'est prodigué dans tous les genres : des romans, des contes, des œuvres dramatiques publiées sous ce titre : OURS ET FOURS, des chroniques parues dans tous les grands journaux et qui ont rendu célèbre sa signature de CALIBAN. Or cet ironiste lyrique est encore et surtout un poète ; et, dans cette littérature de la guerre qui nous occupe, il prit, au moment même des événements, une place importante, car ses petits poèmes dramatiques furent récités immédiatement au Théâtre Français et sur d'autres scènes. LES CUIRASSIERS DE REICHSHOFFEN surtout obtinrent un grand succès d'émotion. Ces poésies sont réunies en un volume : LES POÈMES DE LA GUERRE.

Les Cuirassiers de Reichshoffen

I

Nous combattions depuis l'aurore, un contre dix !
Il fallait de leurs bois déloger ces maudits
Qui font mentir jusques à la mitraille....

Et nous allions, perçant ces rideaux ténébreux !
Après ceux-ci, ceux-là, toujours ! et derrière eux
  Se reformait l'éternelle muraille.

Les turcos, noirs veneurs au lion familiers,
Comme on flaire le fauve aux senteurs des halliers,
Dépistaient les canons au fumet de la poudre,
Et rampants, ramassés dans l'ombre, sabre aux dents,
Ils s'accrochaient d'un bond à leurs affûts grondants
  Et, corps à corps, luttaient avec la foudre.

Par des feux inconnus les chênes foudroyés
Tordaient d'horreur leurs bras dépouillés et broyés
  Et s'effondraient au sein de ce cratère ;
Et leurs rameaux, voilant ce spectacle de sang,
Semblaient vouloir cacher au soleil tout-puissant
  L'œuvre de mort que réclamait la terre.

Dans ces débris fumants se frayant un chemin,
Si serrés qu'on eût dit qu'ils se tenaient la main,
Ceux de la ligne allaient... Ah ! je pleure et je prie,
Et je tombe à genoux, ô peuple, devant toi,
Toi qui marches, martyr d'une sublime foi,
  A ta semelle emportant la Patrie.

. . . .

III

. . . .

L'ombre tombait ! La lune, au sein du hurlement,
Comme un boulet perdu troua le firmament.
La ligne reforma ses carrés dans la plaine,
Et frémissante encore, l'épée en main, sans bruit,
Tandis que l'ennemi se massait dans la nuit,
Elle tourna les yeux vers son grand capitaine.

Mac-Mahon fit venir ses cuirassiers au pas...
Apprenez-moi des mots qui ne périssent pas !
J'ai besoin... j'ai besoin d'une langue immortelle !...
« Vous voyez, leur dit-il, là-bas, ces mamelons !
C'est là qu'on se repose !... Allez ! et soyez longs !...
— Mais, fit le Colonel, la route ?... où donc est-elle ?

— Colonel, répondit Mac-Mahon, la voilà !... »
Et quand ce chef la vit, son regard se voila.
« Ah ! je comprends, dit-il ; je n'ai plus qu'à la faire !...
Combien sont-ils ?... — Ils sont sans nombre !... — C'est la
— Oui !... — J'y vais ! Maréchal, dit-il avec effort,   [mort ?...
Voulez-vous me donner la main, car je suis père. »

L'homme de Magenta ne la lui donna pas.
Mais il se découvrit, et, prenant dans ses bras
Celui qu'il envoyait mourir, non sans envie,
Il l'embrassa devant l'Armée et devant Dieu,
Et, l'immortalisant par ce sublime adieu,
Il lui fit une mort plus belle que la vie.

IV

Heureux ceux qui s'en vont sur des chevaux fougueux,
Par le vent emportés dans les vallons en feu,
Jusque dans le trépas harceler la fortune !
Comme au soleil d'hiver étincelle un glacier,
Sur leurs cols vigoureux les cuirasses d'acier
        Resplendissent au clair de lune.

Qu'ils sont beaux, ces guerriers, dans la mort résolus !
Ils volent, franchissant les fossés, les talus,
Et leur ombre autour d'eux bondit, flotte et s'allonge !...
Et l'ennemi disait : « Que vont-ils donc oser ?
Quel combat fabuleux viennent-ils proposer ?
Nocturnes cavaliers, font-ils la guerre en songe ?... »

Il la font ! Les voilà. Balayant le terrain,
L'escadron est entré dans la masse d'airain
Comme au lit d'un torrent les neiges en déroute !...
Épaississez vos rangs ! Entrecroisez vos fers !
Déchaînez la mitraille !... Ils passent au travers....
On leur a dit : « Allez » Ils se taillent leur route.

Bientôt tout se fondit, et l'on ne les vit plus ;
Et le vallon s'emplit d'un mélange confus...
Le regard seul de Dieu les distinguait dans l'ombre...
Ainsi va dans l'orage un vaisseau démâté :

Il plonge, se redresse et surnage, emporté
Par l'aquilon, tournoie, — et sombre.

Non, ne te voile point, ô lune, éclaire-les !
Tisse-leur un linceul dans tes pâles reflets,
Car demain, reprenant sa course coutumière,
Le soleil envîra ta place en ces tournois,
Honteux de n'avoir pas une seconde fois
Dans le ciel immobile arrêté sa lumière.

Ils avaient été longs, ô Mac-Mahon ! si longs
Que, lorsque le soleil éclaira les vallons,
Il les trouva déserts au pied du bois paisible.
Et l'ennemi trompé put voir dans le lointain
Marcher dans la rosée, à l'air frais du matin,
Notre armée invaincue et son chef invincible.

ÉMILE BERGERAT.

Poèmes de la Guerre 1870-1871. Lemerre, 1871

QUATRELLES (1826-1893)

QUATRELLES (E. L'ÉPINE), Chef de bureau du Duc de Morny à la présidence du Corps législatif, puis Conseiller référendaire à la Cour des Comptes, littérateur et auteur dramatique entre temps, débuta, sous le pseudonyme de Manuel, vers 1862 ; il fit jouer à l'Odéon, en collaboration avec Alphonse Daudet, une comédie en un acte, LA DERNIÈRE IDOLE. *De ses ouvrages, il faut citer :* LA LÉGENDE DE LA VIERGE DE MUNSTER, LA DILIGENCE DE PLOERMEL, *et surtout* A COUPS DE FUSIL, *roman d'un patriotisme élevé, qui consacra justement sa réputation ; la défense en province, l'organisation de la résistance, le sentiment de révolte contre l'Étranger victorieux, en ont inspiré les plus nobles pages ; on y peut puiser au hasard, pour ainsi dire, et ce défilé de troupes après Fræschwill r, à défaut du chapitre entier, dont la place serait ici naturelle, donn: le ton et la manière du livre.*

APRÈS FRŒSCHWILLER.

Les voilà qui arrivent en tête du pont. On agite des mouchoirs, on crie : « Vive la France ! » et les clairons, qui n'en peuvent plus, retrouvent un reste de force pour sonner poliment l'air de *la Casquette.*

Ah ! les braves gens !

Ce sont des vaillants, ceux-là ! Blessés, en guenilles, noirs de poudre, blancs de poussière, résolus à prendre une rude revanche, ils traversent le pays en bon ordre, pour rejoindre un Corps d'armée encore frais qui les attend. Ils ont franchi mille obstacles, fait le coup de feu tout le long du chemin, marché à lasser les chevaux.

Je vois partout des épaves de régiments détruits.

Dragons, cuirassiers, guides ou lanciers portent résolument le chassepot dans les rangs de la ligne. C'est de tous côtés un carnaval lugubre qui vous fait venir des larmes dans les yeux.

Là, c'est un zouave qui a remplacé sa veste en lambeaux par un dolman ramassé sur quelque cham de bataille ; ici, c'est un dragon qui porte le képi de fantassin ; plus loin un grenadier est coiffé du casque. Qu'importe ?... Si les uniformes sont dépareillés, les fusils ont le même calibre et les munitions n'ont pas encore manqué.

Des trophées ennemis se balancent au bout des chassepots ; les cavaliers les portent à l'arçon de la selle. Pourra-t-on offrir tout cela à la famille, aux amis ? Dieu lui-même le sait à peine.

Voici de pauvres diables, la tête couverte de bandages. J'en vois un dont le visage est marbré de sang et que les mouches exaspèrent. Les bras en écharpe ne manquent pas. Dieu du ciel !... que de blessés ! Et ce n'est rien encore ; c'est à l'arrière qu'il faut voir cela. Dans des charrettes on a dû les entasser sur la paille. Leur sang coule et laisse sur la route un sillon que boit la poussière. Chaque cahot des durs chariots arrache des sanglots aux plus braves. Ils n'ont pas voulu rester dans les ambulances, de peur qu'on ne les fît prisonniers. Tous conservent l'espoir d'assister à la revanche.

De temps en temps un pauvre garçon cesse de se plaindre. Il est froid sous le soleil une heure après. On donnera son corps à enterrer dans le premier village où l'on passera ; et puis : en route !

Comme un chien de berger vigilant, le Major galope sans cesse d'un bout à l'autre du régiment, encourageant celui-ci, donnant, dans le fossé, des secours à celui-là, hissant dans les voitures un éclopé qui a trop présumé de ses forces.

Les braves gens !

Voyez-les marcher autour du drapeau encore intact. Ils sont dépourvus de tout et ne poussent pas une plainte. Ce sont à la fois les plus éprouvés et les moins abattus. C'est qu'ils sentent en eux un courage et une résolution capables de tout surmonter.

Il n'est pas nécessaire de les regarder deux fois pour voir à qui l'on a affaire.

Les braves gens !

QUATRELLES.

A Coups de fusil. G. Charpentier et E. Fasquelle, Éditeurs.

* * *

GÉNÉRAL COUSIN DE MONTAUBAN
COMTE DE PALIKAO (1796-1878)

Le GÉNÉRAL COUSIN DE MONTAUBAN, vainqueur de la Chine en 1860, fut appelé au Ministère de la guerre par le Gouvernement de l'Impératrice Régente, après la chute du ministère Ollivier. Ce fut lui qui ordonna le mouvement sur Metz et la jonction avec Bazaine de l'Armée de Châlons, destinée en principe à couvrir Paris. Aussi le désastre de Sedan put lui être en partie imputé, et c'est en manière de justification qu'il a publié : Un ministère de la guerre de vingt-quatre jours, du 10 août au 4 septembre 1870, *livre curieux dont nous donnons ces quelques notes, relatives aux marches et contremarches du Maréchal de Mac-Mahon.*

* * *

LA MARCHE DE MAC-MAHON SUR METZ.

Le Président du Sénat, M. Rouher, ayant le vif désir de revoir l'Empereur après les premiers malheurs de la campagne, partit *proprio motu*, le samedi soir, 20 Août, pour le camp de Châlons, mais sans aucune mission du Conseil des ministres, qui n'eut pas connaissance de cette démarche.

Il trouva le camp levé et les troupes en marche dans la direction de Reims ; il poursuivit alors sa route vers cette ville et atteignit le Quartier général à Courcelles.

L'Empereur ayant réuni le Maréchal de Mac-Mahon et le Président du Sénat, la conversation s'engagea sur le terrain de la politique. Le projet de se retirer sur Paris étant mis en avant par l'Empereur comme il avait primitivement été arrêté à Châlons, le Président du Sénat fit valoir, au point de vue politique, les motifs qu'il jugeait les plus sérieux en faveur de la marche vers Bazaine, pour ne pas blesser l'opinion publique par l'abandon de l'Armée de Metz.

Le Maréchal de Mac-Mahon, ne considérant l'opération que sous le rapport militaire, persista dans l'opinion qu'il fallait rallier Paris.

Il basait surtout sa manière d'envisager la question sur l'impossibilité dans laquelle se trouvait le Maréchal Bazaine de tenir la campagne plus de quatre ou cinq jours, faute de vivres, et étant enfermé par les Prussiens dans un cercle de fer.

Le Président du Sénat revint à Paris pendant la nuit du dimanche 21 au lundi 22, et à neuf heures du matin il fit connaître au Conseil son voyage, et la démarche qu'il avait tentée sans succès.

Cependant un agent forestier avait pu apporter, dans la matinée du lundi, au Quartier général, une dépêche de Bazaine par laquelle il annonçait qu'il comptait toujours prendre la direction *du Nord*.

Cette dépêche de Bazaine modifia certainement la décision du Maréchal de Mac-Mahon, puisque par dépêche télégraphique datée du lundi matin 22, il m'annonçait son intention de marcher sur Metz.

Au moment même où ce dernier télégramme du Maréchal arrivait à Paris, le Conseil, prévenu de ses intentions par le Président du Sénat, venait d'expédier une dépêche pressant le Maréchal de se porter vers Bazaine: les deux dépêches durent se croiser sur les fils télégraphiques; c'était donc de son propre mouvement que le Commandant en chef de l'Armée de Châlons avait repris sa marche sur Metz.

Le Conseil des ministres a pu faire connaître son avis et son désir au Maréchal, mais il connaissait trop bien la limite de ses pouvoirs et l'étendue de ceux d'un Chef d'armée pour lui donner, comme on l'a prétendu, des ordres que le caractère ferme et résolu du Maréchal de Mac-Mahon n'aurait pas manqué de décliner s'ils eussent été contraires à son initiative personnelle.

Le Maréchal ayant tracé sa direction par le Nord, il fallait lui fournir deux points d'appui : l'un à Reims, pour protéger sa marche, et la division d'Exéa, du 13ᵉ Corps, forte de 10 000 hommes, fut envoyée dans cette ville ; l'autre à Mézières, pour soutenir son arrière-garde ; le restant du 13ᵉ Corps, 22 000 hommes, fut chargé, sous les ordres du Général Vinoy, de cette opération, dont il s'acquitta parfaitement.

Cet envoi du 13ᵉ Corps, en entier, pour concourir au but que se proposait le Maréchal de Mac-Mahon, répond suffisamment à l'allégation incroyable que la marche sur Metz était faite dans le seul intérêt dynastique.

Si le Gouvernement avait pu supposer qu'une révolution aurait lieu à Paris, en présence de l'invasion étrangère, aurait-il dégarni de troupes la capitale ? Son tort, au contraire, fut dans une trop grande confiance, que ne méritaient pas les hommes du 4 Septembre !

Quelques écrivains militaires qui ne se sont pas fait connaître, ou d'autres dont le nom est sans grande autorité, après avoir blâmé l'opération, après coup, parce qu'elle n'a pas réussi, ont poussé la critique jusqu'à nier les heureuses conséquences que devait procurer la réussite du plan de jonction des Armées de Châlons et de Metz.

J'avoue qu'à cette négation de l'évidence toutes mes idées militaires se trouvent confondues.

Comment peut-on douter de ce que devait produire la réunion

de deux armées, d'un chiffre total d'au moins 250000 hommes, composées de soldats exercés conduits par de bons officiers, quand l'Armée de la Loire, sous les ordres du Général d'Aurelle, a remporté à Coulmiers un véritable succès contre les Prussiens, et quand l'Armée du Nord, sous les ordres du Général Faidherbe, a lutté pendant quelque temps avec avantage contre des forces bien supérieures et pourvues de tout ce qui leur était nécessaire; quand à Wissembourg, enfin, une seule division française a tenu tête à toute une armée prussienne, et lui a fait éprouver des pertes énormes? Fallait-il ramener l'Armée de Châlons dans Paris, comme l'idée en avait été émise? Il serait curieux de savoir pourquoi et dans quel but.

GÉNÉRAL COUSIN DE MONTAUBAN,
COMTE DE PALIKAO.

Un Ministère de la Guerre de vingt-quatre jours. Plon, Nourrit et Cie, Éditeurs.

VICOMTE E. MELCHIOR DE VOGÜÉ (1848)

Le VICOMTE DE VOGÜÉ, d'abord diplomate, puis écrivain brillant, de style substantiel et riche, révélateur en France des romanciers russes par de superbes études parues à la REVUE DES DEUX MONDES et qui, vite, le menèrent à l'Académie. Il était tout jeune quand la guerre éclata et tout de suite il prit les armes, fit la campagne, se distingua par sa bravoure. Il fut décoré de la médaille militaire. Sur ces horribles événements traversés, il a publié, vingt-cinq ans après, une page d'émouvants souvenirs, l'une des plus pathétiques, des plus éloquentes qui se rattachent à cette anthologie de la guerre.

LE CAMP DE VOUZIERS. Ah! qu'ils sont cent fois vrais, les soldats myopes de l'école de Stendhal et de Tolstoï, qui n'ont rien compris de la bataille! Qu'il est vrai et typique, ce mot de vieux soldat recueilli par M. le Duc d'Aumale. Le Prince avait pour Adjudant-major, dans un régiment qu'il commandait, un certain Lefebvre, qui fut depuis Général de brigade. Cet officier avait fait dans le rang la guerre d'Espagne, en 1823. — « Voyons, Lefebvre, lui disait-on vingt ans après, parlez-nous de l'Espagne; vous devez bien la connaître. — Je ne connais pas l'Espagne. — Comment? Vous en avez fait le tour! — Possible. Connais pas. *On ne voit rien, le sac sur le dos.* »

Et quand une courte campagne est ce que fut la nôtre, la poussée désordonnée, incohérente, d'un troupeau ahuri, recru de fatigue, mené à l'abîme à travers l'inconnu, le soldat a vu et compris moins que rien; il n'a que des larves d'idées et de souvenirs.

Une seule impression pittoresque, grandiose, m'est restée dans les yeux: la première, en arrivant le soir au camp de Vouziers. Le 7e Corps bivouaquait sur la pente des collines, à l'orée des bois; ses feux étoilaient les profondeurs de l'horizon où ils se confondaient avec les astres du ciel. Des groupes d'hommes, rangés en cercle autour des brasiers, attisaient les flammes. C'était d'un effet imposant et poétique; c'était enfin une armée, telle que je me la représentais dans mes devoirs de rhétorique. Je me promettais un beau développement de cette première émotion: je n'étais pas encore mouillé, ni fourbu; avant de se séparer, les « isolés » avaient passablement dîné, pour la dernière fois, dans une auberge de la ville. On ne me laissa pas le temps de mûrir ma composition: l'ordre vint de bivouaquer cette nuit avec les armes sous la main; et bien avant l'aube, comme la pluie commençait de tomber du ciel assombri, on nous fit former en ligne de combat pour attendre l'ennemi, qui était tout près, disait-on. On l'attendit de longues heures, en piétinant un labour dans l'énervement de l'incertitude. Rien ne vint.

C'était le moment où le Maréchal, tiraillé entre ses renseignements particuliers et les instructions pressantes de Paris, hésitait sur la direction, qu'il changea deux fois en trois jours; où des ordres contradictoires épuisaient les troupes en marches et en contremarches dans les défilés des Ardennes; où le 7e Corps croyait avoir sur ses talons les armées du Prince royal et du Prince de Saxe, qui forçaient les étapes pour nous devancer sur la Meuse.

Mais tout cela, je l'ai su depuis. Alors, au bivouac et dans le labour, nous ne savions rien: il était trop visible que nos officiers n'en savaient pas davantage. L'*ennemi*, alors, c'était une entité vague, errant sans doute dans ces forêts inconnues, qui allait déboucher à gauche ou à droite, devant ou derrière, à ce que semblait dire le regard anxieux des chefs, interrogeant tous les points de l'horizon. Ce jour-là et les jours suivants, nous ne vîmes de l'ennemi que quelques uhlans, éclaireurs qui profilaient un instant sur la lisière des bois leurs silhouettes grandies par les longs manteaux, loups qui suivaient et guettaient le troupeau égaré. On se mit en marche sous le déluge, pour faire quelques kilomètres, s'arrêter, changer de direction, repartir, bivouaquer dans l'eau, toujours la main sur les armes, avec ordre de ne pas dresser les tentes, promesse d'une distribution qui n'arrivait pas, et licence d'arracher des pommes de terre quand les premiers occupants du champ en avaient laissé. Alertes continuelles; on se sentait à la merci d'une surprise probable: chaque fois qu'on levait le camp, l'arrière-garde se formait en bataille, échangeant des coups de feu avec les rôdeurs, les fantômes aux longs manteaux qui apparaissaient un instant hors des taillis. On les distinguait, la nuit, à la lueur des meules de paille flambantes qu'ils incendiaient. Tout était confusion dans ces journées troubles, tout est confus dans le souvenir qui en reste.

Vicomte E. Melchior de Vogüé.

Devant le Siècle. Armand Colin et Cie, Éditeurs.

MONSEIGNEUR PERRAUD (1828)

MONSEIGNEUR PERRAUD, évêque d'Autun, cardinal et membre de l'Académie française, fut d'abord un normalien et un professeur d'histoire, puis un prêtre de la Congrégation de l'Oratoire, que sa science canonique et son éloquence ferme et fleurie à la Fénelon conduisirent aux honneurs. Lui aussi prononça de nobles discours qui se répandirent comme un baume et un saint chrême sur les blessures de la France. Nous citons ici le fragment d'un de ses sermons de charité, qui fut donné pour secourir les paysans français ruinés par l'invasion.

LES PAYSANS DE L'ARGONNE. C'ÉTAIT le 28 Août 1870, à l'entrée des défilés de l'Argonne et de la forêt des Ardennes. Les Prussiens marchaient à marches forcées pour nous atteindre sur les bords de la Meuse. Déjà, quelques engagements partiels avaient eu lieu, et on avait entendu retentir dans le lointain le bruit du canon. La pluie tombait à torrents. Les chemins détrempés et défoncés étaient comme des rivières de boue. Nous allions quitter un bourg où nous avions campé pendant la nuit[1],

1. Attigny.

lorsque vers huit heures du matin, un triste cortège y pénétra. C'était, à la suite les unes des autres, une file de charrettes conduites par des paysans, aux vêtements tout souillés de boue, au regard morne. Sur les charrettes, entre les matelas et quelques meubles, les vieillards, les femmes, les petits enfants. Les pères et les frères marchaient en poussant devant eux quelques vaches. C'était la population d'un village qui avait eu le temps de fuir devant l'approche des armées allemandes.

Les infortunés avaient encore pu sauver, avec leurs personnes, une partie de leur mobilier ; et ils allaient ainsi, à l'aventure, marchant devant eux, ne sachant où chercher asile, sous ce ciel inclément et cette froide pluie ! Les femmes et les petits enfants pleuraient. C'était à fendre l'âme. Pauvres gens ! ils n'étaient pas lettrés, et ne savaient pas que Virgile avait chanté dans son harmonieux langage les douleurs des populations rurales que le brutal soldat chasse devant lui, et pour qui on peut dire que le clocher natal est vraiment la patrie.

> Nos patriæ fines et dulcia linquimus arva,
> Nos patriam fugimus !

Ah ! ceux-là peut-être auront encore retrouvé debout ces maisons qui abritaient naguères leur paisible existence ! Mais les habitants des villages brûlés, — brûlés, soit par les terribles hasards de la guerre, soit, ce qu'il y a de plus cruel, par l'impitoyable vengeance d'un vainqueur irrité ?

CARDINAL PERRAUD.

Discours militaires. P. Téqui, Éditeur.

CHARLES DE MAZADE (1820-1894)

M. DE MAZADE, historien, rédacteur politique à la REVUE DES DEUX MONDES, *académicien depuis 1882, a publié un grand nombre d'ouvrages estimés. Son livre,* LA GUERRE DE FRANCE, *a de la valeur ; il est puisé aux meilleures sources et intéressera quiconque voudra juger l'ensemble des événements de cette période d'histoire. L'écrivain y a prouvé de plus que les ouvrages les plus sérieux ne sont point nécessairement dépourvus d'élégance. Le fragment que nous citons relate le combat de Beaumont, quelques heures avant la catastrophe définitive de Sedan.*

LE COMBAT DE BEAUMONT. — Cette journée du 30, la dernière laissée à notre pauvre fortune pour passer la Meuse et qui allait être marquée par la jonction définitive des armées prussiennes, cette journée inquiétait gravement le Maréchal de Mac-Mahon, qui dès le matin, à l'aube, arrivait à Beaumont, témoignant le plus sérieux souci pour cette aile droite de son armée. Il aurait voulu que le 5ᵉ Corps ne perdît pas un moment et se hâtât de partir pour Mouzon, qui n'était plus qu'à deux lieues ; il allait d'un autre côté presser la marche de Douay. Il sentait que là était le danger, qu'on pouvait tout craindre tant que l'armée entière n'avait pas franchi la Meuse. Le Général de Failly cependant montrait la plus bizarre sécurité, et se laissait retarder sous prétexte de donner à ses soldats le temps de se remettre un peu et de fourbir leurs armes. Vainement, à mesure que s'écoulaient les heures de la matinée, les avis alarmants se multipliaient, vainement des habitants fugitifs venant du côté des bois assuraient que l'ennemi se rapprochait ; ces propos n'excitaient que des railleries. On était au camp comme en pleine paix, les hommes à la corvée ou à la maraude, l'artillerie dételée, à l'aventure, les chevaux à l'abreuvoir, lorsque, entre onze heures et midi, les officiers, répandus dans Beaumont, et le Commandant en chef lui-même, qui se trouvait à déjeuner chez le Maire, entendaient ce cri sinistre : « Les Prussiens sont sur vous ! » Peu après, vers midi, un premier coup de canon retentissait. Presque aussitôt des colonnes d'infanterie débouchaient des bois par quatre ou cinq chemins forestiers. L'armée du Prince de Saxe se déployait, portant son centre sur nos campements du sud de Beaumont, s'étendant par son aile droite vers la Meuse et Letanne, gagnant par son aile gauche la Thibaudine sur la route de Stonne; elle tendait à nous envelopper. Avant qu'on eût le temps de se reconnaître, le centre de l'ennemi tenait notre camp sous son feu, à 400 mètres de distance !

La surprise ne pouvait être plus complète et plus terrible. Cet orage inattendu tombant sur nos bivouacs en désarroi produisait tout d'abord un affreux désordre, une confusion indescriptible d'hommes, de chevaux effarés se précipitant de toutes parts sous les obus. Pas une pièce d'artillerie n'était en position, pas un bataillon n'était formé. Bientôt cependant ces soldats, un instant déconcertés, se jetaient sur leurs armes et se mettaient en devoir de soutenir le choc.

La panique éclaircissait les rangs ; en définitive, la division Goze, avec les deux brigades Nicolas et Saurin, et les quelques autres troupes qui se trouvaient là, formaient un noyau de 7 000 ou 8 000 hommes qui, vigoureusement ralliés par leurs chefs, ne laissaient pas d'arrêter l'ennemi. Au premier moment s'ouvrait un combat décousu, meurtrier, où en moins d'une heure tombaient à la tête de leurs soldats le Colonel de Behagle du 11ᵉ de ligne, frappé à mort, le vaillant Colonel Berthe du 86ᵉ de ligne, grièvement blessé et depuis Général, le Colonel du 68ᵉ de ligne et ses trois chefs de bataillon, le Commandant de Lacvivier du 46ᵉ de ligne, et bien d'autres. Les Allemands souffraient aussi du feu de

notre mousqueterie et du feu de l'artillerie, qui pendant ce temps avait pu aller prendre position au delà de Beaumont.

La lutte était cependant trop disproportionnée ; elle avait surtout débuté dans de trop malheureuses conditions pour pouvoir se prolonger.

Ces troupes engagées au sud de Beaumont ne tardaient pas à se voir obligées d'abandonner leur camp, laissant leur matériel et des prisonniers à l'ennemi, se repliant le mieux possible vers les collines du nord de la ville, dans la direction de Mouzon. Ce n'était pas la fin du combat.

Les Allemands marchaient sur nos traces, contournant Beaumont, abordant ces hauteurs, où le général de Failly avait maintenant toutes ses forces, singulièrement réduites et encore plus ébranlées. Si atteint qu'il fût, le 5ᵉ Corps ne résistait pas moins. Pendant deux heures encore, il disputait la position de la Harnoterie, que tenait énergiquement le Général de Fontanges ; il ne cédait le terrain que pas à pas ; mais déjà il se voyait menacé d'être tourné de toutes parts, d'un côté par les Saxons, qui en longeant la Meuse manœuvraient pour lui couper le chemin de Mouzon, d'un autre côté par les Prussiens et les Bavarois, qui l'attaquaient et le débordaient sur sa droite. Le Général de Failly s'était hâté de faire connaître sa situation à Mouzon, où l'on entendait d'ailleurs depuis midi le bruit des engagements de Beaumont. Lebrun avait envoyé successivement une brigade, puis deux autres brigades et de la cavalerie pour recevoir ou dégager le 5ᵉ Corps, et, lorsque le Général de Failly se rapprochait le soir de Mouzon, ce secours lui devenait certes des plus utiles.

C'est une brigade du 12ᵉ Corps qui avait à soutenir le dernier choc. C'est le 5ᵉ régiment de cuirassiers qui, par une charge hardie où périssait le colonel de Contenson, achevait de couvrir la retraite plus que précipitée du Général de Failly, heureux d'arriver enfin à Mouzon après une affaire où il avait infligé à l'ennemi une perte de plus de 3 000 hommes, en perdant lui-même 1 800 hommes, atteints par le feu, plus de 3 000 prisonniers et une partie de son artillerie.

CH. DE MAZADE.

La Guerre de France. E. Plon, Nourrit et Cie, Éditeurs.

FERNAND GIRAUDEAU

M. GIRAUDEAU, dans son livre sur NAPOLÉON III INTIME, *s'est attaché à faire revivre la réelle personnalité de l'Empereur déchu ; c'est une œuvre consciencieuse et qui mérite d'être lue, car peu d'hommes ont été jugés avec plus de haine, de volontaire aveuglement et de parti pris. Un retour s'opère, puisqu'on a pu voir M. Jules Lemaître, dans son discours de réception à l'Académie en remplacement de M. Duruy, faire l'éloge de ce prince plus faible et visionnaire que fautif. Mais ce qui nous intéresse surtout ici, c'est son attitude durant la période de la guerre. M. Giraudeau a très bien établi que, en se mettant à la tête des troupes, en accompagnant Mac-Mahon jusqu'au bout, « prisonnier de sa propre armée », il avait obéi à des sentiments de haute noblesse, qu'il avait été le sacrifié aux circonstances.*

NAPOLÉON III DANS L'ARMÉE DE MAC-MAHON.

Plus l'armée s'avance vers l'est, plus Napoléon III comprend quel grave danger le menace. Il pourrait personnellement s'y soustraire. Quand il arrive à Sedan, « on lui propose de continuer sa route sur Mézières et de profiter du chemin de fer qui est encore libre ». De là, il pourrait « rallier le Corps du Général Vinoy et établir un nouveau centre de résistance, dans une place forte du Nord ». Mais il sait comment on interprète, à cette heure, ses pensées et ses actes. « On l'accuserait de mettre sa personne à couvert. » [1] Tout plutôt que de s'exposer à un tel soupçon ! Il suivra donc l'armée jusqu'au bout, jusqu'à la dernière station du calvaire !

L'ascension est rude, car tout se réunit pour l'accabler. Il souffre dans sa fierté de Français, dans son orgueil de souverain longtemps heureux, dans sa tendresse de père et d'époux : et à toutes ces tortures morales s'ajoute encore une torture physique.

En quittant Paris, il espérait, à force de volonté, maîtriser la maladie. Y parviendrait-il ? C'était sa constante préoccupation. Le 29 Juillet, il écrivait à l'Impératrice : « Pourvu que ma santé et mes forces se maintiennent ! » Mais déjà il n'y devait plus compter ; car, très peu de jours après, nous étions appelé pour une affaire de service, à Metz ; c'était le 2 Août : l'Empereur avait dû rester quelques heures à cheval pour le léger engagement de Sarrebruck ; et, dans la soirée que nous passâmes au quartier impérial, sa physionomie altérée, son corps affaissé nous indiquaient trop clairement son état de douloureuse fatigue. Cet état, depuis, n'avait fait que s'aggraver. Napoléon III ne mangeait plus ; il ne dormait plus. Le valet de chambre qui fit, pendant toute la campagne, son service personnel, — et, pourquoi ne le dirions-nous pas ? c'est lui-même, encore tout ému à ce souvenir, qui nous le racontait récemment, — chaque nuit, couché à la porte de son maître, l'entendait pousser de sourds gémissements. « Que de fois, nous disait-il, Sa Majesté m'appela, s'ex-

1. *Les Forces militaires de la France en 1870.*

cusant toujours de me faire relever, de me donner tant de peine et me remerciant ensuite, comme si je n'avais pas été à son service !... Avec sa douceur, son calme ordinaires, il disait seulement : « Je souffre beau-« coup ! » et l'on voyait de grosses gouttes de sueur perler sur son front ! »

C'est après une quinzaine de ces journées douloureuses et de ces nuits sans repos, que le 1er Septembre il montait, non sans peine, à cheval, pour aller sur le champ de bataille de Sedan et y rester près de cinq heures !... (de sept heures à onze heures trois quarts). « Comment l'a-t-il pu ? disait plus tard le docteur Gull, après avoir constaté la grosseur de la pierre qui lui déchirait les entrailles. Un tel effort semble au-dessus des forces humaines ! »

Effort inutile ! Napoléon III, voyant se préparer la catastrophe qu'il avait redoutée, qu'il ne lui avait plus été permis de conjurer, avait cherché la mort, allant où il la voyait faire le plus de ravages. La mort frappait autour de lui, éclaboussant son cheval du sang des victimes frappées à ses côtés. Elle ne voulait pas de lui. [1]

Il envoie son État-Major derrière un mur qui l'abritera ; puis, suivi de trois de ses officiers seulement, il monte sur une éminence, où ce petit groupe se détachant sous le ciel sert de point de mire à l'ennemi. L'artillerie prussienne — bien des témoins peuvent encore l'affirmer — ne cessera plus de faire pleuvoir autour de lui les obus, et elle atteindrait certainement le but qu'elle vise avec tant de persévérance, si, la terre étant détrempée, beaucoup de ses projectiles ne s'y enfonçaient sans éclater.

Même à cette heure, attendant la balle ou l'obus qui lui épargnerait la douleur, l'humiliation suprêmes,

au milieu d'une torture morale et physique comme peu d'hommes sans doute en ont éprouvé, Napoléon III pouvait s'oublier encore, pour s'intéresser aux autres et prendre part à leurs peines. Un ancien officier, M. Ulrich de Civry, nous en a donné la preuve, dans une lettre adressée au *Figaro* [1], non pour témoigner que ce jour-là l'Empereur montra « le courage calme et le sang-froid qu'il avait montrés toute sa vie », — ne daignant pas réfuter la légende contraire, qui n'était « pas même une calomnie : une niaiserie » ; — mais simplement pour raconter ce trait : « Sa Majesté, m'apercevant, m'ordonne d'approcher, et, avec une bonté, une présence d'esprit, que je n'oublierai pas plus que la lividité de son visage où étaient peintes les plus vives souffrances, Elle me dit : « J'ai appris hier, avec « une peine profonde, la mort de « votre cousin de Brincourt. C'est un « vaillant officier de moins. Donnez « à votre famille l'assurance de mes « regrets. »

A bout de forces, Napoléon III dut rentrer à Sedan, pour y prendre quelques instants de repos. Puis il voulut retourner sur le champ de bataille, où l'armée écrasée faisait, le sachant inutile, un dernier effort : il ne put même atteindre la porte de la ville, ni percer la foule épaisse qui obstruait les rues, sous la pluie des obus [2].

Chaque projectile, tombant sur cette masse, y faisait une large trouée. Des maisons brûlaient. Qu'un des caissons agglomérés sur une des places fût atteint et la ville entière allait être en flammes. Napoléon III devait-il assister, d'un œil sec, à ce carnage ? Ah ! certes, il aurait pu laisser à un autre le soin d'y mettre fin, et, pour dégager sa responsabilité

---

1. Voir, p. 33, « Napoléon III à Sedan », de l'abbé LANUSSE.

1. Numéro du 17 Septembre 1892.

2. « Il avait voulu sortir de nouveau pour voir si la mort voulait de lui enfin. Il n'avait pu réaliser ce projet à cause de l'encombrement indescriptible de la ville. » (L'abbé LANUSSE, *l'Heure suprême*, p. 301.)

personnelle, profiter de l'impuissance à laquelle on l'avait réduit. Chaque minute eût augmenté, par centaines, le nombre des victimes ; mais de la suspension d'armes, prélude de la capitulation fatale, inévitable, on n'aurait pu lui attribuer l'initiative. Il était incapable d'un aussi vil calcul ; et, s'il l'eût fait, ne lui eût-on pas reproché, justement reproché, d'avoir prolongé, par égoïsme, un inutile massacre ? N'écoutant que sa conscience et son cœur, faisant, comme toujours, passer son devoir avant son intérêt, Napoléon III ressaisit, pour une minute, l'autorité dont il s'était laissé trop docilement dépouiller, et ordonna de hisser le drapeau blanc. Le feu cessa. Peu après un Conseil de guerre reconnaissait qu'on ne pouvait songer à le reprendre et que la capitulation s'imposait [1].

FERNAND GIRAUDEAU.

Napoléon III intime. Paul Ollendorf, Éditeur.

1. Dès le mois d'Avril 1872, le *Temps* avouait qu'il était impossible « d'éviter la reddition des 50 ou 60 000 mille hommes entassés dans la ville et offerts aux coups de l'artillerie ennemie comme dans un charnier » ; que le Conseil de guerre, « formé de tous les généraux qu'on put réunir, fut obligé de reconnaître l'inéluctable nécessité de se rendre » ; — qu'à ce Conseil de guerre « appartient surtout la responsabilité du fait même de la capitulation ».

À la même époque, J.-J. Weiss écrivait dans le *Paris-Journal* : « Tout était perdu,... ce n'était pas la déroute, c'était le massacre et le carnage en leur forme la plus hideuse ; « on marchait, dit le correspondant du *Siècle*, sur les blessés... » Devant les scènes qu'il avait sous les yeux, l'Empereur, la veille encore simple soldat dans son armée, se souvint à la fin qu'il était l'Empereur et qu'à lui seul il serait demandé compte de tant d'horreurs inutiles, si, par nous ne savons quel scrupule insensé de compétence, il les laissait se continuer une heure de plus. Il commanda et le carnage s'arrêta. C'est là ce qu'on appelle la boue de Sedan ! Nous ferons à cette métaphore l'honneur de la discuter, le jour où l'on nous aura démontré que le mot épouvantable du correspondant du *Siècle* : « on marchait sur les blessés » n'était lui-même qu'une figure de rhétorique. »

Et peu après, le Président Douet d'Arcq, résumant les débats d'un grand procès politique, qui avait lieu devant la Cour d'assises de la Seine, disait : « Quant au drapeau blanc, il est certain que l'initiative de cette mesure appartient à l'Empereur ; mais ce fut là une question d'humanité, je dirai même une œuvre de charité, devant laquelle, à quelque parti que nous appartenions, nous devons tous nous incliner. »

MARÉCHAL DE MAC-MAHON (1808-1893)

Le MARÉCHAL DE MAC-MAHON, duc de Magenta, second Président de la République française, avait commencé sa carrière de soldat à l'expédition d'Alger ; il la termina à Sedan. Ses longues campagnes d'Algérie, de Crimée et d'Italie, le fameux : « J'y suis, j'y reste ! » de la Tour Malakoff, son arrivée inattendue sur le champ de bataille de Magenta qui nous avait valu une éclatante victoire, tout ce glorieux passé lui avait donné la réputation, pleinement justifiée, d'un très vaillant soldat. Appelé d'Algérie en Juillet 1870 pour commander le 1er Corps de l'Armée du Rhin, il avait livré l'héroïque bataille de Fœschwiller. Avec une armée nouvelle qui s'était formée à Châlons, il se détermina, non sans de légitimes hésitations, à marcher sur Metz pour tenter d'y rejoindre Bazaine. Après la surprise de son lieutenant de Failly à Beaumont il lui fallut renoncer à sa marche vers l'Est. Le Maréchal a raconté lui-même, devant la Commission d'enquête sur les événements du 4 Septembre, son rôle militaire en 1870 ; de sa déposition nous extrayons ce passage qui se rapporte à sa conduite après Beaumont.

LA PREMIÈRE PHASE DE LA BATAILLE DE SEDAN.

JE n'avais pas l'intention de livrer bataille sur ce point (Sedan), mais je voulais y rallier l'armée et l'approvisionner de nouveau en vivres et en munitions.

Dans la journée je cherchai à me rendre compte du mouvement le plus convenable à exécuter le lendemain. De la citadelle où je m'étais transporté, on pouvait voir assez bien ce qui se passait. Sur la rive gauche de la Meuse l'artillerie ennemie commençait à tirer sur nos troupes qui suivaient la grande route, tracée sur la rive droite, pour venir occuper près de Sedan les positions qui leur avaient été assignées. Un peu plus tard, d'autres batteries ennemies vinrent se placer sur les hauteurs qui dominent la ville au Sud-Ouest. En arrière de ces différentes batteries, on apercevait une forte poussière qui indiquait que des troupes considérables marchaient à hauteur de cette artillerie. J'envoyai l'ordre de faire sauter le pont de Donchery par lequel une partie de ces troupes pouvait couper notre ligne de communication avec Mézières.

Nos différents corps d'armée furent établis sur la rive droite de la Meuse, dans des positions qui dominaient la place et qui leur permettaient de résister à une attaque imprévue. Je fis commencer les distributions de vivres au fur et à mesure que les corps arrivaient. Sachant qu'il y aurait à Sedan un million de rations de vivres de toute espèce, je prescrivis de faire donner à tous quatre jours de vivres ; 200 000 rations étaient déjà distribuées, quand on vint me prévenir que les vivres allaient manquer. C'était vrai. Huit cent mille rations étaient en gare, chargées sur les wagons, mais cette gare ayant reçu quelques boulets de canon, le chef de gare, sans prévenir d'aucune manière, avait fait filer ce convoi sur Mézières. Ce même convoi emportait la compagnie du génie qui devait faire sauter le pont de Donchery.

Arrivée à la hauteur de ce pont, la compagnie descendit, mais par la même fatalité qui semblait nous poursuivre depuis quelque temps, le convoi partit dès que les hommes furent descendus, emmenant le wagon où se trouvaient la poudre et les outils destinés à l'accomplissement de leur mission. Ce ne fut que sur les 10 heures du soir que je fus informé de cet incident. Je renvoyai aussitôt des troupes du génie, munies des instruments nécessaires, mais lorsqu'elles arrivèrent au pont, elles le trouvèrent occupé par l'ennemi qui les repoussa.

Le Corps d'armée du Général Lebrun était établi dans le village de Bazeilles et sur les hauteurs qui dominent sur la rive droite de la rivière de Givonne. Il faisait face à l'Est, à Carignan.

Le Corps d'armée du Général Douay, qui avait traversé la Meuse sur le pont même de la place, était venu s'installer sur les hauteurs qui dominent la rivière de Floing. Il faisait face à l'Ouest, à Mézières.

Le Général Ducrot avait fait prendre à ses troupes position entre ces deux corps d'armée, appuyant sa droite au Général Lebrun et sa gauche au bois de la Garenne, par lequel il devait se relier au général Douay.

L'ancien Corps d'armée du Général de Failly, dont le Général de Wimpfen venait de prendre le commandement, se rassemblait dans le Vieux Camp.

Dans le courant de la soirée le Général Douay, qui venait de parcourir en détail les emplacements qu'il devait occuper, me rendit compte que ses positions étaient très fortes, mais qu'il y avait un grand espace de libre entre le Général Ducrot et lui.

Dans ce moment le Général de Wimpfen, qui venait de visiter les troupes de son corps d'armée, me dit qu'elles étaient plus nombreuses qu'il ne l'avait d'abord supposé, et qu'il pouvait disposer d'une force d'environ 32 000 hommes. Je lui prescrivis alors de porter la moitié de ses forces à la droite du Général Douay de manière à relier les Corps Douay et Ducrot.

Un peu plus tard le Général Ducrot m'envoya son Chef d'Etat-major, le Colonel Robert, pour me dire qu'il croyait devoir porter une partie de ses troupes un peu plus à gauche, près du Calvaire d'Illy, position située à quelques centaines de mètres en avant du bois de la Garenne et dominant cette partie du terrain.

Comme je savais que le Général de Wimpfen devait aller occuper, avec la moitié de son corps d'armée, le bois de la Garenne, je prescrivis au Général Ducrot de rester dans la position où il était, bien relié avec le Corps du Général Lebrun.

La vérité est que je ne comptais pas livrer bataille sur le terrain où nous étions. Je savais déjà que nous n'avions plus de vivres et que la place était à peine approvisionnée en munitions, mais je ne savais encore de quel côté je devrais effectuer le lendemain la retraite.

Le 1er Septembre, avant le jour, j'envoyai deux officiers dans l'Ouest avec ordre d'examiner ce qui se passait de ce côté et de m'en rendre compte le plus tôt possible. Le mouvement des troupes de l'ennemi dans la direction de Donchery et la prise de possession du pont sur ce point, me faisaient craindre que les Allemands ne se fussent portés en force de ce côté pendant la nuit.

J'attendais le retour de ces officiers, lorsque sur les cinq heures à peu près, je reçus une dépêche du Général Lebrun, m'annonçant qu'il était violemment attaqué et qu'il craignait que sa gauche ne fût coupée du Général Ducrot.

Au même moment un officier du Général Margueritte venait m'avertir que vers minuit, près de Pourru-aux-Bois, une colonne ennemie avait passé, mais, qu'à trois heures du matin, la tête de cette colonne n'avait pas dépassé Francheval.

Mes chevaux étaient bridés. Je montai immédiatement à cheval et me portai au galop vers le Corps d'armée du Général Lebrun. Arrivé près de Bazeilles, je vis la division d'infanterie de marine du Général Vassoigne dans un excellent ordre, la première ligne engagée avec l'ennemi. Je me portai

alors plus à gauche pour rejoindre le Général Lebrun qu'on me disait de ce côté, et ensuite le Général Ducrot.

Arrivé sur les hauteurs qui dominent la Moncelle, je m'arrêtai pour chercher à me rendre compte exactement de la position de l'ennemi. On voyait alors des troupes en face de Bazeilles et de la Moncelle, mais on ne pouvait rien distinguer sur les hauteurs situées à leur droite, en avant du bois Chevalier.

Ce fut dans ce moment que je fus blessé d'un éclat d'obus.

Je crus d'abord que ce n'était qu'une contusion, mais le cheval que je montais ayant eu la jambe cassée, je fus obligé de descendre. Ce mouvement me fit perdre un instant connaissance. Je sentis ensuite qu'il m'était impossible de continuer à commander. Réfléchissant que le Général Ducrot était, de tous les Commandants de corps d'armée, celui qui avait été le plus à même de connaître les mouvements de l'ennemi, j'envoyai un de mes Aides de camp dire à mon Chef d'État-major, le Général Faure, que je croyais près de là, de prévenir le général Ducrot que j'étais blessé, qu'il eût à prendre le commandement en chef de l'armée. Il était en ce moment 6 heures moins un quart à peu près...

...Permettez-moi de vous dire que la blessure qui mettait le général en chef dans l'obligation de céder le commandement, était un événement fâcheux. Je ne prétends en aucune manière que dans les circonstances où se sont trouvés les deux généraux qui ont commandé après lui, il aurait mieux fait que l'un ou l'autre, mais j'affirme, que sachant qu'il était forcé de s'éloigner de Sedan, où il n'avait ni vivres, ni munitions, il aurait pris, sur les six heures environ, une décision qui aurait amené l'armée à combattre tout entière pour marcher dans l'Est ou dans l'Ouest, sur Carignan ou sur Mézières.

Enquête parlementaire sur les actes du Gouvernement de la Défense nationale.

GÉNÉRAL FÉLIX DOUAY (1816-1879)

Frère du Général Abel Douay tué à Wissembourg, le GÉNÉRAL FÉLIX DOUAY, après s'être distingué en Crimée, en Italie, au Mexique, commandait le 7ᵉ Corps français à la bataille de Sedan. Il fut fait prisonnier avec Napoléon III dont il était Aide de camp. Le passage qui suit est extrait de son rapport officiel au Ministre de la guerre sur le rôle de son Corps d'armée dans la bataille.

LE 7ᵉ CORPS A SEDAN

L'ENNEMI, cependant, garnissait d'une artillerie toujours croissante, d'un calibre et d'une portée supérieurs à ceux de nos projectiles, une position favorable située à dix-huit cents mètres ou deux mille mètres environ de nos lignes : son feu puissant et convergent nous faisait éprouver des pertes sérieuses en personnel et en matériel.

Mais notre artillerie, redoublant de bravoure et de dévouement, faisait si bonne contenance, que nous pouvions encore soutenir ce combat inégal, qui durait depuis plus de quatre heures.

A ce moment arriva le Général de Wimpffen, qui m'apprit qu'il était investi du commandement en chef.

Il examina notre situation ; je lui fis observer que, malgré notre infériorité, j'espérais pouvoir tenir, mais qu'il fallait absolument que le plateau d'Illy restât en notre pouvoir.

Il m'affirma que le 1ᵉʳ Corps l'occupait en force, et qu'il veillerait à ce qu'il s'y maintînt.

Dans ces conditions, je crus pouvoir, ainsi que me le demandait le Général de Wimpffen, me dégarnir pour soutenir le Général Lebrun (12ᵉ Corps), et m'étant porté sur le plateau, où se trouvait le Général de Labadie, j'envoyai cet Officier général, en lui adjoignant la brigade Billetard-Desportes, pour renforcer le 12ᵉ Corps.

Des demandes incessantes de renforts m'arrivaient de ce côté, et ayant vu le plateau d'Illy toujours occupé par le 1ᵉʳ Corps, j'envoyai dans la même direction le Général Dumont avec sa dernière brigade, en le faisant remplacer dans sa position par une partie de la division Liébert et par ce qui me restait de la 1ʳᵉ division.

Le combat continuait toujours avec violence sur le front du 7ᵉ Corps ; néanmoins je me privai de tout ce dont je pouvais disposer, à cause de l'importance capitale qu'il y avait pour toute l'Armée à rester en possession des bois de Givonne et du plateau d'Illy.

De ce côté, en effet, l'ennemi venait de mettre en position une artillerie formidable et nous enserrait dans un cercle de feu qui nous prenait de front, de droite, de gauche et de revers.

La situation devenait difficile. Je cherchais à m'en rendre un compte bien net, lorsque je m'aperçus tout à coup que le plateau d'Illy venait d'être évacué par le 1ᵉʳ Corps.

Il n'y avait pas un moment à perdre ; l'ennemi, concentrant de plus en plus le feu de son artillerie, avait démonté la majeure partie de nos batteries.

L'infanterie, l'artillerie et la cavalerie d'un nouveau Corps d'armée passé sur la rive droite montraient déjà leurs têtes de colonnes : si l'ennemi arrivait sur le plateau d'Illy, notre position devenait intenable.

Je me portai aussitôt sur la route de Givonne ; j'y trouvai le Général Dumont, qui, avec sa première brigade et d'autres troupes de la gauche du 1ᵉʳ Corps, venait d'être vigoureusement repoussé.

Je fis réoccuper par cette brigade et la portion de droite de la

1re division que j'avais sous la main, le plateau d'Illy, et je les fis soutenir par une partie de la brigade Fontanges (5e Corps), arrivée peu après sur les lieux.

Deux batteries de la réserve, appelées par le Général Liégeard, essayèrent de soutenir cette infanterie, mais à peine en position elles furent désemparées ; des caissons sautèrent, et leur personnel très maltraité ne put qu'à grand'peine ramener ce qui restait de matériel.

L'infanterie, en bataillons déployés et embusqués, couverte par un rideau de tirailleurs, continua néanmoins de tenir bon.

A ce moment, — il était environ deux heures,— la division Liébert, qui était restée très ferme sur sa position, était complètement tournée par sa gauche : des pelotons entiers de chevaux sans cavaliers, revenant de charges infructueuses tentées par la réserve de cavalerie, désorganisaient ses rangs ; sur notre droite, des masses considérables nous poussaient, nous tournaient et allaient nous envelopper ; il fallut se décider à la retraite, n'ayant plus d'artillerie en état de la protéger.

Je reçus alors un billet du Général de Wimpffen, m'annonçant qu'il se décidait à tenter de se porter sur Carignan, et qu'il me chargeait de soutenir la retraite de l'armée.

Je lui répondis que dans l'état où j'étais, avec trois brigades seulement, sans artillerie, presque sans munitions, tout ce que je pouvais faire, c'était de me retirer sans déroute du champ de bataille.

GÉNÉRAL DOUAY.

Un Ministère de la guerre de vingt-quatre jours, par le Général de Montauban. Appendice. Plon, Nourrit et Cie, Éditeurs.

GÉNÉRAL DE WIMPFFEN (1811-1883)

Le GÉNÉRAL DE WIMPFFEN prit le commandement de l'armée le jour de la bataille de Sedan, après que le Maréchal de Mac-Mahon fut blessé d'un éclat d'obus, et quand le Général Ducrot, qui avait eu pendant quelque temps le commandement en chef, avait voulu battre en retraite sur Mézières. Le Général de Wimpffen décida de reprendre l'offensive. A deux heures, pour arrêter le carnage inutile, Napoléon III faisait hisser le drapeau blanc. Le Général de Wimpffen a publié lui-même SEDAN, avec cette devise : Suum cuique. Après sa mort, M. É. Corra a composé, d'après ses papiers la BATAILLE DE SEDAN, où il essaye d'établir les responsabilités de chacun. Nous en citons ces pages sur la trouée finale.

LA TROUÉE SUR BALAN ET BAZEILLES.

Lorsque le Général Lebrun, sur l'ordre du Général de Wimpffen, avait, à une heure de l'après-midi, repris l'offensive, les Bavarois commençaient à se glisser sur le côté gauche de Balan jusqu'aux glacis de la place, et à prendre position dans le parc et les maisons. Un feu violent d'obus et de mitraille, provenant de notre artillerie, postée sur les hauteurs du Fond-de-Givonne, et une vigoureuse attaque de notre infanterie renforcée, les obligèrent à se réfugier dans l'intérieur du village, d'où ils cherchèrent vainement à sortir, pour reconquérir le terrain que nous venions de leur arracher.

Depuis assez longtemps, la fusillade continuait, dans ces conditions, avec violence, mais sans aucun progrès de part et d'autre, lorsque, vers trois heures, des nuées de tirailleurs français surgirent, et, se précipitant jusque dans les jardins et les habitations, en délogèrent l'ennemi. C'était la colonne de cinq à six mille hommes formée par le Général de Wimpffen, avec l'infanterie de marine de la division Vassoigne, quelques bataillons de zouaves, et le 47ᵉ de ligne, qui entrait hardiment en action ; bientôt les compagnies bavaroises, postées à l'est du village, étaient débordées, et une batterie d'artillerie, tirant à 500 mètres, essayait inutilement de contenir nos tirailleurs. Des soldats français qui, à la suite des engagements précédents, étaient demeurés cachés en grand nombre dans les maisons, les habitants eux-mêmes, prenant de nouveau les armes, prêtaient leur concours.

Le Général von der Tann faisait avancer en hâte tous les bataillons qu'il trouvait sous sa main ; mais les contingents bavarois qui luttaient dans l'intérieur de Balan ne pouvaient pas résister à notre vigoureux effort ; assaillis de front et de flanc, désorganisés par notre feu, manquant de munitions, ils se retirèrent à la débandade, avec des pertes très sérieuses, et vinrent jeter le trouble jusque dans les bataillons qui marchaient à leur secours. Les troupes qui se trouvaient sur les pentes de la route de Balan à Bazeilles ne pouvaient plus elles-mêmes se maintenir ; elles étaient obligées de battre en retraite à leur tour, dans la direction de Bazeilles.

Par malheur, le Général de Wimpffen, témoin de ces avantages qui, vers quatre heures, se dessinèrent sur toute la ligne de Balan à la Moncelle, manquait de renforts pour faire soutenir les troupes, et principalement la brigade Abbatucci, si courageusement et si efficacement

engagées. A sa grande stupéfaction, il constatait même que le Général Lebrun et une grande partie de son Corps d'armée ne se trouvaient plus de ce côté ! En effet, ayant vu ses troupes entraînées par une fraction assez considérable du 7ᵉ Corps, rejetée de ses positions, et qui était venue s'abattre en désordre sur le Vieux Camp, le Général Lebrun était rapidement entré dans Sedan, pour ordonner au poste qui gardait la porte du Fond-de-Givonne de lever le pont-levis, et pour fermer ainsi aux fuyards l'entrée de la ville ; mais, trouvant l'occasion propice, tandis que le 12ᵉ Corps combattait avec tant de vaillance et de succès, il avait ensuite imaginé de se rendre à l'hôtel de la Sous-Préfecture, pour conférer avec l'Empereur.

De la sorte, délaissé par tous ses lieutenants, le Général de Wimpffen se précipita au galop de son cheval dans Sedan, pour requérir lui-même, impérieusement, le concours des Chefs de corps et de leurs troupes, afin d'assurer le terrain qu'il venait de gagner, et de poursuivre son mouvement offensif ; mais les Généraux Douay, Ducrot et Lebrun étaient en conciliabule avec l'Empereur, et le drapeau blanc flottait au sommet de la citadelle, justifiant l'inertie des soldats, parmi lesquels l'opinion que la bataille avait pris fin s'était répandue.

ÉMILE CORRA.

La Bataille de Sedan… Histoire complète d'après des matériaux inédits
Paul Ollendorff, Éditeur.

PAUL DÉROULÈDE (1846)

M. PAUL DÉROULÈDE est le poète par excellence de la Guerre. Comme Tyrtée, comme Körner en Allemagne, il mêla la lyre et l'épée. Car la campagne de 1870 dont il fut le barde, il la suivit comme soldat dès le début. Parti avec son jeune frère comme engagé volontaire, il combattit dans les premières batailles, essaya à Sedan de percer les lignes ennemies. Puis, fait prisonnier, interné à Breslau, il s'évada, fit la campagne de la Loire et fut décoré pour sa belle conduite dans l'affaire de Montbéliard. Ses CHANTS DU SOLDAT eurent une popularité immense. Vers sonores comme un battement de tambours, ils battirent le ralliement des courages. Cet espoir de la revanche dont M. Déroulède a fait sa foi et toute son ins-

piration, il l'exprima aussi dans de grands drames en vers : L'HETMAN et, plus récemment, MESSIRE DU GUESCLIN, où comme auteur dramatique il se montra digne des traditions de son oncle Émile Augier.

Le Curé de Bazeille

Le blâme qui voudra, moi je l'aime, ce prêtre !
Est-ce sa faute à lui s'il perdit la raison,
Si des frissons de haine ont traversé son être,
Lorsque les Bavarois, les poings pleins de salpêtre,
Brûlaient homme par homme et maison par maison ?

Ils avançaient ainsi, dévastant le village,
Ne laissant derrière eux que ruine et que mort.
Et qu'importait le sexe, et que leur faisait l'âge !
N'avait-on pas tenté d'arrêter leur passage ?
Féroces par calcul, ils tuaient sans remords.

La place de l'Église était encore à prendre,
Mais nos soldats luttaient d'un cœur mal assuré,
Et quelques-uns déjà murmuraient de se rendre,
Lorsque sur le parvis un cri se fait entendre :
« Aux armes ! mes enfants !» C'était le vieux curé.

Et passant sa soutane aux plis de sa ceinture,
Faisant aux paysans signe de l'imiter,
Il ramasse un fusil que la mort lui procure :
Chacun s'arme, chacun s'excite et se rassure,
Et la poudre aussitôt recommence à chanter.

Pif ! paf ! les Bavarois s'avançaient en colonne ;
Derrière un petit mur on se mit à couvert ;
« Feu ! commandait le prêtre, et que Dieu me pardonne ! »
Les habits bleus tombaient comme les bois d'automne,
Mais leur flot grossissait toujours, comme la mer.

La lutte se finit hélas ! comme on peut croire,
Mais les fiers Allemands ont regardé, surpris,
Ces paysans couchés sous la muraille noire ;
Ce fut court, mais ce fut assez long pour la gloire :
Le curé de Bazeille est mort pour son pays !

PAUL DÉROULÈDE.

Chants du soldat. Calmann Lévy (Collection Guillaume, 1888).

TABLEAUX DE L'ANNÉE TRAGIQUE

ALBERT DURUY (1844-1887)

ALBERT DURUY, fils de l'ancien Ministre de l'Instruction publique, s'était engagé, lors de la déclaration de guerre, au 1er régiment de tirailleurs algériens. Il assista avec son régiment au combat de Wissembourg et à la bataille de Reichshoffen, puis à la lamentable retraite qui suivit. Nous donnons à ce propos, en l'empruntant à l'émouvante notice que son frère, George Duruy, fit paraître sur lui en 1888 une lettre qu'il écrivait à son père [1]. Il fut pris à la bataille de Sedan et emmené en captivité à Mayence. Il raconte ainsi la destruction du drapeau de son régiment.

LE DRAPEAU DU 1er TIRAILLEURS ALGÉRIENS A SEDAN.

Le 1er tirailleurs eut du moins, comme à Wœrth, l'honneur de rester un des derniers sur ce champ de carnage, et d'y montrer jusqu'au dernier moment ces fortes vertus sans lesquelles il n'y a pas d'armée solide : l'amour de la discipline et le respect des supérieurs. Dès midi, le Général Gandil disait dans un groupe d'officiers qui l'interrogeaient : « Messieurs, faisons acte de présence. » Ce mot résume à lui seul et dans son admirable simplicité toute cette journée. On n'agit pas, on resta; on ne se battit pas, on se laissa tuer. C'est un courage qui en vaut bien un autre, et qui, pour être moins brillant, n'en est peut-être que plus rare.

Ce courage, le 1er tirailleurs l'eut au suprême degré ; ces mahométans puisent dans l'énergie du sentiment religieux ce mépris de la mort qui rend inaccessibles à la peur de[s] âmes que l'idée abstraite de patri[e] laisserait indifférentes.

Ce fut le lendemain seuleme[nt] dans la matinée que les Chefs d[e] corps furent avisés de la capitula[-]tion. A midi, la marche des turc[os] retentit dans la ville et réunit au[-]tour du Lieutenant-Colonel Serme[r]san les débris du régiment. Le[s] hommes se rangèrent en demi-cerc[le] les officiers entourant leur chef; a[u] milieu, un bûcher. Sur un signe d[u] Colonel, un soldat y mit le feu. Alo[rs] il se fit un silence interrompu seule[-]ment par le craquement du bo[is] mort. Quand la flamme eut com[-]mencé à s'élever, le Colonel prit de[s] mains d'un officier le drapeau, l'en[-]brassa comme il eût fait d'une reliqu[e] puis, d'un pas mal assuré marcha[nt] vers le bûcher, il l'y laissa tombe[r] Et ce fut tout.

Albert Duruy.

Souvenirs de campagne et de capti[vité]
(Revue des Deux Mondes, 1er Juin 187[0])

[1] Mardi 9, au matin.

Mon cher Père,

Nous sommes en pleine retraite sur Metz, avec un corps d'armée complètement démoralisé. Voilà six jours que nous marchons jour et nuit ou que nous nous battons, sans vivres, ni subsistances aucunes. Je ne sais pas comment les hommes se tiennent debout. Nous sommes partis hier, ou plutôt cette nuit, de Sarrebourg, à minuit, et il faut que nous soyons demain soir à Metz ou à Nancy: c'est cent kilomètres en deux jours. Encore si la route était libre ! Mais l'artillerie, les bagages, les « impedimenta » de toutes sortes nous précèdent et nous sommes obligés de marcher à raison d'un kilomètre par demi-heure. C'est plus fatigant que de marcher vite.

Je suis navré, mais je vais bien, pour [un] homme qui ne s'est pas déshabillé depuis six jou[rs] qui a perdu ses bagages, sa tente, qui couche [en] plein air avec la pluie sur le dos, sans même [un] caban à se jeter sur les épaules, sans un sac po[ur] appuyer sa tête. Mon sac est resté sur le champ [de] bataille de Wœrth ou de Frœschwiller, comme [tu] voudras. Nous les avions jetés pour charger à [la] baïonnette ; la mitraille ne nous a pas permis [de] les ramasser. Albert.

Il paraît que le Colonel me propose pour [la] médaille militaire. Il m'a d'ailleurs fait les pl[us] grands éloges pour mon entrain et mon sang-froi[d]. Tu n'en doutais pas, j'espère !

Albert Duruy. Imprimerie Crété, Corbe[il]

L'ABBÉ LANUSSE

L'ABBÉ LANUSSE, aumônier à Saint-Cyr, ancien aumônier en Italie, au Mexique et à Sedan, a fait paraître sur la campagne, un volume qui peut être considéré comme le livre d'un prêtre-soldat. On évoque facilement à le lire ces premiers évêques du Moyen Age qui combattaient à la tête de leurs milices et absolvaient les agonisants, le casque en tête, l'épée encore rouge du sang des tueries. Il est épris d'héroïsme, de bravoure ; c'est un héros doublé d'un saint, écrivit jadis un critique. Il a narré les charges folles de la cavalerie dans la journée du 1er Septembre 1870 et parle ainsi de l'apparition désespérée que fit l'Empereur au milieu de ses troupes, sur le champ de bataille de Sedan.

NAPOLÉON III A SEDAN. LE matin de ce jour si néfaste, j'étais allé à Balan revoir un capitaine mortellement blessé la veille. J'avais eu le bonheur d'arriver à temps pour recevoir son dernier soupir et ses dernières recommandations. Il m'avait remis trois photographies pour sa famille : la sienne, celles de sa petite Marie et de la mère de cette chère enfant. Il était mort bien doucement, sa main dans la mienne. Être un héros, sans doute, tomber pour sa patrie ! Mais aimer, aimer beaucoup tous ceux qui nous sont chers ! Son ordonnance le pleurait comme il aurait fait de son père. « Oh ! monsieur l'aumônier, répétait-il sans cesse, il était si bon, le capitaine ! »

J'allais me diriger du côté de la Garenne, lorsque nous apercevons le cortège impérial. Napoléon, au milieu de tous ses officiers, est accompagné par les Cent-gardes et le 1er peloton du 3e escadron des guides... Les Cent-gardes, que j'avais vus si beaux dans certaines fêtes où assistait l'Empereur, à Orléans, par exemple, au camp de Châlons, à la revue de Longchamp, en 1867, où notre souverain avait à sa droite le roi Guillaume de Prusse et à sa gauche Bismarck... Les Cent-gardes que j'avais admirés, grands et immobiles comme des statues, sur les marches de l'escalier d'honneur des Tuileries... Les Cent-gardes, ornement de la dignité et de la majesté impériales !... Aurais-je jamais pensé que je les reverrais un jour, auprès de leur souverain, sous une bourrasque de fer, et assistant aux dernières heures de l'agonie de cette même Majesté qu'ils avaient rehaussée par leur présence aux yeux de tant de Rois et Empereurs, venus de tous les points du monde !...

Ils sont là, aujourd'hui, subissant les mêmes dangers que leur maître. Les balles, les obus arrivent de toutes parts.

L'Empereur oblique un peu à gauche et se trouve au milieu du 88e. Il confère avec un Général. Il ordonne ensuite à son escorte, à tous ses officiers, devenus comme un point de mire pour l'ennemi, de s'abriter derrière un mur, et va se placer sur un mamelon, d'où sa vue pourra mieux s'étendre un peu partout, accompagné seulement du Général Pajol, de deux autres officiers et du Docteur Corvisart. Il s'éloigne encore de quelques pas de ce groupe, comme pour être plus seul.

Oui, seul, l'Empereur des Français, sous une pluie de fer. Il regardait, sans doute... Mais, n'attendant plus une victoire, il attendait... la mort !

Et la mort ne voulait pas venir !...

J'étais assez près pour voir se dessiner sur le ciel gris-bleu la silhouette de l'Empereur, sur son coursier qui me paraissait noir.

Autrefois, en Italie, le matin de Villafranca, au moment où le soleil allait se montrer dans toute sa splendeur, et pendant qu'une armée de 300 000 hommes défilait dans la plaine si large de Valleggio, nous avions vu, seul également, Napoléon III, à cheval, immobile comme une statue de bronze, sur un mamelon qui en dominait plusieurs autres et qui servait comme de piédestal. Ces rayons prolongés qui précèdent l'astre du jour lui formaient comme une vaste auréole...

Il est vrai qu'il y avait eu Magenta et Solferino.

. . . .

Ici encore, Napoléon III est seul. Mais où est l'auréole ?...

Il m'apparaît comme sur un tumulus dans un large cimetière.

En effet, tout autour de lui s'entassent les blessés et les morts. A quelques pas seulement, son officier d'ordonnance vient d'être foudroyé.

Seul, le souverain fortuné de vingt ans, devant lequel l'Europe s'était plus d'une fois inclinée !...

Seul, et ne se détachant plus que bien tristement sur un voile sombre et lugubre !...

Seul, et après tant de gloires, et ne cherchant plus que la mort... Et la mort ne vient pas !...

Pourquoi donc la mort ne veut-elle pas venir ?

Oui, seul et errant, pour ainsi dire, sur ce champ de bataille où se joue sa couronne... Napoléon III !..

Sa couronne !...

Son génie voit bien autre chose. Il voit, engagés dans cette lutte suprême, l'honneur et les gloires de la France !!!...

Je vous le dis, voilà pourquoi il veut mourir.

L'Empereur, après être resté assez longtemps sur cette même position, enviant le sort de son officier d'ordonnance, fait rappeler son escorte et avance encore plus sur les hauteurs.

Je l'ai perdu de vue.

L'Abbé Lanusse.

L'Heure suprême à Sedan. E. Flammarion, Éditeur.

GÉNÉRAL VINOY (1803-1879)

Le GÉNÉRAL VINOY commandait le 13e Corps français pendant la marche vers l'Est de l'Armée de Châlons. Demeuré à Mézières d'après les ordres du Général Cousin de Montauban, Ministre de la Guerre, il échappa au désastre de Sedan et put battre en retraite, ramener à Paris son Corps d'armée et les échappés de l'armée vaincue ; il devait jouer un rôle très important dans la défense de Paris. C'est le passage de son livre sur la campagne de 1870, relatant le rôle du 13e Corps pendant la bataille, que nous avons préféré citer. Le Général s'attendait à être attaqué ; déjà on avait échangé des coups de feu avec l'ennemi.

LE 13e CORPS PENDANT LA BATAILLE DE SEDAN.

CEPENDANT, les troupes avaient pris les armes, on s'attendait à tout moment à voir arriver les têtes de colonnes de l'armée du Maréchal. La canonnade se faisait entendre du côté de Sedan, mais elle ne semblait pas très violente, sans doute à cause de la direction contraire du vent, des sinuosités de la vallée. Vers 9 heures, elle parut redoubler, puis diminuer et même s'éloigner. Du haut de la citadelle, un observateur crut distinguer sur un coteau, dans la direction de Sedan, le feu d'une batterie, mais la brume ne permettait pas de se rendre un compte bien exact des objets que l'on pouvait s'imaginer voir à une telle distance.

Les heures marchaient, et le Commandant du 13e Corps n'avait encore reçu aucune nouvelle : il se décida alors à s'avancer avec la plus grande circonspection, dans la pensée que l'armée du Maréchal de Mac-Mahon aurait pu reprendre sa marche vers Montmédy, et que les forces prussiennes que le 13e Corps avait devant lui se seraient peut-être éloignées, allant à sa poursuite.

Comme la veille, la brigade Guilhem se porta en avant, mais cette fois avec six batteries d'artillerie : appuyant sa droite au bois et sa gauche au village de Villers, où elle laissa dix-huit pièces en batterie, elle envoya au loin des cavaliers du 6e de hussards, pour éclairer sa marche. Le village des Ayvelles était occupé par des uhlans qui se replièrent à notre approche, laissant voir derrière eux une force assez considérable d'infanterie qui demeurait en observation et semblait toute préparée pour le combat. Le mouvement opéré alors par le 13e Corps détermina immédiatement un mouvement offensif du côté de l'ennemi : il se prononça d'abord sur la rive droite de la Meuse. Quelques uhlans vinrent reconnaître le village de Ville-sur-Lumes, où l'on entendit bientôt quelques coups de fusil. Se retirant ensuite sur un peloton qui se trouvait un peu plus loin, ils le ramenèrent au galop dans le village, qui ne peut se défendre et qu'ils incendient sans nécessité. Plus haut, un escadron de hussards prussiens, débouchant par la route de Vrigne-aux-Bois, était reçu à coups de fusil par les francs-tireurs du bataillon Lafont-Mocquart, embusqués dans un bois. Quelques coups de canon tirés de Villers obligèrent également cette cavalerie à s'arrêter et même à disparaître. Mais sa retraite fut immédiatement suivie d'un mouvement offensif des Wurtembergeois, sur la rive gauche de la Meuse. Ils ouvrirent le feu de plusieurs batteries, et semblèrent vouloir attaquer la brigade Guilhem. Les forces de l'ennemi augmentant à chaque instant, le Commandant en chef ne jugea pas prudent de pousser plus à fond cet engagement qui ne pouvait nous être que désavantageux. Il prescrivit donc à la brigade menacée de se replier en bon ordre, et de se borner à défendre la gare de Mohon. Mais

l'ennemi la poursuivit, la poussant devant lui jusqu'au bois désigné sous le nom de bois des Trois-Communes [1]. Dans cette retraite, le Lieutenant-Colonel du 35e de ligne fut blessé, ainsi qu'une quarantaine d'hommes environ. Quant à la brigade Susbielle, composée de cinq bataillons seulement, elle reçut l'ordre de rentrer dans les ouvrages avancés de la place.

Il était alors une heure et demie : les nouvelles commençaient à arriver. Des agents de l'administration venus de Vrigne-aux-Bois annoncèrent que vers minuit une avant-garde de cavalerie prussienne s'était montrée dans ce village, où elle avait été bientôt suivie par un corps d'infanterie considérable. Ces troupes avaient traversé la Meuse sur le pont de Donchery, et plus bas, sur un pont de bateaux [2]. Là s'arrêtaient leurs informations : elles étaient à la fois exactes et précises. Ils évaluaient la force de l'ennemi à 40 000 hommes, et annonçaient qu'il occupait la hauteur qui se trouve entre Vrigne-aux-Bois et Mézières.

Vers la même heure, on put apercevoir du haut de la citadelle une colonne considérable d'artillerie qui se dirigeait vers Charleville, par la vallée de la Meuse. Il résulta des renseignements rapportés par des officiers envoyés pour reconnaître cette troupe, que cette colonne se composait du parc d'artillerie de réserve du 5e Corps. Partie de Sedan à la pointe du jour, elle avait pu en traversant les bois atteindre le pont de Nouzon, sur lequel elle avait passé la Meuse : des uhlans l'avaient bien approchée à ce moment, dans le but d'inquiéter son passage, mais en trop petit nombre pour pouvoir

---

1. Ce bois est en partie défriché aujourd'hui et n'a pas l'étendue indiquée sur la carte.

2. Le rapport allemand fait connaître que ces forces étaient le XIe et le Ve Corps prussiens et la moitié du Corps wurtembergeois. Ils avaient passé sur trois ponts : deux avaient été jetés sur la Meuse, à Donchery, et le troisième à Dom-le-Mesnil.

l'entamer. Enfin, à environ deux heures, le Colonel Tissier, sous-chef d'État-major du Maréchal de Mac-Mahon, vint lui-même nous donner les renseignements que nous attendions. Ils étaient fort décourageants et fort tristes : le Colonel avait quitté le champ de bataille à neuf heures du matin, au moment où le désastre semblait déjà inévitable !

Le Maréchal avait été blessé au début même de cette funeste journée ; l'armée était cernée de toutes parts, et lorsque le Colonel était parti, son issue n'était, hélas ! déjà plus douteuse, malgré les efforts désespérés de nos troupes, qui se battaient héroïquement. En s'éloignant du Maréchal, le Colonel Tissier avait pu sauver et emporter tous les papiers. Bientôt nous vîmes arriver des corps de troupes et des troupes isolées dans le plus grand désordre. De la cavalerie composée d'hommes de toutes les armes accourait, sous les ordres du Général Michel : elle était suivie par des masses de fuyards appartenant à l'infanterie, des zouaves, des turcos, des artilleurs, dont beaucoup dans leur frayeur avaient jeté leurs fusils sur tous les chemins, et se présentaient tout à fait désarmés. Ces troupes complètement démoralisées répandaient partout le trouble et la terreur par leur attitude et leurs discours. Leur nombre, qui d'heure en heure devenait plus considérable, peut être évalué pour ce seul jour à environ 10 000 hommes.

Les renseignements apportés par ces nouveaux arrivants s'accordaient pour affirmer qu'une grande bataille avait été livrée le matin, et que dès neuf heures elle semblait déjà perdue. Comme le 13e Corps était coupé de Sedan par des forces considérables, tant sur la rive droite que sur la rive gauche de la Meuse, il ne fallait pas compter sur d'autres nouvelles. D'ailleurs celles qu'on possédait étaient suffisamment lamentables et significatives : en effet, même en faisant la part la plus grande à l'exagération que tous ces fuyards effrayés avaient dû mettre dans leurs récits, le seul espoir qui pût évidemment rester était que l'armée eût réussi à se faire jour et à forcer le passage du côté de Montmédy ; mais c'était là une espérance bien faible, qu'un succès, qui semblait devenu dès lors improbable, pouvait seul réaliser.

En tout cas, la prudence faisait un devoir au Général en chef de prendre, sans perdre un seul instant, ses mesures tout comme s'il avait eu la certitude la plus absolue du désastre immense que l'on prévoyait. Il s'empressa de faire connaître sa position au Ministre de la Guerre, l'informant en outre qu'en présence de la gravité de la situation de l'Armée de Châlons, il avait l'intention de battre en retraite. Le Ministre, qui avait sans doute reçu d'autre part les mêmes informations, répondit aussitôt au Général :

« Dans les circonstances actuelles, je vous laisse maître de vos mouvements en ce qui concerne le 13e Corps d'armée. Faites évacuer les fuyards sur Laon : je compte que Mézières saura tenir. »

Dès qu'il eut reçu cette dépêche, le Général en chef donna ses ordres en vue du mouvement immédiat qui devait ramener son corps d'armée sous Paris.

GÉNÉRAL VINOY.

Histoire politique et militaire de la guerre de 1870-1871. Le siège de Paris. E. Plon, Nourrit et Cie, Éditeurs.

GEORGES D'ESPARBÈS (1864)

M. GEORGES D'ESPARBÈS fut un des reporters que des journaux envoyèrent en 1895 sur le théâtre de la guerre de 1870 où s'en commémorait le vingt-cinquième anniversaire. Il en a rapporté des impressions saisissantes, comme cette description de l'Ossuaire de Bazeilles. Cela n'est point pour étonner de la part de l'auteur de la LÉGENDE DE L'AIGLE, *où revivent, dans des morceaux enflammés et épiques, les guerres et les gloires du Premier Empire.*

L'OSSUAIRE DE BAZEILLES.

Sedan, 31 Août.

AUJOURDHUI, j'ai repris la guimbarde du petit cocher, l'ex-dragon. C'est un homme qui comprend. Il m'a dit en prenant le fouet.

« A l'Ossuaire, n'est-ce pas ? »

Et nous voici, comme hier, dans le même soleil. Les mêmes tombes nous regardent. Nous traversons les mêmes villages. Les mêmes verdures basses, dans les sentiers, traînent sur nos fronts leurs mille doigts verts. Les mêmes collines, au loin, reposent, allongent nos regards, et les mêmes champs de batailles nous offrent de belles routes pour le galop.

Là où roulèrent, il y a vingt-cinq ans, les troupes enthousiasmées, les canons grognants, la tempête française des hommes, des drapeaux, des chevaux, un criquet, criquet de trois écus, maintenant défile, maigre, le chanfrein baissé, traînant deux passants muets, et une mollesse de mélancolie m'accable en regardant cette terre de légende, cette épopée foulée par un fiacre, en songeant à ma tranquille promenade, aujourd'hui, sur tant de passions mortes, sur tant de bruit disparu.

Comme hier, la pyramide de Bazeilles, braquée au ciel comme un long canon, se dévêt soudain des feuillages, apparaît, monte, surgit. Nous y sommes, et je descends.

C'est le cimetière, d'abord, qu'il faut traverser. Il n'a qu'un chemin, bordé de buis, de fleurs d'immortelles, de pensées mignonnes. On y voit, aux bords, des tombes gamines. Et c'est le long d'elles, c'est par leur jeunesse que je m'en vais aux soldats ; c'est, d'un bout à l'autre du sentier, comme une chaîne de petites tombes, de légères mains enfantines qui me conduisent aux glorieux morts.

Devant le caveau dont la grille s'ouvre sur une cour de pierre carrée, une pyramide élevée par l'Allemagne à ses soldats. On lit sur un des côtés :

HIER
RUHEN 500 TAPFERE
BAYERN

Je suis arrêté, déjà. Comme tout nous impressionne : ce mot français, hier, qui veut dire en allemand : Ici. *Ici reposent 500 Bavarois*, dit la pierre. Ces deux mots flottent dans ma pensée, s'y confondent : hier, ici. Et une phrase me vient aux lèvres ; un espoir où, à mon tour, j'écris sur la pyramide : *Demain reposeront*. L'avenir écrira le chiffre.

Le gardien cause. Je lui demande la permission d'entrer. Deux marches. Et à peine les ai-je descendues, que des voix anglaises m'arrivent. Qu'est-ce qu'elles font ici ?

« Vous pouvez mettre votre chapeau, dit le gardien.

— Non !

— Vous aurez froid. »

Je le laisse, je regarde.

Ah ! pauvres gens, je ne sais pourquoi, hier, je m'étais figuré votre tombe ornée, faite par des mains, comme un bon lit. Mais rien que des pierres, une grande ombre, des grilles dures, aux fers de prison. Le gardien ne mentait pas. Soldats endormis, camarades, que vous devez avoir froid !

« Monsieur ! »

Et le gardien, voyant que je n'avance plus, me montre le côté droit de la galerie.

« C'est là, les Français. »

Je compte, sans bouger, sept cryptes, chapelles égales, sombres, éclairées seulement par deux soupiraux creusés à la voûte. L'odeur qui s'en exhale est d'une mort ancienne, sans âcreté, froide ; les pourritures en sont parties ; c'est la douleur devenue belle, devenue mystère, c'est la mort en repos, grave, loin de la vermine et de ses serpents.

Les Anglais s'en vont.

Lors, je m'avance derrière le gardien, je regarde. Mes yeux, habitués d'ombre, vaguent. Et tout à coup, par terre, des deux côtés du caveau, j'entrevois, *je vois* les crânes. Ils sont en chapelets le long de la crypte, ils sont rangés comme pour la revue. Derrière eux, c'est le bric-à-brac du sépulcre, un désordre de tibias, d'os cassés, de vertèbres. Chaos des membres ! Quelle botte est passée là-dessus ? Quel visiteur terrible a disloqué les corps, lancé de toutes parts les bras, les mains, les pieds inutiles, les uns broyés, brutal, en poussière ! Il y a des têtes camuses, aux mâchoires écartées comme par des poings, où il semble qu'un cri de bataille, sonore et fier, soit resté ; d'autres aux yeux bouchés de terre, comme pour ne plus voir ; d'autres, séparés du front au menton, avec, dans la fente, un restant de sabre ; d'autres à la nuque rejetée, collée aux reins, comme si la bombe, en les renversant, les eût forcés, quand même, de voir Dieu ; d'autres fiers, d'autres gais, aux dents ouvertes ; d'autres taciturnes, d'angoissés ; d'autres qui, depuis, ont toujours l'air de souffrir ; d'autres avec leur peau, sensible et grise comme un sable ; d'autres n'en ayant que par tronçons ; d'autres, effrayants, avec leurs cheveux, de petites touffes

jeunes où, jadis, le peigne des mères s'amusa. Je marche. Il y en a toujours, partout, rangés de même, en ordre, immobiles, comme s'ils attendaient. Un grand corps luit là. C'est dans le troisième caveau. Qui ? Un commandant de cuirassiers, entier, avec sa cuirasse. Il est sur le dos. Il a son épée. Il regarde la grille, des deux trous de ses gros yeux, comme s'il savait qu'un jour quelqu'un viendra la pousser toute grande, pour le grand rapport. Voilà un artilleur. Où est sa tête ? Voici son torse, avec un ruban de médaille. Plus loin, voilà des godillots dont l'un, dans le quatrième trou d'ombre, a conservé des morceaux de jambe, un tibia blanc, raide comme un bâton. Et partout les mêmes têtes, les mêmes crânes taciturnes, rageurs, froids, les mêmes mâchoires de commandement, les mêmes bouches de silence, de secret. Ah ! que pensez-vous ? à quoi pensez-vous donc, têtes mortes !

Je voudrais me ruer aux grilles, y coller ma tristesse, mon épouvante, les secouer, les ouvrir, prendre en mains cette poussière, la baiser ! Comment conter ces choses ? La grammaire est froide. La langue est trop tranquille. Où trouver des mots ?

Il m'en vient, d'obscurs, qui me sautent à la gorge. Ils m'envahissent, me font peur, m'enchantent. Ce sont des mots tués, des cris d'âme. Je les sens se tordre à ma bouche, comme la mauvaise herbe sur un mur. Et tout à coup, vers les morts, ils sortent de ma poitrine, ils se bousculent aux grilles.

Ossuaire de Bazeilles, réveille-toi ! membres épars, soulevez-vous, cherchez vos maîtres ! levez-vous tous ! levez-vous tous ! ouvrez ces grilles ! crânes creux, illuminez-vous de regards ! resplendissez, fronts, cheveux, de l'enthousiasme, poussez, repoussez, comme des flammes sous les képis ! Accourez, spectres, à la Maison de Bazeilles, à l'arsenal rouillé, aux cartouches ! Emplissez les chambres, pillez-les ! Poings aux doigts sans force, armez de nouveau les bras ! Refaites-vous des nerfs ! Vertèbres, habillez-vous de chairs ! Pressez-vous, torses, et qu'un sang vous inonde ! Rebouclez-vous, bustes guerriers ! Endossez les capotes bleues ! Reprenez, tibias, vos pantalons pourprés, vos basanes ! Et vous, pieds décharnés, vos éperons ! A l'arsenal ! En avant, les morts ! Ressuscitez ! Soulevez-vous du sommeil ! Sortez de l'ossuaire ! Accourez à Bazeilles ! Rangez-vous dans les mêmes champs ! Apparaissez armés d'éclats de sabres, de vos vieux fusils, de ces terribles bâtons, frappés des bombes, qui furent vos étendards, vos drapeaux ! Dépêche-toi, Mort, de les rendre ! Sommeil éternel, délie leurs yeux ! Oubli, laisse-les passer ! Chevaux, levez-vous de vos cendres, piaffez, mordez vos gourmettes, hennissez ! En selle, houzards ! Aboyeurs de bronze, hors la nuit ! Canonniers lugubres, à vos pièces ! Soldats de fer, endossez vos armures, et que le feu de vos seins durcisse vos cuirasses ! Dressez-vous, officiers, lancez vos ordres, et que vos dents éclatent de passion ! A vos rangs, cadavres ! le grand sonneur monte au clocher ! Tambours, débarrassez-vous de vos crêpes ! Haut ! clairons, car voici l'heure.

La porte du caveau s'ouvre avec effort, je quitte mon rêve. Et une voix m'arrive, indifférente, l'appel du gardien :

« Monsieur, on ferme. »

Le régiment mortel s'efface ; la vision, dans ma pensée, retombe en clameurs vagues. La vie m'apparaît alors telle que le temps l'a faite.

Le Journal, Septembre 1895.

GEORGES BIBESCO (1834)

GEORGES BIBESCO, prince roumain, né à Bucarest et fils de l'ancien hospodar de Valachie, fit ses études en France et entra à Saint-Cyr. Dans la guerre du Mexique, il joua un rôle très remarqué, comme Officier de l'État-Major du général de Lorencez. L'amour qu'il portait à sa patrie d'adoption lui fit reprendre les armes en 1870. Attaché au 7e Corps, blessé et pris à Sedan, il fut interné à Coblentz. Dans plusieurs ouvrages de valeur, il a raconté ses campagnes ; nous empruntons à sa CAMPAGNE DE 1870 *un document officiel, où il semble que l'on entende sonner le glas de l'armée française.*

PROCÈS-VERBAL DE LA SÉANCE DU CONSEIL DE GUERRE TENU AU QUARTIER GÉNÉRAL A SEDAN LE 2 SEPTEMBRE 1870, A SIX HEURES DU MATIN.

Aujourd'hui, 2 Septembre, à six heures du matin, sur la convocation du Général en chef, un Conseil de guerre, auquel ont été appelés les Généraux commandant les divisions et les Généraux commandant en chef l'artillerie et le génie de l'armée, a été réuni.

Le Général commandant a exposé ce qui suit :

« D'après les ordres de l'Empereur et comme conséquence de l'armistice intervenu entre les deux armées, j'ai dû me rendre auprès de M. le Comte de Moltke, chargé des pleins pouvoirs du Roi de Prusse, dans le but d'obtenir les meilleures conditions possibles pour l'armée refoulée dans Sedan après une bataille malheureuse.

« Dès les premiers mots de notre entretien, je reconnus que M. le Comte de Moltke avait malheureusement une connaissance parfaite de notre situation, et qu'il savait très bien que l'armée manquait absolument de vivres et de munitions.

M. de Moltke m'a appris que dans la journée d'hier, nous avions combattu une armée de deux cent vingt mille hommes qui nous entourait de toutes parts. « Général, m'a-t-il « dit, nous sommes disposés à faire « à votre armée, qui s'est si vaillam-« ment battue aujourd'hui, les con-« ditions les plus honorables ; toute-« fois, il faut que ces conditions soient « compatibles avec les exigences de « la politique de notre gouverne-« ment. Nous demandons que l'ar-« mée française capitule. Elle sera « prisonnière de guerre ; les officiers « conserveront leur épée et leurs « propriétés personnelles ; les armes « de la troupe seront déposées dans « un magasin pour nous être li-« vrées. »

Le Général a demandé aux officiers généraux qui faisaient partie du Conseil de guerre, si, dans leur pensée, la lutte était encore possible : la grande majorité a répondu par la négative. Deux généraux seuls ont exprimé l'opinion que l'on devait, ou se défendre dans la place, ou chercher à sortir de vive force.

On leur a fait observer que les vivres et munitions manquaient absolument ; que l'entassement des hommes et des voitures dans les rues rendait toute circulation impossible ; que dans ces conditions, le feu de l'artillerie ennemie, déjà en position sur toutes les hauteurs environnantes, produirait un affreux carnage, sans aucun résultat utile ; que le débouché était impossible puisque l'ennemi occupait déjà les barrières de la place et que ses canons étaient braqués sur les avenues étroites qui y conduisent. Ces deux officiers généraux se sont rendus à l'avis de la majorité. En conséquence, le Conseil a déclaré au Général en chef qu'en présence de l'impuissance matérielle de prolonger la lutte, nous étions forcés d'accepter les conditions qui nous étaient imposées, tout sursis pouvant nous exposer à subir des conditions plus douloureuses encore.

DE WIMPFFEN. — A. DUCROT. — GÉNÉRAL LEBRUN. — F. DOUAY. GÉNÉRAL FORGEOT. — CH. DEJEAN.

BIBESCO.

Campagne de 1870. Belfort, Reims, Sedan. Paris, 1874. Plon, Nourrit et Cie, Éditeurs.

PRINCE DE BISMARCK (1815-1898)

LE PRINCE DE BISMARCK, Chancelier de l'Empire d'Allemagne, qui a revendiqué devant l'Histoire la responsabilité de la guerre effroyable de 1870, s'était fait accompagner durant l'invasion par un historiographe qui nous a transmis ses moindres paroles. C'est d'après le livre de M. Busch que M. Eugène Seinguerlet a donné au public français les PROPOS DE TABLE DU COMTE DE BISMARCK PENDANT LA CAMPAGNE DE FRANCE. *Il n'y faut point chercher que de l'esprit allemand ; et le Chancelier raconta ainsi, d'après son secrétaire, la lamentable capitulation de Sedan.*

LA CAPITULATION DE SEDAN. — Le Maréchal de Moltke maintint froidement ses conditions. Le Général de Wimpffen lui représenta combien sa position était malheureuse. Il y avait deux jours seulement que, venant d'Afrique, il avait rejoint les troupes ; il n'avait pris le commandement que vers la fin de la bataille, après que le maréchal de Mac-Mahon eût été blessé, et voilà qu'on voulait lui faire signer une pareille capitulation. Il préférerait chercher à tenir dans la forteresse ou tenter de percer nos lignes. Le Maréchal de Moltke exprima son regret de ne pouvoir tenir compte de la po sition du Général que, du reste, il savait apprécier. Il rendit hommage à la valeur des troupes françaises, mais il déclara qu'on ne pouvait défendre Sedan avec succès, et que le passage à travers nos lignes était impossible. Il ne demandait pas mieux que d'autoriser un des aides de camp du Général à visiter nos positions afin de s'en convaincre.

Le Général de Wimpffen aborda alors le côté politique de la question ; il dit qu'à ce point de vue la prudence nous conseillait de lui accorder de meilleures conditions. Nous ne pouvions pas ne pas désirer une paix prochaine et durable, et nous ne l'aurions qu'en nous montrant généreux. En ménageant l'armée, nous obtiendrions sa reconnaissance et celle de la nation tout entière, et nous ferions naître partout des sentiments d'amitié. La décision contraire serait le germe et le commencement de guerres sans fin.

Là-dessus je pris la parole, puisque la réponse à cet argument rentrait dans mes attributions. Je répondis au Général que l'on pouvait compter sur la reconnaissance d'un Prince, mais non sur celle d'un peuple, et que la reconnaissance des Français serait plus douteuse que celle de tout autre peuple. En France, il n'y a ni situation ni institution durables ; les dynasties et les gouvernements se succèdent les uns aux autres sans relâche et l'un, naturellement, n'est pas tenu de faire ce qu'a promis l'autre. Dans cet état de choses, ce serait folie à nous de ne pas exploiter jusqu'au bout nos succès. Les Français sont un peuple envieux et jaloux. La victoire de Königgrätz les a blessés, et ils ne nous l'ont jamais pardonnée, bien qu'elle ne les ait en rien diminués. Comment notre générosité pourrait-elle les porter à oublier Sedan ?

Le Général de Wimpffen ne se rendit pas ; il soutint que le caractère français s'était modifié dans les derniers temps. La France, dit-il, avait appris sous l'Empire à songer aux intérêts de la paix plus qu'à la gloire militaire ; elle était prête à proclamer la fraternité des peuples, etc. Il me fut facile de lui prouver le contraire et de lui montrer que lui accorder sa demande, ce serait contribuer à prolonger la guerre et non pas la finir. Je conclus en disant qu'il nous fallait maintenir nos exigences.

Le Général Castelnau prit la parole et déclara, au nom de son souverain, que l'Empereur n'avait remis, la veille, son épée au Roi que dans l'espoir d'obtenir une capitulation honorable. Je dis : « Quelle épée « était-ce ? l'épée de la France ou celle « de l'Empereur ? » Il répondit : « L'épée de l'Empereur. — Eh bien, « alors, s'écria vivement le Maréchal « de Moltke, il ne peut pas être ques- « tion d'autres conditions ! » et un sourire de satisfaction éclaira son visage. — « Très bien, dans ce cas, nous « nous battrons encore une fois de- « main, dit le Général de Wimpfen. — « Je ferai ouvrir le feu à quatre heures, » répliqua le Maréchal de Moltke, et les Français firent mine de s'en aller. Je les déterminai à rester et à y réfléchir à deux fois. Finalement, ils se décidèrent à demander une prolongation de l'armistice, afin d'avoir le temps de s'entendre avec les leurs à Sedan sur nos exigences. Le Maréchal de Moltke ne voulut pas d'abord y consentir, mais je lui représentai que la prolongation ne pouvait nous nuire en aucune façon, et il céda.

Le 2, à six heures du matin, le Général Reille parut devant la maison où je logeais à Donchery et me dit que l'Empereur désirait me parler. Je m'habille et je monte à cheval pour me rendre à Sedan, où je compte le trouver. Je le rencontre à Frenois, à trois kilomètres de Donchery, sur la chaussée. Il était assis avec trois officiers dans une voiture attelée de deux chevaux, et trois autres officiers accompagnaient la voiture. Je ne reconnus que MM. Reille, Castelnau, de la Moscowa et Vaubert. J'avais accroché mon revolver à mon ceinturon, et le regard de l'Empereur s'y attacha un bon moment...

. . `. . . . .

Je fis le salut militaire; il ôta son képi, et les officiers suivirent son exemple; je les imitai, bien que cela soit contraire à notre règlement militaire.

« Couvrez-vous donc, » fit-il.

Je le traitai absolument comme à Saint-Cloud, et lui demandai quels étaient ses ordres. Il voulait parler au Roi. Je lui dis que cela n'était pas possible, le quartier de Sa Majesté étant éloigné de deux lieues. Le fait est que je ne voulais pas qu'il rencontrât le Roi avant que la question de la capitulation fût tranchée.

EUGÈNE SEINGUERLET.

Propos de table du comte de Bismarck pendant la campagne de France.
Maurice Dreyfous, Éditeur.

L'EMPEREUR GUILLAUME (1797-1888)

GUILLAUME Ier était roi de Prusse depuis 1861 lorsque l'Empire d'Allemagne fut proclamé à Versailles le 18 Janvier 1871. Des témoignages contemporains (voir par exemple celui de la comtesse Tascher de la Pagerie qui le reçut en 1867, lors de sa visite à l'Exposition universelle) nous le donnent comme un roi bonhomme et parfois sensible, citant à tout propos l'intervention divine dans l'éclat de son règne. Il vainquit l'Autriche à Sadowa, la France à Sedan, parce que Dieu l'avait ainsi voulu. Il faudrait citer à ce propos le fragment du JOURNAL des Goncourt où se trouve consigné son passage à Reims. Sa lettre à l'impératrice Augusta sur la bataille de Sedan est une pièce historique que nous devions reproduire dans cette anthologie.

LETTRE A L'IM-PÉRATRICE AU-GUSTA.

Vendresse, au sud de Sedan, le 3 Sept. 1870.

Tu connais maintenant par mes trois télégrammes toute l'étendue des grands événements historiques qui se sont accomplis! C'est comme un rêve, lors même qu'on les a vus se dérouler heure par heure!

Quand je pense qu'après une grande guerre heureuse je ne pouvais rien attendre de plus glorieux pendant mon règne, et qu'aujourd'hui pourtant je vois s'accomplir de tels faits historiques, je m'incline devant Dieu, qui seul nous a élus, moi, mon armée et mes alliés, pour exécuter ce qui vient d'être fait, et nous a choisis comme instruments de sa volonté. Ce n'est qu'ainsi que je puis comprendre cette œuvre, pour rendre grâce humblement à Dieu qui nous conduit et à sa bonté.

Voici maintenant un tableau sommaire de la bataille et de ses résultats.

L'armée, le 31 au soir et le 1er au matin, avait pris les positions qui lui étaient prescrites autour de Sedan. Les Bavarois formaient l'aile droite à Bazeilles, sur la Meuse; près d'eux, les Saxons étaient du côté de la Moncelle et de Daigny; la Garde, encore en marche, s'avançait sur Givonne; le Ve et le XIe Corps se tenaient vers Saint-Menges et Fleigneux; comme la Meuse fait en cet endroit une forte courbe, aucun corps n'avait été placé entre Saint-Menges et Donchery, mais le lieu était occupé par les Wurtembergeois qui couvraient en même temps nos derrières contre les attaques du côté de Mézières. La division de cavalerie du comte Stolberg formait l'aile droite dans la plaine de Donchery. Sur le front, vers Sedan, était le reste des Bavarois.

Le combat commença de bonne heure, à Bazeilles, malgré un épais brouillard, et peu à peu la lutte devint très vive ; il fallut prendre chaque maison l'une après l'autre ; ce combat dura presque toute la journée, et la division Schöler, d'Erfurt (de la Réserve, ivᵉ Corps), dut y prendre part. Lorsque, vers huit heures, j'arrivai sur le front devant Sedan, la grande batterie venait de commencer son feu contre les ouvrages de la place. Sur tous les points, alors, se développa un violent combat d'artillerie, prolongé pendant plusieurs heures, et durant lequel nos troupes gagnaient pied à pied du terrain. Les bourgs nommés plus haut furent pris.

De profondes coupures de terrain garnies de bois rendaient la marche de notre infanterie difficile et favorisaient la défense. Les bourgs d'Illy et de Floing furent pris ; le cercle de feu se resserra de plus en plus autour de Sedan. Le spectacle était grandiose, vu de notre position sur une hauteur dominante, derrière la grande batterie, à droite et en avant du bourg de Frenois, au-dessus de Saint-Forcy. La vive résistance de l'ennemi commençait peu à peu à mollir, ce que nous pouvions reconnaître en voyant des bataillons débandés se replier précipitamment hors des bois et des villages. La cavalerie française essaya une attaque contre quelques bataillons de notre vᵉ Corps, qui conservèrent une attitude excellente ; cette cavalerie passa au galop dans les intervalles de nos bataillons et revint par le même chemin ; charge qui fut renouvelée trois fois par différents régiments ; aussi le champ de bataille était-il semé de cadavres d'hommes et de chevaux, comme nous pouvions, de notre point de vue, l'apercevoir distinctement. Je n'ai pu encore savoir le numéro du brave régiment auquel appartiennent ces bataillons.

Sur plusieurs points la retraite de l'ennemi était devenue une déroute ; infanterie, cavalerie, artillerie, tout se pressait pêle-mêle dans la ville et ses plus proches environs,

mais aucun signe encore ne paraissait indiquer que l'ennemi songeât à sortir par une capitulation de cette situation désespérée ; il ne restait donc qu'à faire bombarder la ville par la grande batterie. Au bout de vingt minutes environ, le feu avait déjà pris en beaucoup d'endroits, ce qui, avec plusieurs villages qui étaient en flammes sur toute l'étendue du champ de bataille, produisait une terrible impression.

Je fis alors cesser la canonnade et j'envoyai en parlementaire avec le drapeau blanc le Lieutenant-Colonel de Bronsart, de l'État-major général, proposer la capitulation à l'armée et à la place ; chemin faisant, il rencontra un officier bavarois qui venait m'annoncer qu'un parlementaire français avec le drapeau blanc s'était montré à la porte de la ville. Le Lieutenant-Colonel de Bronsart fut introduit dans la place, et, comme il demandait le Général *en chef*, on le conduisit, à sa grande surprise, devant l'Empereur, qui voulut lui remettre immédiatement une lettre pour moi. L'Empereur demanda au Lieutenant-Colonel de quelle mission il était chargé ; sur la réponse qui lui fut faite, « sommer la place et l'armée de se rendre », il dit à notre parlementaire qu'il devait s'adresser pour cela au Général de Wimpffen, lequel venait de prendre le commandement à la place de Mac-Mahon, blessé, — et que lui-même il allait envoyer vers moi, avec sa lettre, son Adjudant-général Reille.

Il était sept heures lorsque Reille et Bronsart arrivèrent près de moi ; ce dernier précédait un peu l'envoyé français, et c'est seulement par lui que j'appris avec certitude que l'Empereur était dans la place. Tu peux juger de l'impression que cela produisit sur moi avant tout et par-dessus tout ! Reille sauta à bas de son cheval et me remit la lettre de son Empereur, ajoutant qu'il n'avait pas d'autre mission. Avant d'ouvrir la lettre, je lui dis : « Mais je demande comme première condition que l'armée mette bas les armes. » La lettre commençait ainsi : *N'ayant pas pu mourir au milieu de mes troupes, il ne me reste qu'à rendre mon épée entre les mains de Votre Majesté,* s'en remettant pour tout le reste à ma disposition.

Ma réponse fut qu'une rencontre de cette sorte entre nous m'était pénible, et que je désirais l'envoi d'un plénipotentiaire avec lequel la capitulation serait conclue. Après que j'eus remis la lettre au Général Reille, je lui adressai quelques paroles comme à une ancienne connaissance, et ainsi se termina cet épisode. Je fondai de pouvoir Moltke comme négociateur de la capitulation, et je prescrivis à Bismarck d'être là, pour le cas où des questions politiques seraient à traiter ; ensuite je gagnai à cheval ma voiture et me fis conduire ici, salué sur toute la route d'un ouragan de hourras par les troupes qui s'avançaient ; l'hymne national se faisait entendre de toutes parts. C'était saisissant ! Partout on avait allumé les lumières, en sorte que, par instants, je traversais une illumination improvisée. A onze heures j'arrivai ici, et, avec mon entourage, je portai la santé de l'armée qui venait d'obtenir en combattant un tel succès.

Le matin du 2, n'ayant encore reçu aucun avis de Moltke au sujet des négociations qui devaient avoir lieu à Donchery pour la capitulation, je me rendis, comme il était convenu, sur le champ de bataille, vers huit heures, et rencontrai Moltke qui venait au-devant de moi pour avoir mon consentement à la capitulation proposée ; en même temps, il m'annonça que l'Empereur avait quitté Sedan le matin, à cinq heures, et s'était rendu, lui aussi, à Donchery. Comme Napoléon désirait me parler et qu'un petit château avec parc se trouvait à proximité, je choisis ce lieu pour nous y rencontrer. A dix heures j'allai sur la hauteur devant Sedan ; à midi, Moltke et Bismarck arrivèrent avec la capitulation signée ; à une heure je me mis en route avec Fritz, accompagné de l'escorte de cavalerie de l'État-major, et je descendis au château, où l'Empereur vint à ma rencontre. La visite dura un quart d'heure ; nous étions tous les deux très émus de nous revoir ainsi. Tout ce que j'éprouvais en ce moment, après avoir vu il y a trois ans Napoléon au faîte de la puissance, ne peut s'exprimer.

Après cette entrevue, de deux heures et demie à sept heures et demie, je parcourus à cheval le campement de toute l'armée devant Sedan.

L'accueil des troupes, mon impression en revoyant le corps de la Garde décimé, tout cela je ne puis aujourd'hui te le décrire ; j'ai été profondément touché par tant de témoignages d'amour et de dévouement.

Maintenant, je te dis adieu, le cœur ému, en finissant une telle lettre.

GUILLAUME.

EUGÈNE VÉRON.

La Troisième Invasion. A. Ballue, Éditeur.

EUGÈNE VÉRON (1825-1889)

EUGÈNE VÉRON, professeur, puis littérateur, historien, fut aussi journaliste et fonda des journaux, des périodiques comme L'ART. *Pour écrire sur la guerre de 1870, il était déjà préparé par une série d'ouvrages spéciaux comme l'*HISTOIRE DE LA PRUSSE DE FRÉDÉRIC II A SADOWA, L'HISTOIRE DE L'ALLEMAGNE DEPUIS SADOWA. *Aussi son livre :* LA TROISIÈME INVASION *est-il un historique complet et du plus haut intérêt sur la guerre franco-allemande. C'est en ces termes qu'Eugène Véron y parle de Sedan et de la situation de l'armée française après la capitulation.*

L'ARMÉE FRANÇAISE APRÈS SEDAN. — LA ville était en proie à une confusion inexprimable. Depuis la veille, les rues étaient remplies de soldats de toutes armes, mêlés et confondus, qui, après avoir passé la nuit couchés sur les trottoirs, réclamaient du pain qu'on ne pouvait leur donner. Ils ne reconnaissaient plus leurs chefs, qu'ils accusaient de leurs souffrances. Dans les maisons le spectacle était plus navrant encore : tous les édifices publics, les églises, les cafés, les maisons particulières elles-mêmes, étaient remplis de blessés, auxquels ne pouvaient suffire les médecins. Sans les ambulances internationales, les neuf dixièmes des blessés seraient morts sans secours. Qu'auraient pu faire de 14 000 blessés les ambulances militaires, réduites à elles-mêmes ?

Ajoutez à cela l'épouvante qui pesait sur la ville, menacée de tous côtés par les canons ennemis. Sur toutes les hauteurs environnantes étaient installées des batteries qui n'attendaient que le signal pour commencer le bombardement sur cette foule où chaque obus devait porter à coup sûr. On savait qu'il n'y avait pas un point de la ville où l'on pût se croire à l'abri, et l'on connaissait déjà trop bien les Prussiens pour douter qu'ils hésitassent à écraser ces masses humaines, réduites à l'impossibilité de se défendre.

La capitulation délivra les habitants de cette terreur, mais elle condamna nos malheureux soldats à des souffrances sans nom. La lutte était finie. La torture allait commencer. L'armée entière était aux mains des Allemands ; mais le chiffre de 83 000 hommes qu'ils accusent, s'il n'est pas absolument faux, a du moins besoin d'être expliqué. Il faut remarquer d'abord qu'ils y comprennent les 14 000 blessés qui furent trouvés à Sedan et dans les environs. Ils y font entrer également, nous devons le supposer du moins, 30 000 prisonniers qu'ils avaient fait dans les rencontres de Beaumont, de Mouzon et de Sedan. Si l'on prenait au pied de la lettre ce chiffre de 83 000 hommes livrés par la capitulation et qu'on y ajoutât ces 30 000 prisonniers, plus une dizaine de mille hommes qui ont réussi soit à s'échapper en Belgique, soit à regagner l'intérieur de la France, on arriverait, en y ajoutant le nombre des morts qui a été très considérable, à admettre un total de près de 130 000 combattants. Or l'effectif réel de l'armée, à son départ de Châlons, n'atteignait probablement pas ce chiffre, et elle avait laissé sur les routes un grand nombre de traînards et de malades. Après les affaires de Beaumont et de Mouzon, elle ne comptait certainement pas plus de 90 000 combattants. En défalquant les tués, les blessés et les hommes disparus ou pris pendant la bataille, il ne devait pas, au moment de la capitulation, y avoir à Sedan plus de 60 000 hommes valides.

Les Allemands affirment avoir fait 25 000 prisonniers pendant la seule bataille de Sedan. Ce chiffre est sans doute exagéré. Cependant on peut à la rigueur l'admettre, quand on connaît la manière dont ils s'y prennent pour augmenter le nombre de leurs prisonniers. Voici un fait qu'ils n'accuseront pas d'être une calomnie inventée par leurs ennemis, car il est raconté par un Allemand, le Général de Pape, de la Garde prussienne. Il raconte que « dans le bois de la Garenne on força un trompette français prisonnier d'exécuter les sonneries qui sont usitées dans l'armée française pour ordonner de cesser le feu et de se rassembler. Alors, dit-il, les soldats français accouraient de toutes parts comme les abeilles qui volent vers leur ruche. » On les prenait et on les emmenait avec les autres.

Ce stratagème allemand, qui cadre si bien avec cet idéal de vertu et de loyauté dont nos ennemis se sont octroyé le monopole, n'est avoué que par le Général de Pape, mais il a pu être appliqué par plusieurs autres, et l'on conçoit que cette méthode explique les chiffres les plus invraisemblables.

Quoi qu'il en soit, les Allemands accusent 83 000 hommes livrés par la capitulation, 330 pièces de campagne, 70 mitrailleuses, 184 canons de place, 12 000 chevaux, un immense matériel de guerre. En admettant que les chiffres soient exagérés, le fussent-ils de moitié, il faut avouer que la France a subi à Sedan un désastre terrible, qui, par malheur, n'a été ni le dernier ni le plus affreux de cette guerre. Du côté des Allemands, le chiffre des hommes tués ou blessés s'élevait à 10 000.

Au nord-ouest de Sedan, à deux kilomètres de la ville, la Meuse décrit une courbe très prononcée pour aller passer derrière la hauteur d'Iges, et de là, revenant sur elle-même, elle forme une presqu'île en fer à cheval dont les deux extrémités sont reliées par le canal de dérivation. C'est dans cet espace, entouré d'eau de tous côtés, que les ennemis parquèrent nos malheureux soldats. Grâce à cette situation, quelques canons et quelques sentinelles suffisaient pour garder toute l'armée française.

C'est là que, dans ce *camp de la misère*, pendant dix jours, sans abris, sous une pluie incessante, au milieu d'une boue profonde, à peine nourris, on les laissa, comme si on avait compté sur les souffrances et les maladies pour achever les restes de la bataille. Jamais prisonniers ne furent traités avec plus de cruauté. Les Bavarois surtout se montrèrent impitoyables ; on eût dit qu'ils voulaient se venger sur nos soldats du soin que prenaient leurs bons amis les Prussiens de les placer toujours aux postes les plus dangereux.

EUGÈNE VÉRON.

La Troisième Invasion. A. Ballue, Éditeur.

ALBERT VERLY

M. VERLY a fait dans son livre L'ESCADRON DES CENT-GARDES *l'historique de la garde particulière de Napoléon III ; il est curieux à consulter pour le rôle des Cent-gardes durant la campagne de France. A la chute de l'Empire, l'escadron fut versé dans le 2ᵉ cuirassiers de marche ; il se battit à Châtillon, à la Ville-Évrard, à Marly pendant le siège. Les dernières étapes de l'armée impériale avant Sedan sont retracées dans les lettres du Colonel Baron Verly. Voici le récit de la « dernière escorte » et du départ du Prince Louis protégé par le Lieutenant Watrin.*

LA DERNIÈRE ES-CORTE DES CENT-GARDES.

LE fils de l'Empereur séjourna à Avesnes les 30 et 31 Août et le 1ᵉʳ Septembre.

Durant ces trois jours, on n'eut aucune nouvelle de l'Empereur ; de temps à autre l'Impératrice télégraphiait : le bruit courait d'une grande victoire remportée par les troupes françaises, tandis qu'à quelques lieues de là notre malheureuse armée agonisait.

Enfin, le 2 Septembre, une dépêche de Paris prescrivit de partir pour Landrecies, où l'on arriva à midi. Son Altesse prit son logement chez le Maire, M. Marie Soufflet.

Les 2 et 3 Septembre, les dépêches les plus contradictoires se succèdent sans interruption, les mauvaises nouvelles arrivent de tous les côtés : on sonne le boute-selle, on attelle et dételle la voiture, et c'est sur un ordre formel de l'Impératrice que, le 4 Septembre, on part pour Maubeuge.

A l'arrivée en cette ville, vers 9 heures du matin, le Lieutenant Watrin, qui avait envoyé le Maréchal-des-logis Bernier en avant pour préparer le logement, reçut le rapport de ce dernier lui racontant la capitulation de Sedan et l'effervescence dans laquelle se trouvait Maubeuge. Tout le monde criait à la trahison, et voulait faire un mauvais parti au Prince et à son escorte. Bernier parlait d'arrêter le Maire, lorsque Watrin, de qui nous tenons ce détail, aperçut un officier de mobiles qui pérorait et excitait la foule ; le brave Watrin n'hésita pas et alla cueillir lui-même le moblot qu'il fourra au poste de police, en disant que tant que le Prince Impérial serait dans la ville, lui seul commanderait.

Ceci fait, le Prince descendit chez Mme Marchand, veuve d'un ancien député, et les Cent-gardes se placèrent en faction tout autour et à l'intérieur de la maison.

Le Commandant Clary décida de faire partir Son Altesse en secret pour la Belgique : les gardes étaient prêts à se faire tuer jusqu'au dernier pour protéger le départ.

En conséquence, deux agents de police que M. Hirvoix avait joints à l'escorte sortirent en ville et revinrent bientôt avec des effets civils qu'on fit revêtir au Prince.

Alors, dans la cour de Mme Marchand on attela un break très simple, dans lequel prirent place Son Altesse et le capitaine de vaisseau Duperré.

Au moment du départ, le Prince remercia Mme Marchand, lui disant : « Bientôt je reviendrai ! » ; puis, se tournant vers le Lieutenant Watrin, il embrassa celui-ci pour tous les Cent-gardes, le remercia également, et, en le pressant sur sa poitrine d'enfant, lui dit : « Allons ! du courage ; adieu, Watrin ! »

Ce fut donc le brave lieutenant qui reçut le dernier adieu de l'Enfant de France sur le sol de la patrie.

Puis la voiture, traversant les jardins, sortit par une porte de derrière et gagna la frontière belge. Le même jour, les trois membres de la famille impériale disparaissaient dans la même tourmente : Napoléon III en Allemagne, l'Impératrice Eugénie en Angleterre, et le Prince Impérial en Belgique.

ALBERT VERLY.

L'Escadron des Cent-Gardes. Paul Ollendorf, Éditeur.

III

L'ARMÉE DE METZ

LUDOVIC HALÉVY (1834)

M. LUDOVIC HALÉVY est le brillant fantaisiste de LA BELLE HÉLÈNE, de LA VIE PARISIENNE et de tant d'opérettes fameuses où sa verve s'associa à celle de M. Meilhac pour amuser avec la complicité des flonflons d'Offenbach l'insouciance de la fin de l'Empire. La guerre éteignit tant de rires dans les larmes et le sang. M. Ludovic Halévy, lui aussi, devint grave et du coup son talent fut métamorphosé. Il attendrit et haussa aux nobles méditations, comme il avait diverti. Son livre L'INVASION est une œuvre de haute valeur où sont brossés des tableaux admirables. C'est une des œuvres capitales de notre littérature de la guerre. D'autant plus qu'aucune n'est plus consciencieuse : l'auteur, dans sa préface, déclare « qu'elle est une compilation d'après des témoins oculaires », ce qui prouve que, avant l'école naturaliste, on songeait aux documents humains.

UNE POINTE EN ALLEMAGNE.

27 Juillet, trois heures du matin.

Ordre de départ. Toujours la même chaleur. Le lever du jour est comme un coucher de soleil après une journée orageuse. Pas une goutte de rosée. L'air brûlant et lourd. Le mouvement du camp soulève des nuages de poussière.

Les tentes sont abattues, mais lentement ; les chevaux chargés, mais sans méthode ; les voitures attelées maladroitement sont écrasées de bagages entassés pêle-mêle... C'est l'inexpérience d'un premier départ. Des chevaux tout sellés s'échappent, emportant les cordes détendues et les piquets arrachés. Les hommes montent à cheval... Le sol est jonché d'effets laissés à terre... Le plaisir de quitter cet odieux bivouac et d'aller de l'avant met les têtes à l'envers. Les maréchaux des logis glanent de-ci de-là un maillet, un bidon, une entrave, une longe. Les officiers tempêtent. Chacun finit par rentrer dans son bien. Les rangs se forment. L'appel est fait et rendu. Les trompettes sonnent la marche ! Enfin, on a démarré... Les hommes sont pleins d'entrain et de bonne humeur. Tous demandaient à marcher. Ils marchent. Ils sont contents.

Nous voilà sur la grande route à rangs ouverts. On continue à entendre, à la queue de la colonne les jurons du vaguemestre, les imprécations des hommes à pied et des conducteurs qui ne peuvent tirer des terres labourées leurs voitures surchargées. On se dirige vers la frontière. A l'entrée de chaque village les chanteurs de la colonne entonnent quelque refrain de soldat : *la Mère Godichon*, ou bien *Quatre hommes et un caporal.*

> Il était une fois quatre hommes
> Conduits par un caporal
> Qu'éprouvaient tous les symptômes
> D'un embêt'ment général.

Les paysannes sont aux fenêtres et nous regardent passer. Les enfants avec de grands cris de joie, nous font cortège. La chanson continue :

> L'un disait : « Comme on barbotte ! »
> Le second dit : « C'est qu'il pleut. »
> Le troisièm' : « Ça fait d'la crotte ! »
> L'quatrième : « Qu'est-c'qu'on y peut ? »
> L'caporal dit : « C'est comm' ça,
> Quand il pleut, dam ! ça vous mouille. »

Et la chanson allait toujours. La baronne de Folbiche se mettait à la fenêtre, invitait les fantassins à monter chez elle sans façon, épousait le caporal et donnait en mariage ses quatre sœurs aux quatre hommes... J'entendais avec plaisir cette bête de chanson, qui valait mieux pour les soldats que la *Marseillaise*. Je ne discute pas, je constate. Les libations dans les cabarets et dans les gares, les ovations malsaines, les chants patriotiques ont fait beaucoup de mal à l'armée.

Le temps devient de plus en plus lourd;... il est huit heures du matin;... l'orage éclate. Torrents de pluie. En une minute on est transpercé. La sonnerie pour dérouler les manteaux se fait entendre...

Nous sortons du village. Voici la frontière, et, en travers de la route, la barrière prussienne, noire et blanche. Le sous-officier de l'avant-garde part au galop et franchit rondement la barrière. Un hussard veut le suivre, enlève son cheval, mais, en arrivant devant l'obstacle, l'animal s'arrête, refuse, se dérobe. Le douanier prussien se précipite alors... Il parlait très bien français, était fort aimable, souriant, empressé.

« Attendez, s'écrie-t-il, attendez, je vais ouvrir. » Il fait glisser la barrière. L'Allemagne était devant nous. Nous y entrons.

Cinq heures du matin. Perl, petit village allemand. Comme on était confiant et gai ce jour-là!... Un calembour suffisait à notre joie; il était bête comme tous les calembours ; les Parisiens et même certains Parisiens seulement peuvent le comprendre... On criait au milieu de grands éclats de rire: « C'est à qui qu'aura Perl! c'est à qui qu'aura Perl! »

La population est stupéfaite. Des portes s'entr'ouvrent. Des têtes effarées se montrent... A demi nues, des femmes paraissent aux fenêtres. On envoie un officier s'emparer du télégraphe ; l'employé répond qu'il a expédié les appareils à Trèves... Ils sont très probablememt cachés dans la cave, mais on accepte naïvement l'explication.

LUDOVIC HALÉVY.

L'Invasion. Souvenirs et Récits.
Paris, 1872, Calmann Lévy.

❧ ⚜ ☙

A. SPOLL (1833)

ÉDOUARD-AUGUSTE SPOLL suivit la campagne de la Moselle en 1870 comme correspondant militaire et, enfermé dans Metz avec l'armée du Maréchal Bazaine, écrivit au jour le jour un carnet d'impressions qu'il est intéressant de relire. Après la capitulation, il se réfugia en Belgique où il publia diverses brochures relatives aux faits de la guerre dont il avait été témoin. Les pages que nous donnons de METZ, NOTES ET SOUVENIRS *racontent le désastre de Forbach, retracent l'animation, l'émoi de la ville apprenant nos premiers revers.*

❧ ☙

METZ A LA NOUVELLE DE LA BATAILLE DE FORBACH.

EN arrivant de Metz, nous recevons deux nouvelles bien dissemblables: l'une, officielle, nous apprend que la division Abel Douay, engagée près de Wissembourg contre des forces très considérables, a éprouvé de grandes pertes et a perdu son général ; l'autre est une rumeur qui court en ville et que les journaux reproduisent : Mac-Mahon aurait pris une éclatante revanche et fait 40 000 prisonniers.

D'autre part, on nous donne pour certain que le Corps du Général Frossard est engagé avec une partie de l'Armée prussienne, et qu'appuyé d'un côté par le 3e Corps que commande le Maréchal Bazaine, de l'autre par celui du Général de Failly, en possession des positions inexpugnables de Spickeren, il est invincible.

La confiance est entière, l'échec du Général Douay n'est que partiel, et puisqu'il est déjà réparé, nous n'avons qu'à regretter les braves que nous avons perdus.

Le café Turc qui fait face à l'Esplanade et qui se trouve le plus près de la gare est plein de monde ; c'est là que nous recueillons ces nouvelles, partie de la bouche des consommateurs, partie du journal l'*Indépendant* que l'on vient d'apporter.

Il fait un temps admirable, et tout en avalant à petites gorgées l'apéritif de rigueur, je contemple les belles allées de la promenade éclairées par le soleil couchant, et dont les grandes masses ont quelque chose de majestueux.

Je suis tiré de ma rêverie par la voix altérée d'un de mes confrères ; c'est le jeune M..., tout défait, plein de poussière, qui vient de se laisser tomber sur un banc à mon côté.

« Qu'y a-t-il ? qu'as-tu donc ?

— Oh ! mon cher, je viens de Forbach ; ce que j'ai vu est épouvantable, nous sommes battus ! »

Ces mots ont été prononcés à haute voix, avec l'accent du désespoir. En une minute, les conversations s'arrêtent, un cercle se forme autour de mon jeune confrère, qui boit avidement un verre de bière.

Il nous raconte alors qu'après avoir vainement essayé de rompre le cordon des sentinelles françaises pour assister à la bataille, il a eu l'idée de revenir à Forbach et de monter sur le Schlossberg d'où il a pu voir l'engagement dans son ensemble.

Les Prussiens sont dans les bois d'où ils font pleuvoir sur nos soldats à découvert une grêle de balles et d'obus. Nous avons déjà perdu beaucoup d'hommes, leurs cadavres sont épars çà et là. Des batteries françaises ont été amenées pour fouiller ces bois qui vomissent la mort et déciment notre infanterie. Le feu de l'ennemi, loin de se ralentir, devient plus vif et plus meurtrier ; nos soldats se battent un contre trois, et contre un ennemi invisible.

Plusieurs fois des attaques inutiles ont été tentées contre ces bois maudits ; chaque fois les officiers ont dû ramener en arrière leurs soldats pour les reformer, et chaque fois en laissant bon nombre d'entre eux sur le terrain. Le combat prend les proportions d'une boucherie : les soldats, pleins d'ardeur au commencement, se lassent de recevoir des balles presque à bout portant, sans rendre coups pour coups. Presque tous les officiers sont tués ou blessés ; le désordre se met dans les rangs, ils reculent lentement, indécis d'abord, puis la panique s'en mêle, et ces héros une heure avant, fuient par les terres labourées, avec de grands cris ; la débandade devient générale.

C'est alors que le jeune narrateur éperdu descendit le Schlossberg en courant au risque de se rompre le cou. Dans Forbach, où quelques fuyards sont arrivés, l'épouvante est à son comble : les boutiques, les portes se ferment. Des femmes s'enfuient déjà, traînant leurs enfants, un paquet de hardes dans les bras, vers les hauteurs environnantes. D'autres vont gagner le chemin de fer qui part pour Metz à cinq heures.

A la gare, c'est un affreux encombrement, on s'écrase pour partir. Impossible de penser à prendre des billets. A peine les portes sont-elles ouvertes, qu'une trombe humaine fait irruption sur le quai. En un instant les wagons sont remplis d'une foule épeurée : les femmes gémissent, les enfants poussent des cris perçants, et le train part au milieu de la désolation universelle.

A Bening-Merlebach, on fait un temps d'arrêt pour prendre encore quelques malheureux. La gare est occupée par une compagnie d'infanterie qui s'est battue et repliée par ordre pour protéger la station. Le Capitaine a jeté sa tunique, il a la tête entourée d'un mouchoir, et en bras de chemise il agite son épée comme un fou. Il a perdu la moitié de ses hommes, tous ses officiers, « et ça n'est pas fini, ajoute-t-il ; quand je pense que nous avons là le 3e Corps qui ne bouge pas ; que font-ils, ces b...-là ? »

On entend le canon très distinctement ; dans peu d'instants, peut-être, la station sera le théâtre d'un combat sanglant. Le train repart pour Saint-Avold, et de là pour Metz, où il arrive à sept heures. Ce sera probablement un des derniers. Forbach est sans doute à cette heure entre les mains des Prussiens.

Ce récit nous a atterrés. On ne passe point sans secousse d'une grande confiance à la certitude d'un désastre. Chacun commente avec animation les paroles du nouveau venu. Les uns crient à l'incurie, à la trahison ; d'autres, incrédules, traitent le pauvre garçon de hâbleur.

Mais bientôt arrive un second train qui vient de Saint-Avold, et qui confirme, en les aggravant, les nouvelles apportées par M.... La déroute est piteuse, paraît-il ; on voit revenir les soldats isolément, blessés, éreintés, affamés, racontant à qui veut l'entendre que le Général Frossard est un traître, un lâche, et renouvelant sur son nom l'insulte que Gennaro fait à celui des Borgia.

Au café Parisien, l'animation est indescriptible. On crie, on frappe sur les tables. Aucuns nient jusqu'à l'évidence, d'autres sont consternés ou furieux. J'entends raconter que dans l'entourage de l'Empereur on s'est montré surpris de l'inaction du 3e Corps ; un haut personnage s'est même écrié : « C'est à croire que Bazaine trahit. »

E.-A. Spoll.

Metz, 1870, Notes et souvenirs.
A. Lemerre, Éditeur.

ARTHUR CHUQUET (1853)

M. ARTHUR CHUQUET, directeur de la Revue critique d'Histoire et de Littérature, *professeur au Collège de France, s'est fait une place à part parmi nos historiens militaires par la rigueur scientifique, l'abondance et la netteté des détails qu'il apporte au récit des faits de guerre ou à la biographie de ceux qui y ont pris part. L'époque de la Révolution, soit avec les campagnes de 1792 et 1793, soit avec les débuts de Napoléon, lui a fourni la matière d'un grand nombre de volumes, tous précis, vivants, puisés directement aux sources. Aux événements de 1870 il a consacré deux ouvrages,* Le Général Chanzy *et* La Guerre 1870-71 ; *celui-ci est en trois cents pages l'un des meilleurs tableaux des événements de 70 et l'un des plus personnels.*

BAZAINE GÉNÉRAL EN CHEF. Les soudaines défaites avaient transporté Paris de douleur et de colère. Le ministère Ollivier tomba. Il eut beau lancer des proclamations, convoquer sénateurs et députés, affirmer que la France avait encore d'immenses ressources, proposer la levée en masse, prétendre que l'approvisionnement de la capitale était assuré, l'opposition lui répliqua qu'il avait trompé et trahi la Patrie. Il disait que l'armée n'était nullement compromise ; Jules Favre lui répondit qu'elle était compromise par l'impéritie de son chef et que le pays était indignement gouverné, qu'il fallait sauver la France en confiant le pouvoir à la Chambre. Le Général Cousin de Montauban, comte de Palikao, qui s'était fait connaître en 1860 dans l'expédition de Chine comme un excellent organisateur, présida le nouveau cabinet. Le Bœuf discrédité dut donner sa démission de Major général. Bazaine fut nommé commandant en chef. Vainement, dans ses lettres à la régente, l'Empereur accusait la Chambre qui se déclarait en permanence de violer la Constitution et de revenir aux temps où les représentants du peuple conduisaient les armées.

L'Impératrice lui objectait qu'elle avait le couteau sur la gorge et que l'émeute était dans la rue. Elle supplia Le Bœuf de se démettre : « Nous sommes tous, écrivait-elle, obligés aux sacrifices. » Le Bœuf fut atterré lorsqu'il reçut la dépêche, et se plaignit de l'injustice des hommes.

L'Empereur parut impassible. Changarnier, devenu l'hôte et l'ami de Napoléon, s'emporta contre les révolutionnaires. Mais l'honnête Canrobert, prêchant d'exemple, se plaçait de lui-même sous les ordres de Bazaine, naguère son subordonné, en disant que tous devaient obéir à un chef unique. Bazaine inspirait la confiance ; on le tenait pour un grand homme de guerre et pour le seul qui fût capable de ramener la fortune ; l'opinion s'était engouée de lui, comme du plus jeune des maréchaux ; les membres de l'opposition l'appuyaient et demandaient par la voix de Jules Favre que les forces militaires fussent réunies dans sa main ; lui-même intriguait à Paris, et sa femme insinuait à Kératry qu'il allait se retirer parce qu'il ne pouvait accepter la responsabilité des opérations tant que l'Empereur serait à l'armée.

Bazaine avait la bravoure, le sang-froid, l'indifférence au péril ; mais il n'avait ni l'activité, ni l'énergie, ni aucune des qualités du général en chef, et dans le secret de son cœur il comprenait que le fardeau dépassait ses forces. Il fallait à la tête de l'armée de Metz un homme déterminé, vigoureux, résolu à battre l'ennemi coûte que coûte, persistant dans cette simple et virile pensée, ne disant aux soldats qu'un seul mot : « En avant ! »

Mais les gens de cette trempe n'abondent pas, et la volonté, la volonté inflexible, comparable au fer et qui finit par tout briser, est plus rare encore que le talent. Profondément égoïste et songeant à lui-même plus qu'à la patrie, cauteleux, ne faisant que de petits calculs et n'employant que de petits moyens, n'allant jamais droit au but et ne se fixant jamais un but précis, dictant à dessein des instructions qui manquaient de netteté, ne s'exprimant que d'une façon ambiguë, avec réticences et restrictions, prodiguant les « si » et les « mais », jaloux du commandement et dépourvu d'autorité, incapable de parler ferme et d'imposer l'obéissance, invitant au lieu d'ordonner, se plaignant de ses généraux en leur absence, n'osant les réprimander ou les punir, cherchant néanmoins à rejeter sur eux une part de la responsabilité qui l'écrasait, et les associant avec adresse à ses actes, tâtonnant toujours, attendant les événements, comptant sur le hasard, s'abandonnant à la fortune qui l'avait jusqu'alors favorisé, tel était Bazaine.

Arthur Chuquet.

La Guerre 1870-71.
Paris, Chailley, 1895.

MARÉCHAL CANROBERT (1809-1895)

Le MARÉCHAL CANROBERT, en 1870, commandait en chef l'Armée de Paris. L'impopularité croissante de l'Empereur et de son entourage militaire, les mutineries de la troupe et de la garde mobile, assemblées au camp de Châlons, lui firent résigner son commandement. Il fut mis à la tête du 6e Corps et, après la ba-

taille de Forbach, il consentit à venir sous les ordres du Maréchal Bazaine. Le 26 Août, il prit part au Conseil de guerre du château de Grimont où la défense de Metz fut décidée dans l'espoir d'immobiliser devant la place 200 000 hommes de l'armée prussienne. La capitulation l'envoya prisonnier en Allemagne. Le Maréchal Canrobert s'était illustré dans les combats livrés sous Metz comme naguère dans la guerre de Crimée ; et c'est ainsi qu'il raconta, lors du procès Bazaine, la bataille de Rezonville et celle de Saint-Privat où il se conduisit en héros.

REZONVILLE ET SAINT-PRIVAT.

L'ORDRE que nous avions reçu la veille du Quartier général était que le 5ᵉ Corps de l'Armée du Rhin franchirait dès l'aube du jour la direction de Gravelotte. Tous les Corps d'armée avaient reçu cette direction ; seulement, à Gravelotte, où se trouve la bifurcation, le 2ᵉ et le 6ᵉ Corps devaient prendre la route du Sud qui passe par Rezonville et Mars-la-Tour et qui va à Verdun. Les deux autres Corps d'armée, c'est-à-dire le 3ᵉ et le 4ᵉ, devaient prendre à droite par Conflans et Étain, et se diriger aussi sur Verdun.

La Garde restait à Gravelotte pour pouvoir appuyer selon les circonstances à droite ou à gauche. Le 15 au soir, l'emplacement des corps de l'armée du Rhin était celui-ci :

Le 2ᵉ à Vionville ;
Le 3ᵉ à Vernéville,
Le 4ᵉ à Doncourt,
Le 6ᵉ à Rezonville,
Et la Garde à Gravelotte.

Que s'est-il passé ? Je l'ignore, et loin de moi la pensée de critiquer qui que ce soit ; mais le soir du 15, quand nous arrivâmes à notre emplacement de Rezonville, j'installai ma gauche à la route de Verdun, ma droite au bois de Saint-Marcel ; à côté se trouvait le 2ᵉ Corps, placé entre moi et le bois des Ognons, qui descend vers la Moselle.

D'après l'ordre que j'avais reçu et qui n'avait pas été modifié, le 2ᵉ Corps devait, ainsi que je l'ai dit, se trouver en avant de moi à Vionville, le 3ᵉ à Vernéville et le 4ᵉ à Doncourt.

Je n'avais rien à dire ; j'avais des ordres pour mon Corps d'armée, et, suivant mon habitude, je les exécutai sans observations.

En arrivant à Rezonville, vers cinq heures, je fis ce qui doit se faire en présence de l'ennemi. Je m'occupai du placement des avant-postes et je pris toutes les dispositions nécessaires en pareille circonstance.

Je disposai mes troupes de la manière la plus avantageuse possible. Nous étions couverts en avant par une division de cavalerie commandée par le Marquis de Forton, qui devait être du côté de Mars-la-Tour.

Vers le soir, je reçus du Quartier général l'ordre de me tenir prêt à partir le lendemain 16, à quatre heures et demie du matin.

A cette heure, le 6ᵉ Corps était prêt, la soupe était mangée, les sacs faits, le paquetage terminé ; nos chevaux étaient sellés et bridés ; nous n'attendions plus que l'ordre de nous mettre en mouvement. Cinq heures, six heures sonnèrent sans que cet ordre vînt. Enfin, à sept heures, impatienté, — ce qui pourtant n'est pas dans mes habitudes devant les ordres, car je les reçois toujours avec respect et je les exécute le moins mal possible, mais j'étais inquiet de ce retard, dont je ne m'expliquais pas le motif, — j'envoyai deux officiers vers le Quartier général afin de savoir pourquoi nous ne partions pas, alors que nous avions reçu l'ordre d'être prêts à partir à quatre heures et demie.

Pendant que ces officiers chevauchaient, — et vous savez, messieurs, que, sur les champs de bataille ou dans les camps, on ne se dirige pas à droite ou à gauche aussi promptement que dans une ville, et que, si vite qu'on aille, il y a des difficultés de terrain que les chevaux ne peuvent pas toujours franchir facilement, — pendant, dis-je, que ces officiers mettaient un certain temps avant de trouver le Quartier général, je reçus, par un officier d'État-major du grand Quartier général, un ordre qui me prescrivait de reprendre ma position de campement, de faire faire le café aux troupes si je le jugeais convenable et si, au préalable, je m'étais assuré que ces troupes ne couraient aucun danger de la part de l'ennemi qu'on nous avait annoncé, sans nous indiquer exactement sa force.

Cet ordre me parvint à huit heures environ, bien qu'il eût été écrit au Quartier général vers cinq heures. Je me rappelle même avoir fait une observation à l'officier supérieur qui me l'apportait; mais une fois cette observation faite, je me disposai à exécuter les ordres de mon chef.

Pour ce faire, j'envoyai chercher les Généraux de division de mon Corps d'armée et les commandants d'armes, — je dis commandants d'armes, bien qu'ils ne fussent pas d'un grade très élevé, mon commandant d'artillerie était un simple chef d'escadron, mon commandant du génie s'appelait un chef de bataillon.

Pendant qu'on était allé les chercher, nous vîmes arriver des chevaux, puis enfin des cavaliers de la division d'avant-garde. Que s'était-il produit ? Je l'ai su plus tard; le fait est que cette division, attaquée par des forces supérieures, avait dû battre en retraite sur les 2ᵉ et 6ᵉ Corps.

A peine était-elle dans le rayon de nos feux que nous fûmes assaillis par un feu de *tirailleurs d'artillerie*, et c'est à dessein que je me sers de ce mot. Nous n'avons été nullement surpris, parce que depuis quatre heures du matin, nous étions derrière nos chevaux et prêts à marcher.

Dès que les boulets arrivèrent dans nos rangs, — et l'on sait que les Allemands tirent de très loin, à une distance de 3 000 ou 3 500 mètres, — dès que le feu de l'artillerie parvint jusqu'à nous, nous fîmes ce que la plus simple règle du métier prescrivait. Il y avait tout près une petite hauteur mamelonnée ; j'y fis mettre mon artillerie et je plaçai mon infanterie à l'abri; puis nous commençâmes à échanger des coups de canon avec les Prussiens.

Je n'avais que cinquante-quatre pièces, et M. le Président sait qu'un corps d'armée en a ordinairement cent vingt. Cette situation ne laissait pas que de nous créer des difficultés, et le feu des ennemis, à force de durer, devait être un peu désagréable pour nous. Cela m'a coûté 5 525 hommes, tant tués que blessés ou disparus.

Je ne dis pas cela pour faire ressortir le courage du 6ᵉ Corps, qui a fait son devoir comme les autres et rien de plus ; seulement, je constate un fait, c'est que, dans ce duel d'artillerie, celui qui n'avait que cinquante-quatre pièces devait être assommé. Nous n'avons pas été assommés, nous avons eu des tués et des blessés, mais nous avons maintenu la position.

Cette position (je vous fais grâce des détails de la bataille) fut maintenue, et c'est en ce moment que le Maréchal, qui venait d'arriver pour rétablir l'ordre à la gauche, a failli être enlevé à cause de son excessif courage. A ce propos, je me bornerai à faire cette simple réflexion qu'en un pareil moment un Général en chef n'est pas à sa place au milieu d'une bagarre pareille; mais enfin le Maréchal Bazaine se laissait entraîner à son caractère, et ce n'est pas en France qu'on blâme beaucoup cela !

En somme, nous avons tenu la position jusqu'à huit heures ou huit heures et demie, et nous avons couché sur le champ de bataille.

L'ennemi s'est retiré (pas très loin, il est vrai), nous laissant les blessés à relever et les morts à enterrer. Or, comme le disait dans le temps un général russe, le Général Mentchikoff, la bataille appartient à celui qui doit enterrer les morts, et celui-là doit enterrer les morts qui reste à côté d'eux sur le champ de bataille. C'était notre lot, nous étions maîtres du champ de bataille; par conséquent nous étions victorieux. Nous restâmes là à regarder, lorsqu'arriva un ordre du Quartier général qui nous prescrivait de tenir nos positions jusque vers les dix heures du soir, et, après avoir fait reconnaître dans la nuit le terrain en avant de nous, de chercher, en resserrant nos lignes, à les reprendre. C'est ce que nous exécutâmes, et la nuit se passa tranquillement; il n'y eut rien, et nous bivaquâmes sur le champ de bataille, en restant l'arme au bras.

Le lendemain, vers les trois heures, deux heures et demie peut-être, car il est difficile de préciser l'heure exactement, je reçois un ordre du Quartier général qui était daté de minuit, et dans lequel on me prévenait de prendre mes dispositions pour le lendemain. — Le lendemain donc, ou plutôt le jour même, puisqu'il était deux heures et demie du matin quand cet ordre me parvint, je devais aller prendre une position à Vernéville. Comme l'armée, par suite des pertes considérables qu'elle avait éprouvées et du grand épuisement des munitions, devait se rapprocher un peu de Metz pour favoriser son ravitaillement, on me disait, si j'ai bonne mémoire, que je devais aller à Vernéville, tandis que le 2e Corps se dirigeait vers Rozérieulles pour y prendre position, le 3e à la ferme Saint-Hubert, le 4e à Amanvillers.

Mais je ne veux m'occuper que de mon Corps d'armée.

J'arrive donc à Vernéville vers les neuf heures sans avoir eu l'honneur de voir le Général en chef, et je place mes troupes, accompagné par le Colonel Lami, qui avait été envoyé par le Maréchal pour voir mon emplacement et rendre compte à son chef de la manière dont cette position était occupée. Je regarde de tous les côtés, et je suis frappé, à mon point de vue, de la défectuosité de cette position. Elle était entourée de trois bois, dont un était fort long. Comme je n'avais pas le moyen de me retrancher, et que mon Corps d'armée, le plus faible de tous numériquement, avait été très affaibli par les pertes de la veille, j'avoue que je ne me souciais pas d'avoir cette position à occuper; j'en fis l'observation au Colonel Lami; le Colonel Lami, qui était avec moi, m'approuva complètement, — je n'avais pas besoin de son approbation, — mais enfin il constata qu'il y avait là des inconvénients, et transmit mes observations à M. le Maréchal. Je n'ai pas insisté autrement.

A ce propos, permettez-moi cette petite digression. M. le Maréchal Baraguey-d'Hilliers, président du Conseil d'enquête, me dit : « Le 17, vous occupiez avec votre Corps d'armée la position de Vernéville ; cette position était très bonne, et pourtant vous avez demandé à la changer contre une autre. » Je me mis à sourire et je répondis au Maréchal que si je l'avais trouvée si bonne, je n'aurais pas demandé à en changer. Sur son observation qu'elle avait paru bonne au Commandant en chef, je lui ai dit : « Il est probable qu'en ce moment il n'en a pas jugé ainsi, car il n'avait qu'à me donner l'ordre d'y rester, je me serais incliné. » Depuis, j'ai vu dans la déposition que M. le Maréchal commandant en chef, — dont, je le déclare, je n'ai jamais eu à me plaindre, — avait bien voulu dire que c'était par égard pour moi, pour mes dix-sept ans de grade de Maréchal et pour son ancien chef des vieilles époques, qu'il n'avait pas cru devoir se refuser à ce que je demandais avec tant d'instances.

Qu'il me permette de dire que je n'ai pas fait d'autres instances que celles-là, c'est-à-dire que je n'ai fait que signaler les inconvénients, à mon point de vue, de la position où je me trouvais. Peut-être me trompais-je, mais enfin j'en jugeais ainsi avec l'expérience que mes très longues années de guerre avaient pu me donner.

M. le Maréchal, vers trois heures et demie, m'envoya un officier porteur d'une lettre dans laquelle, sans la moindre observation, il me disait : « Le Colonel Lami vient de me rendre compte des inconvénients que vous trouvez à votre position ; j'accède à votre demande et je vous autorise à vous en aller sur le prolongement de la ligne française vers Saint-Privat, à la condition que vous vous lierez par votre gauche à la droite du 4ᵉ Corps, commandé par le Général Ladmirault. » Il ne me faisait pas d'autres observations, et un post-scriptum ajouté à cette lettre, de la main même du Maréchal, — je ne dirais pas cela si certaines contestations ne s'étaient élevées à ce sujet, — un post-scriptum disait : « En vous désignant la position de Vernéville, mon but était de favoriser la retraite de Ladmirault, qui devait s'effectuer sur Amanvillers. »

Par conséquent, s'il fallait en croire ce post-scriptum, je n'avais d'autre mission que de favoriser la retraite du 4ᵉ Corps ; c'est ce que j'ai fait.

Je suis parti vers les quatre heures, pour aller à Vernéville et, en arrivant au chemin de Verdun à Metz, j'ai été arrêté par le 4ᵉ Corps qui venait de Doncourt pour prendre sa position en arrière. Vous savez aussi bien que moi, monsieur le Président, que les règlements disent que, lorsqu'une troupe est en marche, elle ne peut être coupée par une autre. J'avais beau être Maréchal de France, et le Commandant du 4ᵉ corps n'être qu'un Général de division, je ne pouvais couper son Corps d'armée. Je me suis donc arrêté et j'ai dû attendre si longtemps que, lorsque je suis arrivé à Saint-Privat, la nuit commençait à se faire. J'y voyais encore assez clair pour placer la première brigade. Mais lorsque les autres purent être placées, la nuit était tout à fait venue ; de sorte que cette position de Saint-Privat a été prise la nuit, dans de très mauvaises conditions.

Me doutant bien que les circonstances dans lesquelles s'était effectuée cette prise de position avaient dû entraîner quelques défectuosités dans la manière dont les troupes étaient établies et les avant-postes placés, je me levai de bonne heure et, suivi de deux aides de camp et de quatre cavaliers d'escorte, j'allai à mes avant-postes. Là, je reconnus que j'avais bien fait ; je rectifiai de mon mieux les positions ; aussitôt que je fus de retour, je fis venir le Maire de Saint-Privat et lui demandai quatre ou cinq hommes bien sûrs, éprouvés, connaissant le pays, pour les envoyer au delà de l'Orne, afin de savoir ce qui s'y passait. On me donna cinq hommes qui partirent immédiatement et revinrent environ deux heures après me dire qu'ils n'avaient rien vu.

Mais le matin, il était à peu près huit heures à huit heures et demie, le Maréchal Bazaine ou son chef d'État-major m'envoya un officier de son État-major, le Capitaine Campionnet, pour me demander si j'avais quelques observations à lui faire et si l'ennemi se présentait. Je dis : non ; voilà des gens qui rentrent sans avoir rien vu ; d'autre part, une reconnaissance de cavalerie vient de faire un rapport dans le même sens. Je restai donc là tranquillement, rectifiant de mon mieux, tâchant de faire gratter un peu la terre avec les rares pelles ou pioches que j'avais, parce que nous avions reçu l'ordre de nous fortifier ; mais, pour se fortifier, il faut un grand nombre de pelles et de pioches, et je dois rappeler que ma réserve du génie était à Châlons. Enfin, les soldats ont fait de leur mieux.

Les choses en étaient là, lorsque vers les onze heures et demie, j'entends un coup de canon, puis un second, puis un troisième; mes chevaux étaient toujours sellés ; on les fait brider, je me porte sur la route de Saint-Privat, à un endroit qu'on appelle Jérusalem, et à peine étais-je là que voilà les obus qui tombent en très grande quantité. Nous prenons nos positions, nous envoyons notre artillerie; le chef de l'État-major m'avait envoyé le matin deux batteries, ce qui me faisait onze batteries au lieu de neuf.

Nous nous battons à coups de canon, comme à Rezonville; la bataille prend des proportions considérables ; seulement les Prussiens accentuent leur mouvement vers leur gauche et sur la droite de l'armée française.

Je n'avais pas pu reconstituer mes approvisionnements le 17 ; j'avais dépensé beaucoup de gargousses le 16, et, comme je n'avais pas de réserve et que, toute la journée du 17, j'avais marché, je n'avais pu me ravitailler en cartouches. J'avais prévenu le Commandant en chef, qui avait donné des ordres pour qu'on m'en envoyât. Mais enfin je n'en avais pas encore reçu, et c'est avec des caissons à moitié ou au tiers pleins, qui me restaient de la bataille de Rezonville,

que j'ai eu à soutenir la bataille.

L'infériorité de mon artillerie m'a encore valu, dans cette circonstance, les mêmes désagréments qu'à Rezonville et j'ai eu, de nouveau, à la suite de ce combat, 5 200 hommes hors de combat. Mon Corps n'ayant que 26 000 hommes, c'était une grosse perte. Je n'ai pas besoin de dire au Président que, dans ces pertes, il faut compter beaucoup d'hommes disparus qui ont reparu plus tard, mais enfin c'était un inconvénient.

L'ennemi, après nous avoir canonnés vigoureusement, a fait une grande démonstration ; il a jeté la Garde du Roi de Prusse entre le 3e Corps et le mien, principalement sur Saint-Privat. Malheureusement, je n'avais pas une seule mitrailleuse. Ces engins, sur lesquels nous avions tant compté, nous faisaient complètement défaut, et jamais les mitrailleuses n'avaient eu cependant un champ de tir aussi favorable que celui qu'offrait la Garde prussienne, qui s'était tellement avancée que nous avons été obligés de l'arrêter avec la mousqueterie. On lui a fait perdre 8000 hommes. Ce sont les rapports prussiens qui le disent.

Le Roi de Prusse, écrivant à cette occasion à la Reine Augusta, le soir même de cette bataille, lui disait que la Garde prussienne avait trouvé son tombeau devant Saint-Privat.

Procès Bazaine. Librairie du *Moniteur Universel.*

LIEUTENANT-COLONEL ROUSSET
VOIR LA NOTICE PAGE 12.

LA CHARGE DES CUIRASSIERS DE LA GARDE A REZONVILLE.

Le Général Frossard aperçoit près de lui le magnifique régiment de cuirassiers de la Garde que le Colonel Dupressoir, un géant bardé de fer, fait évoluer dans la plaine....

« Colonel ! lui dit-il, faites charger votre régiment, ou nous sommes f....s ! » (*Sic.*) Le Colonel envoie immédiatement un officier demander à son chef direct, le Général Desvaux, l'autorisation nécessaire, puis, celle-ci obtenue, commande de sa voix de stentor, dont l'éclat strident domine le bruit de la bataille : « Escadrons, en avant ! »

Alors tous les Capitaines commandants font à leur tour retentir le cri de : « Sabre, main ! Au galop, marche ! »

« Je crois que je ne serai pas démenti, a écrit un témoin oculaire, le Capitaine Sainte-Chapelle, alors fourrier du 4ᵉ escadron, si j'affirme que le mouvement rapide fit succéder une impression de bien-être et de véritable joie à l'espèce d'énervement moral que l'immobilité sous le feu de l'artillerie avait engendré et qui se traduisait par un silence presque absolu. Dès qu'on eut le sabre à la main, les langues se délièrent, et d'un bout à l'autre des escadrons s'échangèrent des interpellations : « Hein ! il n'est que temps ! — Ça « va bien ! — Oùsqu'y sont qu'on « leur-z-y cause deux mots ! »

La gaieté française ne perd jamais ses droits.

Cependant les cuirassiers ont gagné du terrain. Les voici à 150 mètres des Prussiens. « Spontanément, et d'un seul mouvement, dit encore le Capitaine Sainte-Chapelle, toutes les lames des sabres sont en l'air, les cris de « Chargez ! » et de « Vive l'Empereur ! » partent de tous côtés, tant l'homme a besoin de joindre l'ivresse du bruit à celle du mouvement....

« Chaque temps de galop nous rapproche ; nous distinguons tous les détails d'uniforme, puis les figures ; ils se forment en un groupe compact, s'alignent sur les trois côtés d'un triangle, — c'est du moins mon impression visuelle, — et nous présentent un front sensiblement égal à celui de l'escadron. Ils apprêtent l'arme au commandement : « De-« bout ! » Nous approchons toujours : je prends ma direction sur l'angle du groupe que forme la droite des Prussiens. Un commandement allemand, et tous les fusils s'abaissent : maniement d'armes très correct. Un léger frisson nous parcourt l'échine à l'idée de l'inconnu qui va surgir de là ! La salve attendue éclate : c'est un soulagement pour nous : on ne voit pas ceux qui tombent, nos chevaux ne ralentissent pas, mais les Prussiens ont disparu dans la fumée, et leur feu à volonté se manifeste surtout par le carillon des culasses mobiles.

« Les Prussiens ont tiré à 50 ou 60 mètres ; aussitôt après leur premier feu, je me suis senti débordé par mes voisins et je criais : « Marchez donc droit ! » en tapant sur les chevaux à coups de plat de sabre. J'avais à côté de moi mon ordonnance, un vieux cuirassier picard nommé Pariset, qui avait été mon premier camarade de lit à mes débuts et, comme tel, me traitait assez familièrement. Cet homme me dit tranquillement : « Si vous aviez « ce que j'ai, vous ne gueuleriez pas « si fort ! » (Pariset avait une balle dans la jambe.) Je n'eus pas même le temps de lui demander : « Qu'est-« ce que tu as ? » Nous étions déjà sur les baïonnettes et mon cheval tombait à l'extrémité postérieure de la face droite du groupe ennemi. »

Commandant Rousset.

Scènes et Épisodes de la guerre 1870-71.
Paris, Tallandier, 1898.

❧ ✦ ☙

LUDOVIC HALÉVY

VOIR LA NOTICE PAGE 48.

❧ ☙

UNE VENTE AUX ENCHÈRES. — 17 AOUT. La nuit fut courte. A cinq heures du matin, ordre de se rendre au plateau d'Amanvillers. Pour nous décider à accepter avec résignation ce mouvement en arrière, on nous dit qu'il n'y a plus de munitions

Nous arrivons à onze heures du matin sur le plateau d'Amanvillers. Repos de vingt-quatre heures accordé aux troupes. Les voitures régimentaires sont envoyées à Metz en ravitaillement de vivres et de munitions. On fait l'inventaire des cantines des officiers morts, et, à une heure, triste exposition de tous les objets qui vont être vendus à la criée. Tout cela est étalé par terre, sur le gazon. Un officier fait fonctions de commissaire-priseur.

La vente commence.

Une chemise de flanelle. Six paires de chaussettes. Deux caleçons en toile. Les poésies d'Alfred de Musset. Une douzaine de paire de gants. Un petit briquet en argent. Une paire de pantoufles. Une carte d'Allemagne.

Une carte ! Chose rare ! Aussi les enchères s'élèvent-elles à des prix extravagants. 51 francs la carte ! Nous avions encore des illusions ! C'était une carte de l'Allemagne du Nord, excellente pour le Brandebourg et la Poméranie.

Un encrier de poche. Un porte-cigares très bien garni. Une demi-livre de chocolat (de chez Marquis, messieurs, il est de chez Marquis, ajoute le commissaire-priseur). Une lorgnette, une bonne lorgnette. Un caoutchouc. Une paire de revolvers. *La Chartreuse de Parme*, de Stendhal, etc., etc., etc.

Tous les officiers sont là, rangés en cercle autour du commissaire-priseur et achètent. Rien de plus triste que cette vente, et cependant, de temps en temps, une plaisanterie éclate et fait rire. On est si, bien prêt à mourir pour son propre compte qu'on s'habitue à la mort des autres.

A trois heures, nouvelle vente aux enchères. C'est la vente des chevaux de prise qui appartiennent à l'escadron. Nous avons pour notre compte une dizaine de chevaux prussiens. Le prix minimum est fixé à 50 francs. Les plaisanteries, cette fois, sont tout à fait de saison et vont comme un feu roulant.

« Cagliostro », des écuries du marquis d'Hertfort, onze ans et demi, se monte et s'attelle, hautes actions, 53 fr. 75.

« Amusette », jument de pur sang, par « Monarque » et « Hollande », appartenant à Mme X..., de Paris, sept ans, 117 francs.

« Bismarck », cheval de berline dépareillé, hors d'âge, provenant du haras de Warzin, 62 francs.

On nous présente un cheval de uhlan ; il monte tout de suite à 140 francs. Je dis à mon camarade M... : « Achète donc ce cheval ; il est un peu étroit du devant comme tous les chevaux allemands, mais il a de la taille, un beau mouvement d'épaules, il sera superbe quand tu l'auras remplumé. » M... ajoute cent sous, on lui adjuge la bête et, le lendemain, sur ce cheval prussien, il était tué devant Sainte-Marie-aux-Chênes.

De ce qui se passe autour de nous, nous ne savons rien, absolument rien. Nous sommes occupés à reformer le régiment, à resserrer les rangs. On répare le désordre de la tenue, on reprise les habits déchirés et tailladés par les lames prussiennes, on rajuste les harnachements, comme on peut, avec des lanières de cuir et des bouts de ficelle.

Le soir, de très bonne heure, on se glisse sous les tentes. A une heure du matin on crie : « Aux armes ! » Alerte sérieuse. Les vedettes n'avaient, hélas ! que trop bien vu. Les bois qui nous entouraient se remplissaient de Prussiens. Pas d'ordres. On ne bougea pas. La nuit est chaude, étoilée. Le clair de lune admirable. On rentre sous les tentes, à deux heures du matin, mais tout habillé....

LUDOVIC HALÉVY.

L'Invasion. Souvenirs et Récits.
Paris, 1872, Calmann Lévy, Éditeur.

LIEUTENANT-COLONEL ROUSSET

VOIR LA NOTICE PAGE 12.

LE MARÉCHAL CANROBERT A SAINT-PRIVAT. LA Garde royale prussienne, avec ses régiments de grenadiers qui portent les noms des Empereurs et des Rois, ses fusiliers, ses artilleurs, ses bataillons d'élite où les Princes héritiers de la couronne de Hohenzollern font leur apprentissage du métier militaire, se lance à l'assaut des positions françaises avec un courage auquel il faut rendre hommage. Négligeant de faire appuyer son attaque par l'artillerie, elle monte pendant près de trois kilomètres en lourdes masses épaisses qui semblent de loin une fourmilière immense qui se déplacerait. Les officiers déploient, pour enlever leurs hommes, une incontestable énergie et une remarquable bravoure. Mais nos soldats, calmes et résolus devant cette mer qui monte, attendent que les bataillons prussiens soient à bonne portée, puis, abaissant leurs chassepots, ils dirigent sur eux un feu tellement épouvantable que, en moins de temps qu'il ne faut pour le dire, ces magnifiques régiments sont aux trois quarts détruits.

La masse noire s'arrête, tourbillonne et s'éparpille, tandis que le sol se jonche de cadavres, et que des chevaux sans cavaliers galopent en tous sens, en poussant de lugubres hennissements. Toujours la fourmilière, mais dans laquelle on aurait plongé un bâton.

Le bataillon des tirailleurs de la Garde a dix officiers tués et neuf blessés, c'est tout son cadre. Il est commandé par un porte-épée fähnrich (adjudant). Le régiment de grenadiers n° 1 (Empereur-Alexandre), qui n'a envoyé que deux bataillons, a 847 hommes hors de combat, 13 officiers tués et 14 blessés. Le régiment n° 3 (Reine-Élisabeth) en compte à peu près autant. Au total, 6 500 hommes et 240 officiers prussiens sont par terre, morts ou mourants. La cohésion est détruite, l'attaque manquée, il faut s'arrêter... Cet assaut livré par 23 000 hommes a été repoussé par 18 500 hommes qui n'ont que deux batteries.

Cependant la terrible attaque qu'il venait de subir avait clairement prouvé au Maréchal Canrobert que c'était à sa position qu'on en voulait et qu'il aurait bientôt à supporter de nouveaux assauts. Le mouvement des Saxons se dessinait. Dans un instant on serait tourné et les coups viendraient de front, de flanc, par derrière même ! Et pas moyen de prendre l'offensive à ce moment suprême où elle aurait tout culbuté ! Le Maréchal expédiait officier sur officier à Bazaine, le suppliant de lui envoyer des secours, de lui donner la Garde qui se morfondait avec son chef, le brave Bourbaki, loin du champ de bataille, et sur un point où elle ne servait absolument à rien ! Mais le Commandant en chef, qui n'avait daigné monter à cheval qu'à trois heures, était presque aussitôt rentré à son Quartier général. « C'est une affaire d'avant-postes, » disait-il négligemment ; et il restait sourd aux appels pressants de son lieutenant !

Canrobert, réduit à ses propres forces, à bout de munitions, obligé de demander quelques gargousses à son collègue le Général de Ladmirault, écrasé dans Saint-Privat sous le feu meurtrier d'une formidable batterie que les Prussiens, devenus prudents, venaient de démasquer. Canrobert cependant tenait bon ! Seul, à pied, ne voulant pas exposer inutilement son État-major, où son aide de camp, le Commandant Boussenard, venait d'avoir le bras emporté, ses longs cheveux tombant sur le cou, des larmes sillonnant parfois son rude visage, le Maréchal parcourait les rangs des troupiers et les encourageait par un mot, une poignée de mains, un geste d'affectueuse protection :

« Eh bien mon brave! nous ne lâchons pas, hein ?.

— Non, monsieur le Maréchal, soyez tranquille! »

C'était un beau spectacle que cet homme chargé d'honneur, de gloire et de dignités, ce Maréchal respecté partout et vénéré de ses soldats, devenu simple combattant pour donner du cœur à ses troupes, risquant mille fois son existence et communiquant à tous un peu de ses nobles vertus guerrières, de son énergie, de son indomptable ténacité! Certes, la défense de Saint-Privat est un fait admirable entre tous, une page sublime parmi toutes les pages. Le Maréchal Canrobert en fut l'âme irrésistible et c'est avec un sentiment d'émotion profonde qu'un soldat de l'Armée de Metz peut, en écrivant ces pages, donner au Doyen des Maréchaux de l'Europe ce faible témoignage de son admiration et de son respect.

Cette bataille gigantesque avait mis en face les uns des autres 200 000 Allemands soutenus par 726 pièces de canon et 140 000 Français. Mais, malgré cette énorme disproportion de forces, les vainqueurs laissèrent sur le champ de bataille 20 159 hommes, tandis que nous en avions perdu 12 275. La Garde royale était anéantie, mais, pour se défendre contre ses assauts furieux combinés avec les attaques des Saxons et du IX⁰ Corps prussien, nos 4⁰ et 6⁰ Corps avaient déployé un héroïsme dont la France a le droit d'être fière, parce qu'il donne à nos drapeaux une auréole ineffaçable de gloire et à nos cœurs cette suprême consolation que sous un autre chef nous n'eussions pas été vaincus !

Oui, c'est le Maréchal Bazaine seul qui doit porter devant la Patrie et devant l'Histoire le poids du désastre sans nom où il a entraîné cette armée magnifique... L'opprobre dont il a couvert son nom, en abandonnant ses troupes sur le champ de bataille et en laissant écraser sans secours ses deux meilleurs lieutenants, est éternel comme sa mémoire. Sa réponse cynique aux demandes pressantes de secours : « Ils ont de belles positions, qu'ils les gardent! » suffit pour effacer les souvenirs du brillant divisionnaire de Crimée et d'Italie, et ôter toute pitié à ceux qui en auraient encore pour le condamné de Trianon !

COMMANDANT ROUSSET.

Scènes et Épisodes de la guerre 1870-71.
Paris, Tallandier, 1898.

❧ ♣ ☙

PROCÈS BAZAINE

Le procès du MARÉCHAL BAZAINE, publié in extenso, forme un volume énorme dont il faut prendre connaissance pour apprécier dans la guerre de 1870 les événements de la campagne du Rhin, du combat de Sarrebruck à la capitulation de Metz. On sait que le Maréchal Bazaine avait demandé lui-même à passer en jugement. Le Conseil de guerre siégeant à Trianon le reconnut coupable à l'unanimité ; la dégradation militaire et la peine de mort ne lui furent évitées que par l'indulgence du Président de la République. Parmi les choses qui furent reprochées au Maréchal, le fait d'avoir livré à l'ennemi une partie de ses drapeaux quand il les pouvait détruire, excita surtout l'indignation. L'acte d'accusation établit de plus que les chefs brûlèrent d'eux-mêmes les étendards qui échappèrent aux Allemands.

❧ ☙

LA DESTRUCTION DES DRAPEAUX. QUELLES étaient les instructions qu'emportait le Général Jarras au sujet des drapeaux? Voici comment cet officier général a déposé sur cet incident devant le Conseil d'enquête :

« Le Maréchal me chargea de dire qu'il était d'usage, dans l'armée française, après chaque révolution, de brûler les drapeaux et étendards qui avaient été délivrés par le gouvernement déchu et que, conformément à cet usage, des drapeaux avaient été brûlés sans en indiquer le nombre ; qu'il en faisait prévenir le Prince Frédéric-Charles afin que plus tard il ne fût pas accusé d'avoir manqué à ses engagements. Le Général Jarras ajoute qu'à son arrivée à Frescaty, ayant entretenu en particulier de cet incident le Général de Stiehle, celui-ci fit observer qu'on lui disait là quelque chose de tout à fait insolite. — Je vis très bien, dit le Général Jarras, que cela signifiait pour lui qu'il n'y croyait pas du tout.

« Lorsqu'on arriva à la question des drapeaux dans la discussion du protocole, le Général de Stiehle posa de nouveau la question, et je dus lui répéter ce que le Maréchal m'avait dit. Encore une fois, il exprima par ses gestes un doute très prononcé. »

Le Colonel Fay, qui était présent à l'entrevue, précise ce point encore plus nettement dans sa déposition.

« Soit, dit le Général de Stiehle, mais il est convenu que tout ce qui n'est pas brûlé à cette heure nous est acquis. »

Quoi qu'il en soit, la convention signée par le Général Jarras fut libellée comme il suit au sujet des drapeaux :

« Les armes, ainsi que tout le matériel de l'armée, consistant en drapeaux, aigles, etc., seront laissés à Metz ou dans les forts, à des commissions militaires instituées par le Maréchal Bazaine, pour être remis immédiatement à des commissaires prussiens. »

Le projet du protocole de la capitulation, discuté le 26 entre le Général de Stiehle et le Général Jarras, n'avait soulevé aucune difficulté, sauf en ce qui concernait les honneurs militaires et les épées des officiers. Les drapeaux étaient considérés dans ce projet comme faisant partie du matériel de guerre et devant être remis à l'ennemi. De la sorte, le 27, la discussion ne devait plus porter que sur deux points. Le Maréchal était certain que la capitulation allait être définitivement signée le soir même. Pourquoi, dans cette certitude, avoir envoyé au lendemain l'exécution de l'ordre que venait d'écrire le Colonel Nugues ? On ne voit d'autre explication possible que la suivante :

En vertu de l'ordre direct que l'on venait d'adresser aux Commandants de Corps, les drapeaux allaient être versés à l'arsenal ; l'annonce qu'ils y seraient brûlés devait faire cesser toute hésitation à s'en dessaisir et arrêtait ou prévenait de la part des corps de troupes toute initiative de destruction.

En vertu de l'ordre du Général Coffinières, le Colonel de Girel devait recevoir ces drapeaux, et conformément aux prescriptions du Général Soleille, il allait les comprendre dans le matériel à inventorier.

Ainsi le Maréchal avait pris toutes les précautions pour que les drapeaux fussent versés à l'arsenal et pour qu'une fois réunis dans cet établissement ils ne fussent pas détruits.

Dans ces conditions, ou bien le Général de Stiehle admettait l'assertion transmise par le Général Jarras ou il la repoussait : dans le premier cas, on pouvait procéder sans éclat à la destruction des drapeaux ; dans le second cas, une fois la capitulation signée, tout était préparé pour en exécuter les clauses.

Si le Maréchal n'eût pas annoncé à l'armée que les drapeaux seraient brûlés, il est hors de doute que les Corps auraient procédé spontanément à leur destruction. Elle avait déjà commencé d'ailleurs et ne s'était arrêtée que devant l'affirmation d laréchal. Le Maréchal avait pris n apparence l'initiative de cette estruction, mais l'éxécution de ordre du 27 ayant été ajournée u 28, il n'était plus maître de la ituation ; c'était l'ennemi qui allait rancher la question et, quelque peu lorieuse que fût une capture opérée lans de semblables conditions, la olution ne pouvait être douteuse ; ine fois aux mains de l'ennemi, on ie pouvait plus discerner si ces insi- gnes avaient été reçus d'un garde- nagasin ou conquis sur le champ de ataille. A Berlin, tout devenait tro- hée. Un seul drapeau a été le prix lu combat dans les sanglantes jour- nées autour de Metz, et ce fut un lrapeau prussien, celui du 2ᵉ batail- on du 16ᵉ régiment d'infanterie. Il ut pris le 16 Août par un officier lu 57ᵉ régiment qui faisait partie de a division Cissey.

Quel succès pouvait-on d'ailleurs espérer du subterfuge que le Général Jarras allait tenter de faire accepter par l'ennemi, auprès duquel le Ma- réchal avait conservé sa qualité de Commandant des forces impériales ?

Comment pouvait-on arguer dans cette circonstance d'un chan- gement de gouvernement, alors que depuis près d'un mois le Maréchal cherchait à traiter au nom de l'Im- pératrice ?

La véritable pensée du Maréchal était-elle bien de soustraire les dra- peaux à l'ennemi ? Le passage sui- vant du Général Jarras jette un doute sur ce point.

« Le Maréchal me dit qu'il savait que des drapeaux avaient été brûlés et qu'il ne voulait pas que le Prince Frédéric-Charles pût supposer qu'il avait manqué à ses engagements. »

Quels étaient ces engagements pris, puisque la capitulation n'était pas signée ? Ces paroles semblent trahir chez le Maréchal une préoc- cupation bien différente de celle qu'il a indiquée. Il ne s'agissait plus pour lui de sauver les drapeaux qui restaient, il fallait s'excuser près du Prince de n'avoir pu les conserver

tous. Si on rapproche des paroles du Maréchal Bazaine, rappelées par le Général Jarras, l'ordre donné le 28, dans la matinée, à cet officier géné- ral, de faire arracher la feuille du registre sur laquelle étaient consi- signées les prescriptions données la veille, 27, ayant pour but de faire transporter à l'arsenal les drapeaux pour y être brûlés, l'interprétation que nous venons de formuler acquiert un grand degré de probabilité. Elle seule donne une explication plau- sible de l'ordre du 27, ordre anté- rieur à la signature de la capitu- lation.

Quoi qu'il en soit à ce sujet, alors que le Commandant en chef de l'armée française descendait à de tels procédés, l'instruction constate qu'il n'avait qu'un mot à dire avant de laisser partir le plénipotentiaire qui allait engager l'honneur de l'armée, pour que les drapeaux fus- sent détruits par les Chefs de corps. Du reste, quelques-uns allaient se charger de ce soin.

Le Général de Laveaucoupet a répondu en ces termes à la demande qui lui a été adressée pendant le cours de l'instruction, au sujet de la remise des drapeaux appartenant aux régiments de la division qu'il commandait :

« J'ai dit aux porte-drapeaux : « Vous allez vous rendre à l'arsenal, « vous demanderez que les drapeaux « soient brûlés devant vous ; cela fait, « vous viendrez m'en faire votre rap- « port que vous signerez. Si les dra- « peaux ne sont pas brûlés devant « vous, vous les rapporterez ici et « vous recevrez des ordres. »

« Les drapeaux ont été rappor- tés ; alors j'ai donné l'ordre suivant :

« Vous allez rentrer à vos régi- « ments, et avec la plus grande publi- « cité possible, les drapeaux seront « brûlés. J'assume sur moi seul la « responsabilité de l'ordre que je « vous donne ; on me rendra compte « de son exécution dans la journée. »

« Dans la journée, j'ai reçu l'avis que les drapeaux de la division avaient été brûlés. Par suite d'une circonstance qu'on n'a pu préciser, le drapeau du 63ᵉ ne fut pas brûlé. »

Nous lisons dans la déposition du Général Lapasset :

« Le 27 Octobre, à neuf heures du soir, je reçus de l'État-major du 2ᵉ Corps la lettre confidentielle n° 1243, prescrivant de remettre à l'artillerie les drapeaux de nos régiments.

« Ils devaient être transportés à l'arsenal de Metz, pour y être brûlés. Je ne pus me faire à cette idée : les drapeaux pour moi représentaient la Patrie, ils avaient été confiés à notre honneur et à notre courage ; les livrer me sembla chose impossible.

« Le lendemain 28, avant le point du jour, je rassemblai mes Colonels ; je leur lus la lettre, fi[s] part de mes sentiments, qu'ils pa[r]tagèrent, et je leur donnai l'ordre d[e] brûler les drapeaux en présence d[e] leurs officiers et de m'apporter le[s] procès-verbaux de l'opération.

« Le fait fut immédiatemen[t] accompli, et c'est alors que je répon[-] dis au Général commandant en che[f] le 2ᵉ Corps :

« Mon Général, la brigade in[-] « siste, ne rend ses drapeaux à pe[r-] « sonne et ne se repose sur personn[e] « de la triste mission de les brûler[;] « elle l'a accomplie elle-même c[e] « matin ; j'ai entre les mains le[s] « procès-verbaux de cette lugubr[e] « opération. »

Procès Bazaine. Librairie du
Moniteur Universel.

PAUL ET VICTOR MARGUERITTE

Ce sont les deux fils du Général de cavalerie de l'armée d'Afrique, blessé mortellement à Sedan et qui reste pour l'histoire l'un des plus admirables héros de la campagne. L'aîné, Paul (né en 1860), avait déjà acquis, grâce à LA TOURMENTE et à LA FORCE DES CHOSES, une place d'honneur parmi nos jeunes romanciers, quand son frère s'associa à ses travaux d'écrivain. L'œuvre la plus importante jusqu'ici qui soit sortie de cette collaboration littéraire, c'est LE DÉSASTRE, dédié « à la mémoire de notre père le Général Margueritte et au grand souvenir de l'Armée et de la Ville de Metz ». Metz, son armée vaillante et malheureuse : c'est là, en effet, tout le sujet de ce beau roman historique. Le livre est destiné à rester au premier rang des œuvres inspirées par la guerre ; car il n'y en a pas où les choses aient été vues avec plus de netteté et où elles aient été interprétées avec une âme plus généreuse.

LE PERROQUET DE METZ.

C'ÉTAIT une chose navrante que de voir finir ainsi ces troupes pleines de vie, élite de l'armée qu'on avait laissées se consumer dans le vide....

Du Breuil revit les bataillons de Saint-Privat, immobilisés à deux pas du feu. Quel crime de ne s'être jamais servi de pareils hommes ! Et maintenant, ils s'en allaient, force perdue, vers la dissolution finale. Il se représenta, dans la campagne dévastée, l'exode simultané, le lamentable piétinement des troupes. Elles se formaient à cette minute même pour la dernière fois, et de toutes parts, sous la pluie, dans la bou[e] les colonnes frémissantes se tra[î-] naient le long des routes, comm[e] les tronçons coupés d'un serpe[nt] gigantesque.

Les voltigeurs s'avançaient [à] leur tour, reconnaissables à leurs c[ol-] et à leurs brandebourgs jonquill[e] Ils se dirigeaient à la suite des gr[e-] nadiers vers les glacis de la ville, d[u] côté de la route de Nancy. Dan[s] quelques régiments, les officiers d[e] semaine seuls avaient été désign[és] pour accompagner les troupes ju[s-] qu'au lieu de livraison. Mais, presqu[e] partout, du Sous-Lieutenant au C[o-] lonel, chacun avait tenu à honneu[r] d'escorter ses hommes. Aux voltigeurs, tout le corps d'officiers était là, marchant à sa place de bataille, généraux en tête. Les grades avaient disparu. Tous les cœurs battaient à l'unisson.

Il n'y avait plus de chefs ni de soldats, il n'y avait plus qu'une famille de malheureux, identifiés par la douleur commune.

Les chasseurs à pied et les zouaves venaient ensuite.

La petite veste et le pantalon de forme ovale, la chéchia faisaient penser à des champs de bataille brûlés par le soleil d'Afrique, aux ciels lointains d'Italie et de Crimée.

Ce qui serrait l'âme par-dessus tout était l'extraordinaire silence pesant sur cette armée en marche. Clairons et tambours, si bruyants d'ordinaire, étaient au pouvoir des vainqueurs, et le deuil s'accroissait de leur mutisme. Tout à coup, comme le dernier bataillon défilait, la colonne fit halte. Du Breuil allait profiter du répit pour traverser, lorsqu'une cantine de chasseurs, traînée par deux carnes étiques, apparut. Elle avançait péniblement, longeant le côté droit de la route. Les zouaves lui firent place. Du Breuil regardait avec commisération l'humble voiture déteinte et crottée, l'attelage de spectres. Soudain il tressaillit, pincé au cœur.

Une voix rouillée, une vieille voix sarcastique et désespérée proférait :

« *Nous sommes vendus !* »

Ah ! comme cette fois le cri frappait juste ! Il lui sembla jaillir brusquement de mille bouches. Il courait au loin sur les lèvres des zouaves. « Nous sommes vendus, nous sommes vendus ! » pensait chacun. Dans la voiture vide qui le frôla, Du Breuil reconnut, perché sur une caisse de liqueurs, l'inoubliable perroquet de Forbach. Comment avait-il échoué là ? Hérissé de fureur, l'oiseau vert battait des ailes, et dans un grincement strident il répétait :

« *Nous sommes vendus !* »

Du Breuil se souvint du jour où cet étrange prophète de malheur avait lancé son premier avertissement.

Mais aujourd'hui l'ignoble bête avait raison. Du Breuil se sentit humilié, irrité. Il jeta au perroquet un regard de haine. L'oiseau, voyant qu'on l'observait, roula ses yeux moqueurs sous leurs taies de corne. Il souleva l'une après l'autre ses pattes écailleuses, aux articulations nouées, aiguisa son bec sur le bord de la caisse. Puis, avec un enthousiasme subit, il clama :

« *A Berlin ! A Berlin !* »

Des rires s'élevèrent, des rires où sanglotaient toutes les illusions passées. Chacun, dans cette parodie de la voix humaine, solennelle et baroque, retrouvait ses propres accents. Avec une netteté cruelle, le portrait se dégageait de la caricature. Des loustics, d'une voix dont la gaieté faisait mal, crièrent :

« Les voyageurs pour Berlin en voiture ! Les voyageurs pour le Rhin en avant ! »

Excité par le bruit, le perroquet entonna des chansons incohérentes, bribes d'air qui crissaient d'une façon absurde, finissaient en gargouillements rauques. Puis il modula, d'un ton prétentieux de vieille fille :

« *As-tu bien déjeuné, Jacquot ?* » et sans transition, avec un grondement de rogomme : « *Porrtez arrme !... Prrésentez arrme !... Vive Bazaine !... Rran, pa ta plan, plan plan !* »

Il y eut une indignation, des huées. Au commandement grotesque, quelques visages bronzés de zouaves avaient pâli... Leurs armes ? Elles étaient loin !... « Silence, Bazaine ! » grogna un vieux caporal, chamarré de médailles. Mais l'oiseau, enivré par ses cris, redoublait d'énergie : « *Porrtez arrme !... Prrésentez arrme !...* » Le cantinier essayait en vain de le calmer. La voix ironique lançait toujours : « *Rran, pa ta plan !... Porrtez arrme !... Prrésentez arrme !...* »

Tous ensemble, les soldats aux mains vides, furieux, hurlèrent : « Fais-le taire ! — A mort ! — Ferme ou j't'étrangle ! » Un briscard, pressé de mettre sa menace à exécution, sauta d'un bond dans la voiture. D'instinct, le perroquet affolé prit l'essor, et passa sur l'attelage, en battant précipitamment des ailes. Un débris de charrette émergeait du fossé, il s'y posa ; et, devinant le danger, se mit à chanter plus fort, par bravade. Tout son répertoire lui revint au gosier, en réminiscences confuses. Il l'égrena, dans un chapelet sinistre où se succédaient, ridicules et touchantes, les intonations de ses anciens propriétaires. Sous les bras tendus, la ruée frénétique des zouaves, il dégoisait éperdûment : « *As-tu vu la lune, ma brune ?... Gratt ! Gratt !... J'ai du bon tabac, tu n'en aur... Ratapoil !... Joue, feu !...* »

Le caporal médaillé l'empoignait par une patte. Un coup tranchant du bec lui fit lâcher prise. Le lourd volatile s'échappait. Ressaisi par dix mains, il jeta, dans un spasme d'ailes, le cou tordu, un dernier : « *A Berrl...* » qui expira dans un couac.

PAUL ET VICTOR MARGUERITTE.

Le Désastre. Paris, Plon, Nourrit et Cie 1898.

***

MARÉCHAL BAZAINE (1811-1888)

Le MARÉCHAL BAZAINE, condamné à mort pour avoir livré aux Prussiens la ville de Metz avec son armée, ses munitions et ses drapeaux, a écrit, en justification des actes de son commandement, un livre de stratégie que nous ne pouvons passer sous silence. Mais ce rapport militaire fournit peu de chose pour sa défense ; nous en indiquons simplement la conclusion. Le Maréchal Bazaine, sa peine commuée, fut interné aux îles Sainte-Marguerite, d'où il s'évada pour gagner l'Espagne. Il mourut à Madrid en 1888, après avoir été, peu de temps auparavant, victime d'une tentative d'assassinat.

***

BAZAINE QUITTE METZ. — Nous n'acceptâmes pas les honneurs militaires, qui consistent à passer devant l'ennemi, musique en tête et étendards déployés, puis à déposer les armes après avoir défilé. Qui de nous, en effet, dans l'Armée du Rhin, eût supporté patiemment un pareil honneur, dans une telle situation morale ? Jadis, c'était un moyen de rendre hommage à la vaillance de troupes pour la plupart mercenaires ; mais pour les armées nationales, où chaque soldat, partie du grand tout que l'on appelle Patrie, ressent lui-même les injures faites à cette patrie, c'est là une humiliation nouvelle. C'est ainsi que nous l'avons compris. D'ailleurs, les officiers n'auraient pas alors conservé leurs épées, hommage réel rendu à la troupe dans la personne de ses chefs. La question des épées laissa de nouveau tout en suspens, le Conseil ayant décidé, à juste titre, qu'elle serait une condition expresse, et le Chef d'État-major prussien ne se croyant pas autorisé à l'accorder. Ce n'est que le 28 au matin que le Général de Stiehle informa le Général Jarras de l'acceptation de cette clause, après en avoir référé à Versailles, au grand Quartier général allemand.

L'armement et le matériel furent déposés dans les forts et les arsenaux, comme si l'armée avait été licenciée.

Le 29 Octobre, je sortis des lignes françaises, à trois heures, et me rendis au château de Corny, quartier général du Prince Frédéric, pour me constituer prisonnier.

Le Prince, au moment où je le quittai, me transmit l'ordre, qui venait d'arriver à l'instant de Versailles, me dit-il, de me rendre dans la ville de Cassel.

En me séparant de cette brave armée, qui a toujours été un modèle de discipline et de loyauté, je lui adressai l'ordre du jour ci-après, faible expression de ma reconnaissance pour son patriotisme et pour les solides qualités militaires dont elle avait donné tant de preuves pendant les plus tristes périodes de la campagne :

« A l'Armée du Rhin !

« Vaincus par la famine, nous sommes contraints de subir les lois de la guerre en nous constituant prisonniers.

« A diverses époques de notre histoire militaire, de braves troupes, commandées par Masséna, Kléber, Gouvion-Saint-Cyr, ont éprouvé le même sort, qui n'entache en rien l'honneur militaire, quand, comme vous, on a aussi glorieusement accompli son devoir jusqu'à l'extrème limite humaine.

« Tout ce qu'il était loyalement possible de faire pour éviter cette fin a été tenté et n'a pu aboutir.

« Quant à renouveler un suprème effort pour briser les lignes fortifiées de l'ennemi, malgré votre vaillance et le sacrifice de milliers d'existences qui peuvent encore être utiles à la patrie, il eût été infructueux par suite de l'armement et des forces écrasantes qui gardent et appuient ces lignes ; un désastre en eût été la conséquence.

« Soyons dignes dans l'adversité, respectons les conventions honorables qui ont été stipulées, si nous voulons être respectés comme nous le méritons. Évitons surtout, pour la réputation de cette armée, les actes d'indiscipline, comme la destruction des armes et du matériel, puisque, d'après les usages militaires, places et armement doivent faire retour à la France, lorsque la paix est signée.

« En quittant le commandement, je tiens à exprimer aux généraux, officiers et soldats, toute ma reconnaissance pour leur loyal concours, leur brillante valeur dans les combats, leur résignation dans les privations, et c'est le cœur navré que je me sépare de vous.

« Ban-Saint-Martin, 28 Octobre 1870.

Jamais armée n'a été appelée à supporter de plus rudes épreuves que celle que j'ai eu l'honneur de commander. Soumise, dès le début de la campagne, à l'impression toujours dissolvante des insuccès et des revers, elle livra glorieusement quatre grandes batailles en quinze jours ; victime d'une préparation trop incomplète de la guerre, elle dut perdre le fruit de la bataille de Rezonville (16 Août) ; plus tard, le nombre de ses ennemis triompha seul de sa bravoure et de sa ténacité.

Puis vinrent les privations sans nombre, le mauvais temps, le triste spectacle des 18 000 blessés et malades, les épouvantables nouvelles. Le soldat donna alors le plus bel exemple de discipline et de courage moral.

L'Armée du Rhin, qui comptait 42 462 tués, blessés ou disparus, parmi lesquels 26 généraux et 2 097 officiers, après vingt jours d'une pluie froide, pénétrante, continue [1], fut vaincue par la faim en présence d'un ennemi qui jamais, depuis le jour de l'investissement, n'avait osé l'attaquer et qu'elle avait contraint à immobiliser autour d'elle de nombreuses légions pendant plus de deux mois.

MARÉCHAL BAZAINE.

L'Armée du Rhin, depuis le 12 Août jusqu'au 29 Octobre 1870. Plon, Nourrit et Cⁱᵉ, Éditeurs.

1. La pluie n'a pas discontinué depuis le 8 Octobre. (*Note de l'Auteur.*)

GAMBETTA (1838-1882)

Membre du Gouvernement de la Défense nationale, le célèbre tribun sortit en ballon de Paris assiégé pour organiser en province la résistance aux armées allemandes. De Tours, puis de Bordeaux, la Délégation, dont il fut l'âme, fit surgir au devant de l'ennemi les deux Armées de la Loire, l'Armée du Nord et l'Armée de l'Est, qui disputèrent le terrain pied à pied, parfois battirent les généraux prussiens. Les actes de Gambetta, plus que les paroles, méritent d'être rapportés pour cette période. Cependant deux proclamations, l'une au peuple français après la capitulation de Metz, l'autre à l'Armée de la Loire après la victoire de Coulmiers, dignes toutes deux de ces circonstances tragiques et glorieuses, doivent figurer parmi les pages de notre recueil.

PROCLAMATION AU PEUPLE FRANÇAIS.

Tours, le 30 Octobre 1870.

FRANÇAIS, Élevez vos âmes et vos résolutions à la hauteur des effroyables périls qui fondent sur la patrie.

Il dépend encore de nous de lasser la mauvaise fortune et de montrer à l'univers ce qu'est un grand peuple qui ne veut pas périr et dont le courage s'exalte au sein même des catastrophes.

Metz a capitulé.

Un général sur qui la France comptait, même après le Mexique, vient d'enlever à la patrie en danger plus de 200 000 de ses défenseurs.

Le Maréchal Bazaine a trahi !

Il s'est fait l'agent de l'homme de Sedan ; et, au mépris de l'honneur de l'armée dont il avait la garde, il a livré, sans même essayer un suprême effort, 120 000 combattants, 20 000 blessés, ses fusils, ses canons, ses drapeaux, et la plus forte citadelle de la France, Metz, vierge jusqu'à lui des souillures de l'étranger.

Un tel crime est au-dessus même des châtiments de la justice.

Et maintenant, Français, mesurez la profondeur de l'abîme où vous a précipités l'Empire ! Vingt ans la France a subi ce pouvoir corrupteur, qui tarissait en elle toutes les sources de la grandeur et de la vie.

L'armée de la France, dépouillée de son caractère national, devenue sans le savoir un instrument de règne et de servitude, est engloutie, malgré l'héroïsme des soldats, par la trahison des chefs, dans les désastres de la Patrie. En moins de deux mois, 225 000 hommes ont été livrés à l'ennemi : sinistre épilogue du coup de main militaire de Décembre !

Il est temps de nous ressaisir. citoyens, et, sous l'égide de la République que nous sommes décidés à ne laisser capituler ni au dedans ni au dehors, de puiser dans l'étendue même de nos malheurs le rajeunissement de notre moralité et de notre virilité politique et sociale. Oui, quelle que soit l'étendue du désastre. il ne nous trouve ni consternés ni hésitants.

Nous sommes prêts aux derniers sacrifices, et, en face d'ennemis que tout favorise, nous jurons de ne jamais nous rendre. Tant qu'il restera un pouce du sol sacré sous nos semelles, nous tiendrons ferme le glorieux drapeau de la Révolution française.

Notre cause est celle de la justice et du droit : l'Europe le voit, l'Europe le sent ; devant tant de malheurs immérités, spontanément, sans avoir reçu de nous ni invitation ni adhésion, elle s'est émue, elle s'agite. Pas d'illusions ! ne nous laissons ni alanguir ni énerver, et prouvons par des actes que nous voulons, que nous pouvons tenir de nous-mêmes l'honneur, l'indépendance, l'intégrité, tout ce qui fait la patrie libre et fière.

Vive la France ! Vive la République une et indivisible !

Les membres du Gouvernement:
AD. CRÉMIEUX, GLAIS-BIZOIN.
LÉON GAMBETTA.

PROCÈS BAZAINE

VOIR LA NOTICE PAGE 61.

DÉBUT ET CONCLUSIONS DU RÉQUISITOIRE DU GÉNÉRAL POURCET.

Premier conseil de guerre siégeant a Trianon.

Audience du 3 Décembre.
Présidence de M. le Duc d'Aumale.

La séance est ouverte à midi trente-cinq minutes.

Le Général-président donne la parole au Commissaire spécial du gouvernement.

M. le Général Pourcet se lève et s'exprime en ces termes :

« Un Maréchal de France est traduit devant vous sous l'accusation d'avoir manqué aux devoirs du commandement, et d'avoir livré sans combat une armée de 150 000 hommes et une place de guerre de premier ordre.

« La France attend votre jugement.

« Elle veut savoir si un Général en chef a failli à son devoir; s'il a violé les règlements et les lois; s'il a manqué de droiture et de loyauté; s'il a toujours prêté à ses lieutenants l'appui qu'il leur devait; s'il a engagé avec l'ennemi, clandestinement, des relations illicites; si, obéissant à des préoccupations coupables, il s'est éloigné de ces principes d'honneur qui font la sécurité d'un pays, la force et la gloire des armées !

« Elle veut savoir, enfin, si les actes du Commandant de l'Armée du Rhin n'ont en rien contribué aux revers éprouvés sur d'autres théâtres, ou si, au contraire, sa conduite a exercé sur l'ensemble des opérations militaires, pendant la campagne de 1870, une désastreuse influence.

« Si pénible qu'il soit de raviver des plaies encore saignantes, l'équité comme l'intérêt général commandaient de déterminer par des débats publics les causes d'une capitulation qui a pesé d'une manière fatale sur les destinées de la Patrie.

« Désigné pour de redoutables fonctions, j'ai dû me soumettre à la tâche assignée, et je viens aujourd'hui, après des investigations consciencieuses et de solennels débats, déclarer devant vous que les charges imputées au Maréchal Bazaine sont pleinement fondées et réclamer contre lui la rigoureuse application de la loi.

« Mais si mon mandat m'impose le devoir de soutenir l'accusation contre le Maréchal Bazaine, il me donne aussi l'occasion de rendre un public hommage à sa vaillante armée, qui a pu subir un immense désastre sans cesser de mériter l'estime de la Patrie. Dans ces luttes gigantesques, à Rezonville, à Saint-Privat, officiers et soldats firent toujours leur devoir. Par leur ténacité dans une lutte inégale, par leur courage dans les combats, par leur résignation dans les privations, par une discipline que les situations les plus extrêmes ne purent ébranler, ils ne cessèrent d'être dignes de notre glorieux passé. L'ennemi lui-même rendit un éclatant hommage à leur valeur. Ils ont droit aussi à la reconnaissance du pays, malgré leur défaite, car il est digne d'une grande nation d'honorer ses défenseurs, alors même que leurs efforts sont restés impuissants à la défendre.

« Oui, messieurs, quelque funeste que soit le résultat de la lutte, un général d'armée restera honoré de tous si, avant comme après le combat, il a fait complètement son devoir de chef et de soldat; s'il a pu, à bon droit, prononcer cette parole d'un de nos preux illustres dont la fortune avait trahi le courage : « Tout est « perdu, fors l'honneur. »

« Dieu seul, en effet, messieurs, tient dans ses mains le sort des armées comme celui des nations.

« La France qui, aux premières années de ce siècle, avait promené ses couleurs victorieuses dans toutes les capitales de l'Europe, n'a point échappé à cette loi de la destinée, et après avoir, récemment encore, ébloui le monde par l'éclat de ses triomphes, elle vient de l'étonner par l'étendue de ses désastres.

« C'est qu'il n'est pas de jeu plus redoutable que le jeu des batailles, jeu terrible où, selon la parole de Napoléon, un général peut compromettre à la fois sa réputation, ses troupes et son pays. La stratégie de la guerre, la conduite des armées et leur emploi en face de l'ennemi exigent de vastes connaissances, un caractère résolu, des vertus éprouvées. Tout entier à sa noble mission, supérieur à tout esprit de parti, à toute pensée d'égoïsme, le général en chef aura pour seul objectif de ses efforts l'honneur et l'indépendance de son pays, la gloire et le salut de son armée. Pour remplir ces devoirs, qui commandent le sacrifice de toute pensée personnelle et même de la vie, il faut intelligence, énergie et patriotisme, il faut surtout un grand cœur.

« L'histoire glorifie les chefs d'armée qui se sont dévoués aux intérêts de leur patrie. Elle lègue avec orgueil leurs noms à la postérité et les lui propose pour modèles. Mais si elle leur décerne ainsi les plus précieuses récompenses, elle réserve, par contre, ses plus sévères flétrissures pour le général qui, sans souci de ses devoirs, sacrifiant les intérêts généraux à des préoccupations personnelles, n'a pas craint de s'abaisser à des manœuvres coupables pour couvrir les visées d'une ambition égoïste.

« La loi, messieurs, a voulu être inexorable pour de tels crimes. Elle n'admet aucune excuse, aucune circonstance atténuante.

« Faire mettre bas les armes à « une armée en campagne n'est pas « même une capitulation, disait Na- « poléon Ier; c'est une usurpation de « pouvoir, une trahison, une lâcheté. « Un général n'a pas le droit de trai-

« ter de son armée; il doit combat- « tre jusqu'à la dernière extrémité. »

« Le Code s'est inspiré de ces nobles et mâles pensées, et, pour justifier ses sévérités, le législateur déclarait :

« Que le juge lui-même a besoin « quelquefois d'avoir devant les yeux « une règle invariable qui soit pour « lui l'image austère du devoir, afin « d'y puiser le courage de remplir sa « rigoureuse mission, et de ne pas « céder à ces entraînements qui, à « de certaines époques, tendent à « amollir et à énerver la puissance « de la loi. »

. . . .

« En conséquence, nos conclusions sont que le Maréchal Bazaine (François-Achille), ex-Commandant en chef de l'Armée du Rhin, soit déclaré coupable :

« 1º D'avoir, le 28 Octobre 1870, capitulé avec l'ennemi et rendu la place de Metz, dont il avait le commandement supérieur, sans avoir épuisé tous les moyens de défense dont il disposait, et sans avoir fait tout ce que prescrivaient le devoir et l'honneur ;

« 2º D'avoir signé, le même jour, 28 Octobre 1870, à la tête d'une armée en rase campagne, une capitulation qui a eu pour résultat de faire poser les armes à cette armée :

« 3º De ne pas avoir fait, avant d'avoir signé ladite capitulation, tout ce que lui prescrivaient le devoir et l'honneur :

« Crimes prévus et punis par les articles 209 et 210 du Code de justice militaire ;

« Requérons le Conseil de faire, en conséquence, au Maréchal Bazaine, application desdits articles 209 et 210, en se conformant aux prescriptions de l'article 135 dudit Code ;

« Requérons en outre le Conseil de prononcer contre ledit Maréchal Bazaine l'application des dispositions prescrites par les articles 138 et 139 dudit Code. « Pourcet. »

Procès du Maréchal Bazaine. Réquisitoire du Général Pourcet. Paris, Aug. Ghio, 1874.

HENRI D'ORLÉANS, DUC D'AUMALE (1823-1897)

Le DUC D'AUMALE, qui, au cours de la guerre, avait vainement demandé, comme ses frères et ses neveux, à servir dans l'armée française, put rentrer en France après vingt-deux ans d'exil. Réintégré dans le cadre d'activité comme Général de division, il fut désigné pour présider le Conseil de guerre qui jugea le Maréchal Bazaine. Pour pouvoir suivre le procès en pleine connaissance de cause, il avait fait demander au Gouvernement allemand, par l'intermédiaire de notre Ministre de la Guerre, la permission de visiter, d'ailleurs dans le plus strict incognito, les champs de bataille autour de Metz; le Gouvernement allemand exprima le désir que ce voyage n'eût pas lieu. Le Duc d'Aumale conduisit les débats de Trianon avec une très grande fermeté. On reproduit ici, d'après le texte officiel, la réponse célèbre qu'il fit aux sophismes de l'accusé; elle fit passer dans la France entière comme un frisson patriotique.

LA FRANCE EXISTAIT TOUJOURS.

M. LE PRÉSIDENT. — Croyez-vous que la situation au 29 Septembre fût telle que vous pussiez vous conférer à vous-même le droit de traiter avec l'ennemi?

M. LE MARÉCHAL. — Je crois que j'avais ce droit, du moment où je n'avais plus aucune relation avec le Gouvernement légal, pas plus, du reste, qu'avec le Gouvernement de la Défense. Je me suis cru libre, je ne me suis jamais assimilé à un simple commandant de place, et, comme Chef d'armée, j'étais, en agissant ainsi, utile à mon pays.

M. LE PRÉSIDENT. — Vous croyez que ce droit peut appartenir à un Chef d'armée, — je ne parle pas d'un commandant de place, — bien que l'honneur de commander et de défendre la place de Metz n'eût pas été au-dessous d'un Maréchal de France. (Nous en trouverions de nombreux et glorieux exemples dans notre histoire.)

Je vous demande si, comme Chef d'armée, au 29 Septembre, vous jugiez que la situation fût telle que vous pussiez vous conférer à vous-même le droit de conclure une convention militaire, puisque, selon vous, il fallait lire : « Convention militaire » sous ces mots : « Capitulation avec les honneurs de la guerre ».

M. LE MARÉCHAL. — Ma situation était, en quelque sorte, sans exemple. Je n'avais plus de gouvernement; j'étais, pour ainsi dire, mon propre gouvernement à moi; je n'étais plus dirigé par personne, je n'étais plus dirigé que par ma conscience.

M. LE PRÉSIDENT. — Ces préoccupations de négociations, alors, étaient donc plus puissantes sur votre esprit que la stricte exécution de vos devoirs militaires?

M. LE MARÉCHAL. — Oui, j'admets parfaitement que ces devoirs soient stricts, quand il y a un gouvernement légal, quand on relève d'un pouvoir reconnu par le pays, mais non pas quand on est en face d'un gouvernement insurrectionnel. Je n'admets pas cela.

M. LE PRÉSIDENT. — La France existait toujours!

Procès Bazaine. Librairie du *Moniteur Universel*, 1873.

PROCÈS BAZAINE
VOIR LA NOTICE PAGE 61.

CONDAMNATION DE BAZAINE.

A huit heures cinquante-cinq minutes, le Conseil rentre en séance.

M. le Président, d'une voix ferme et grave, donne lecture du jugement suivant :

« Au nom du Peuple français,

« Ce jour d'hui, 10 Décembre 1873, le 1er Conseil de guerre de la 1re division militaire, délibérant à huis clos, conformément à la loi, le Président a posé les questions suivantes :

« 1° Le Maréchal Bazaine est-il coupable d'avoir, le 28 Octobre 1870, comme Commandant en chef de l'Armée du Rhin, capitulé en rase campagne ?

« 2° Cette capitulation a-t-elle eu pour résultat de faire poser les armes aux troupes dont le Maréchal avait le commandement en chef ?

« 3° Le Maréchal Bazaine a-t-il traité verbalement ou par écrit avec l'ennemi sans avoir fait préalablement tout ce que lui prescrivaient le devoir et l'honneur ?

« 4° Le Maréchal Bazaine, mis en jugement après avis d'un Conseil d'enquête, est-il coupable d'avoir, le 28 Octobre 1870, capitulé avec l'ennemi et rendu la place de Metz, dont il avait le commandement supérieur, sans avoir épuisé tous les moyens de défense dont il disposait et sans avoir fait tout ce que lui prescrivaient le devoir et l'honneur ?

« Les votes recueillis séparément, en commençant par le juge le moins ancien en grade, le Président ayant émis son opinion le dernier, le 1er Conseil de guerre déclare :

« Sur la première question : Oui, à l'unanimité.

« Sur la deuxième question : Oui, à l'unanimité.

« Sur la troisième question : Oui, à l'unanimité.

« Sur la quatrième question : Oui, à l'unanimité.

« Sur quoi, et attendu les conclusions prises par le Commissaire spécial du gouvernement dans ses réquisitions, le Président a lu le texte de la loi et a recueilli de nouveau les voix dans la forme indiquée ci-dessus, pour l'application de la peine.

« En conséquence, le Conseil,

« Vu les articles 210 et 209 du Code de justice militaire,...

« Condamne, à l'unanimité des voix, François-Achille Bazaine, Maréchal de France, à la peine de mort avec dégradation militaire. »

Procès Bazaine. Librairie du
Moniteur Universel. 1873.

PAUL ET VICTOR MARGUERITTE

VOIR LA NOTICE PAGE 64.

L'AUBE RÉPARATRICE. Le train se remit en marche. Quelques minutes après, il stoppait encore.

« Qu'y a-t-il ? » demandait cette fois Du Breuil.

Laune ne répondait pas ; son visage restait invisible, mais ses épaules tremblaient convulsivement.

Charlys s'était précipité. Il poussa un cri farouche :

« Oh ! nos drapeaux ! »

Du Breuil, Jacquemère, Floppe, s'écrasèrent pour voir. Tout le long du train courait ce cri ardent et désespéré : « Nos drapeaux, nos drapeaux !... » Devant la façade du château de Frescaty, une longue et large pelouse s'étendait jusqu'à la voie ferrée ; et là, sur deux rangs, dressant une avenue de gloire, tous les drapeaux étaient plantés. Un fantassin prussien, tranquillement, montait la garde.

Les aigles au sommet des hampes ouvraient leur vol. Les haillons de soie glorieuse, où s'inscrivaient en flamboiements d'or les fastes des régiments, pendaient inertes. Quelques-uns, portant la croix à la cravate, semblaient plus fiers que d'autres. Dans les plis des trois couleurs resplendissaient le sang des morts et le ciel bleu de la Patrie. L'âme de la Révolution, les triomphes des deux Empires palpitaient dans ces loques sublimes.

« Cinquante-trois aigles ! compta Charlys.

— Non, dit Floppe. Quarante et une ! c'est le chiffre officiel. »

Charlys ricana :

« Comptez vous-même ! Bazaine n'en est pas à douze drapeaux près ! il a fait bonne mesure !... à la pelle !... au tas !... »

Il se tordit les mains. Laune avalait ses larmes. Floppe grinça :

« Ils sont plus forts que nous !... Cette cruauté de mise en scène, ce raffinement d'injure... »

Du Breuil releva la tête.

Ces drapeaux, l'ennemi les avait-il conquis dans la bataille ? Non !... Bazaine, pour les livrer, avait dû faire assaut de ruse. Et ceux qui avaient échappé, brûlés ou lacérés, narguaient de leur absence l'humiliation des survivants !... Cette rangée d'aigles n'était que du matériel aveugle, insensible... Qu'importait aux vaincus ?... On pouvait de ces lambeaux profanés souffleter les généraux de l'exil ; on pouvait, sur les routes boueuses, semer nos soldats jusqu'au fond de l'Allemagne. Tous les Français qui étaient là avaient le droit de contempler face à face, haut les yeux, ces signes éclatants de l'impérissable honneur national. Qu'importaient l'écroulement de l'Empire, ces revers inouïs, Sedan, Metz, l'inconnu des malheurs à venir ! Un espoir redressait chacun : la fortune changerait, les pires catastrophes ont un lendemain ! La vision affreuse disparut.

Du Breuil, dans le wagon glacé, où tous se taisaient comme dans une chambre mortuaire, les yeux brillants, songeait... Lacoste, Restaud, Blache, parmi les gens de cœur qu'il aimait, combien de morts !... La guerre, de sa faux rouge, avait taillé à même la chair frémissante de la race. Un concert de lamentations s'élevait des foyers vides. Il maudit ces heures d'abominable épreuve. Mais, puisqu'il les avait subies, qu'elles lui servissent du moins de leçon ! On s'était engourdi dans une paresse présomptueuse, au dissolvant laisser-aller d'une vie d'insouciance et de plaisir ; on se réveillait en pleine horreur.

Mais sur cette nuit d'abîme se lèverait l'aube réparatrice. Si atroce qu'elle fût, la guerre lui avait appris à se connaître, à connaître les autres. Elle avait, dans bien des âmes, réveillé l'énergie dormante. Elle avait enseigné l'endurance, la solidarité, l'héroïsme. Elle avait tué des hommes, elle en avait créé d'autres. L'exemple des morts fortifiait les vivants.

Dans ce creuset effroyable où le désastre avait entassé, avec les trophées de l'Empire, armes, sang, boue, les fortunes ruinées, les illusions détruites, tout le désespoir d'un peuple, l'avenir bouillonnait comme un métal en fusion. Une France nouvelle en jaillirait.

Paul et Victor Margueritte.

Le Désastre. Paris, Plon, Nourrit et Cie, 1898.

IV

LE SIÈGE DE PARIS

MADAME CARETTE (1840)

Pour la période qui nous occupe, le passage le plus intéressant des souvenirs de Mme CARETTE, ancienne lectrice de l'Impératrice Eugénie, c'est précisément le départ et la fuite de la souveraine-régente, le 4 Septembre 1870. Son récit est malheureusement trop considérable pour être reproduit en entier. Nous donnons de préférence ses impressions des quelques heures qui précédèrent la chute définitive du Gouvernement impérial.

PARIS, A LA NOUVELLE DE LA CAPITULATION DE SEDAN.

LA journée du samedi 3 Septembre s'écoula anxieuse et pesante. Il n'y avait aucune communication officielle. Des rumeurs sinistres, mais encore vagues, se répandaient. Les bruits les plus contradictoires circulaient.

Le Conseil des ministres s'était réuni comme de coutume et l'on convint d'attendre une confirmation plus complète des événements, avant de les communiquer au public. Dans les situations désespérées, on espère encore, contre toute espérance.

La Maréchale Canrobert, qui n'avait pas quitté l'hôtel de la place Vendôme, bien que le Maréchal eût été remplacé au gouvernement de Paris par le Maréchal Baraguey d'Hilliers, sans nouvelles de son mari, se décide à aller au Ministère de la guerre, afin d'obtenir des informations. Là elle apprend la capitulation de Sedan. A neuf heures du soir, son frère, M. Mac-Donald, vient la voir. Il avait rencontré une manifestation de cinq cents individus environ criant : « A bas l'Empire! Vive la France! Vive l'Armée! Vive Trochu! » En passant devant les Tuileries, les cris s'étaient apaisés pour reprendre devant le Louvre, où se trouvaient les appartements du gouverneur de Paris, qui reçut une députation de cette bande.

A dix heures, des amis apportaient à la Maréchale la dépêche officielle annonçant la capitulation de l'armée de Mac-Mahon et la captivité de l'Empereur. Cette dépêche était commentée de tous côtés. On racontait que l'Empereur s'était exposé comme un simple soldat. On ajoutait que des généraux, le Général de Failly entre autres, avaient été tués par leurs hommes. On savait que les troupes s'étaient battues pendant quatre jours, que par deux fois l'armée de Metz avait vainement tenté de quitter la place, que Bazaine et Canrobert étaient cernés. On ajoutait que la Chambre avait décidé de se réunir dans une séance de nuit.

La Maréchale demanda sa voiture. Accompagnée de la Baronne de Bourgoing, avec qui elle était intimement liée et qui avait dîné chez elle, elle se rendit chez M. Rouher, au Sénat. Dans ce lointain et paisible Luxembourg, tout semblait endormi. Contraste étrange avec les rumeurs grandissantes de la ville ! M. Rouher était couché. Mme Rouher confirme aux visiteuses les nouvelles de l'armée ; puis la Maréchale, insistant pour parler au Président du Sénat, elles entrent chez lui. M. Rouher dormait ;

on le réveille pour l'informer de la convocation de la Chambre en séance de nuit.

A dix heures, la foule était considérable devant le Corps législatif. Un parti important voulait dès lors proclamer le Général Trochu dictateur. La droite tente d'associer à son nom celui de Palikao et d'un autre général, afin de constituer une sorte de triumvirat militaire chargé de la défense.

A une heure du matin, le Corps législatif était réuni en séance ; le général Palikao vient lire à la tribune la proclamation du ministère annonçant la défaite de Sedan et la captivité de l'Empereur.

« Après trois jours de luttes héroïques soutenues par l'armée du Maréchal de Mac-Mahon contre 300 000 ennemis, 40 000 hommes ont été faits prisonniers. Le Général de Wimpffen, qui avait pris le commandement de l'armée en remplacement du Maréchal de Mac-Mahon, grièvement blessé, a signé une capitulation. Ce cruel revers n'ébranle pas notre courage. Paris est aujourd'hui en état de défense. Les forces militaires du pays s'organisent. Avant peu de jours une armée nouvelle sera sous les murs de Paris. Une autre armée se forme sur les rives de la Loire.

« Votre patriotisme, votre union, votre énergie sauveront la France. L'Empereur a été fait prisonnier dans la lutte. »

Ces paroles sont accueillies par des exclamations passionnées. L'agitation est à son comble dans l'enceinte du Corps législatif.

C'est alors que M. Jules Favre, montant à la tribune, lit un ordre du jour demandant la déchéance de l'Empereur prisonnier.

MADAME CARETTE.
Souvenirs intimes de la Cour des Tuileries. Paul Ollendorff, Éditeur.

COMTE D'HÉRISSON (1840)

Ancien officier d'ordonnance du Général Cousin de Montauban pendant la guerre de Chine, le COMTE D'HÉRISSON se trouvait en Amérique au début de la campagne de 1870. Rentré en France, il fut attaché à l'État-major du 12e Corps, ensuite officier d'ordonnance du Général Trochu. Sa parfaite connaissance de l'allemand lui valut maintes fois d'être employé comme parlementaire ; Jules Favre l'emmena à Ferrières, puis à Versailles ; il fut ainsi au courant de bien des petits faits des négociations et plus tard put grossir ses livres d'anecdotes curieuses. Son JOURNAL fut un gros succès, presque un scandale. Déjà il avait écrit sur L'EXPÉDITION DE CHINE, D'APRÈS LA CORRESPONDANCE CONFIDENTIELLE DU COMTE DE PALIKAO un ouvrage qui fut mis sous séquestre pour raison d'État, puis acquis par le Ministre de la Guerre. Le JOURNAL D'UN INTERPRÈTE EN CHINE remplaça en partie le livre supprimé. Le comte d'Hérisson, depuis, a publié un NOUVEAU JOURNAL, LES RESPONSABILITÉS DE L'ANNÉE TERRIBLE, LA LÉGENDE DE METZ, où il tenta de disculper Bazaine, puis des souvenirs personnels sur le 4 Septembre : AUTOUR D'UNE RÉVOLUTION, LE CABINET NOIR, LE PRINCE IMPÉRIAL, etc. Ses livres sont généralement d'un intérêt véritable et sérieusement documentés. Il raconte ainsi la fuite de l'Impératrice, à la déchéance de l'Empire.

LA *FUITE DE L'IM-PÉRATRICE.* LE 4 Septembre, étaient de service aux Tuileries : M. le Général de Montebello, l'Amiral Jurien de la Gravière, le Marquis de la Grange ; Mmes de Renneval, de Saulcy, Comtesse Aguado, Maréchale Canrobert, de la Poëze, de la Bédollière.

Un peu avant son départ, c'est-à-dire vers deux heures, car l'heure exacte de ce départ est deux heures et demie, l'Impératrice, laissant dans son salon-cabinet MM. Nigra et de Metternich, se rendit au salon de service, où les personnes que je viens de nommer étaient réunies. Elle portait une robe brune, avec une pèlerine de Worth, en drap noir, doublée de soie violette et soutachée de fins galons d'or. Elle était en cheveux, et tenait encore à la main le mouchoir de batiste avec lequel elle avait essuyé ses yeux rougis, et effacé un peu, en les étendant sur ses joues, les petits traits de crayon noir dont elle marquait alors ses paupières, et qui, depuis, se sont singulièrement élargis... mode d'Espagne !

Les dames d'honneur, vivement émues, étaient toutes debout, et vinrent l'une après l'autre baiser la main de la souveraine, qui leur dit ces mots :

« En France, on n'a pas le droit d'être malheureux. »

Après ce baisemain et ces adieux, l'Impératrice rentra dans son salon, où l'attendaient avec anxiété les deux Ambassadeurs, tremblant continuellement qu'elle ne changeât d'avis et ne renonçât au départ conseillé.

Les deux dernières semaines que la pauvre femme venait de passer aux Tuileries n'avaient été qu'une longue torture, une véritable agonie morale.

Pas une heure de ces journées terribles ne s'était écoulée sans qu'une dépêche n'apportât ou ne confirmât la nouvelle d'un malheur, d'un désastre. Aussi son esprit et son corps, au milieu de ces heures consacrées aux larmes, au désespoir, au travail, et suivies de nuits sans sommeil, sans repos, avaient-ils été tous deux atteints.

Elle ne se soutenait qu'à l'aide de café très fort, et ne se reposait un peu qu'en se saturant de chloral. Elle avait, du reste, consommé une si grande quantité de ce dernier médicament, qu'elle s'était donné de véritables accès de somnambulisme, pendant lesquels, les yeux grands ouverts et fixes, elle semblait étran-

gère à ce qui se passait autour d'elle, ne pas comprendre ceux qui lui adressaient la parole.

Les deux Ambassadeurs avec leurs conseils, leurs craintes fictives, leurs peintures exagérées des prétendus maux qui la menaçaient, n'étaient point pour détruire l'effet du café et du chloral sur ces pauvres nerfs de femme tendus à se briser.

Ils lui déclarèrent que l'heure de la retraite, de la fuite, était arrivée. On échangea contre un manteau plus sombre la pèlerine trop voyante de Worth, et l'Impératrice emprisonna à la hâte ses magnifiques cheveux dans une petite capote noire de Mme Virot, dont elle noua fébrilement les brides sous son menton. Elle prit à la main un de ces petits sacs dans lesquels les femmes enferment leur bourse, leur mouchoir, leur carnet, et, donnant le bras au Prince de Metternich, elle suivit, à travers le Louvre, M. Nigra qui avait offert son bras à Mme Lebreton, sa lectrice, celle-ci n'ayant pas voulu quitter la souveraine. Mme Lebreton est, on s'en souvient, la sœur du vaillant et si souvent victorieux soldat qui s'appelle Bourbaki.

On arriva ainsi jusqu'à la colonnade de Louis XIV, en face de l'église Saint-Germain-l'Auxerrois, et c'est là, devant la grille dorée, que l'Impératrice et Mme Lebreton montèrent dans un fiacre. M. de Metternich jeta au cocher ces simples mots : « Boulevard Haussmann. »

Un gamin d'une quinzaine d'années, en blouse et en casquette, qui passait à ce moment, s'écria :

« Tiens, elle est bonne, tout de même... C'est l'Impératrice ! »

Son exclamation, heureusement pour les fugitives, fut couverte par le bruit du fiacre, qui s'était déjà mis en mouvement et roulait dans la direction de la rue de Rivoli.

Vers le milieu du boulevard Haussmann, les deux femmes firent arrêter la voiture, et pendant que Mme Lebreton payait le cocher, l'Impératrice se réfugia un instant sous une porte cochère. Une autre voiture fut prise au passage, et à ce nouveau cocher on donna l'adresse de M. le docteur Evans, avenue Malakoff.

. . . .

Le but du voyage de l'Impératrice était l'Angleterre, et la fugitive se refusant absolument à prendre le chemin de fer par crainte d'être reconnue, insultée peut-être, il était trop tard pour organiser ce jour-là le départ.

Le docteur arrêta donc son plan dans sa tête, et revint annoncer à l'Impératrice qu'il fallait qu'elle acceptât sous son toit l'hospitalité d'une nuit. La pauvre femme, à la fois abattue physiquement et surexcitée moralement, passa la nuit du 4 au 5 Septembre dans la chambre de Mme Evans, alors en villégiature à Deauville. On dressa pour Mme Lebreton un lit improvisé, au pied de celui de l'Impératrice.

Le 5 Septembre, au matin, l'Impératrice, reposée et un peu plus maîtresse d'elle-même, reprit sa toilette de la veille. Seulement, comme la petite capote à brides lui laissait le visage absolument à découvert, elle prit un chapeau rond appartenant à Mme Evans, et s'entoura la tête d'une voilette épaisse qui suffisait à la rendre méconnaissable.

On prit place dans le landau du docteur, voiture confortable à caisse brune. Sur le siège, le cocher et le valet de pied, livrée grise à collet noir, ignorant absolument quelles personnes accompagnaient leur maître.

L'Impératrice s'assit au fond à droite. A côté d'elle s'installa Mme Lebreton, et les deux docteurs américains occupèrent la banquette de devant.

Par l'une des grilles qui donnaient sur l'avenue Malakoff et qu'ouvrit le jardinier, on partit à fond de train pour Deauville.

La grosse question était celle de la sortie de Paris. La porte Maillot était obstruée par une barricade gardée par un poste de gardes nationaux. Il fallait franchir cet obstacle sans que l'Impératrice fût reconnue.

Comme je devais le faire quatre mois plus tard lorsque j'emmenai Jules Favre à Versailles, M. Evans sortit à mi-corps par la portière de droite, pour demander aux gardes nationaux des indications sur la route. La voiture passa lentement et franchit la barrière. On était sauvé.

COMTE. D'HÉRISSON.

Journal d'un officier d'ordonnance.
Paul Ollendorff, Éditeur.

JULES SIMON (1814-1896)

JULES SIMON, écrivain politique, historien, philosophe et moraliste, député sous l'Empire, membre du Gouvernement de la Défense nationale, puis Ministre de l'Instruction publique, est un des acteurs de la grande tragédie. Ce sont des souvenirs personnels autant que des faits d'histoire que l'on trouve dans ses ouvrages sur le 4 Septembre, la guerre de 1870, l'origine et la chute du régime impérial. Jules Simon raconte ainsi l'envahissement du Palais Bourbon par la foule au jour de la déchéance de Napoléon III.

L'ENVAHISSEMENT DU PALAIS BOUR-BON.

Il fallait d'abord franchir le pont, qui était barré, du côté de la place, par des gendarmes à cheval, et, du côté de la Chambre, par des gardes municipaux, ayant en outre derrière eux un poste nombreux de sergents de ville. On ne laissait passer au commencement que les gardes nationaux en uniforme; puis, le commissaire de police ayant· constaté que l'uniforme était un moyen de s'introduire dans l'enceinte du palais pour les gardes nationaux qui n'étaient pas de service, le Général Lebreton, questeur de l'Assemblée, donna l'ordre de refuser le passage à ceux qui n'avaient pas leur fusil. A peine l'ordre était-il donné que tous les gardes nationaux se présentèrent avec des armes. On leur en prêtait dans toutes les maisons. Ils vinrent bientôt par escouades, puis par compagnies. Un bataillon de garde nationale, non commandé de service, arrivé avec ses officiers et ses tambours, parlementait pour obtenir le passage, quand le Général de Caussade donna l'ordre à la troupe de se retirer. Il ne fit probablement que prévenir une défection. M. Bellanger, le commissaire de police, homme énergique, qui a déployé ce jour-là de l'activité et du courage, dit, dans sa déposition, qu'il avait placé lui-même les gardes municipaux à la tête du pont ; qu'il avait eu quelque peine à le faire ; « que les hommes n'obéissaient plus ». Des curieux, qui étaient restés assez longtemps tout près des gendarmes à cheval, ont dit aussi que « sûrement les gendarmes n'auraient pas tiré, qu'ils étaient aussi irrités que le peuple ». M. Guyot-Montpayroux avait traversé le régiment qui stationnait sur la place. On disait dans les rangs : « C'est un député de la gauche. » Les soldats retenaient avec peine l'expression de leur sympathie. Ce n'étaient pas, comme on l'a cru au Ministère de l'Intérieur, les nouvelles de Lyon qui les troublaient. Non, c'étaient les nouvelles de Sedan ; c'était cette capitulation qui, suivant les bruits déjà répandus, avait livré à l'ennemi une armée de 80 000 hommes. Ces vieux soldats, puisqu'il faut dire le mot, avaient honte. Ils ne se souciaient plus de défendre un gouvernement qui se défendait si mal. Le Général de Caussade donna donc l'ordre de se retirer, et le bataillon de la garde natio-

nale se mit à traverser le pont.

Il y eut un moment de terrible anxiété, parce qu'on vit le bataillon de la Garde de Paris (infanterie), qui longeait le jardin du Président, courir aux faisceaux, pendant que les gardes nationaux criaient : « Vive la ligne ! » L'alarme ne fut pas de longue durée. Les soldats mirent la crosse en l'air. La foule, qui avait suivi le bataillon de garde nationale et couvert le quai en un instant, cria : « Vive la ligne ! » avec un enthousiasme immense.

Restait la grille, qui était fermée, et derrière laquelle se tenaient les hommes de service de l'Assemblée, avec ordre de n'ouvrir à qui que ce fût. Les spectateurs des tribunes, les journalistes, les anciens représentants, les clubistes qui avaient pénétré dans l'enceinte, soit par billets, soit en accompagnant des députés, se répandirent sur les degrés et sous la colonnade, en une masse compacte, poussant des acclamations auxquelles répondaient celles de la foule qui stationnait au dehors. La porte s'ouvrait souvent pour des privilégiés, et chaque fois plusieurs personnes se faufilaient, malgré les gardiens, qui n'étaient déjà plus maîtres d'exécuter leur consigne. A la fin, on livra passage aux gardes nationaux, et il devint impossible de refermer la grille.

Ce fut le signal d'une escalade générale ; les murs, la grille furent franchis ; la cour, les deux jardins, tous les couloirs, toutes les salles furent envahis ; on se précipita dans les escaliers, qui tremblèrent sous le poids. Les hommes déjà accumulés dans les tribunes, et que poussait sans miséricorde la foule des survenants, n'eurent que la ressource de sauter dans l'enceinte réservée aux députés, au risque de se rompre les os, ou se laissèrent glisser le long des colonnes. Ils remplirent ainsi le pourtour, montèrent sur les banquettes et sur les pupitres, tandis qu'on ébranlait la porte du fond, qui finit par voler en clats, et qu'on frappait également à coups de crosses la porte qui donne accès au couloir par lequel arrivent es députés. M. Dorian barrait résoument le passage, et réussit, pendant quelque temps, à retenir les assaillants ; mais ceux qui étaient entrés par les tribunes et par la salle des conférences accoururent au bruit, et ouvrirent du dedans la porte que M. Dorian défendait. Les cris : « A bas l'Empire ! A bas le Corps législatif ! Vive la République ! La République est proclamée ! » retentissaient de toutes parts. Les vitres, les glaces tombaient avec un bruit strident. C'était une inextricable confusion, un ineffable vacarme, qui rappela, pendant une heure, les grandes scènes révolutionnaires.

JULES SIMON.

Origine et chute du Second Empire.
Calmann Lévy, Éditeur.

NADAR (1820)

NADAR, de son nom véritable Félix Tournachon, écrivain, dessinateur, photographe et aéronaute, est certainement une des physionomies les plus curieuses et les plus remuantes de la période impériale. Il fonda des journaux satiriques, publia nombre d'ouvrages amusants, des récits divers de ses ascensions. Déjà Alphonse Karr, dans son JOURNAL DE BORD, *nous le présente revenant de combattre pour la Pologne, une schapska sur la tête. Au début du siège, il contribua à la création des premiers ballons, puis se retira devant les difficultés qu'il accusait l'administration de lui susciter. On cite parmi ses livres :* LES MÉMOIRES DU GÉANT, A TERRE ET EN L'AIR, LE DROIT AU VOL, LES BALLONS EN 1870, *puis* LE MONDE OU L'ON PATAUGE, L'HOTELLERIE DES COQUECIGRUES. *Dans* SOUS L'INCENDIE, *Nadar raconte l'envahissement des Tuileries par le peuple, le 4 Septembre.*

L'ENVAHISSEMENT DES TUILERIES.

A DEMAIN les affaires sérieuses ! Pour le moment, et tandis qu'à côté l'ambition misérable et l'incapacité se partagent la place, nos bons Parisiens sont tout entiers à l'infinie volupté de sentir l'air libre dans leurs poitrines depuis si longtemps étouffées. Ils se tassent de plus en plus, fourmilière agitée, par les quais et la place de la Concorde, sur laquelle je suis revenu, tirant vers les Tuileries complètement vides et dont les grandes grilles sont fermées.

On parlemente avec les soldats de garde ; mais les paroles commencent à sembler longues, et aussitôt : « Une ! — deux !! — trois !!!... » — en trois poussées homériques de la foule, l'énorme grille fléchit, s'ouvre, et, par les deux battants, S. M. le Peuple rentre chez lui...

Mais un cri s'élève :

« A bas les aigles ! »

En effet, les quatre aigles énormes, en fonte dorée, étalent encore impudemment leurs ailes au-dessus des piques de la traverse.

Un homme alors, un homme en bourgeron, — méthodiquement, en quatre ou cinq poussées, — grimpe jusqu'à l'un des aigles, le second de droite. Puis, cramponné aux barreaux par ses jambes enlacées, il vient d'embrasser de toute l'ampleur de son étreinte l'aigle qu'il attire à lui d'une première secousse : « Une !... »

« Il est fou ! » me dit un brave bourgeois qui comme moi regarde. « Monsieur, j'ai vu poser ces aigles, moi qui vous parle : ils sont rivés !

— Monsieur est de la province ?

— Pourquoi me demandez-vous ça ?

— Parce que vous n'êtes pas de Paris. »

« .... Deux !!... — Trois !!!... »

— L'aigle est cueilli — au diable les rivets! — à l'immense applaudissement de la foule, — et il fait osciller, sous l'écrasement de son poids, le dénicheur appendu qui crie : « Gare là-dessous! » Et la lourde masse tombant fait trembler le sol où elle s'enfonce.

En un clin d'œil et avec la même simplicité exécutive, les trois autres oiseaux sinistres sont mis à bas par trois autres dénicheurs...

Et alors, à ce point nommé, — chose insigne, plus invraisemblable que les imaginations de nos féeries, — nous voyons, de nos yeux nous voyons se hisser un dernier grimpeur brandissant de son bras libre une gigantesque, démesurée couronne d'immortelles jaunes et noires.... Compris, électriquement! — Une clameur de bravos plus assourdissante encore s'élève pour sembler ne plus vouloir finir, pendant que notre homme, sans en paraître plus fier, dépose la couronne géante sur la grille de la dernière demeure de nos Empereurs et de nos Rois.

NADAR.

Sous l'Incendie. G. Charpentier et
E. Fasquelle, Éditeurs.

GEORGE SAND (1804-1876)

La grande amie de Musset et de Flaubert, l'auteur célèbre du MARQUIS DE VIL-LEMER, et de FRANÇOIS LE CHAMPI, occupait son ermitage de Nohant à l'époque de l'invasion allemande. C'est de là qu'elle suivit en grande partie les hostilités, qu'elle assista, le cœur palpitant, à la dévastation et aux héroïques misères de la France. Sa correspondance de 1870 est curieuse à cet égard. A mesure que les événements se précipitent, on y retrouve les préoccupations, les angoisses, les espoirs passagers, les enthousiasmes fugitifs qui furent les impressions et les sentiments du pays même durant les incertitudes et les tristesses de l'heure. Ce sont aussi les caractères d'un JOURNAL qui parut alors dans la REVUE DES DEUX MONDES.

PARIS INVESTI. — EN ouvrant ma fenêtre, en aspirant la fraîcheur du matin et le profond silence d'une campagne encore matériellement tranquille, je me demande si tout ce que je souffre depuis six semaines n'est point un rêve. Est-il possible que ce matin bleu, cette verdure renouvelée après un été torride, ces nuages roses qui montent dans le ciel, ces rayons d'or qui percent les branches, ne soient pas l'aurore d'un jour heureux et pur? Est-il possible que les héros de nos places de guerre souffrent mille morts à cette heure, et que Paris entende déjà peut-être gronder le canon allemand autour de ses murailles? Non, cela n'est pas. J'ai eu le cauchemar, la fièvre a déchaîné sur moi ses fantômes, elle m'a brisée. Je m'éveille, tout est comme auparavant. Les vendangeurs passent, le coqs chantent, le soleil étend su l'herbe ses tapis de lumière, le enfants rient sur le chemin. — Horreur! Voilà des blessés qui revien nent, des conscrits qui partent, malheur à moi, je n'avais pas rêvé.

Et devant moi se déroule de nouveau cette funeste demi-année dont j'ai bu l'amertume en silence, mon fils gravement malade pendant seize nuits que j'ai passées à son chevet, — attendant d'heure en heure, durant plusieurs de ces nuits lugubres, que ma belle-fille m'apportât des nouvelles de mes deux petits enfants sérieusement malades aussi. Et puis quelques jours plus tard, quand le printemps splendide éclatait en pluie de feux sur nos têtes, vingt autres nuits passées auprès de mon fils malade encore. Et puis une grande fatigue, le travail en retard un effort désespéré pour reprendre ma tâche au milieu d'un été que je n'ai jamais vu, que je ne croyais pas possible dans nos climats tempérés : des journées où le thermomètre à l'ombre montait à 45 degrés, plus un brin d'herbe, plus une fleur au 1ᵉʳ Juillet, les arbres jaunis perdant leurs feuilles, la terre fendue s'ouvrant comme pour nous ensevelir, l'effroi de manquer d'eau d'un jour à l'autre, l'effroi des maladies et de la misère pour tout ce pauvre monde découragé de demander à la terre ce qu'elle refusait obstinément à son travail, la consternation de sa fauchaison à peu près nulle, la consternation de sa moisson misérable, terrible sous cette chaleur d'Afrique qui prenait un aspect de fin du monde ! Et puis des fléaux que la science croyait avoir conjurés et devant lesquels elle se déclare impuissante, des varioles foudroyantes, horribles, l'incendie des bois environnants élevant ses fanaux sinistres autour de l'horizon, des loups effarés venant se réfugier le soir dans nos maisons ! Et puis des orages furieux brisant tout, et la grêle meurtrière achevant l'œuvre de la sécheresse !

Et tout cela n'était rien, rien en vérité ! Nous regrettons ce temps si près de nous, dont il semble qu'un siècle de désastres nous sépare déjà. La guerre est venue, la guerre au cœur de la France, et aujourd'hui Paris investi ! Demain peut-être, pas plus de nouvelles de Paris que de Metz ! Je ne sais pas comment nos cœurs ne se sont pas encore brisés. On ne parle plus dans la crainte de se décourager les uns les autres.

George Sand.

Journal d'une voyageuse pendant la guerre. Revue des Deux Mondes, 1ᵉʳ Mars 1871.

❦ ⚜ ❧

GÉNÉRAL TROCHU (1815-1896)

Le GÉNÉRAL TROCHU a laissé la réputation d'un chef aux actes faibles et aux paroles prolixes. Nommé par Napoléon III gouverneur de Paris, il se déroba au 4 Septembre et accepta de présider le Gouvernement nouveau de la Défense nationale. Après un moment d'exaltation, le Général Trochu, impopulaire et chargé de toutes les fautes commises dans la défense de la capitale, se retira derrière le Général Ducrot ; le 22 Janvier, il se démit de ses fonctions. Il a publié un livre de justification : L'Empire et la Défense de Paris, *ouvrage qui contient son fameux testament, journal de ses impressions du 12 Juillet à la catastrophe de Sedan. Un autre ouvrage a paru sous le titre :* Pour la vérité et la justice ; pétition a l'Assemblée Nationale. *Écrivain abondant et non sans mérite, il employa les longs loisirs d'une retraite silencieuse à préparer pour la postérité une dernière explication de ses actes, un exposé de ce qu'il appelle lui-même « le fameux plan ».*

❦ ❧

LE « FAMEUX PLAN. » — Paris assiégé ne pouvait plus attendre de secours extérieur et devait infailliblement, je l'ai déjà dit, succomber après une défense plus ou moins prolongée, comme toutes les places soumises à cette loi d'isolement, et bien plus sûrement que toutes les autres places, en raison de l'immensité de son développement périmétrique, de la composition et des habitudes de sa population, de la grandeur de ses besoins. Mais cette défense du grand centre politique d'où dépend l'existence de l'autonomie française était encore un espoir. Il s'agissait de l'organiser, surtout de la faire durer, et on a vu que, depuis le jour de mon arrivée à Paris, je n'avais pas cessé un instant de m'appliquer et d'appliquer tous les moyens d'action, toutes les forces morales et matérielles dont je pouvais disposer, à la préparation de ce vaste champ de bataille défensive...

... Pour réaliser cette conception défensive, la surface entière de Paris fut divisée en neuf secteurs triangulaires dont les sommets se réunissaient à la place Vendôme, leurs bases aboutissant à l'enceinte. Chacun d'eux formait un champ de bataille particulier, qui allait se rétrécissant de l'enceinte à la place, et où tout était disposé à l'avance pour une succession de combats à livrer à l'ennemi qui aurait forcé le rempart et chercherait à pénétrer dans la ville.

Les officiers généraux chargés du commandement des secteurs avaient leur quartier général sur la rue de rempart à portée de l'enceinte, et chacun d'eux disposait :

1º D'un corps principal prêt à répondre à une attaque de vive force ;

2º D'une troupe de soutien immédiat ;

3º D'une suite de réserves échelonnées sur les principales voies du secteur jusqu'à la place Vendôme (troupes et emplacements désignés).

Ces réserves, outre leur mission de soutien des troupes engagées en avant d'elles, devaient défendre les barricades fixes qui obstruaient, à partir de l'enceinte, les rues sur une longueur variable ; occuper pour la fusillade les maisons qui les bordaient ; former, au moment du besoin, à l'aide de voitures renversées et avec tous les matériaux qu'elles auraient sous la main, les barricades complémentaires qui feraient suite aux premières.

Un chemin de fer de 40 kilomètres, construit en moins de trois semaines par le service des ponts et chaussées, courait en dedans de l'enceinte sur toute l'étendue du rempart, assurant le transport rapide des troupes et du matériel sur les points où se prononceraient les attaques. Les abords de cette rue s'étaient couverts de baraquements pour le service des troupes de garde.

Soixante-dix magasins voûtés, à l'épreuve, recevaient sous le rempart les poudres et le matériel de remplacement. Plus de deux millions de sacs à terre couronnaient les parapets....

Le Général Trochu parle ensuite des divers travaux de défense, de la fabrication des armes, de l'approvisionnement des poudres, de l'ardeur patriotique des défenseurs de tout rang et de la population parisienne, etc. Puis il conclut :

... Tel était le plan de la défense de Paris, — *le fameux plan*, — celui qui devait exercer si longtemps, sans qu'ils l'eussent compris ou même aperçu, la verve joyeuse des politiciens. Le parti pris de dénigrement est entré si avant dans les habitudes de la publicité contemporaine, quand le dénigrement sert ses passions ou ses intérêts, qu'aucun des auteurs des livres, des brochures, des articles de journaux, en nombre infini, qui ont raisonné du siège de Paris, n'a eu, que je sache, la pensée d'étudier et de résoudre les deux seules questions effectivement intéressantes qu'il soulevât :

En quoi consistait le plan de défense ?

Pourquoi n'a-t-il pas réussi ?

En quoi consistait le plan de défense ? On le sait à présent et on le sait, je pense, pour la première fois. Je viens de l'exposer sommairement, mais complètement, par une succession de faits dont personne ne peut contester l'authenticité, qui s'enchaînent logiquement et forment un tout. C'est un ensemble de dispositions *d'un caractère exclusivement défensif*, par la raison que Paris, *sans armée régulière au dedans, sans armée de secours au dehors, pouvait prétendre à se défendre, mais ne pouvait pas prétendre à attaquer.*

Pourquoi n'a-t-il pas réussi ? C'est que l'effort de la défense ne peut avoir lieu que lorsqu'il répond à l'effort de l'attaque, et que *l'ennemi s'est, du commencement à la fin du siège, systématiquement refusé,* je le répète, *à attaquer,* seconde question que je vais traiter comme j'ai traité la première.

GÉNÉRAL TROCHU.

Œuvres posthumes. Tours, Mame et Fils, 1896.

VIOLLET-LE-DUC (1814-1879)

Le célèbre architecte, qui restaura Pierrefonds et la cité de Carcassonne, a publié sur le siège de Paris un mémoire, où il a très particulièrement étudié les travaux de l'attaque et de la défense. Il nous a paru naturel d'en détacher ces pages relatives aux conditions de l'investissement et aux ouvrages stratégiques de l'armée allemande.

LES CONDITIONS STRATÉGIQUES DU SIÈGE DE PARIS.

L'AXIOME bien connu : « Toute ville investie et assiégée est prise si elle n'est pas secourue, » était-il applicable à Paris ? Oui, certainement, si les défenseurs se renfermaient dans son enceinte et dans ses forts ; non, peut-être, s'ils ne s'y fussent pas renfermés.

Les armées allemandes arrivaient devant Paris avec la certitude qu'après quinze jours ou un mois au plus la ville ouvrirait ses portes ; ils le disaient hautement, le croyaient fermement, et étaient d'autant mieux fondés à le croire, que la plupart de nos chefs militaires partageaient eux-mêmes cette opinion. L'ennemi savait — car jamais armée ne fut mieux servie par ses espions — que nous n'avions fait, sur les hauteurs qui dominent Paris, aucun ouvrage qui pût empêcher l'investissement, que nous n'avions pris, en dehors de la zone des forts, aucune disposition sérieuse de défense. L'ennemi ne croyait pas à une résistance active, tenait en médiocre estime les débris d'armée que nous possédions, notre garde mobile et la garde nationale, et mêmes nos défenses permanentes. Il comptait aussi sur le prestige de ses récentes victoires, et sur l'anarchie dans nos murs, pour lui faciliter l'entrée dans la capitale. Malgré l'exactitude des renseignements dont il savait s'entourer, il n'avait pas une idée exacte des ressources de toute nature que possède ce grand centre industriel et commercial, et surtout du caractère de la population parisienne. Aussi peut-on reconnaître, dans les opérations de l'assiégeant, trois phases assez distinctes : 1° l'investissement complet et rapide, de manière à isoler la capitale du reste de la France ; 2° l'envoi de corps d'armée pour étendre le rayon des subsistances et réquisitions, et prévenir les attaques du dehors ; 3° les opérations réelles contre la place. Il est à penser que l'ennemi a cru à l'efficacité de la première période pour amener la capitulation. Voyant qu'elle se faisait attendre, il est entré dans la seconde ; puis, voulant en finir avec cette ville qui tenait encore, il a réuni tous ses efforts pour que la troisième amenât une solution, que le manque de vivres, et non l'assiégeant, a provoquée. Cet assiégeant n'eût pas envoyé pendant un mois des obus sur les forts et dans l'enceinte de la ville même, que le résultat final eût été exactement le même, n'eût été ni avancé ni retardé d'un jour ; donc, la troisième période du siège n'a donné à l'ennemi qu'un résultat nul. Pour que cette troisième période amenât une solution, il eût fallu qu'elle se prolongeât six semaines au moins, et encore n'est-il pas certain que la ville, suffisamment approvisionnée en vivres, se fût rendue après ce bombardement de deux mois et demi, en tenant compte proportionnellement des effets obtenus pendant le premier mois. Je prie le lecteur de vouloir bien tenir note de cette observation, dont la suite de ce mémoire lui fera, je l'espère, apprécier l'importance au point de vue militaire.

Pendant la première phase du siège, il ne semble pas que l'armée ennemie ait commencé des travaux importants de contrevallation. Elle occupa immédiatement, et avec une parfaite intelligence des abords de la place, les positions qui lui étaient nécessaires pour prévenir toute rupture de l'investissement. Et la preuve qu'elle avait une connaissance très exacte de la topographie de ses abords, c'est qu'elle ne fit qu'une attaque, celle de Châtillon. C'était, en effet, le seul point que nous eussions prétendu conserver en dehors de la zone des forts, et qui eût une valeur sérieuse. Avec notre imprévoyance ordinaire dans le cours de cette guerre, la redoute de Châtillon n'était pas reliée aux forts et n'était pas appuyée par des batteries en retraite[1]. Elle pouvait être tournée ; aussi fut-elle abandonnée dès la première démonstration offensive. Seule, la redoute de Châtillon a provoqué une attaque contre nos lignes ; c'est qu'en effet cette position était la seule que nous eussions gardée et que l'ennemi eût grand intérêt à prendre. Une fois tombée en son pouvoir, il nous attendait. La redoute de Montretout, dont la place avait été si étrangement choisie, et dont le tracé est défectueux, ne fut pas occupée par nous ; et, en réalité, s'il y eût eu quelque chose de mieux à faire que de l'abandonner, c'était de ne la pas commencer.

Maîtres de toutes les positions dont j'ai parlé au commencement de ce mémoire, les Allemands ne se pressèrent pas de les renforcer par

des ouvrages. Ils jugeaient peut-être que c'était peine inutile, la ville, investie étroitement, ne pouvant tarder à se rendre ; puis il fallait attendre l'artillerie de siège ; et, pour protéger l'artillerie de campagne, l'armée allemande n'élève guère que des ouvrages d'un très faible relief, terminés en peu de temps ; par ce motif que cette artillerie, étant essentiellement mobile, doit être souvent déplacée en raison des mouvements de l'ennemi. Les quelques reconnaissances et sorties tentées pendant cette première période trouvaient devant elles des positions fortement occupées, des villages crénelés, assez faiblement barricadés, mais peu de traces d'ouvrages importants, soit comme batteries, soit comme tranchées. C'est pendant la seconde phase du siège que l'ennemi, forcé d'envoyer des corps divergents, soit pour fourrager[1], soit pour se porter au-devant des corps français qui se massaient sur ses derrières, a commencé sérieusement à fortifier sa ligne de contrevallation, qui devenait au besoin une ligne de circonvallation dans certains cas.

Ce sont ces ouvrages, à propos desquels ceux qui ne les ont jamais vus ont fait des récits fabuleux, que nous allons examiner.

Je dois dire tout d'abord qu'ils ne se recommandent ni par leur étendue, ni par un aspect formidable, ni par la perfection d'exécu-

---

1. On verra tout à l'heure que dans tous leurs ouvrages, et malgré l'excellence de leurs positions, les Prussiens ont eu toujours le soin de protéger leurs batteries et redoutes.

1. La rapidité avec laquelle les Allemands après Sedan, se portèrent en avant pour arriver sous Paris, fut telle, que les corps se ravitaillaient à grand'peine et que les vivres leur manquaient souvent. Ils trouvèrent dans les environs de Paris des ressources qui purent satisfaire aux premiers besoins, mais qui furent bientôt insuffisantes. Avant même de se porter au-devant des troupes que la province allait tenter de former sur leurs derrières, ils durent envoyer des corps assez nombreux pour assurer le ravitaillement de l'armée sur un rayon très étendu. Je tiens d'un officier bavarois que les vivres français laissés par nous dans la redoute de Châtillon furent pour le corps chargé d'occuper cette position d'une grande ressource. Ce corps put vivre trois semaines avec ces vivres que nous avions abandonnés.

tion. Si on les regardait de la nacelle d'un ballon, ils rappelleraient plutôt les quelques terrassements laissés par les hordes barbares qui envahirent les Gaules du ve au xe siècle que les travaux dus aux ingénieurs des armées de notre temps. Mais si l'on s'en approche, si l'on suit leur tracé sur le terrain, on s'aperçoit bien vite qu'ils sont dus à une connaissance très exacte des localités et à une observation très judicieuse des ressources qu'elles fournissent, soit comme relief, soit comme accidents naturels ou artificiels. Les Prussiens sont gens économes, et l'on peut être assuré que dans leurs ouvrages il n'y a pas un mètre de terre remué inutilement. Le moindre pli de terrain est utilisé. Les murs, les fossés, les carrières, les fondrières, les sentiers creux, les chaussées, sont autant d'obstacles artificiels dont ils ont su profiter avec une rare sagacité. Des précautions infinies sont prises, non seulement pour cacher les hommes, mais pour dissimuler les ouvrages mêmes à l'assaillant. Aussi est-il arrivé que pendant des actions qui duraient plusieurs heures, on n'apercevait pas l'ennemi, bien qu'on reçût son feu. Forcé dans quelques positions avancées, il battait en retraite sans qu'on le vît disparaître.

E. VIOLLET-LE-DUC.
Mémoire sur la Défense de Paris. Société française d'Éditions d'Art.

❧ ❧ ❧

MAXIME DU CAMP (1822-1894)

Officier de la garde mobile aux journées de Juin 1848, voyageur en Égypte et en Syrie où il eut Gustave Flaubert pour compagnon, fondateur de la première REVUE DE PARIS, *collaborateur à la* REVUE DES DEUX MONDES, *volontaire garibaldien, membre de l'Académie française,* MAXIME DU CAMP, *qui a beaucoup écrit, a laissé sur l'insurrection de 1871 et le second siège, auxquels il avait assisté, le livre appelé* LES CONVULSIONS DE PARIS. *Cet ouvrage est très documenté et écrit par larges tableaux d'un coloris intense et saisissant. Le poète Jules Laforgue, qui fut lecteur de l'Impératrice Augusta, raconte dans sa correspondance qu'elle se faisait lire, chaque jour, les livres de Maxime du Camp sur les événements de 1871.*

❧ ❧

LA GARDE NATIONALE PENDANT LE SIÈGE. LES généraux, les officiers supérieurs, qui auraient pu discipliner la garde nationale et en faire un bon élément de résistance, n'avaient en elle aucune confiance. Ils en redoutaient le contact avec leurs soldats et étaient persuadés qu'elle ne ferait au feu qu'une médiocre figure. Il faut dire le mot, tout pénible qu'il soit : ils la méprisaient. Dans les 350 000 hommes dont elle se composait, ils ne voyaient que 350 000 non-valeurs qui seraient exposées à un échec certain, si on les engageait sérieusement. Ils étaient, du reste, persuadés qu'elle refuserait de se battre contre l'Allemand, parce qu'elle se gardait intacte pour la guerre civile. Ceci ressort des dépositions recueillies par la commission d'enquête ; tout ce qui a été dit à ce sujet peut se résumer par cette phrase : « J'ai entendu dire souvent : Si on s'était servi pendant le siège de ces bataillons qui se battent si bien pendant l'insurrection, que de choses on aurait pu faire ! C'est une erreur : ces bataillons ne se seraient pas battus, ils n'ont aucune espèce de patriotisme. Ils se sont battus, parce qu'ils s'imaginaient qu'ils pourraient être les maîtres et ne plus travailler ; mais, quant à se battre par patriotisme, ils refusaient, ils en étaient incapables[1] ! » Ce qui s'est

1. *Enquête parlementaire sur le 18 Mars,* t. II, déposition des témoins ; déposition de M. Ossude.

passé semble ne pas contredire cette opinion ; mais cette opinion était préconçue chez les chefs militaires, et il est regrettable que nul effort énergique, au besoin désespéré, n'ait été même ébauché pour employer au salut commun les forces qui ont si activement travaillé à la perte commune.

Le Gouvernement de la Défense nationale ne sut donc tirer aucun parti de la victoire qu'il venait de remporter à l'aide du plébiscite provoqué par lui. La population l'avait en quelque sorte acclamé, mais avec une réserve à laquelle on ne s'attendait pas et qui se révéla lors de l'élection des maires, dont le plus grand nombre fut choisi parmi les opposants systématiques. La masse parisienne s'était tenue éloignée de l'invasion de l'Hôtel de Ville, mais elle n'en paraissait pas plus sage, car le 11 Novembre on constate, en Conseil des ministres, que cinq arrondissements sur vingt ont seuls consenti à recevoir des gardiens de la paix chargés de veiller à la sécurité publique.

La garde nationale, déjà fort ébranlée par le service illusoire auquel on la soumettait, se désagrégeait sous l'influence de l'oisiveté et de l'ivrognerie. Chaque jour, outre la ration de l'armée, 50 000 litres de vin sont transportés aux fortifications. Le chômage a vidé les ateliers ; nul travail pour l'ouvrier, nulle rémunération ; quel que soit son âge, il coiffe le képi, il revêt la capote, on l'arme d'un fusil, il reçoit sa paye régulière, une indemnité pour sa femme, une indemnité pour ses enfants. Il s'habitue à la fainéantise, aux longues stations à la cantine ; il obtient facilement des distributions de vivres et de boissons ; pour tuer le temps, il cause politique avec les fortes têtes de la compagnie ; on lui parle de l'exploitation de l'ouvrier par le patron, de la tyrannie du capital, de l'oppression exercée sur le peuple par les classes dirigeantes ; chaque cabaret est un club, chaque corps de garde est une « parlote », et quand on est fatigué d'avoir théoriquement renouvelé la face du monde, on va faire une partie de bouchon, que l'on commence seulement lorsque les enjeux s'élèvent à la somme de cent francs. A ce métier, les meilleurs se perdent, et bien des braves gens s'y sont perdus.

Lorsque devant ces postes, qui sentaient le vin comme un tonneau défoncé, les soldats et les gardes mobiles passaient pour se rendre à la bataille, on leur criait : « Bon courage ! Revenez vainqueurs ; vous savez, du reste, si ça ne va pas, nous sommes là ! » Ils étaient là en effet, mais ils y restaient ; si bien que les gardes mobiles et les soldats, fatigués d'être toujours menés au feu, de ne jamais voir à leurs côtés ceux qui les exhortaient à bien faire, rentrèrent plusieurs fois dans Paris ou voulurent y rentrer en criant : « Vive la paix ! »

Le Gouvernement s'émut, et l'on décida que la garde nationale, parmi laquelle se trouvaient presque tous les amateurs de sortie en masse et de guerre à outrance, serait mise face à face avec l'armée allemande. En somme, on était à bout de voie : les vivres étaient presque épuisés ; MM. Picard et Jules Favre adjuraient leurs collègues de ne point laisser la population parisienne sentir trop durement les étreintes de la faim ; la mortalité par fait de maladies augmentait dans des proportions excessives (8 238 décès en Novembre ; en Décembre, 12 885). La nécessité de la paix, d'une paix très prochaine et rapide, s'imposait à toutes les consciences ; mais nul n'osait en prendre l'initiative, car l'on redoutait ce que le conseil du Gouvernement appelait « la rue », c'est-à-dire la garde nationale. On résolut alors de lui infuser des idées pacifiques, en la jetant au péril. Le Général Trochu dit, dans la séance du 10 Janvier 1871 : « Si, dans une grande bataille livrée sous Paris,

20 000 ou 25 000 hommes restaient sur le terrain, Paris capitulerait. » On se récria ; il reprit : « La garde nationale ne consentira à la paix que si elle perd 10 000 hommes. » Un général répliqua : « Il n'est point facile de faire tuer 10 000 gardes nationaux. » Clément Thomas, interrogé, répondit : « Il y a beaucoup de charlatanisme dans cet étalage de courage de la garde nationale ; déjà, depuis qu'elle sait qu'on va l'employer, son enthousiasme a beaucoup baissé ; il ne faut donc pas se faire d'illusion de ce côté. » Ce fut ainsi que l'on prépara le combat de Buzenval ; la garde nationale ne compta ni 25 000 morts, ni 20 000, ni 10 000, ni même 1 000 morts ; mais elle perdit Henri Regnault et Gustave Lambert : ce deuil aurait dû être épargné à la France.

Maxime Du Camp.

Les Convulsions de Paris. Hachette et Cie, Éditeurs.

❧ ♣ ❧

DELEROT

Versailles pendant l'occupation est un recueil de faits authentiques et de pièces originales, disposé dans l'ordre chronologique par un habitant de Versailles ; l'auteur, qui a fait effort pour ne pas laisser percer trop souvent ses sentiments d'indignation patriotique, a voulu noter tous les éléments d'une enquête historique comme un greffier enregistre à leur place toutes les pièces d'un procès-verbal. Versailles ayant eu le triste privilège d'être occupé pendant six mois et d'être le siège du grand Quartier général des Allemands, ce journal est l'un des plus complets et l'un des plus tristement intéressants que l'on ait sur la période qui suivit le 4 Septembre.

❧ ❧

LES DÉBUTS DE L'OCCUPATION ALLEMANDE A VERSAILLES.

Pendant les premiers jours de l'occupation, les troupes bivouaquèrent sur les avenues. Les soldats n'avaient pas de tentes ; la nuit, ils couchaient à terre, enveloppés dans leurs couvertures, la tête appuyée sur leur sac. Ils gardaient dans leur sommeil l'ordre qu'ils occupaient en marche, et dormaient rangés les uns à côté des autres par compagnies et par bataillons ; les fusils étaient placés en minces faisceaux devant chaque file de soldats. Le matin ou la nuit, dès que le régiment se levait, il se trouvait en ligne pour la marche.

Le soir du 13, les avenues de Saint-Cloud, de Paris, de Picardie, furent occupées dans une grande partie de leur étendue par des régiments ainsi rangés. Les bœufs apportés aux régiments furent tués et dépecés sur place ; les feux s'allumèrent de tous côtés ; Versailles n'était qu'un immense camp regorgeant de troupes à la fois exténuées de fatigue et exaltées par le triomphe.

A la suite des troupes étaient entrés de nombreuses voitures de transports et de grossiers chariots, d'une forme inconnue dans nos provinces, qui s'accumulèrent sur la place d'Armes et sur l'avenue de Sceaux. Sur une partie de ces chariots boueux, couverts de bâches sordides, construits en bois mal taillé et qui rappelaient ceux des anciennes invasions germaniques ou tartares, vivaient tous les brocanteurs de bas étage que le Corps d'armée traînait à sa suite. Ces chariots s'entassèrent immédiatement en groupes serrés les uns contre les autres et donnèrent à certaines parties de la ville la physionomie d'une halte de tribus barbares.

Dès que le défilé cessa, toutes les rues commerçantes se trouvèrent inondées de soldats allemands qui couraient lourdement de boutique en boutique pour acheter des provisions de toute espèce, dévorées aussitôt avec avidité. Tous paraissaient avoir souffert de la faim pendant leurs derniers jours de marche, terminés par un combat pénible ; ils semblaient ravis de se voir enfin dans une grande ville que la plupart prenaient pour Paris. Beaucoup avaient pensé que le Château était « le palais de Napoléon ».

Ils s'entassaient de préférence chez les charcutiers, qui furent bientôt étonnés de tout ce qu'on pouvait leur faire manger. A défaut de charcutiers, ils entraient chez les bouchers, achetaient de la viande qu'ils avalaient immédiatement toute crue, en la coupant et en la mêlant à du poivre. D'autres étaient surtout curieux de fruits, ils s'étonnaient de leur bon marché, de leur abondance, et ils s'émerveillaient entre eux de la grosseur et de la beauté de nos poires et de nos pêches qui semblaient être pour ces paysans du Nord des objets de curiosité. La plupart payaient leurs achats, mais beaucoup profitaient de la foule qui se pressait dans les boutiques pour se servir, eux-mêmes et disparaître en emportant leurs vols.

Lorsque la nuit vint, ce campement improvisé répandu dans toute la ville prit l'aspect le plus étrange.

Partout fourmillaient les soldats criant et chantant dans leur rude langage ; de tous côtés brillaient des feux où cuisait le souper des troupes, feux alimentés par du bois que les soldats allaient demander ou prendre dans les maisons les plus rapprochées. Quand il y avait dans le voisinage un treillage ou une barrière, il disparaissait en un clin d'œil jusqu'au dernier débris.

Sur la place d'Armes, où s'étaient rangés l'artillerie, le train et les équipages, des forges de campagne étaient en pleine activité, jetant des lueurs qui de loin faisaient croire à l'incendie. Des chevaux de cavalerie étaient sans cesse amenés à ces forges et ferrés ; des voitures étaient réparées ; chacun semblait se livrer

à son travail spécial avec la plus parfaite aisance et dans la plus complète tranquillité. Toute cette installation militaire, si compliquée en apparence, s'était faite comme d'elle-même, et dans cet immense mouvement, dans cette prise de possession d'une ville inconnue par des troupes qui sortaient du combat, il n'y avait pour ainsi dire aucun trouble. Tout, même la violence, avait sa règle tracée d'avance, de façon à laisser les passions mauvaises se satisfaire sans troubler l'ordre nécessaire à l'ensemble.

Cette violence s'exerça surtout aux extrémités de la ville, là où les propriétés sont à la fois plus vastes et plus éloignées les unes des autres. Le quartier Montreuil et le Chesnay eurent, dès cette première soirée, beaucoup à souffrir de pillages et de vols. En dépit des légendes qui avaient couru sur le respect des armées allemandes pour tout ce qui touchait à l'enseignement populaire, nos écoles communales de la rue d'Artois et de la rue de Vergennes furent saccagées ; les livres et les cahiers des enfants, le mobilier des classes servirent à faire du feu pour cuire la soupe des soldats. Un grand nombre de maisons particulières furent entièrement dévastées : les soldats campés sur l'avenue de Picardie pénétrèrent, en forçant les portes, dans plusieurs habitations, les dévalisèrent en brisant les serrures et s'emparèrent du bois et du fourrage qu'elles contenaient ; le poste du fontainier de la rue de la Ceinture fut envahi ; les portes des filtres furent brisées ; aux barrières, les maisons destinées à servir de postes furent saccagées ; des détachements entiers s'installèrent chez des maraîchers, arrachant et pillant les légumes, brisant à plaisir toutes les cloches et jetant à la porte les maîtres du logis, qui voulaient protester contre ces dégâts inutiles ; ailleurs, les coups de sabre et de baïonnette s'ajoutèrent au pillage.

Les querelles et les brutalités de

ce genre, plus ou moins graves, furent sans nombre à partir du 19 Septembre ; les rapports de police en ont constaté chaque jour et ces rapports n'en relataient qu'une très faible partie. Au centre de la ville, ces désordres étaient plus rares ; dans les faubourgs, ils furent quotidiens.

DELEROT.

Versailles pendant l'occupation, recueil de documents pour servir à l'histoire de l'invasion allemande. Paris, 1873. Plon, Nourrit et C*ie*, Éditeurs.

ÉMILE BERGERAT

Les POÈMES DE LA GUERRE *nous ont déjà fourni les* CUIRASSIERS DE REICHS-HOFFEN. LA NUIT DE VERSAILLES *est un poème conçu dans une autre note : l'émotion patriotique y fait place à l'ironie méprisante. Nous citons le début de cette pièce de grande allure.*

La Nuit de Versailles

I

Le soir où ses drapeaux flottèrent sur Versailles,
Le roi Wilhelm alla visiter le Palais.

Valet de la fortune, ayant d'autres valets,
Il marchait escorté des rois porte-ferrailles !
Badois, Wurtembergeois, Saxons et Bavarois,
Tous les coqs de combat des basses-cours vassales
Allaient, éperonnés, par la longueur des salles,
Et leur ombre, en fuyant, cassait sur les parois...

Seul, le maître marchait d'une âme décidée,
Il souriait d'un œil joyeusement vitreux.
Les demi-rois disaient, se consultant entre eux :
« Comme il va ! sans Bismarck, aurait-il une idée ?... »

Déjà dans la poussière humide des lointains
Les glaces reflétaient des formes de mêlées,
Et des rumeurs de bronze, à leurs pas réveillées,
Appelaient longuement des échos incertains.

II

Le silence gênait ces braconniers d'histoire.
Dans cette vastitude ils se sentaient nerveux ;
Du coude ils se heurtaient ; les plis de leurs cheveux
Les blessaient ; leur voix même était déclamatoire

Et leur cinglait l'oreille, et vibrait ! — Tous ces nains
Se hérissaient, cherchant un prétexte à leurs tailles.
Le vide faisait boule aux paumes de leurs mains.
Bref, ces guerriers juraient auprès de ces batailles !...
Ils s'en sentaient raillés jusqu'en leur avenir :
Leurs yeux profanateurs d'un passé gigantesque,
Se débattaient, en proie au supplice dantesque
D'être contraints de voir... et de se souvenir !
Ils rôdaient, empêtrés dans ce Palais-Musée,
Comme des pompiers gris à travers des décors ;
Et l'histoire de France en semblait amusée,
Et riait de les voir si Teutons de leurs corps !...

Wilhelm était plus calme, étant plus prince en somme.
Il allait, dans ces lieux où le temps parle bas,
Bourdonnaillant ! — D'ailleurs, il ne s'arrêtait pas,
Ne se connaissant point en peinture ! — Cet homme
A deux titres de gloire à mes yeux, deux s'entend !
D'abord il a prouvé qu'entre l'homme et le singe,
Séparés par l'usage et le respect du linge,
L'intervalle est rempli par l'Allemand-outang !
Ensuite, — et là surtout éclate sa victoire ! —
Il nous a résolu le problème nouveau,
Ci : « Tout peuple peut-il vaquer à son histoire,
« N'ayant pour empereur et chef — qu'un soliveau ? »

III

Les semi-majestés marchaient donc un peu lasses.
Mais voici que Wilhelm, allant au-devant d'eux,
Fit : « Messieurs, saluez ! C'est la salle des glaces !
Longue de deux cent vingt-trois pieds sur trente-deux
De large ; sa hauteur en mesure quarante !
Elle n'a pas d'égale au monde, dit Bismarck !
La vue en est célèbre et s'ouvre sur le parc !
Tout Potsdam là-dedans danserait la courante !
Elle vous représente un denier bien joli !
On m'en a dit le chiffre : il est seul un éloge.
C'est ici que Louis le Grand reçut le doge
(Seize cent quatre-vingt-cinq) Imperiali !

Puis les Ambassadeurs de Siam, dont l'hommage
(Seize cent quatre-vingt-six) fut un gros présent
De lingots d'or, je crois !.... Je n'ai pas bien présent
Cet important détail d'histoire ! C'est dommage !
D'autres faits se sont vus, en des temps moins anciens,
Dans cette galerie !... Ils sont tous dans vos têtes !
Et maintenant, messieurs, vous savez où vous êtes,
Entrez, et respectez les dorures ! J'y tiens ! »

La sueur sur leurs fronts perlait en gouttes larges :
« Sire ! pourquoi franchir ce seuil ? lui disaient-ils ;
Ces miroirs sont braqués par des lutins subtils,
Ivres de réalisme et grands faiseurs de charges !
Selon les procédés de Gall, l'extravagant,
Ils font d'un profil d'homme un profil de grenouille !
Le sceptre le plus gros s'y reflète en quenouille ;
On s'y mire vainqueur, et l'on s'y voit brigand !
Nos profils, Majesté, craignent la perspective !
Une réduction est pis qu'une invective,
Et nous ne pouvons pas songer sans quelque effroi,
Comme on peut raccourcir une tête de roi !
Minuscule en français rime avec ridicule !
Non, sire ! même au prix des lingots de Siam,
Nous n'entrerons pas là ! Notre fierté recule !...
Ces faiseurs de portraits sont élèves de Cham ! »

« C'est bon ! j'entrerai seul, dit le vieux chasseur d'hommes,
Je ferai de l'histoire en homme incontesté ! »
La meute s'inclina, disant : « Sire, nous sommes
Les humbles serviteurs de Votre Majesté ! »

Et quand il eut ainsi renvoyé son escorte,
Wilhelm derrière lui s'en fut tirer la porte.

ÉMILE BERGERAT.

Poèmes de la Guerre, 1870-1871. Lemerre, 1871.

ALBERT SOREL (1842)

M. ALBERT SOREL, de l'Académie française, historien et sociologue, outre un PRÉCIS DU DROIT DES GENS, *publié avec M. Funck-Brentano, a fait paraître divers ouvrages d'histoire très appréciés, sur la* QUESTION D'ORIENT AU XVIII° SIÈCLE, LE TRAITÉ DE PARIS EN 1815, L'EUROPE ET LA RÉVOLUTION FRANÇAISE. *Ce dernier ouvrage a obtenu de l'Académie française le prix Gobert en 1887 et 1888. Son* HISTOIRE DIPLOMATIQUE DE LA GUERRE DE 1870 *doit être lue pour les différentes négociations qui accompagnèrent les hostilités, pour l'armistice, la signature du traité de paix. Nous en citons un fragment relatif à l'entrevue de Ferrières entre Jules Favre et Bismarck.*

L'ENTREVUE DE FERRIÈRES. M. J. Favre était parti de Paris, le 18 Septembre au matin [1]. Vers midi, il arrivait à Villeneuve-Saint-Georges : les Prussiens occupaient déjà ce village. M. J. Favre dut s'y arrêter. Il écrivit à M. de Bismarck la lettre suivante :

« Monsieur le Comte, j'ai toujours cru qu'avant d'engager sérieusement les hostilités sous les murs de Paris, il était impossible qu'une transaction honorable ne fût pas essayée. La personne qui a eu l'honneur de voir Votre Excellence il y a deux jours m'a dit avoir recueilli de sa bouche l'expression d'un désir analogue. Je suis venu aux avant-postes me mettre à la disposition de Votre Excellence. J'attends qu'elle veuille bien me faire savoir comment et où je pourrai avoir l'honneur de conférer quelques instants avec elle. »

La réponse arriva le lendemain 19, à six heures du matin. Elle était datée du 18 et conçue en ces termes :

« Je viens de recevoir la lettre que Votre Excellence a eu l'obligeance de m'écrire, et ce me sera extrêmement agréable si vous voulez bien me faire l'honneur de venir me voir demain à Meaux. »

L'escorte qui devait accompagner M. J. Favre ne pouvait être prête qu'à neuf heures. En attendant, il se promenait dans le parc du château de M. de Balzac, où il avait passé la nuit. Il apercevait de là Paris noyé dans le brouillard lumineux d'une belle matinée ; il songeait aux souffrances qui menaçaient la capitale ; le contraste qu'il y avait entre l'éclat de la nature et l'horreur de la guerre inspirait au négociateur improvisé des réflexions mélancoliques, entremêlées d'espérances et d'illusions. Il se représentait la Prusse « rendant à l'agriculture, au commerce, à la vie sociale les nombreux citoyens dont le devoir avait fait des soldats : elle ajoutait au prestige de la victoire celui de la sagesse... La science et la liberté unissaient étroitement les peuples. » ... La trompette du cavalier de l'escorte arracha M. J. Favre à ce rêve humanitaire. Il traversa des villages en ruines et croisa sur la route les interminables convois de l'invasion. Il fut rejoint par M. de Hatzfeld, secrétaire du Chancelier et apprit que le Quartier général se transportait à Ferrières, dans le château du Baron de Rothschild.

M. J. Favre dut rebrousser chemin ; il rencontra le comte de Bismarck dans le village de Montry : le Chancelier arrivait à cheval, il portait son fameux costume de cuirassier blanc.

Le village se prêtait mal à une conférence. Un paysan indiqua le château de la Haute-Maison qui se trouvait à peu de distance de là.

---

[1]. Je suis en général dans ce récit le *Rapport de M. Jules Favre à ses collègues*, en date du 21 Septembre, complété par les notes publiées par lui : *Gouvernement de la Défense nationale*, I, ch. IV. — Pour tous les faits qui ne s'y trouvent point relatés ou qui sont contredits, je cite les documents.

C'est un manoir très simple, bâti sur une colline boisée. On y arrive par un chemin sinueux, encaissé dans les taillis. — « Ce lieu, dit M. de Bismarck, semble choisi pour les exploits de vos francs-tireurs ; les environs en sont infestés ; nous leur faisons une chasse impitoyable ; ce ne sont pas des soldats ; nous les traitons comme des assassins. » M. J. Favre se récria : il rappela les édits prussiens de 1813 sur le landsturm. « En effet, réplique le Comte ; mais nos arbres ont conservé la trace des habitants que vos généraux y ont pendus. »

M. J. Favre rêvait de générosité et de réconciliation ; M. de Bismarck le ramena du premier coup sur terre, et lui rappela que le système barbare des représailles gouverne encore les relations des peuples. Le Chancelier voulait-il déconcerter son adversaire ? M. J. Favre raconte que l'accueil de M. de Bismarck fut « courtois et grave, absolument exempt d'affectation et de roideur. Aussitôt, dit-il, que la conversation fut commencée, il prit un air bienveillant et communicatif qu'il ne quitta plus pendant sa durée. Du reste, impressionnable et nerveux et n'étant pas toujours maître de contenir son impétuosité. » « Il parut intéressé par ma sincérité, » ajoute M. J. Favre. M. de Bismarck n'avait pas besoin de recourir au sarcasme. L'abandon qu'il apporta dans cet entretien ne marque que mieux la profonde ironie qui se dégage de toutes ses paroles. Il lui suffisait de se montrer tel qu'il était et de dévoiler sa pensée pour faire voir à M. J. Favre quel abîme il y avait entre ses illusions et la réalité des choses. Jamais mieux qu'en ce dialogue on ne put mesurer la distance qui sépare le politique de l'orateur. M. J. Favre était, dans le sens le plus large du mot, ce qu'on appelait il y a cent ans « un homme sensible ». Justement parce qu'il n'avait ni l'arrogance, ni le fanatisme d'un Jacobin, il se rattachait par une descendance plus légitime à la lignée de Rousseau. Il lui manquait toutes les qualités du diplomate. Il ne possédait ni les connaissances pratiques, ni la fécondité de ressources, ni surtout le sang-froid qui font les négociateurs. Il était ému, il s'efforçait d'émouvoir : il en appelait à l'humanité, à la conscience, à la sympathie de son adversaire. Celui-ci était connu par son goût pour les réalités et par le tour positif de son caractère : il ne cherchait pas à toucher son interlocuteur, mais à deviner ses faiblesses et à en profiter ; à des considérations tirées du sentiment, il opposait la raison d'État. M. de Bismarck et M. J. Favre suivirent constamment deux lignes parallèles : ils marchaient de front sans se rencontrer.

Les arguments de M. de Bismarck scandalisaient M. J. Favre ; les adjurations de M. J. Favre étonnaient M. de Bismarck. Diderot ne voulait point d'hommes sensibles sur le théâtre : « Ce qui me confirme dans mon opinion, écrivait-il, c'est l'inégalité des acteurs qui jouent d'âme [1]. » Ce fut l'infériorité de M. J. Favre dans toute cette négociation ; ce serait aussi son excuse, si la sincérité de ses sentiments ne semblait déjà capable de désarmer toute critique. Tel qu'il paraît devant M. de Bismarck avec ses élans d'éloquence et ses emportements d'imagination, il rendait merveilleusement les impressions de la majorité des Parisiens.

L'entrevue de Ferrières restera dans l'histoire comme une des scènes les plus caractéristiques du grand drame de la défense de Paris. Elle complète, en outre, les enseignements fournis par l'histoire des semaines précédentes. La France avait vu au début de la guerre comment une diplomatie médiocre gâte une bonne situation ; elle allait apprendre comment des négociateurs improvisés empirent une situation

---

1. *Paradoxe sur le Comédien.*

mauvaise. M. de Gramont montra de quelle manière on emploie les moyens réguliers de la diplomatie à commettre des fautes ; M. J. Favre fit voir de quelle manière on se trompe lorsqu'on ne connaît point les ressources de la diplomatie.

ALBERT SOREL.

Histoire diplomatique de la Guerre franco-allemande. E. Plon, Nourrit et Cie, Éditeurs.

LOUIS VEUILLOT (1813-1883)

Le grand journaliste catholique, d'un talent si naturel, d'une verve et d'un style si français, après des débuts ballottés, maints duels, se convertit dans un voyage à Rome en 1838 qui lui inspira son livre ROME ET LORETTE. *On a de lui une quantité d'ouvrages :* LES COULEUVRES, *poésies,* LES ODEURS DE PARIS, *tableaux de la société du Second Empire ; mais sa vraie œuvre est son œuvre de polémiste et de pamphlétaire. C'est le premier de nos pamphlétaires, car chez lui l'injure reste toujours « l'injure littéraire ». On connaît ses longues campagnes à* L'UNIVERS *dont il était rédacteur en chef. En 1870, il se prononça pour la guerre à outrance et lui-même demeura fidèle au poste, dans Paris, durant les deux sièges, dont il nous a laissé les souvenirs et les péripéties dans un ouvrage très intéressant.*

EFFET MORAL DE L'ENTREVUE DE FERRIÈRES.

25 Septembre.

M. JULES FAVRE AU CAMP PRUSSIEN.

La démarche de M. Jules Favre au camp prussien reçoit une approbation quasi unanime. Les pédants rouges du *Réveil*, les Pyatistes, les Blanquistes, la condamnent par l'excès accoutumé de leur vertu ; mais ils ne font pas tout l'effet qu'ils attendaient de leurs yeux roulants et de leurs moustaches rebiffées.

Nous nous joignons à ceux qui approuvent M. Favre. Il faut que la justice l'exige ! Aucune de nos sympathies ne s'attache à ce vice-président. La manière dont il s'est installé prince du peuple n'a pas plus excité notre admiration que commandé notre estime. Il a peu d'idées, et ce peu vaut peu. Il a pris le Gouvernement, le trouvant à sa portée, sans autre but bien clair que d'être à son tour le Gouvernement. L'art pour l'art ! Le plaisir d'*arriver*, de donner des ordres, de distribuer des bureaux de tabac ! Tout homme en ce temps-ci rencontre les sorcières de Macbeth : Tu seras roi ! Et qui peut se flatter de ne pas tomber dans le panneau des sorcières ? Le mal démocratique, c'est la passion d'être roi. Ce mal est si général qu'il a inspiré la législation. Tout a été disposé pour faciliter l'accession au trône, de telle sorte que chacun y puisse monter, même poussif. Il y a des lignes d'omnibus à destination du trône. On s'organise en associations pour remplir des omnibus irréguliers qui prennent la traverse. M. Jules Favre, fortement saisi par les sorcières, a fait et refait le chemin. Il a versé, il a renversé. Dégringolé du sommet presque atteint jusqu'au point de départ, il est reparti. Enfin, il est arrivé avec ses compagnons, étrange empilage, sans se douter que Rochefort avait sauté sur l'impériale et arrivait en même temps, au même titre que lui et les autres compères. Oh ! sorcières moqueuses ! On est roi, l'oracle s'accomplit, et pourtant on reste foule. Et dans la foule, il y a ce diable de Rochefort, et le bonhomme Glais-Bizoin, et tant d'autres, sans compter les chevaux, qui sont aussi le roi. C'est drôle, trop drôle, hélas !

Soyons justes néanmoins. Après les réserves nécessaires pour procéder plus tard contre cette manière de constituer un gouvernement, il convient de louer ce qui mérite la louange. M. Jules Favre a fait un coup de maître. Son voyage au camp prussien comptera parmi les actes politiques du premier ordre, et la relation qu'il en a publiée est une sorte de chef-d'œuvre. Cette page dépasse infiniment le mérite de tous ses discours. Elle entrera dans l'histoire de France. Elle est, en outre, une admirable exhortation au combat. A meilleur titre que cette vieille comédienne de *Marseillaise*, elle peut compter pour une armée.

Dans la conception de la démarche, dans la vaillante résolution de l'accomplir sans la soumettre aux incertitudes du Conseil, dans la manière de la raconter, dans l'art de l'exploiter contre l'ennemi, il y a de l'honnête homme, de l'homme de cœur, de l'homme de talent et de l'homme d'État. Nous en félicitons d'autant plus M. Jules Favre, nous nous en réjouissons d'autant plus que, pour ne rien dissimuler, nous ne l'aurions pas espéré de lui. Une action si droite et si vigoureuse, une parole si simple, un art si loyal de mettre en évidence la majesté du vrai, un attendrissement si communicatif, pouvait-on attendre tant d'un tel vieux politique révolutionnaire, académicien et avocat ?

M. Jules Favre a donc eu le bonheur de rendre au pays et peut-être à l'Europe un grand service. Il a tiré du roi de Prusse beaucoup plus et beaucoup mieux qu'un traité même avantageux. La paix acceptable où il réduisait sans doute son espérance, ne pouvait valoir, pour le présent ni pour l'avenir, l'indignation légitime et féconde que provoque son échec. Dans la situation présente le roi de Prusse ne pouvait en rien nous favoriser autant que par l'étalage de sa brutalité. Il nous avait vaincus, c'était le sort des armes ; il a voulu se donner le plaisir de nous souffleter. Qu'il en écrive à sa reine tout ce qu'il voudra, il ne nous fera jamais croire que Dieu l'avait chargé de cette besogne, et le soufflet lui sera rendu. Il connaîtra que Dieu n'a pas fait la France pour le plat de l'épée.

M. Jules Favre ne rougira pas d'avoir attendu comme un solliciteur importun que l'on veut dégoûter de revenir ; il ne se plaindra pas de la grossièreté de l'outrage devant lequel il n'a pu retenir ses larmes.

Dans ce moment-là, dans cet abaissement, il a été véritablement l'homme de la France. C'est un honneur qu'il n'avait pas pris le 4 Septembre. Cet honneur, auquel nous osons dire qu'il ne pouvait même plus prétendre, a été la récompense de l'effort de probité humaine et de dévouement patriotique qui l'a fait résoudre à demander la paix.

Dans le même moment il a cruellement expié l'audace de son usurpation, et il a eu le privilège de voir jusqu'au fond le cœur de l'ennemi. Il a vu cette hypocrisie, cette arrogance, cette ambition sauvage ; il lui a été donné d'en tracer une peinture ineffaçable. A présent la France connaît le roi de Prusse, ou plutôt le prussianisme. Elle sait ce qu'il est et ce qu'il sera, ce qu'il veut et ce qu'il voudra. Elle le sait, et la guerre ne finira qu'avec lui.

A présent, Paris pourra être pris si Dieu veut pousser jusque-là notre expiation, mais l'honneur sera sauf et la France est sauvée.

LOUIS VEUILLOT.

Paris pendant les deux sièges.
Louis Vivès, Éditeur.

LE MONITEUR PRUSSIEN DE VERSAILLES

Les Prussiens installés à Versailles, dont le roi Guillaume avait fait sa résidence, la Chancellerie allemande éprouva le besoin d'avoir son journal, de donner aux populations des nouvelles arrangées des événements ; il lui fallait apprécier les choses à sa manière ; et c'est ainsi que parurent, en français, les treize numéros du Nouvelliste de Versailles et les cent huit numéros du Ministère officiel du Gouvernement général de la France du Nord. M. G. d'Heylli les a reproduits en entier, respectant jusqu'à la cacographie de cette littérature ; un extrait en fera voir l'esprit tudesque et la façon dont l'Allemagne victorieuse envisageait la guerre et l'occupation du sol français.

* * *

LES « INTENTIONS BIENVEILLANTES » DU ROI DE PRUSSE.

N° 10. — MARDI 25 OCTOBRE 1870.

Proclamation.

Le Gouvernement établi à Paris a repoussé la conclusion d'un armistice qui stipulait la reddition de Strasbourg et de Toul. Peu de jours après ce refus, les deux forteresses sont tombées en notre pouvoir. Paris se trouve cerné de près et coupé de toute communication avec le pays.

Le Gouvernement de Paris ne veut pas la paix, mais la continuation d'une guerre qui, maintenant déjà, a été la cause de maux innombrables pour la France. Il n'a pas dépendu jusqu'à présent des armées allemandes, forcées de traverser le pays sans s'arrêter, d'épargner les ressources des habitants. L'interruption des lignes ferrées ne permettant pas de faire suivre régulièrement les vivres indispensables à l'entretien des troupes, il a fallu recourir, au détriment des populations, à des réquisitions nombreuses de vivres et de moyens de transport.

La reddition de Toul et les progrès prochains de l'armée allemande permettront maintenant de disposer de plusieurs chemins de fer qui suffiront, aussitôt qu'ils seront rétablis et remis en activité, pour amener une grande partie des vivres destinés à l'armée et pour venir en aide aux populations des districts si gravement éprouvés par la guerre, en autorisant la circulation du public sur une grande partie des voies ferrées.

Sa Majesté le Roi de Prusse a donné l'ordre de faire tout ce qui sera possible sous ce rapport.

Pour réaliser ces intentions bienveillantes, il faut que les populations contribuent de leur côté à prévenir toute interruption dans l'exploitation des chemins de fer et des télégraphes, ces derniers étant indispensables pour régler la circulation des trains sur les lignes ferrées. Dans les districts occupés par les troupes allemandes, les habitants auront par conséquent à se poser la question s'ils désirent s'assurer les bienfaits de la paix avant sa conclusion définitive, en s'abstenant de tout ce qui pourrait interrompre le service des lignes ferrées et télégraphiques, dont le rétablissement est autant dans leur intérêt que dans celui des troupes.

Reims, le 16 Octobre 1870.

Le Gouverneur Général,

FRÉDÉRIC-FRANÇOIS,

Grand-Duc de Mecklembourg-Schwérin, Commandant du XIIIe Corps d'armée.

GEORGES D'HEYLLI.

Le Moniteur prussien de Versailles.
Beauvais, Éditeur.

GASTON TISSANDIER (1843-1899)

GASTON TISSANDIER, aéronaute, chimiste, écrivain agréable, auteur de publications scientifiques nombreuses, directeur du journal LA NATURE *depuis 1875, sortit un des premiers, en ballon, de Paris assiégé. Il raconte ainsi son voyage aérien, de Paris à Dreux, le 30 Septembre 1870.*

UN DÉPART EN BALLON. LE 30 Septembre, à cinq heures du matin, je pars de chez moi avec mes deux frères qui m'accompagnent. J'arrive à l'usine de Vaugirard ; mon ballon est gisant à terre comme une vieille loque de chiffons. C'est le *Céleste*, un petit aérostat de 700 mètres cubes, que son propriétaire a généreusement offert au génie militaire. Pour moi, c'est presque un ami, je le connais de longue date ; il a failli me rompre les os, l'année précédente. Je le regarde avec soin, je le touche respectueusement, et je m'aperçois, hélas ! qu'il est dans un état déplorable. Il a gelé la nuit ; le froid l'a saisi, son étoffe est raide et cassante. Grand Dieu ! qu'aperçois-je près de la soupape ? des trous où l'on passerait le petit doigt ; ils sont entourés de toute une constellation de piqûres. Ceci n'est plus un ballon, c'est une écumoire.

Cependant les aéronautes qui doivent gonfler mon navire aérien arrivent. Ils ont avec eux une bonne couturière qui, armée de son aiguille, répare les avaries. Mon frère prend un pot de colle, un pinceau, et applique des bandelettes de papier sur tous les petits trous qui s'offrent à son investigation minutieuse. C'est égal, je ne suis que médiocrement rassuré ; je vais partir seul dans ce méchant ballon, usé par l'âge et le service ; j'entends le canon qui tonne à nos portes ; mon imagination me montre les Prussiens qui m'attendent, les fusils qui se dressent et vomissent sur mon navire aérien une pluie de balles !

La dernière fois que je suis monté dans le *Céleste*, je n'ai pu rester en l'air que trente-cinq minutes ! Toutes les perspectives qui s'ouvrent à mes yeux ne sont pas très rassurantes.

« Ne partez pas, me disent des amis ; attendez au moins un bon ballon ; c'est folie de s'aventurer ainsi dans un outil de pacotille. »

Cependant, MM. Bechet et Chassinat arrivent de la Poste avec des ballots de lettres. M. Hervé-Mangon me dit que le vent est très favorable, qu'il souffle de l'est et que je vais descendre en Normandie ; le colonel Usquin me serre la main et me souhaite bon succès. Puis bientôt M. Ernest Picard, à qui je suis spécialement recommandé, demande à m'entretenir ; pendant une heure, il m'informe des recommandations que j'aurai à faire à Tours au nom du Gouvernement de Paris ; il me remet un petit paquet de lettres importantes que je devrai, dit-il, avaler ou brûler en cas de danger. Sur ces entrefaites, le soleil se lève, et le ballon se gonfle. Ma foi, le sort en est jeté. Pas d'hésitations ! Mon frère surveille toujours la réparation du ballon, il bouche les trous avec une attention dont il ne se sentirait pas capable s'il travaillait pour lui-même : la besogne qu'il exécute si bien me rassure. Il est certain que je préférerais un bon ballon, tout frais verni et tout neuf, mais je me suis toujours persuadé qu'il y avait un Dieu pour les aéronautes. Je me laisse conduire par ma destinée, les yeux bien ouverts, le cœur et les bras résolus. Je ne puis m'empêcher de penser à mon dernier voyage aérien. C'était le 27 Juin 1869, au milieu du Champ de Mars. Je partais avec huit voyageurs dans l'immense ballon *le Pôle Nord*. Qui aurait pu soupçonner, alors, la nécessité future des ballons-poste ?

A neuf heures, le ballon est gonflé, on attache la nacelle. J'y entasse des sacs de lest et trois ballots de dépêches pesant 80 kilos.

On m'apporte une cage contenant trois pigeons.

« Tenez, me dit Van Roosebeke, chargé du service de ces précieux messagers, ayez bien soin de mes oiseaux. A la descente, vous leur donnerez à boire, vous leur servirez quelques grains de blé. Quand ils auront bien mangé, vous en lancerez deux, après avoir attaché à une plume de leur queue la dépêche qui nous annoncera votre heureuse descente. Quant au troisième pigeon, celui-ci qui a la tête brune, c'est un vieux malin que je ne donnerais pas pour cinq cents francs. Il a déjà fait de grands voyages. Vous le porterez à Tours. Ayez-en bien soin. Prenez garde qu'il ne se fatigue en chemin de fer. »

Je monte dans la nacelle au moment où le canon gronde avec une violence extrême. J'embrasse mes frères, mes amis. Je pense à nos soldats qui combattent et qui meurent à deux pas de moi. L'idée de la patrie en danger remplit mon âme. On attend là-bas ces ballots de dépêches qui me sont confiés. Le moment est grave et solennel ; nul sentiment d'émotion ne saurait plus m'atteindre.

« Lâchez tout ! »

Me voilà flottant au milieu de l'air !

. . . .

Mon ballon s'élève dans l'espace avec une force ascensionnelle très modérée. Je ne quitte pas de vue l'usine de Vaugirard et le groupe d'amis qui me saluent de la main : je leur réponds de loin en agitant mon chapeau avec enthousiasme, mais bientôt l'horizon s'élargit. Paris immense, solennel, s'étend à mes pieds ; les bastions des fortifications l'entourent comme un chapelet ; là, près de Vaugirard, j'aperçois la fumée de la canonnade, dont le grondement, sourd et puissant tout à la fois, monte jusqu'à mes oreilles comme un concert lugubre. Les forts d'Issy et de Vanves m'apparaissent comme des forteresses en miniature ; bientôt je passe au-dessus de la Seine, en vue de l'île de Billancourt.

Il est neuf heures cinquante : je plane à 1 000 mètres de haut : mes yeux ne se détachent pas de la campagne, où j'aperçois un spectacle navrant qui ne s'effacera jamais de mon esprit. Ce ne sont plus ces environs de Paris, riants et animés, ce n'est plus la Seine, dont les bateaux sillonnent l'onde, où les canotiers agitent leurs avirons. C'est un désert, triste, dénudé, horrible. Pas un habitant sur les routes, pas une voiture, pas un convoi de chemin de fer. Tous les ponts détruits offrent l'aspect de ruines abandonnées : pas un canot sur la Seine qui déroule toujours son onde au milieu des campagnes, mais avec tristesse et monotonie. Pas un soldat, pas une sentinelle, rien, rien, l'abandon du cimetière. On se croirait aux abords d'une ville antique, détruite par le temps ; il faut forcer son souvenir pour entrevoir par la pensée les deux millions d'hommes emprisonnés près de là dans une vaste muraille !

Il est dix heures ; le soleil est ardent et donne des ailes à mon ballon ; le gaz contenu dans le *Céleste* se dilate sous l'action de la chaleur ; il sort avec rapidité par l'appendice ouvert au-dessus de ma tête et m'incommode momentanément par son odeur. J'entends un léger roucoulement au-dessus de moi. Ce sont mes pigeons qui gémissent. Ils ne paraissent nullement rassurés et me regardent avec inquiétude.

« Pauvres oiseaux, vous êtes mes seuls compagnons ; aéronautes improvisés, vous allez défier tous les marins de l'air, car vos ailes vous dirigeront bientôt vers Paris, que vous quittez, et nos ballons sauront-ils y revenir ? »

L'aiguille de mon baromètre Bréguet tourne assez vite autour de son cadran, elle m'indique que je monte toujours,... puis elle s'arrête au point qui correspond à une altitude de 1800 mètres au-dessus du niveau de la mer.

. . . .

Jusqu'ici je n'ai vu que déserts et solitudes, mais au-dessus du parc la scène change. Ce sont des Prussiens que j'aperçois sous la nacelle. Je suis à 1600 mètres de haut ; aucune balle ne saurait m'atteindre. Je puis donc m'armer d'une lunette et observer attentivement ces soldats, lilliputiens vus de si haut.

Je vois sortir de Trianon des officiers qui me visent avec des lorgnettes, ils me regardent longtemps ; un certain mouvement se produit de toutes parts. Des Prussiens se chauffent le ventre sur le Tapis Vert, sur cette pelouse que foulait aux pieds Louis XIV. Ils se lèvent, et dressent la tête vers le *Céleste*. Quelle joie j'éprouve en pensant à leur dépit ! — « Voilà des lettres que vous n'arrêterez pas, et des dépêches que vous ne pourrez lire ! » Mais je me rappelle au même moment qu'il m'a été remis 10000 proclamations imprimées en allemand à l'adresse de l'armée ennemie.

J'en empoigne une centaine que je lance par-dessus bord ; je les vois voltiger dans l'air en revenant lentement à terre ; j'en jette à plusieurs reprises un millier environ, gardant le reste de ma provision pour les autres Prussiens que je pourrai rencontrer sur ma route.

GASTON TISSANDIER.
En Ballon pendant le Siège de Paris.
E. Dentu, Éditeur.

❧ ✣ ☙

FRANCISQUE SARCEY (1827-1899)

Le critique du TEMPS *débuta par l'École normale, faisant partie de la célèbre promotion de 1848 où il eut pour camarades Taine, About, Paul Albert. D'abord voué à l'enseignement, professeur à Chaumont et ailleurs, il vint à Paris et débuta dans la presse qu'il préférait. « Professeur et journaliste », ce sont les deux mots qu'il demanda pour sa tombe dans le fameux article où il déclinait une candidature à l'Académie. « Un gros homme gris, rond, bon, toujours allègre et de bonne humeur » ; ce portrait qu'on trouve dans Beaumarchais est exactement le sien. Même pendant la guerre, il ne perdit point son entrain, comme on en juge dans ce livre :* LE SIÈGE DE PARIS, *où il raconte avec verve et un grand accent de vie les épisodes et les incidents de la vie parisienne en cette période.*

❧ ☙

LA POSTE ET LES PIGEONS VOYAGEURS.

C'est durant cette période que fut définitivement réglée l'organisation de la poste, qui envoyait nos lettres par ballon, et nous en rapportait les réponses, — trop rares, hélas ! et trop courtes, — par un service de pigeons messagers. Le gouvernement établit une grande fabrique de ballons, de façon à en avoir toujours un prêt à partir, aussitôt que le vent serait favorable. C'était de jour aux premiers temps du siège que ces ballons prenaient leur vol, mais on ne tarda pas à s'apercevoir que les Prussiens, avertis de l'heure du départ, en guettaient le passage et lançaient sur l'aérostat ou des fusées incendiaires ou des balles de fusils à longue portée, dits fusils de rempart. On se résolut donc à ne plus partir que de nuit. C'était presque toujours dans une gare que les aérostats étaient gonflés et s'envolaient : gare du Nord ou d'Orléans. Jamais ceux qui ont assisté à ce spectacle ne l'oublieront de la vie. Au milieu d'une vaste cour, le ballon, à demi gonflé, se démène furieusement sous l'effort de la rafale ; il est en taffetas jaune, et les lanternes à réflecteur des locomotives jettent sur la route des lueurs fantastiques. Tout autour s'agitent, dans l'ombre, des hommes que l'on prendrait pour des démons, s'acharnant à quelque œuvre infernale. Dans un coin, le directeur des Postes, M. Rampont, tire sa montre, d'un air soucieux, interroge le vent, et semble demander conseil à l'aéronaute, M. Godard, avec qui il cause à voix basse. Il est évident qu'il y a danger, trois hommes doivent partir. Un voyageur, dont le nom est un mystère. Il est enveloppé de fourrures ; il se promène inquiet et pâle, et tâche, quand il se sent regardé, de faire bonne contenance. Un marin ; il fume insouciamment sa pipe ; on sent qu'il montera dans la nacelle du même cœur indifférent et résolu dont il saute à l'abordage ; c'est affaire de service. Un employé des postes ; il est très occupé ; le fourgon des imprimés vient d'entrer ; c'est lui qui transporte les précieux sacs et les dispose autour de la nacelle. Cinq petites cages arrivent, contenant trente-six pigeons ; des pigeons adorables, des noirs, des blancs, des dorés, des pigeons qui ont des noms de victoire : *Gladiateur, Vermouth, Fille-de-l'Air.* C'est le propriétaire lui-même qui les apporte et veille à leur installation. Au moment de partir, on s'aperçoit qu'aucun des voyageurs n'a songé aux provisions ; on court ; on se fouille, on finit par réunir trois petits pains, deux tablettes de chocolat et une bouteille de vin.

Ce retard a eu son bon côté. Un aide de camp entre tout essoufflé : *Une dépêche du Gouverneur !* L'aéronaute la prend ; la nacelle est fixée ; on entend le sacramentel : « Lâchez tout ! » Le ballon s'élance d'un bond, il penche sous l'effort du vent, qui le courbe avec violence. C'est une seconde d'émotion inexprimable ; nous sommes tous là, retenant notre souffle, les yeux fixés sur cette masse noire, qui se rabat dans une convulsion effroyable. Sera-t-elle brisée ? non, elle s'élève, et à peine le ballon a-t-il dépassé le toit vitré

de la gare, que déjà la nuit s'est refermée sur lui ; il se fond en quelque sorte dans l'obscur brouillard. « Adieu ! adieu ! » nous crient les voyageurs, et nous leur répondons par des souhaits de bon voyage, en agitant nos chapeaux : « Vive la France ! »

Les pigeons qu'ils emmènent avec eux nous reviendront bientôt, à moins que le froid, la brume, l'épervier ou la balle d'un Prussien ne les arrête en route. Chacun d'eux apportera, lié par trois fils à une des plumes de sa queue, un léger tube, où se trouvera roulé un petit carré de papier de 40 millimètres sur 30 millimètres.

C'est la réduction microscopique, par la photographie, d'une composition typographique ordinaire.

Cette petite planche, à peine lisible avec un verre de loupe très puissant, ressemble assez à un journal sur quatre colonnes. Celle de gauche contient uniquement cette mention :

SERVICE DES DÉPÊCHES PAR PIGEONS VOYAGEURS.

Steenakers à Mercadier, 103, rue de Grenelle.

Les trois autres colonnes contiennent, au verso comme au recto, la transcription de dépêches, les unes à la suite des autres, sans blancs ni interlignes. Quelques-unes de ces dépêches sont officielles. D'autres viennent de source privée. Ah ! qu'elles nous ont apporté de consolation et de joie ! Que de pièces de cent sous et de louis d'or sont tombés dans la main des facteurs qui nous remettaient la dépêche si attendue ! Et ces pigeons, de quel tendre respect on les entourait ! Quand, par hasard, un d'eux, à bout de forces, ruisselant de pluie, s'abattait au bord de quelque corniche, de quel œil avide la foule bientôt amassée suivait ses mouvements ! Comme toutes les mains se tendaient vers lui pour lui offrir le pain ou le millet qui devait l'attirer ! et quel cri de joie quand il reprenait son vol droit vers son colombier ! La poésie ne pouvait faire autrement que de les chanter. Eugène Manuel écrivit sur eux une jolie saynète, qui fut récitée au Théâtre Français, et Paul de Saint-Victor les célébra dans une prose plus poétique que les vers du poète des *Ouvriers*.

FRANCISQUE SARCEY.

Le Siège de Paris, E. Flammarion, Éditeur.

ALEXANDRE PIÉDAGNEL (1831)

Officier d'administration dans la Marine, puis secrétaire de Jules Janin, littérateur et critique d'art, ALEXANDRE PIÉDAGNEL s'est attaché à nous rendre en un curieux opuscule la physionomie des hôpitaux improvisés pendant le siège. Le passage ci-après rappelle l'ambulance organisée par la maison de Molière et que desservaient les plus célèbres actrices de Paris. Alexandre Piédagnel a signé des livres de critique sur Jules Janin, le peintre Millet, diverses notices d'introduction à des livres de bibliophiles.

L'AMBULANCE DU THÉÂTRE FRANÇAIS. LES attrayantes infirmières du Théâtre Français s'attachent beaucoup, avec raison, à relever le moral des blessés.

Si les attentions délicates sont prodiguées dans l'ambulance, le confortable, précieux lui aussi, n'y laisse rien à désirer non plus. On fait trois repas par jour, et au dessert figurent souvent du fromage et des fruits.

Après trois mois de siège !

Les pensionnaires les plus anciens datent de Sedan. Ce sont deux prisonniers échangés ; les artistes les ont nommés « Sociétaires de la Comédie Française ». Nous soupçonnons ces convalescents de se laisser un peu gâter.

Où donc serait le mal ?

Le service des dames infirmières est ainsi réglé.

Mmes Madeleine Brohan et Dubois ont commencé de huit heures du soir jusqu'au lendemain à midi ; Mmes Favart et Lafontaine ayant pris de midi à huit heures, Mmes Ricquier et Jouassain ont continué. Les « gardes » ont marché de la sorte jusqu'à présent, sans que jamais personne ait songé à trouver le temps long.

La première fois que la Comédie Française a joué, pour augmenter le nombre des canons de la défense nationale, les trois seuls militaires qui aient succombé rue de Richelieu venaient de mourir, pleins de résignation et de foi. Il est inutile d'ajouter que les artistes ont paru en scène le cœur navré. Le public ne se doutait guère de cette profonde et si légitime douleur.

Le brave soldat accueilli d'abord au foyer du Théâtre Français n'avait pas vingt-deux ans. Il a été miraculeusement sauvé, la balle qui l'a frappé ayant rencontré un portefeuille contenant des lettres de sa mère.

Pourquoi le dissimuler ? en écrivant ces lignes, nous nous surprenons à penser à Dennery !

Un détail à noter, en passant : cédant aux instantes demandes des héros soignés à la Comédie Française, on leur garde les balles extraites de leurs blessures, et l'on a grand soin également de ne pas raccommoder les trous faits à leurs vêtements par les projectiles prussiens.

Les derniers blessés transportés à l'ambulance du Théâtre Français, et installés dans le foyer des artistes, sont MM. de Vigneral, Colonel de la garde nationale mobile d'Ille-et-Vilaine, et Auguste Brune, Lieutenant, âgé de vingt-quatre ans.

Mme la Générale Trochu, en visitant récemment l'ambulance, a exprimé avec émotion au Comité ses vives félicitations.

. .

Lorsque nous sommes arrivé, un engagé volontaire, — un vrai Parisien, de dix-neuf ans à peine, — qui avait reçu une balle dans le côté gauche, considéré d'abord comme étant en danger, venait, après plusieurs journées de soins incessants, d'être examiné par le docteur Richet, lequel déclarait répondre de sa guérison.

Nous renonçons à peindre la joie des infirmières, du chirurgien et du directeur, telle qu'elle a éclaté devant nous, spectateur imprévu.

Célimène et Agnès étaient radieuses.

Comme nous complimentions sincèrement Mlle Favart, à propos de son dévouement persévérant :

« Oh ! mon Dieu ! répondit-elle, Mme Lafontaine — qui vient de nous quitter pour donner une potion calmante à un blessé dont l'état nous inquiète beaucoup — et tous les autres artistes de la Comédie ont, ainsi que moi, cherché à se rendre utiles. M. Thierry nous aidant cordialement, nous avons agi de concert, animés des mêmes sentiments. J'ai, pour ma part, fait bien peu de chose, et ce que j'ai fait n'a rien d'étonnant, ces détails m'étant familiers, car je me plais dans mon intérieur, et suis ce qu'on appelle une bonne femme de ménage. »

Doña Sol une femme de ménage !

L'idée n'en viendrait certes pas au public, — mais nos soldats ne songent guère à se plaindre de cette aptitude inattendue de l'admirable interprète de *Stella* !

Alexandre Piédagnel.

Les Ambulances de Paris pendant le Siège. E. Dentu, Éditeur.

❦ ❦ ❦

JULES DE MARTHOLD (1847)

JULES DE MARTHOLD, journaliste, romancier, auteur dramatique, nous offre, dans une série d'ouvrages légers et de littérature (CONTES SUR LA BRANCHE, PASCAL FARGEAU, etc.), un MÉMORANDUM DU SIÈGE, dans lequel on pourrait puiser nombre de passages curieux. Les désastres de la France, l'événement capital que fut l'investissement de Paris firent battre tous les cœurs, et parmi ceux qui tenaient une plume à l'époque, bien peu renoncèrent à marquer au moins leurs impressions, à tenir leur journal, à noter les péripéties de la lutte, les aspects inaccoutumés de la rue, de la ville en état de guerre. Souvent il suffit de prendre au hasard, pour ce côté anecdotique du siège.

❦ ❦

NOTES SUR LE SIÈGE.

Vendredi, 28 Octobre.

QUARANTIÈME JOURNÉE. — Voilà quarante jours que les Parisiens sont enfermés dans l'arche. Rien, cependant, ne vient annoncer la fin du déluge, invasion et investissement !

La pluie cesse le matin.

Avant le jour, le Général de Bellemare fait exécuter par les francs-tireurs de la Presse, Commandant Rolland, une surprise vigoureuse sur le Bourget que nous occupons ainsi que Drancy. Un Capitaine de la Garde royale prussienne est fait prisonnier.

Nous employons la nuit à remettre en état les formidables fortifications faites par l'ennemi au Bourget.

Reconnaissance sous Choisy-le-Roi par deux chaloupes commandées par M. Forestier, appuyé de tirailleurs du 90ᵉ.

Les canons Krupp sont arrivés au camp ennemi.

L'usine Cail, qui transforme

les rails de chemin de fer en canons de fusil, fond ses premiers canons.

Notre artillerie se constitue ; la garde nationale peut disposer déjà de six batteries. Les dames du pavillon numéro 7 des Halles ont remis au gouvernement 458 fr. 05 pour les canons. De leur côté, les grands armuriers fabriquent des fusils. Pour la durée de la guerre, les gardes mobiles de 1848 sont autorisés à former un bataillon de 550 hommes.

Les Champs-Élysées, servant de bivouac à la cavalerie et à la garde nationale, ne sont plus qu'un vaste camp.

Note de l'*Officiel* sur le traitement des blessés militaires au Val-de-Grâce et dans les ambulances auxiliaires. Sur 385 blessés soignés au Val-de-Grâce, du 20 au 25, il y a eu 14 décès.

De Tours, on apprend que M. Thiers, arrivé dans cette ville, espère pouvoir rentrer bientôt dans Paris pour y rendre compte de sa mission.

Le budget de l'enseignement primaire de la Ville de Paris est porté de 8527941 francs à 16027941 francs.

Un crédit de 40000 francs est ouvert pour la construction de ballons *dirigeables* sous la direction de M. Dupuy de Lôme.

A neuf heures, de la gare d'Orléans, part l'aérostat le *Vauban*, monté par le marin Guillaume et M. Cassiers, pigeonniculteur.

A midi, de la gare du Nord, part l'aérostat *Colonel Charras*, monté par M. Gilles.

Sommé par l'opinion de dire où il a puisé les *faux* renseignements qu'il a publiés la veille relativement à la reddition de Metz par Bazaine, Félix Pyat déclare qu'ils lui ont été donnés par Flourens, qui les tenait de Rochefort.

A quoi Flourens répond qu'effectivement ces renseignements lui viennent d'un membre du Gouvernement, mais non de Rochefort, déclaration que ce dernier confirme.

On rationne la consommation du gaz.

JULES DE MARTHOLD.

Mémorandum du Siège de Paris, 1870-1871. Charavay, Éditeur.

ÉDOUARD THIERRY (1813-1894)

Dans ce grand mouvement de patriotisme et de pitié unanime pour les héroïques défenseurs de la France et de Paris, des ambulances s'établirent partout, même dans les théâtres. Il y en eut une, entre autres, au Théâtre Français, où nos comédiennes se conduisirent comme des sœurs de Charité. ÉDOUARD THIERRY le note dans son curieux mémorandum de la Comédie Française durant le siège, où la vie théâtrale continuait, en même temps qu'on y soignait les blessés.

NOTES SUR LE SIÈGE.

1er Décembre (Jeudi).

Bornier est allé, hier soir, au théâtre de Cluny où il a été très satisfait de Mlle Royer. Il l'a été aussi de Claretie qui a bien parlé, s'aidant d'un manuscrit que son domestique avait d'abord placé sur la table.

Claretie s'est fait attendre une heure ; mais il arrivait du rempart, en costume d'officier d'État-major. Il ne paraissait pas enthousiasmé du résultat de la journée, mais il l'était du courage de la garde nationale et de la garde mobile. Il parlait d'une boucherie de 20000 hommes mis hors de combat, tant d'un côté que de l'autre.

— Les communications officielles de ce matin ne disent pas que le Général Ducrot ait franchi les lignes prussiennes.

— Il nous est arrivé hier soir

huit blessés : l'ambulance est remplie. Nous avons même 21 lits au lieu de 20. Le Maire est venu voir si nous avions de la place ; car il n'en a pas pour les blessés qui lui ont été départis, et les petites ambulances manquent de tout. Elles offrent des lits ; mais elles demandent qu'on leur fournisse les médecins, les infirmiers, les médicaments, le feu et la nourriture.

— On dit qu'il y aura suspension d'armes aujourd'hui.

— Félix, d'après les communications officielles, pense que nous avons repris Montmesly (?).

— Il paraît que le Général d'Exea serait arrivé deux heures en retard.

— On ne serait pas content non plus du Général Vinoy qui aurait évacué Choisy sans raison après l'avoir occupé, ou du moins qui aurait pu l'occuper jusqu'au soir.

— Les Prussiens nous opposent des forces considérables, 250 000 hommes, ce qui indiquerait que l'Armée du Prince Frédéric-Charles ne s'est pas portée au-devant de l'Armée de la Loire.

Le docteur Lacroze nous dit qu'il n'y a pas eu d'engagement aujourd'hui. Les Prussiens ont demandé un armistice pour enterrer leurs morts. L'armistice durera jusqu'à quatre heures.

Le Général Ducrot a été admirable. Il a ramené les zouaves qui pliaient sous une pluie d'obus et a chargé à leur tête. Son cheval a été tué sous lui, et il a brisé trois sabres.

L'artillerie aussi a fait des merveilles. Nos troupes se sont battues avec beaucoup d'entrain, mais il y a eu une bouillie d'hommes des deux côtés.

— Mme Lafontaine achète des mouchoirs et du sirop de groseilles pour nos blessés, Mlle Jouassain des gilets de laine et des chaussettes.

— F.-V. Hugo prie Mlle Favart de réciter *Stella*, dimanche soir au Châtelet. C'est lui qui m'a dit du Général Ducrot ce que je répète.

— Un garde national demande pour son bataillon une petite comédie à trois personnages qui se jouerait au théâtre de Cluny. — Nous n'avons plus d'acteurs ; qu'il voie lui-même quelqu'un de ces messieurs.

— L'Opéra ne joue pas aujourd'hui et remet son concert à dimanche.

— L. Guillard est d'avis que nous pourrions faire deux ou trois conférences sur *Amphitryon* et sur *Andromaque*.

— Bébé est revenu nous voir. Il est à l'hôtel des Invalides où il a passé la nuit dans une chambre, couché sur le parquet. Il n'a qu'une livre de pain par jour. — Nous lui avons donné 5 francs, ainsi qu'à son camarade sorti de chez nous avec lui.

— Vu M. Legouvé. Il nous a dit que la grosse affaire de demain serait d'enlever le château de Villiers, qui est presque imprenable.

— Lettre de la Société internationale nous annonçant divers dons, entre autres douze gilets de laine. — Nous venions d'en acheter.

— Quelques magasins sont éclairés ce soir avec des bougies.

— L'huile d'amandes douces manque tout à fait. On ne pourra bientôt plus faire de cérat.

— Lafontaine est malade. Mme Lafontaine dira *le Revenant* lundi au Châtelet.

— On a mis le soldat Goosse [1] dans le foyer des artistes pour qu'il ait là du calme, s'il peut guérir, ou pour qu'il soit déjà séparé des autres, s'il doit lui arriver malheur.

ÉDOUARD THIERRY.
La Comédie Française pendant les
deux Sièges (1870-1871). Tresse
et Stock, Éditeurs.

1. Goosse (Lucien), 20 ans, 42ᵉ de ligne, né en Belgique. Sorti le 14 Février, pour aller dans l'ambulance particulière de M. Hetch.

EUGÈNE MANUEL (1823)

Ce poète, qui appartient à l'Université, est un de ceux dont l'inspiration se multi-plia en 1870. On peut dire qu'elle alla partout, attentive aux blessures de la Patrie, répandant les baumes et les consolations. Ce fut comme une ambulance pour les âmes. Ses poésies ont été récitées par Coquelin et d'autres comédiens, à ces mati-nées historiques fondées pendant le Siège. Plus tard, M. MANUEL écrivit encore d'autres vers patriotiques pour une œuvre touchante, l'Arbre de Noël des Alsa-ciens-Lorrains, où on dressait un sapin dans de la vraie terre d'Alsace apportée à Paris. Ces poèmes, qui sont souvent des récits, ont été réunis en un volume in-titulé : PENDANT LA GUERRE. Nous détachons un fragment de l'un d'eux, dont le début raconte les visites du Dimanche faites par une bonne vieille mère, chargée de friandises, à son fils qui monte la garde dans un des forts.

Visite à un Fort

La pauvre femme, en proie à des transes mortelles,
Courait ; un coup soudain venait de l'émouvoir :
Car il avait suffi d'un seul regard, pour voir
Que son fils n'était point à sa place ordinaire.
Elle se dirigea vers le factionnaire,
Brusque, poussant les gens, et n'ayant qu'un souci.
Il l'arrêta : « La mère, on n'entre pas ici. »

Cependant, autour d'elle on parlait à voix haute :
« On les a mitraillés, et ce n'est pas leur faute !
— De ceux qui sont sortis avant le point du jour,
On ne saura jamais combien sont de retour !
— Ces enfants, le canon n'en fait qu'une bouchée ! »

Elle écoutait stupide et la langue séchée.
Puis, tout à coup : « Il faut que je passe !... — Non ! non !
— Je veux... Je viens pour voir mon fils. — Quel est son nom ? »
Elle le dit, tremblante, et prononçant à peine ;
Ajouta qu'il était mobile de la Seine,
Dans telle compagnie et dans tel bataillon ;
Du doigt, elle indiquait de loin le pavillon
Qu'il occupait, citant jusqu'à des camarades
Qu'elle lui connaissait, par leurs noms et leurs grades.

Quand le planton revint, disant : « Il est absent ! »
Elle redit ce mot avec un tel accent,
Que l'autre, un vieux marin qui n'avait pas l'air tendre,
Se sentit un frisson au cœur, rien qu'à l'entendre.

Elle voulut parler : les sons ne venaient point.
Ainsi qu'une idiote adossée à son coin,
Tout le jour on la vit debout près de la porte.
Ses yeux disaient : « J'attends qu'il revienne, ou qu'il sorte ! »
Rien, ni bruits du dehors, ni rumeurs dans les cours,
Ni la voix des clairons, ni celle des tambours,
Ni le flux et reflux des foules dispersées,
Ne la pouvaient tirer de ses vagues pensées.

La sentinelle vint tout à coup la troubler :
« Allons, la mère, au large ! Il faut vous en aller !
Vous n'avez rien à faire ici : c'est inutile !
Allons ! n'attendez pas qu'il pleuve un projectile !
— J'étais là pour mon fils... — Vous reviendrez demain. »
Elle prit son panier, et se mit en chemin.
« Absent ! » Elle n'osait sonder cette nouvelle.
Mille rêves confus dans sa faible cervelle
Passaient : l'espoir déçu, l'étonnement, l'effroi,
Même un regret naïf des présents sans emploi !
On devinait l'effort d'une secrète lutte :
Elle se retournait de minute en minute,
Pensant voir tout à coup la porte se rouvrir,
Et son fils, derrière elle, en grondant, accourir !
Lentement, elle fit deux cents pas sur la route,
Puis s'assit près du bord, prise d'un dernier doute :
Et l'âpre jour d'hiver était à son déclin,
Qu'on l'y voyait encore, avec son panier plein.

Décembre 1870.

EUGÈNE MANUEL.

Pendant la guerre. Calmann Lévy, Éditeur.

AMIRAL LA RONCIÈRE LE NOURY (1813-1881)

L'AMIRAL LA RONCIÈRE LE NOURY commandait en 1870 la flotte française qui devait opérer dans la Baltique. Le 8 Août, il fut mis à la tête des marins qu'on appela des ports pour défendre la capitale menacée. Les forts organisés avec la discipline des vaisseaux, il commanda en Novembre le Corps d'armée de Saint-Denis ; pendant la bataille de Champigny, il fit une sortie dans la direction d'Épinay-sur-Seine. En Décembre, il attaqua le Bourget et dut l'abandonner faute de forces suffisantes. Son livre est un journal du Siège, sobre et précis comme un journal de bord ; et c'est ainsi que s'y trouve relatée l'attaque des marins sur le Bourget, le 21 Décembre.

LES MARINS AU BOURGET. Dès quatre heures et demie du matin, les troupes sont en mouvement et vont prendre les positions qui leur ont été assignées.

La nuit est encore obscure, et la brume, extrêmement épaisse, ralentit leur marche. Un bataillon de mobiles, de la brigade Lamothe-Tenet, se trompe de route. Le Chef de bataillon Guigou, qui commande le 138ᵉ, est grièvement blessé d'un coup de pied de cheval. L'heure de l'attaque est retardée jusqu'à ce que la brume se dissipe, vers sept heures trois quarts.

A ce moment, les wagons blindés, qui se sont avancés jusqu'au point où la voie est interrompue, donnent le signal, et le feu des forts commence. Un quart d'heure après, les colonnes d'assaut de la brigade Lamothe-Thenet s'élancent en avant.

La batterie de 4, Commandant Durand, qui accompagne la colonne d'attaque, dirige un feu vif contre le village, jusqu'au moment où les troupes s'y précipitent.

Le 3ᵉ bataillon de marins-fusiliers, Capitaine de frégate Valessic, est en tête, puis le 138ᵉ de ligne. Ce régiment enlève vivement le cimetière, puis les barricades qui défendaient les rues adjacentes à l'église. En même temps, le 3ᵉ bataillon de marins attaque le village par la partie ouest, et y pénètre en enlevant également les barricades.

Le Capitaine de frégate Lamothe-Tenet, qui dirige l'attaque avec une rare énergie et une bravoure qui fait l'admiration de tous, a son cheval frappé au poitrail à bout portant, à la première barricade.

Les rues, les maisons, les jardins s'enlèvent successivement. A neuf heures et demie, nous étions maîtres de la partie du village que la deuxième colonne avait mission d'occuper. Il ne restait plus que quelques ennemis qui tiraient encore des maisons et que l'on poursuivait activement. Nous avions déjà une centaine de prisonniers.

L'attaque dirigée par le Général Lavoignet sur la partie sud éprouve une grande résistance. Ses troupes, après être entrées dans les premières maisons du village, sont arrêtées par un feu très vif des barricades et des murs crénelés, tiraillent longtemps et ne peuvent pousser plus loin. Elles s'établissent dans les maisons et les hangars, ainsi que dans les champs à gauche de la voie, sans pouvoir franchir le mur de fer qui leur est opposé.

Le Lieutenant de vaisseau Peltereau, appréciant la situation, et voulant faciliter à la brigade Lavoignet l'entrée qu'elle ne peut franchir, fait le tour du village et attaque à revers, avec la compagnie de marins qu'il commande, les barricades du sud.

Les Enseignes de vaisseau de Vilers et de la Panouse, officiers d'ordonnance de l'Amiral, s'avancent à l'est du village pour s'assurer si de ce côté on peut passer la rivière. Ils sont accueillis par une vive fusillade des murs crénelés, et trouvent la rivière, marécageuse sur ce point, difficile à franchir. L'ennemi alors, massé au nombre de 300 environ derrière un mur, envoie des tirailleurs le long de la Molette pour nous défendre l'accès du parc du Bourget. A dix heures, un premier bataillon de renfort lui arrive ; il est suivi successivement de plusieurs autres. Une batterie d'artillerie accourt en toute hâte de Pont-Iblon. Un retour offensif se dessine. Dugny, Garges et Pont-Iblon ouvrent un feu violent sur la partie du village que nous occupons et où nous nous barricadons.

Alors s'engage une lutte terrible

dans laquelle le Capitaine de frégate Lamothe-Tenet, ses héroïques marins et les solides soldats du 138e s'acharnent à garder leur position pendant plus de deux heures, dans l'espoir que la brigade Lavoignet pourra vaincre de son côté la résistance de l'ennemi qui assurerait la possession du village.

Dans la position périlleuse qu'il a prise avec sa compagnie, le Lieutenant de vaisseau Peltereau se trouve bientôt séparé de tous. Il succombe avec elle ; l'ennemi seul a pu être témoin de leur héroïsme.

AMIRAL LA RONCIÈRE
LE NOURY.

La Marine au siège de Paris. E. Plon,
Nourrit et Cie, Éditeurs.

JOSÉPHIN SOULARY (1815-1891)

JOSÉPHIN SOULARY, comme De Laprade, fut le poète de Lyon, où il était né et mourut ; il appartenait à l'administration de la ville et occupa ses loisirs à ciseler un grand nombre de sonnets. Il se fit un genre de cette forme fixe et mérita les éloges précieux de Sainte-Beuve. Ce fut un maître sonnettiste. Il avait débuté par la vie militaire, comme enfant de troupe au 48e de ligne. Il publia même ses premiers vers dans un journal de Bordeaux, en signant : « Soulary, grenadier. » Il était naturel donc que, en 1870, son cœur militaire se réveillât, indigné et vibrant. Ses poésies patriotiques, qu'il fit paraître en 1871 : PENDANT L'INVASION, à rebours des ciselures de ses sonnets, sont des appels de trompettes, des roulements de tambours où chante toute l'âme de la France héroïque.

Mil huit cent soixante-dix

Hurlez, fils de Brutus !
(PROPHÉTIE D'ORVAL)

I

Fais place à l'inconnu qui monte,
Et descends, cadavre, à ton rang,
Toi qui te levas dans la honte
Et qui te couches dans le sang !
Date néfaste, année impie,
Par qui le passé lâche expie
Son orgueil, son luxe et son fard ;
Disparais, odieux fantôme,
Monstre fait d'un meurtre, — Guillaume !
Et d'une trahison, — César !

II

Comme un cauchemar inflexible,
Qui nous point toujours plus avant,
Des vertiges de l'impossible
Tu nous fis ce songe vivant :

La France, en sa splendeur vermeille,
S'endormant reine, et qui s'éveille
Égorgée aux bras d'un bandit ;
Mais qui, terrible en son martyre,
De son flanc douloureux retire
Le fer brisé qu'elle brandit !

III

Comme il s'est incarné, le drame
Du vieux Goethe, élève d'Hermès !
Faust est ce roi qui vend son âme
A Bismarck-Méphistophélès ;
Et Gretchen, c'est la Germanie
Livrant à ce fatal génie
Son fol amour ensorcelé.
Ah ! Gretchen ! quel affreux mystère !
Il vient d'assassiner ton frère,
Et l'or qu'il t'apporte est volé !

IV

En a-t-il tué, de nos braves !
En a-t-il volé, de notre or !
Froid viveur aux voluptés graves,
Toujours plus ivre, il crie : « Encor ! »
Dans l'incendie et le carnage,
Déchaînant son rêve sauvage,
Il abat sur nos champs rougis
Plus de goules et de lamies,
Plus de terreurs et d'infamies
Qu'au sabbat n'en voit Walpurgis.

V

Année aux visions funèbres,
Nuit d'épouvante et de péril,
Sortirons-nous de ces ténèbres ?
Le coq enfin chantera-t-il ?
Qu'il chante ou non, debout la Gaule !
Arme ton bras, ceins ton épaule,

Et combats le combat mortel !
N'es-tu pas la fille d'Antée
Qui, terrassée et non domptée,
Ne craint que la chute du ciel ?

VI

Allons, les champs ! allons, les rues !
Improvisez les bataillons !
Fais-toi mousquet, fer des charrues !
Fais-toi héros, rustre en haillons !
Beaux époux, désertez la couche ;
Doux baisers, oubliez la bouche ;
Soucis charmants, quittez le cœur !
Et vous nos sœurs, avant qu'on parte,
Jetez le mâle adieu de Sparte :
« Qu'on revienne ou mort ou vainqueur ! »

JOSÉPHIN SOULARY.

Pendant l'Invasion. A. Lemerre, Éditeur.

GÉNÉRAL DUCROT (1817-1882)

Le GÉNÉRAL DUCROT, dont on a dit avec raison qu'il fut peut-être la plus saisissante figure du siège de Paris, montra en toutes circonstances une extrême énergie. Pris à Sedan, après y avoir fait preuve d'autant de clairvoyance que de bravoure, mais ayant réussi à s'échapper de Pont-à-Mousson où il était provisoirement interné, il était accouru à Paris. Comme commandant du 13e et du 14e Corps, il fut le plus actif des lieutenants de Trochu, et, malgré ses échecs à Châtillon, à la Malmaison, à Champigny, il déploya de véritables qualités d'homme de guerre. On railla beaucoup, après Champigny, sa proclamation du 28 Novembre : « Je ne rentrerai que mort ou victorieux ! » ; l'impopularité d'un soldat qui n'avait pas dissimulé ses sentiments pour certaines parties de la population parisienne, n'était pas étrangère à ces railleries. Le Général Ducrot a publié plusieurs ouvrages militaires, dont quatre gros volumes sous ce titre : LA DÉFENSE DE PARIS.

LE PASSAGE DE LA MARNE. LE 30 Novembre avant le jour, la 2e Armée descendant du plateau de Vincennes s'achemine vers la Marne par de nombreuses rampes d'accès ; chaque colonne se dirige sur le pont qui lui a été désigné.

Nos forts, nos batteries tonnent à la fois.

Le fort de Nogent, les redoutes de la Faisanderie, de Saint-Maur, les batteries du réservoir, du village de Nogent, couvrent de projectiles le plateau de Villiers, Champigny, le Bois-l'Huilier, le bois du Plant, Bry-sur-Marne. Vers la gauche, Avron, avec ses gros calibres, écrase de feux Neuilly-sur-Marne, Ville-Évrard, la Maison-Blanche.

Tout le terrain compris entre les hauteurs du Raincy et la vallée du Morbras est sillonné par une multitude d'obus, qui, se croisant dans tous les sens, semblent frayer un chemin à nos soldats [1].

A droite, vers six heures et demie, le mouvement commence par la division Faron (1re du 1er Corps); elle passe au pont de Joinville, précédée du 1er bataillon du 113e, Commandant Besson, et d'une demi-section du génie, Sous-Lieutenant Montès [2].

Pendant que deux compagnies de cette avant-garde se portent à gauche vers le Tremblay, le reste du bataillon s'avance sur la Fourche de Champigny [3].

N'éprouvant aucune résistance, le Commandant Besson poursuit sa marche vers la droite, et s'arrête sur la grande route, à hauteur du Bois-l'Huilier, où il est rejoint par les deux premières compagnies qui reviennent du Tremblay, abandonné par l'ennemi.

Quelques coups de feu seulement sont échangés avec les avant-postes prussiens établis entre les deux routes de Champigny et de Villiers.

Cependant infanterie et artillerie défilent sans relâche, la division Faron sur le pont de Joinville, la division de Malroy (3e du 1er Corps) sur ceux de l'île de Fanac, les batteries divisionnaires sur le pont établi au débouché du canal de Saint-Maur.

Les Généraux Faron et de Malroy s'avancent dans la plaine, à droite et à gauche de la route n° 45, laissant la chaussée libre pour l'artillerie.

Plus à gauche, la division Bertaut (2e du 2e Corps) passe la Marne à la pointe nord de l'île de Fanac, pendant que la division de Maussion (3e du 2e Corps), venant du Perreux, traverse la rivière aux ponts de bateaux de Nogent.

En moins de deux heures, ces quatre divisions ont franchi la Marne, et sont établies sur la rive gauche [4].

La division Faron à 500 mètres au delà de la Fourche occupe la grande plaine entre la Marne et la route de Champigny, sur deux lignes de bataillons ployés en colonne; la première ligne, 113e et 114e de la 1re brigade (Colonel Comte) est à hauteur du Bois-l'Huilier, couverte à 3 ou 400 mètres par quelques compagnies; en seconde ligne se trouvent les trois régiments de la 2e brigade (Général de la Mariouse), le 35e appuyé à la route, le régiment de la Vendée au centre, le 42e près de la Marne.

L'artillerie divisionnaire, Commandant Magdeleine, prend position à droite de la route abritée derrière les maisons de la Fourche. En avant de la première ligne, la demi-section du génie, sous la direction du Commandant de Bussy, fait de vastes brèches dans les murs qui, barrant la plaine, pourraient gêner la marche de nos colonnes d'attaque.

La division de Malroy se forme en avant de Poulangis.

La division de Maussion est massée sur deux lignes en arrière du Tremblay, sa gauche appuyée à la Marne, son artillerie divisionnaire entre les deux brigades.

La division Berthaut, établie sur la droite, à hauteur du parc de Poulangis, est en colonne par brigade.

---

1. Le poste de Tremblay, enfilant à 500 mètres les ponts de Nogent et pouvant gêner le passage, est battu directement en brèche par une batterie de campagne établie, par ordre du Général en chef, sur le bord du plateau, près de la Faisanderie. Cette batterie (Capitaine Brasilier) est une des trois batteries mobiles affectées à la presqu'île de Saint-Maur.

2. La 15e compagnie de sapeurs du 3e régiment du génie, faisant partie du 1er Corps d'armée, était divisée en deux sections : la première, attachée à la division Faron ; la seconde, Capitaine Granade, attachée au quartier général du Général Blanchard.

3. Croisée des routes de Champigny et de Bry-sur-Marne.

4. Les 1er et 2e Corps n'avaient en ligne que quatre divisions, la division de Maud'huy (2e du 1er Corps) ayant été cédée à la 3e Armée, la division de Susbielle (1re du 2e Corps) étant chargée de faire une diversion sur Montmesly.

Nous avons ainsi en première ligne : les divisions Faron et de Maussion ; en seconde ligne, les divisions de Malroy et Berthaut.

Pendant que l'artillerie du 1ᵉʳ Corps achevait son passage de rivière sur le pont de Joinville, celle du 2ᵉ sur le pont de Nogent, le Général en chef, au signal du fort de Nogent, donne l'ordre à la division de Maussion de marcher sur le village de Bry ; ce point enlevé, elle devait attaquer de front le parc de Villiers, pendant que la division Berthaut essayerait de le tourner par la droite, et que le 3ᵉ Corps, maître de Noisy-le-Grand, le prendrait à revers.

Établie sur deux lignes, la division de Maussion s'ébranle, précédée par son bataillon de francs-tireurs et par la compagnie des éclaireurs du Quartier général [1], formant une longue ligne de tirailleurs, entre la route n° 45 et la Marne.

Les avant-postes saxons établis dans le bois du Plant engagent la fusillade, mais ils ne tardent pas à être refoulés, et quelques prisonniers restent entre nos mains.

Presque aussitôt, à hauteur du remblai du chemin de fer, nous sommes arrêtés : une barricade, établie sous la voûte, ferme le chemin.... Nos jeunes soldats n'osent aborder l'obstacle ; sentant le danger d'un moment d'hésitation au début du combat, le Général en chef court sur la barricade.... Nos tirailleurs le suivent.... Le retranchement est enlevé.

Poussant au delà du chemin de fer, nous bousculons les postes ennemis et faisons de nouveaux prisonniers.

La batterie du Capitaine Nismes, franchissant la voûte, s'avance rapidement par la route de Villiers, précédée de nos tirailleurs, qui escaladent les pentes couvertes de vignes, et arrivent, en quelques minutes, au bord du plateau.

GÉNÉRAL DUCROT.

La Défense de Paris. Paris, Dentu, 1875-1878.

---

1. Le Capitaine de Néverlée, du 1ᵉʳ cuirassiers, officier d'ordonnance du Général Ducrot, avait été autorisé à former une compagnie de francs-tireurs. Le rôle de cette compagnie d'une quarantaine d'hommes, choisis parmi ceux qui s'étaient fait remarquer depuis le commencement du siège, consistait, dans le principe, à faire de petites opérations de nuit. Les utiles services qu'elle rendit, notamment à Saint-Cloud, décidèrent le Général Ducrot à la porter à 130 hommes, et à adjoindre au Capitaine de Néverlée, M. de Luxer, Lieutenant aux francs-tireurs de la division de Maussion ; et dès le 20 Novembre la compagnie était constituée de la manière suivante :

M. de Néverlée, Capitaine ;
M. de Luxer, Lieutenant ;
35 hommes du 4ᵉ zouaves ;
65 — des 123ᵉ, 124ᵉ, 125ᵉ, 126ᵉ et 136ᵉ régiments de ligne ;
14 mobiles de Seine-et-Marne ;
5 volontaires suédois, danois ;
1 volontaire américain.

Total : 122

On lui adjoignait parfois un Sous-Lieutenant du génie avec quelques sapeurs, pour les opérations de nuit.

ALFRED DUQUET

M. ALFRED DUQUET déclare, dans sa préface des BATAILLES DE LA MARNE, *qu'il a voulu raconter « les événements de l'abominable année autrement que par les exagérations des flatteurs ordinaires du peuple ou par les plaidoyers des coupables ». D'autre part, ce volume, rempli de faits et de notes, comprend les événements militaires du siège de Paris pendant une dizaine de jours seulement, du 30 Novembre au 8 Décembre. De cela on peut déduire les caractères qui distinguent les nombreux volumes que M. Duquet a écrits sur la guerre de 1870 : sévérité et minutie ; l'histoire y est racontée avec une rude franchise, qui s'allie d'ailleurs à*

*une grande exactitude. Ils resteront en bonne place parmi les ouvrages de carac-
tère documentaire et scientifique consacrés à l'histoire militaire de l'année tragique.*

ATTAQUE DU GRAND FOUR A CHAUX A LA BATAILLE DE CHAMPIGNY.

JUSTE à l'instant où les Wurtembergeois surprenaient si déplorablement la division Faron à Champigny, deux compagnies du 1er régiment wurtembergeois, sorties de Villiers, longeaient le chemin de fer et se jetaient sur le petit bois de la Lande. Une autre colonne du même régiment inclinait à gauche et s'approchait de la batterie de la Carrière.

La droite du 121e de ligne, découverte par la retraite des mobiles de la Côte-d'Or et d'Ille-et-Vilaine, était, un moment, sur le point d'être tournée ; les Allemands, arrivant sur les hauteurs abandonnées, criblaient de balles l'emplacement même du bivouac. Dès lors, tout le poids de la lutte retombait sur la brigade Paturel, obligée tout à la fois de défendre ses positions et de remplir le vide ouvert par la retraite de la brigade Martenot.

Mais nos grand'gardes ne se laissent pas intimider : elles répondent à l'ennemi et ne se retirent que pas à pas. Comme le Général Paturel n'est pas de l'école des généraux de Champigny, dès les premiers coups de feu, il rassemble ses deux régiments, prend les premières compagnies formées et court à l'aide de ses avant-postes. Trois compagnies du 121e repoussent les assaillants de la batterie de la Carrière, et, cette besogne faite, volent au secours des trois autres compagnies de leur régiment qui combattent dans le petit bois de la Lande, où la situation est mauvaise. En effet, selon notre ordinaire habitude, nous avions été surpris : les trois Capitaines, MM. Mainson, Leyroux et Drouot, pour réparer leur faute, se battent en héros et leur exemple électrise les soldats. Cependant, l'élan des Wurtembergeois est tel que nous sommes à peu près chassés du petit bois de la Lande. Mais les Allemands, assaillis de flanc et à dos par le Général Paturel, en marche contre la lisière du sud de ce petit bois, rétrogradent avec de grandes pertes dans le ravin au sud de Villiers, nous laissant 30 prisonniers dont un officier.

Excité par ce succès, le Général Paturel veut poursuivre les fuyards : toute la brigade s'ébranle aux cris de : « En avant! En avant! » Pris de terreur, les Wurtembergeois se sauvent, comme des lièvres, vers Cœuilly et Villiers, et ne s'arrêtent que derrière leurs retranchements. La compagnie du Capitaine Bapst, qui s'acharne après les fuyards, franchit le pont du chemin de fer de Mulhouse, s'approche audacieusement de Villiers, et arrive au sommet de la pente croyant y rencontrer les nôtres. Hélas! le Capitaine constate qu'il est seul et que notre gauche n'a pas pris pied sur le plateau. Les Wurtembergeois ont eu le temps de rentrer dans leurs tranchées, de se dissimuler derrière leurs murs crénelés; rien ne gêne plus le tir des défenseurs du parc, qui voient les Français à bonne distance. La fusillade recommence de plus belle ; la brave petite compagnie ne saurait enlever, à elle toute seule, une position que les divisions de Maussion, Berthaut et de Bellemare ont vainement essayé d'emporter l'avant-veille. Il faut revenir du côté du pont.

Les autres fractions du 121e et le 122e de ligne, sous la vigoureuse impulsion du Général Paturel qui, l'épée à la main, marche à leur tête, suivent le ravin de la Lande, pourchassent les Wurtembergeois, baïonnette aux reins; elles dépassent même le chemin qui va du pont, franchi par le Capitaine Bapst, au plateau de Cœuilly et parviennent jusqu'à la première voûte de Villiers, sous le chemin de fer. Là aussi il faut s'arrêter; prise de face par la fusillade des tranchées creusées devant le chemin de Villiers à Chennevières, devant l'éperon de Cœuilly, et par les projectiles des batteries installées sur cet éperon; prise de flanc droit par les canons braqués au sommet de la crête nord du plateau de Cœuilly; prise de flanc gauche par la fusillade des Wurtembergeois embusqués derrière le remblai de la voie ferrée, la brigade souffre atrocement : les morts et les blessés tombent si dru qu'il n'y a plus qu'à se mettre à l'abri.

Les uns se cachent, à la faveur des saules, des buissons; les autres se terrent dans les fossés et les sillons, mais tous continuent le feu contre leurs adversaires de gauche et de face. Chaque fois que l'ennemi, humilié de voir ces petites poignées d'hommes le refouler jusque dans ses retranchements alors qu'il avait eu la présomption de penser pouvoir les chasser des leurs, s'avance pour les écraser, la fusillade de nos soldats, et, surtout, le feu foudroyant de deux mitrailleuses du Général Berthaut, en batterie à une centaine de mètres de la maison du garde-barrière, le rejettent en désordre derrière ses abris.

C'est un second exemple après celui des mitrailleuses du Capitaine Clavel qui, le 30 Novembre, ont pulvérisé les Saxons sur les pentes nord de Bry, de la puissance formidable de cet engin quand il est aux mains d'officiers sachant s'en servir et ne l'employant pas, naïvement comme les généraux du 1er Corps l'avaient fait, l'avant-veille, devant Cœuilly, à tirer contre des murs et des levées de terre.

Ainsi, vers sept heures et demie l'attaque du centre ennemi avait complètement échoué devant la vigoureuse résistance de la brigade Paturel dont les tirailleurs étaient arrivés à plus de 1 000 mètres de leur première position; les Allemands s'étaient retirés d'un côté jusque sous Villiers, de l'autre sur les pentes du plateau de Cœuilly.

ALF. DUQUET.
Guerre de 1870-1871. Paris. Les Batailles de la Marne. Paris, Charpentier et Fasquelle, 1895.

❧ ♣ ❧

HENRI DABOT

Les notes que M. HENRI DABOT, Avocat à la Cour d'appel de Paris, a réunies sous ce titre modeste : GRIFFONNAGES QUOTIDIENS D'UN BOURGEOIS DU QUARTIER LATIN PENDANT LES ANNÉES 1869, 1870, 1871, *reproduisent avec beaucoup de simplicité et d'intérêt la physionomie non de Paris tout entier, mais du quartier même habité par l'auteur, celui qui s'étend entre la Seine et la montagne Sainte-Geneviève. On les a comparées à des « instantanés »; elles ont, en effet, la netteté et la vérité d'une bonne épreuve photographique.*

❧ ❧

LE RETOUR DES BLESSÉS DE CHAMPIGNY.

On vient demander au poste vingt hommes; il s'agit d'aller au plus vite recevoir les blessés au quai d'Austerlitz, port des Coches. J'y vais, sinon *d'un cœur léger,* du moins avec le contentement d'accomplir un devoir pénible.

Quatre bateaux, chargés de lignards et de moblots blessés, arrivent à la file les uns des autres. A sortir des bateaux, nous conduisons les pauvres garçons aux voitures d'ambulance. Ils s'appuient fortement sur nos épaules, avec leurs mains ensanglantées. Si nous n'avions pas craint de leur faire mal, nous les aurions volontiers serrés sur nos cœurs. Une fois les braves enfants emballés, nous courons faire la chaîne pour déménager les fourniments. Les chassepots brisés et rougis, les épées empourprées par un sang généreux, nous passent par les mains. Je vis alors un camarade qui embrassait sa main droite imprégnée de sang ; c'était folie, mais folie de patriotisme.

Le Lieutenant-Colonel de la Monneraye, neveu de l'ancien député de ce nom, Breton intrépide, restait sur un bateau. Il avait la cuisse percée d'une balle et le bras foulé par une chute en bas de son cheval. Nous le portons, à huit, sur une civière, jusqu'au Val-de-Grâce. Il jure comme un beau diable et répète souvent : « Oh ! ce four à chaux ! ce four à chaux ! mais c'était impossible ! »

Nous nous relevions de temps en temps ; car c'était rudement dur de porter la civière sur nos épaules, d'autant plus que du quai au Val-de-Grâce on va toujours en montant. Un moment, l'épaule droite me fit tellement de mal que je passai la main entre la civière et cette pauvre épaule, afin de lui ménager une espèce de tampon. Le blessé, dont j'avais involontairement remué la jambe, poussa un cri terrible.

H. DABOT.

Griffonnages quotidiens d'un bourgeois du quartier latin. Péronne, 1897.

FRANCIS WEY (1812-1882)

Ancien élève de l'École centrale et de l'École des chartes, journaliste, romancier, voyageur, FRANCIS WEY termina sa carrière comme inspecteur général des archives départementales. Aussi la production littéraire de cet écrivain fécond fut-elle très variée : ce sont des romans et des nouvelles, des articles de critique, des études philologiques sur la langue française, des récits de voyage, parmi lesquels un très bel ouvrage intitulé : ROME, DESCRIPTIONS ET SOUVENIRS, etc. Sa CHRONIQUE DU SIÈGE DE PARIS fut rédigée au jour le jour, avec ce souci de l'exactitude et de la précision qu'il apportait dans tous ses écrits.

LE LIVRE D'OR DE LA DÉFENSE DE PARIS.

Parcourons, cet hommage leur est dû, ce livre d'or de nos derniers combats, où tous les anciens partis de la France sont venus confondre leur sang et protester pour elle : la liste, dans le pêle-mêle où nous la laisserons, est étrangement expressive.

Entre les Lieutenants Steinger et Sorlin, de la Côte-d'Or, blessés le 30 Novembre, est tué le Comte de Grancey, leur commandant, peu de jours après son cousin, le Marquis de Dampierre ; les Généraux Guiod et Boissonnet se font blesser comme des soldats, ainsi que le Commandant Franchetti, destiné à périr comme le Colonel Prévault, du 42ᵉ de ligne. MM. de Beaugency et Bouilhet, commandants du Loiret, sont tués ; la Baronne de la Touanne est blessée ; M. de Cambray, Lieutenant, a une jambe coupée ; le Baron Freyssinet a deux chevaux abattus sous lui ; le Capitaine Bertrand, le Colonel Guillot périssent ; l'héroïque bataillon de l'Ain perd vingt-deux officiers, et celui du Finistère dix-huit. Pour leur courage devant Villiers, M. Klein, sous-chef de bureau à l'Instruction publique, et son fils, âgé de dix-sept ans, sont tous deux cités à l'ordre du jour de l'armée. Blessé à Sedan, le Capitaine Marquis de Trécesson viendra se faire immoler, le 2 Décembre, à Champigny, ainsi que Pierre de Lespinasse, engagé volontaire.

Au milieu de la mitraille et des balles, quels sont ces bourgeois qui marchent impassibles en avant de Créteil ? Ce sont des magistrats, des médecins célèbres ; ils suivent un vieillard, le premier Président Giraldin qui, dans les champs, vient glaner des blessés pour l'ambulance du Palais de Justice. Nos généraux sont obligés de contraindre les Frères de la doctrine chrétienne à attendre la fin des fusillades pour relever ceux qui tombent dans la mêlée. Dix-huit officiers de zouaves sur vingt et un sont mis hors de combat ; ailleurs, les zouaves pontificaux se feront immoler en masse. Ici nous voyons mourir le Colonel de Podio (23e de marche), M. de Sazilly qui dirigeait une mitrailleuse, et le Marquis de Podenas, engagé dans les zouaves à cinquante-neuf ans, tandis que le fils du Commandant des tirailleurs de la Presse, le jeune Rolland, qui n'a pas quatre lustres, reçoit, devant son père, une blessure mortelle. Sont blessés aussi devant Cœuilly, le Capitaine de la Roncerie et le Colonel de Vigneral.

Signalés déjà par leur fermeté contre les anarchistes, les 106e et 116e bataillons de la garde nationale n'auront point à rivaliser avec eux devant l'ennemi : dirigés par leurs commandants, MM. Ibos et Langlois, ils enlèvent, comme d'anciens chasseurs d'Afrique, la Gare-aux-Bœufs de Choisy où une cantinière parisienne du 106e est entrée troisième. C'est à ces attaques, sous le général Vinoy, près de l'Hay, que fut blessé le Colonel Mimerel, du 110e de ligne, ainsi que M. de Réals, et que furent tués MM. de Plazanet, Capitaine de mobiles, et de Raveran, Chef du 4e bataillon du Finistère.

Le Général Ladreit de la Charrière mourut d'une blessure reçue à l'attaque de Montmesly. L'énergie des mobiles d'Ille-et-Vilaine, dans la plaine de Gennevilliers, est attestée par le sort de leurs quatre commandants blessés, MM. de Saint-André, Le Gonidec de Kerhalie, de la Monneraye et de Talhiuët. J'ai dit comment, devant Épinay, a péri le Commandant du 1er mobiles de la Seine, le Baron Saillard, Ministre plénipotentiaire, et comment près de Brie fut blessé le Général Frébault,

un des rénovateurs de notre artillerie. C'est à la marine qu'appartenait Desprez, Capitaine de frégate, tué à la tête de son bataillon. A la bataille de Villiers, le jeune de Belsunce, engagé volontaire au 125e, reçoit une blessure dont il mourra ; le Général Renault périt glorieusement ; MM. Trochu, Ducrot, plus heureux rivalisent fraternellement de valeur téméraire ; le dernier brise son épée sur la poitrine d'un Prussien.

C'est à la province angevine qu'appartenait, je crois, M. de la Bouquetière, qui, abattu sur le sol prodiguait des soins à son domestique blessé, quand celui-ci s'aperçut qu'il manquait à son maître une main.

Le Capitaine de T..., lui, est d'Ille-et-Vilaine : blessé à la jambe couvert de sang et abandonné des siens, il parvient à se déchausser et à se traîner vers une ambulance. Mais, en chemin, il rencontre une compagnie bourguignonne qui se replie parce qu'elle a perdu ses officiers. Il la ramène au combat, et trois heures durant, continue à boiter devant elle. Je ne sais plus où fut blessé le Général Boissonnet mais personne n'a oublié la conduite devant l'ennemi de MM. de Cléry, Avocat Général, et Saudèze Substitut à la cour d'Alger, ni de M. Potier, Substitut à Versailles. Les deux derniers furent blessés ; tous trois porteront à côté de leur épitoge la médaille militaire.

Le Vicomte Berthier, Officier d'ordonnance du Général Ducrot M. Hartung, Chef d'escadron d'artillerie, figurent parmi les blessés ainsi que le neveu de Michel-Chevalier, fils de son frère Auguste, ancien député. Émile Texier, Lieutenant aux mobiles de la Vienne, et neveu d'un publiciste, voulut aussi honorer son nom et se fit tuer ; de même que Paul Richard, Lieutenant aux mobiles de la Seine et frère d'un député qui fut ministre ; de même que le jeune de la Moussaye, parent par alliance des Kératry, et Capitaine aux mobiles d'Ille-et-Vilaine. Citons encore le Général Paturel, les Colonels de la Monneraye et de Vaudeul : ce dernier est mort vingt jours après. Nous regrettons de n'avoir pu connaître les noms des vingt-trois autres officiers atteints au plateau d'Avron. Nous mentionnerons aussi Décré, ce caporal breton qui, en gardant son capitaine blessé, usa contre les Prussiens quinze paquets de cartouches, et, ayant vidé son sac, emporta l'officier sur ses épaules ; puis, M. de Castries, Lieutenant de lanciers, tué à la tête de ses cavaliers, et le Capitaine de Goësbriand, du Finistère : il tomba mort entre deux officiers tout sanglants, appartenant à sa famille, qui ne comptait pas moins de quarante soldats dans l'Armée de Paris.

FR. WEY.

Chronique du siège de Paris, 1870-1871. Paris, 1871, Hachette et Cie.

FRANÇOIS COPPÉE (1842)

Ce poète, si universellement populaire et en harmonie avec le sentiment public, a dû tout naturellement vibrer aux émotions de la guerre et toucher justement la fibre nationale. Il a écrit à ce moment une foule de poèmes et de récits, sans compter un roman : UNE IDYLLE PENDANT LE SIÈGE, *et des ouvrages dramatiques comme* FAIS CE QUE DOIS *et* LES BIJOUX DE LA DÉLIVRANCE, *qui furent de patriotiques et consolants* sursum corda. *Ses poésies détachées, dites partout, récitées par les comédiens, étaient des tableaux saisissants, des conseils d'espoir et de courage qui enflammèrent tous les cœurs. L'une d'elles, la* LETTRE D'UN MOBILE BRETON, *avait été emportée en province par ballon ; car le poète, fidèle au poste d'honneur, resta à Paris pendant l'investissement et prit ainsi sur le vif tous ses thèmes d'inspiration.*

Lettre d'un Mobile breton

Maman, et toi, vieux père, et toi, ma sœur mignonne,
Ce soir, en attendant que le couvre-feu sonne,
Je mets la plume en main pour vous dire comment
Je pense tous les jours à vous très tendrement,
Très tristement aussi, malgré toute espérance ;
Car, bien qu'ayant juré de mourir pour la France
Et certain que je suis d'accomplir mon devoir,
Je ne puis pas songer au pays sans revoir
La maison, le buffet et ses vaisselles peintes,
La table, le poiré qui mousse dans les pintes,
La soupière de choux qui fume et qui sent bon
Entre les vastes plats de noix et de jambons,
La sœur et la maman priant, les deux mains jointes,
Avec leurs bonnets blancs et leurs fichus à pointes,
Et papa qui, pensant que je manque au souper,
Fait sa croix sur le pain avant de le couper.
Laissons cela. D'ailleurs je reviendrai peut-être.

— Donc nous sommes campés sur le fort de Bicêtre,
Avec monsieur le Comte et tous ceux de chez nous.
Je vous écris ceci, mon sac sur les genoux,
Sous la tente, et le vent fait trembler ma chandelle.
Bicêtre est une sombre et forte citadelle,
Où des Bretons marins, de rudes compagnons,
Dorment dans le caban auprès de leurs canons,
Tout comme sur un brick à l'angle de la rade.
Aussi j'ai trouvé là plus d'un bon camarade
Parti depuis longtemps entre le ciel et l'eau,
Car Saint-Servan n'est pas bien loin de Saint-Malo,
Et nous avons vidé quelquefois un plein verre.
Mon bataillon était de la dernière affaire,
A preuve que Noël, le cadet du sonneur,
Comme on dit à Paris, est mort au champ d'honneur.
Il avait un éclat de bombe dans la cuisse,
Il saignait, il criait. Je ne crois pas qu'on puisse
Voir cela sans horreur, et chacun étouffait ;
Mais nos vieux officiers prétendent qu'on s'y fait.
On nous a portés tous à l'ordre de l'armée.
Moi j'ai tiré des coups de feu dans la fumée
Et j'ai marché toujours en avant, sans rien voir.
Enfin on a sonné la retraite, et le soir,
Un vieux, au képi d'or, qui tordait sa barbiche
Et qui de compliments paraît être assez chiche,
Nous a dit : « Nom de nom ! Mes enfants, c'est très bien ! »
Et quoiqu'il blasphémât, c'est vrai, comme un païen,
Et qu'il lançât sur nous un regard diabolique,
Nous avons tous crié : « Vive la République ! »
— Ce mot-là, c'est toujours du français, n'est-ce pas ? —
Quelques-uns d'entre nous se plaignent bien tout bas
Et sont, avec raison, mécontents qu'on ricane
De notre vieil abbé qui trousse sa soutane,
Marche à côté de nous, droit au-devant du feu,
Et parle à nos blessés du pays et de Dieu ;
Mais aux mauvais railleurs nous faisons la promesse
De bien montrer comment on meurt, après la messe.
— Nous avons traversé Paris. Il m'a fait peur.
Puis nous l'avons trouvé dans la grande stupeur,

Sombre et lisant tout haut des journaux dans les rues.
Huit jours les habitants logèrent les recrues.
Nous étions, Pierre et moi, chez des bourgeois cossus,
Où nous fûmes assez honnêtement reçus.
Pourtant j'étais d'abord chez eux mal à mon aise
Et je restais assis sur le bord de ma chaise,
Confus de l'embarras où nous les avions mis.
Mais leurs petits enfants devinrent nos amis ;
Ils riaient avec nous, jouaient avec nos armes,
Et couvraient, les démons ! de leurs joyeux vacarmes
Le bruit que nous faisions avec nos gros souliers.
Bref, nous sommes partis bien réconciliés,
Et les jours de congé, nous leur faisons visite.
— Allons ! Il faut finir cette lettre au plus vite,
Car le clairon au loin jette ses sons cuivrés.
Je ne sais pas encor si vous la recevrez,
Mais je suis bien content d'avoir suivi l'école.
Grâce au savoir, qu'on raille au pays agricole,
Me voilà caporal avec un beau galon.
Et puis je vous écris ces mots par le ballon.
Maintenant, au revoir, chers parents, je l'espère.
Si je ne reviens pas, ô ma mère et mon père,
Songez que votre fils est mort en défenseur
De notre pauvre France ; et toi, mignonne sœur,
Quand tu rencontreras Yvonne à la fontaine,
Dis-lui bien que je l'aime, et qu'elle soit certaine
Que dans ce grand Paris effrayant et moqueur
Je suis toujours le sien et lui garde mon cœur.
Baise ses cheveux blonds, fais-lui la confidence
Que j'ai peur du grand gars qui lui parle à la danse ;
Dis-lui qu'elle soit calme et garde le logis
Et que je ne veux pas trouver ses yeux rougis.
— Adieu. Voici pour vous ma tendresse suprême,
Et je signe en pleurant : « Votre enfant qui vous aime. »

Paris, Octobre 1870.

FRANÇOIS COPPÉE.

Lettre d'un Mobile breton. A. Lemerre, 1870.

ALEXANDRE DE MAZADE

Nous avons déjà parlé (voir la notice p. 11) des LETTRES ET NOTES INTIMES *publiées par M. ALEXANDRE DE MAZADE. A ce curieux journal du Siège, nous empruntons à présent des renseignements sur la question de l'alimentation de Paris, qui devint bien vite le problème insoluble de la défense et qui devait amener dans un temps déterminé la reddition de la capitale. Par les menus de quelques dîners, soit dans des réunions officielles, soit dans des familles bourgeoises, on peut se faire une idée des privations cruelles dont souffrirent et périrent tant de pauvres gens.*

QUELQUES MENUS DU SIÈGE. HIER, dans un restaurant du boulevard (je n'invente pas, je cueille dans *le National* de ce soir), une soixantaine de convives s'étaient réunis, afin de déguster quelques nouveaux mets, inconnus jusqu'alors chez Vachette, Brébant, Bignon, au Café Riche, et même à la maison Dorée.

MENU.

Potage.

Consommé de **chien** à la Bismarck.

Hors-d'œuvre.

Saucisson d'**âne** à l'Allemande ;
Queues de **rat** à la Guillaume avec des cornichons bavarois ;
Pieds de **cheval** Wurtembergeoise.

Entrées.

Langues de **chien** sauce de Moltke ;
Oreilles d'**âne** avec boulettes à la Saxonne.

Rôtis.

Gigot de **chien** à la Prussienne ;
Côtelettes d'**âne** panées à la façon de Notre Fritz.

Entremets.

Petits pois conservés à la barbe des Allemands ;
Salade romaine à la Berlinoise.

Dessert.

Croûtes impériales.

Le tout a été proclamé délicieux ; les honneurs ont été pour le *gigot de chien* dont voici la recette :

Prenez le gigot d'un *rat-catcher* de belle qualité. Laissez *mortifier*. Piquez d'une vingtaine de gousses d'ail. Mettez à la broche. Servez avec un ragoût d'ail, d'échalotes, fortement épicé.

4 Janvier.

Deboos, le propriétaire de la boucherie anglaise du boulevard Haussmann, a acheté, dit-on, 27 000 francs les trois éléphants du Jardin des Plantes. Il vend la chair 105 francs le kilo. Ces éléphants ont été tués par des balles explosibles dans l'oreille ; 24 heures d'agonie.

On dit qu'on va manger les singes.

Excellent dîner, rue Aubriot, 3, chez nos amis M. et Mme Camille Amiard-Fromentin. Nous y apportons chacun notre pain.

Pot-au-feu d'éléphant du Jardin des Plantes ; bouilli du même, très tendre et très grassouillet.

Filet de chameau, du même Jardin des Plantes, sauce aux champignons conservés.

Rôti : belle poule — *rara avis !* — gardée et nourrie dans les sous-sols des magasins, une des dernières de celles qui ont inspiré à l'excellent homme de peine de M. Fromentin (on le garde tout de même jusqu'à des temps moins durs) cette parole mauvaise : « *Le bourgeois ! qui nourrit ses poules avec du pain !* » Ce qui n'est pas vrai. M. Fromentin avait apporté de Neuilly 20 poules, 20 lapins et 2 chèvres qu'il a encore ici. Il les nourrit comme il peut, mais pas avec du pain.

Pommes de terre, et même de la salade ! de leur propriété de Neuilly-sur-Marne, où leur jardinier, Édouard Receveur, réfugié rue Aubriot avec sa femme et ses deux garçons, est allé, la nuit dernière, les chercher au milieu des avant-postes.

Poires et pommes d'*ibidem*, et surtout du bon et frais raisin du jardin de M. Fromentin, dont Céline emporte sa part pour notre pauvre père.

Dimanche, 8 Janvier.

Nous voilà tout à fait gâtés. Après les bons dîners, du 1er Janvier chez Édouard, du 4 chez Camille Amiard, voici que le « dîner projeté » a lieu chez M. Elwall, dans le plein du bombardement.

Neuf convives : M. et Mme Elwall ; M. Washburne, Ministre des États-Unis ; Victor Duruy, ancien Ministre de l'Instruction publique ; le docteur Péan (Madame est en Angleterre) ; M. et Mme Lenient ; M. et Mme A. de Mazade.

MENU.

Potage. — Julienne concentrée au consommé de cheval.

Filet de vrai bœuf, authentique (Mme Elwall a vu la bête).

Poulet rôti (échangé par Mme Elwall contre du fromage).

Salsifis (qu'elle a payés 2 fr. 50 la botte).

Un délicieux plum-pudding ! ! fait avec du *biscuit* pilé, en guise de farine et de pain.

Enfin, un fromage de Hollande tout entier ! et du gruyère ! ! ! dont M. Washburne, tout autant privé que nous, a désiré emporter un morceau.

Tout en savourant ce succu-

lent repas qui nous décarême jusqu'à demain, hélas ! chacun raconte à qui mieux mieux ses fantastiques et diaboliques tribulations de chaque jour pour arriver à se mettre quelque chose sur la table et sous la dent.

C'est Mme Lenient qui a trouvé pour 3 francs une betterave dont elle a fait des beignets, et pour 1 franc du mouron qu'elle a assaisonné en salade. Un autre jour, c'est M. Lenient lui-même qui, étant allé à la découverte, a déniché au Palais-Royal, chez le *Petit Véfour*, des andouilles, toutes noires, d'aspect bizarre, qu'on n'a pas pu avaler parce qu'elles sentaient, non pas le rat, mais la souris.

« Ces jours derniers, ajoute M. Lenient, nous dinions chez notre ami Lévêque, avoué. Le premier mot du président du tribunal, l'un des convives, a été : « Est-« ce que vous avez trouvé du fro-« mage ? » Et, à la fin du même dîner, une dame a demandé timidement la permission d'emporter un petit bout de pain blanc, pour mettre le lendemain matin dans son café — (pas au lait, il n'y en a plus). Du pain blanc, innocente gourmandise dont elle est si privée depuis longtemps ! »

Les uns et les autres, nous avons tâté du corbeau (2 fr. 50), du phoque (1 franc la livre), du boudin de *tire-fiacre* (exécrable), 1 fr. 20, — du fromage d'Italie, mélange horrible de grattures d'étal des déchets de toutes sortes de bêtes, — des confitures de groseilles faites avec du jus de betteraves, etc..., etc...

A. DE MAZADE.

Lettres et Notes intimes, 1870-1871.
Frémont, Beaumont-sur-Oise, 1892.

❧ ♣ ❧

ALEXANDRE DE MAZADE

Puisque le rire se mêle parfois aux larmes, l'historiette suivante est à sa place dans le tableau des souffrances des affamés de Paris. Un auteur facétieux trou-

verait un sujet de nouvelle dans ces aventures d'un poulet, de deux artilleurs et d'un gargotier de Montrouge. Telle quelle, l'anecdote est amusante, instructive, et lestement enlevée.

L'ÉPOPÉE D'UN POULET.

Notre cousin est émerveillé de la vue de nos deux petits lapins vivants ; il leur passe avec amour la main sur le dos pour se convaincre que la race n'en est point complètement disparue.

A table, devant nos sardines, nos crêpes à la vinaigrette, et notre mince beefsteak de cheval, il nous raconte cette épopée d'un poulet :

« Dernièrement, nous dit-il, mon bataillon avait été commandé pour une petite marche, préparatoire d'une sortie. Avant la porte de Montrouge, nous fîmes halte ; nous en profitâmes pour emplir les bidons chez un marchand de vins traiteur, dont l'étalage montrait à nos regards jaloux un magnifique poulet, une merveille ! étant donnée l'impossibilité d'établir de comparaison. Ce solitaire avait au-dessus de lui des boîtes de conserves en panoplie, vides, il est vrai, mais resplendissantes, et à ses côtés deux feuilles de choux tristement défigurées, mais dont vos petits lapins feraient encore peut-être leurs choux gras.

« Lorsque nous entrâmes, deux artilleurs, probablement du fort d'Issy, réglaient au comptoir. Tout en emplissant nos bidons, le marchand de vins nous demande si nous avons regardé son étalage et vu de près son poulet, qu'il avait payé 24 francs, car il avait le lendemain pour dîner un Comité qui s'occupait spécialement du bien-être des travailleurs, et, la bouche en cœur, il court soulever les rideaux de son exposition. Stupéfaction ! plus rien dans le plat ! Dévalisé !

« Il ouvre la porte, s'élance sur la route, et file dans la direction de Paris.

« — C'est égal, dis-je à mon ca« marade, le coup a été prestement « fait ! Qu'en dites-vous ?

« — Ma foi, je n'ai rien vu du « tout !

« — Ça ne peut être que les ar« tilleurs. Si vous voulez, nous re« viendrons savoir la suite de l'évé« nement. »

« Deux jours après :

« — Eh bien, mon brave, le « poulet ?

« — C'était ces b.....s d'artil« leurs !

« — Vous a-t-il été rendu ?

« — Ah ! c'est toute une his« toire. V'là, en deux mots. J'cou« rais comme une flèche, j'm'adresse « à un brave homme, qui m'dit qu'il « a vu passer deux artilleurs, avec « un paquet dans un mouchoir « bleu ; j' cours plus loin ; on a vu « deux calonniers monter dans l'om« nibus qui partait d'la station. Chien « d'sort ! Trop tard ! J'me r'tour« ne ; quelle chance ! Un fiacre ! « J'croyais qu'y en avait pus ; j'grim« pe à côté du cocher. — « Si t'es « un bon zig, que j'lui dis, faut « rattraper l'omnibus, tu sais l'che« min qu'elle prendra... » Y part, j'y « raconte tout. Et au galop ! Nous « dépassons les ponts. — « T'nez, « qu'y m'dit au bout de dix minu« tes, v'là vot' affaire. » Et y m' « sembl' voir tout au fond de l'om« nibus un bout d'pantalon d'ar« tilleur. Ni une ni deux, j'dégrin« gole du siège et j'm'enfourne. — « Ah ! j'vous tiens, b.....s de cha« pardeurs. — Il était temps ; v « venaient d'vendre ma volaille à « un bourgeois assis en face d'eux, « qui la tenait sur ses genoux. « Moi, j'veux reprendre mon pou« let ; l'monsieur se fâche et fait « d'la résistance. — « Ah ! c'est « comme ça, mon bonhomme, que « j'lui dis, nous allons un peu voir ! » « — Y voulait toujours pas lâcher. « Alors j'commence à lui rationner « l'champignon. Pendant que j'as« sommais l'bourgeois, les artilleurs

« voulaient s'cavaler ; moi j'veux
« pas ; y m' bousculent, j'cogne
« dans le tas, et c'était ça ! — Et un
« potin dans l'omnibus ! l'conduc-
« teur siffle deux sergots qui s'bala-
« daient, et qui viennent poliment
« nous inviter à descendre. On m'ré-
« clame six sous, qu'y faut payer
« quand même. On va tous chez le
« commissaire ; on m'rend mon bien ;
« l'bourgeois s'en retourne penaud
« et pas mal défraîchi : quant aux
« artilleurs, j'leur ai dit d'aller
« s'faire pendre ailleurs ; mais y
« en a un des deux qui s'rappell'ra
« d'moi quand y mangera de la vo-
« laille ; j't'y ai dessiné un lorgnon
« sur l'œil, garanti bon teint. Et
« v'là ! Et si vous saviez comme j'ai

« été heureux de n'pas avoir raté
« mon diner du Comité ! »

« Nous l'avons complimenté de
son énergie et de son succès.

« — A propos, il devait être ten-
« dre, votre poulet, après les coups
« qu'il a reçus dans la bagarre ?

« — Oh ! une vraie rosée ! »

« Et, nous en allant, nous pensions au montant de la note qu'a-
vaient dû avaler les excellents phi-
lanthropes qui s'étaient délectés du
fameux poulet, en buvant à la santé
des meurt-de-faim... »

A. DE MAZADE.

Lettres et Notes intimes, 1870-1871.
Frémont, Beaumont-sur-Oise, 1892.

ALBERT WOLFF (1835-1891)

D'origine allemande, ALBERT WOLFF fut secrétaire d'Alexandre Dumas, puis rédacteur au NAIN JAUNE d'Aurélien Scholl et à L'AVENIR NATIONAL. Pendant la guerre, il fut accusé faussement de servir de correspondant à un journal de Prusse. La paix conclue, Albert Wolff se fit naturaliser Français et demeura de longues années chroniqueur au FIGARO. Son livre sur la guerre de 1870, DEUX EMPEREURS, est surtout un livre de politique, mais on y trouve des renseignements typiques sur les sentiments de la bourgeoisie allemande, terrifiée par l'idée seule d'une contre-invasion et par les représailles qu'auraient valu aux pays d'outre Rhin les horreurs commises par exemple à Strasbourg, à Châteaudun et à Bazeilles.

PAS DE « SENTIMEN-TALITÉ » DANS LE SIÈGE DE PARIS. L'ALLE-MAGNE bourgeoise fut impla-cable à l'égard des francs-tireurs français. La guerre, en se prolon-geant, endurcit les cœurs ; la ré-sistance française étonna d'abord et fit ensuite trembler l'Allemagne. Elle ne vit pas sans crainte ces armées se former en province et cette capitale résister à toutes les infortunes ; elle se lassa de ces dépêches, parlant toujours de combats dont aucun ne paraissait décisif ou se terminant par ces mots : *Rien de nouveau devant Paris !* Le Général Bourbaki, mar-chant sur Belfort et menaçant de se jeter en Allemagne, y fit naître de légitimes inquiétudes. On avait déjà perdu tant de frères, tant de fils, que l'on se demandait s'il en restait encore quelqu'un pour défendre le territoire contre une subite agres-sion. La situation était pleine de dangers ; les Armées du Nord et de la Loire pouvaient descendre sur Versailles, tandis que Bourbaki, dé-gageant Belfort, se ruerait sur le grand-duché de Bade, et des poi-trines oppressées partit ce même cri d'angoisse :

« Ah ! si l'on avait fait la paix après Sedan ! »

Seul, M. de Moltke ne s'émut point, car il savait les ressources dont il disposait encore, et au pre-mier signal d'alarme il fit entrer en France le contingent de 1870, ren-

forcé de quelques corps de la landwehr qu'il tenait en réserve, tout en
appelant dès lors sous les drapeaux
le contingent de 1871. Victorieux
devant Belfort, le Général Bourbaki
eût trouvé dans le duché de Bade
une armée formidable pour défendre
le territoire allemand.

Mais l'Allemagne, si confiante
qu'elle fût en ses chefs militaires,
devint anxieuse. Dans sa terreur de
voir la guerre, par un revirement
des choses, menacer la patrie, elle
fut prise d'une rage indigne d'un
peuple civilisé. Les bourgeois, affolés, demandaient impérieusement,
pour en finir, le bombardement de
Paris ; cette nation, qui s'était appelée la nation des penseurs, accusait
l'État-major et le Roi de se laisser
arrêter par des considérations d'humanité ; il n'y avait plus, dans les
âmes endurcies par le spectacle de
la guerre, le moindre sentiment de
compassion. On ne se disait pas que
cette ville assiégée contenait, tout
comme les villes allemandes, des
vieillards, des femmes et des enfants
innocents de la guerre, luttant
contre le froid, la faim et les épidémies, et qu'il serait humain de leur
épargner les obus, si c'était possible.
Non ! on réclamait le bombardement
de Paris comme une foule houleuse
demande la toile dans un théâtre de
drame, et, pour calmer ces mépri-
sables ardeurs et cette sauvage impétuosité, il fallut que le Quartier
général déclarât officiellement que,
dans le siège de Paris, il ne se laisserait arrêter par aucune considération de *sentimentalité*, c'est le mot
férocement officiel.

ALBERT WOLFF.

Deux Empereurs. Bruxelles, A.-N. Lebègue
et Cie, Éditeurs.

GUSTAVE ROTHAN (1822-1890)

*Après une longue carrière de diplomate, commencée en 1847 comme attaché à la
légation française de Hesse-Cassel, terminée après 1870 comme Ministre plénipotentiaire à Florence, GUSTAVE ROTHAN a publié sur divers événements auxquels il avait été mêlé de nombreux et intéressants ouvrages. Celui qui est intitulé
L'ALLEMAGNE ET L'ITALIE, 1870-1871, se compose surtout d'observations personnelles notées par l'auteur au cours des événements. La sincérité de ses jugements
historiques devait valoir un jour à cet Alsacien de Strasbourg la mauvaise humeur
du Gouvernement allemand : en 1885, quinze ans après la guerre, il se vit défendre l'entrée de l'Alsace, où il possédait une propriété.*

17 Septembre 1870.

LA Presse
prussien-
ne fait flèche
de tout bois ;
elle s'empare
des plus pe-
tits incidents de la guerre pour les
dénaturer et en tirer les conclusions
les plus odieuses pour notre caractère national[1].

Il importe de maintenir l'opinion en Allemagne au diapason le
plus aigu, de combattre la lassitude
et de conjurer une réaction sérieuse
en faveur de la paix. C'est de l'indignation à froid, réglementée et expé-
diée du Quartier général à tant la
ligne.

Les journaux du Midi, tels que la
Süddeutsche Presse de Munich et la
Gazette de Francfort, protestent
contre ces déclamations. Il est peu

1. Le peuple français, dit le *Staats-Anzeiger*, n'a
donné, dans ces derniers temps, que trop de preuves
de la décadence morale la plus profonde. Les as-
sassinats et les crimes des régiments d'Afrique
sont dépassés par les infamies commises en France.

Cette manière de faire la guerre est caractérisée
par l'acte honteux de Laon, lequel unit la trahison
à l'assassinat.

généreux, disent-elles, d'accabler les Français d'injures, parce qu'ils donnent à la guerre un caractère national. En serions-nous arrivés après tant de victoires, à perdre toute justice envers nos ennemis ? Et cependant chaque jour on nous parle de villes brûlées, de villages incendiés, de fusillades et de réquisitions formidables [1]. Ces actes ne sont-ils pas aussi réprouvés par la morale ? Les lois de la guerre les autorisent dans une certaine mesure, nous le voulons bien ; mais du moins ne méconnaissons point la résistance qu'on nous oppose. Les Français ne sont point des misérables parce qu'ils organisent des corps francs, que les paysans nous enlèvent les vivres et nous tuent quelques soldats en défendant leurs foyers. Si l'Allemagne était réduite à une guerre défensive, à outrance, procéderait-elle différemment ? N'a-t-on pas invoqué récemment les ordonnances de la landwehr prussienne ? Elles nous montrent qu'en 1813 nous avons procédé exactement comme fait la France aujourd'hui. Si dans cette guerre la fortune, au lieu de nous favoriser, s'était tournée contre nous, nos paysans se seraient soulevés comme les paysans français, et leur résistance, loin de provoquer la réprobation, eût été pour l'Allemagne un titre de gloire.

Ces protestations éloquentes resteront sans échos ; elles montrent, du moins, que tout sentiment de justice et d'humanité n'a pas disparu de l'autre côté du Rhin.

29 Septembre 1870.

Nos revers n'ont en Allemagne nulle part un plus joyeux, un plus âpre retentissement que dans les centres universitaires. Nous ne saurions nous en étonner. Les Universités n'ont-elles pas attisé les haines, prêché la vengeance en dénaturant l'histoire systématiquement ? L'œuvre de destruction que les armées allemandes poursuivent en France est le résultat de leur enseignement.

Loin de s'en défendre, elles montrent, par les éclats bruyants de leur satisfaction, combien étaient intenses leurs secrètes envies. Il n'est pas un professeur, quelque bornée que soit sa science, qui ne se rengorge au récit de nos défaites et qui, au mépris de la morale et de la philosophie qu'il enseigne, ne revendique sa part de succès. Tous se donnent le plaisir de s'attaquer à notre ignorance, à notre dépravation, sans qu'une voix autorisée s'élève pour protester contre ces attaques, au nom de la solidarité intellectuelle.

M. de Sybel, qui enseigne l'histoire à Bonn, est un savant distingué ; il connaît la France, il a vécu à Paris, il a été l'objet de l'accueil le plus courtois, le plus empressé. Sa reconnaissance nous semblait acquise ; il s'était attaché, après les événements de 1866, à une noble tâche : il poursuivait la réconciliation de la France avec l'Allemagne. Il était permis d'espérer qu'il mettrait sa gloire à plaider notre cause, à calmer les ressentiments, à répudier la conquête. Il n'en est rien : la lettre qu'il vient de publier montre que sa conciliation n'était qu'apparente, que ses passions universitaires ont repris le dessus. Cette lettre cause une grande sensation. Le nom qu'elle porte lui donne le caractère d'un manifeste. M. de Sybel a du monde ; il se garde de s'attaquer à notre littérature, à notre science ; s'il est convaincu de notre décadence, il évite de la proclamer. Il se place insidieusement sur le terrain de la liberté pour justifier les revendications territoriales...

---

1. M. Wickede dit, dans son *Histoire de la Guerre Allemande* : « La guerre prit bientôt un caractère dur, parfois inhumain. Il se trouva des officiers qui cherchèrent à faire sentir de la plus cruelle manière à la population inoffensive de la France une grossièreté innée et une brutalité outrecuidante (innere Rohheit, brutaler Uebermuth). Les exemples de brutalité et d'arbitraire dont nous avons été les témoins font horreur à l'humanité et n'honorent pas le nom allemand ; ils ont excité inutilement la haine de la France. »

Il n'est pas étonnant, ajoute M. de Sybel que la thèse soutenue par les démocrates ait provoqué une opinion extrême chez les patriotes exaltés et dans les cercles militaires. M. Bollmann s'est rendu l'interprète de leurs exigences ; il a résumé, dans une brochure qui fait grand bruit, les conditions qu'il convient d'imposer à la France.

Il s'agirait tout simplement de lui demander, outre la restitution de l'Alsace et de la Lorraine, les trois évêchés de Metz, de Toul et de Verdun, de réclamer le Luxembourg hollandais et les territoires au delà de la Meuse jusqu'aux Argonnes. M. Bollmann se flatte que les grandes puissances laisseraient faire, si on leur permettait de participer à la paix, autrement dit à la curée, en les laissant maîtresses d'annexer les Flandres françaises à la Belgique, la Savoie à la Suisse, Nice, la Corse et la Provence à l'Italie, le Roussillon à l'Espagne et peut-être Calais à l'Angleterre. Ce démembrement, qui déferait l'œuvre de Richelieu, de Mazarin et de Louis XIV, ne garantirait pas seulement l'Allemagne contre tout retour offensif de la France ; mais il la maintiendrait sous son entière dépendance en lui permettant d'occuper Paris suivant ses convenances. La Bourgogne et la Franche-Comté ne seraient pas annexées, mais formeraient, avec des princes allemands à leur tête, des États vassaux relevant de l'Empire.

M. de Sybel reconnaît que la résistance désespérée de la France et le veto des grandes puissances pourraient bien être un obstacle invincible à la réalisation de pareils projets. Il ne s'agit pas, dit-il, de restaurer le Saint-Empire du Moyen âge, d'établir notre domination sur des populations hétérogènes, de fonder une oligarchie militaire, mais bien de continuer la grande Confédération germanique avec un gouvernement constitutionnel à sa tête.

Si je comprends bien la pensée de M. de Sybel, son système consisterait à faire de l'Alsace et de la Lorraine des propriétés de rapport, frappées de servitudes militaires.

Il avoue, du reste, qu'il y aurait de grands inconvénients à leur céder les droits politiques qui leur permettraient de se coaliser au sein du Parlement avec les fractions polonaise, danoise, et tous les éléments particularistes. Il se flatte qu'une indépendance administrative relative, de bons procédés, et l'honneur d'être rattachées à une nation glorieuse et prépondérante les réconcilieraient d'autant plus vite avec leur sort, qu'il voit la France pendant de longues années se débattre dans des convulsions révolutionnaires.

1ᵉʳ Octobre 1870.

La prise de Strasbourg est saluée en Allemagne comme la conquête définitive, irrévocable de l'Alsace. C'est ce que proclament, en termes enthousiastes, tous les journaux d'outre Rhin ; c'est ce que redoutent, profondément consternées, les populations alsaciennes. Elles s'étaient fait illusion jusqu'à la dernière minute, tant que Strasbourg a résisté : elles se révoltaient à l'idée d'être violemment arrachées à la France : elles comptaient sur des retours de fortune, sur la vaillance de nos armées, sur les inspirations patriotiques des hommes qui ont organisé la défense ! La capitulation les a consternées, leur douleur est poignante ; elles n'espèrent plus rien de l'avenir ; elles nous voient engagés dans une lutte inégale, elles pressentent que le destin nous sera dur jusqu'au bout. Sensées et réfléchies, elles envisagent les choses dans leur désolante réalité ; elles sont convaincues que la Prusse ne se dessaisira plus du gage allemand qu'elle détient et que, dès le début de la guerre, elle a considéré comme le prix de ses victoires futures[1].

---

1. « Je sais fort bien, disait M. de Bismarck à M. Jules Favre, que les Alsaciens ne veulent pas

On a pu se méprendre, il y a quelques semaines, sur les dispositions réelles de l'Allemagne, en face des protestations qui s'étaient élevées dans la presse libérale contre les annexions violentes. Les manifestations bruyantes, désordonnées, que la reddition de Strasbourg provoque au Nord et au Midi, montrent que la passion de la conquête l'emporte, dans toute son âpreté, sur les sentiments qu'on affectait.

1ᵉʳ Novembre 1870.

L'Allemagne ne supporte pas avec sérénité sa haute fortune : ses victoires lui font tourner la tête, elles la grisent, et son enivrement n'est rien moins que sentimental. La gloire, loin d'élever ses pensées, éveille, surexcite ses instincts les plus vulgaires : l'envie et l'outrecuidance.

Elle est comme les parvenus de la Bourse, qui, non contents d'avoir médité et consommé la ruine du prochain par des manœuvres dolosives, voudraient encore imposer à leurs victimes le respect et l'admiration.

Que nos philosophes et nos historiens y regardent à deux fois avant de faire appel à sa fraternité intellectuelle. Personne ne rend hommage aux sentiments dont s'inspirent les lettres de M. Renan, de M. Taine, de Victor Hugo et de M. Laboulaye ; on n'y voit que des actes de contrition tardive et forcée, vis-à-vis de l'Allemagne, méconnue par l'ignorance française.

Il faudrait presque regretter ces pages éloquentes si elles ne devaient s'adresser qu'à l'Allemagne ; elle ne s'y arrête que pour les dénaturer et les persifler.

C'est un affligeant spectacle, pour ceux qui ont aimé, apprécié l'Allemagne, de voir, en ces tristes jours, le monde universitaire allemand déserter la cause de l'humanité pour attiser les haines internationales et préconiser la théorie des annexions violentes. Cela ne devait pas être son rôle ; mais les professeurs allemands que M. de Bismarck, dans d'autres temps, appelait « le fléau de l'Allemagne », en sont arrivés, enivrés par tant de succès, à croire très sérieusement que les événements en voie de s'accomplir sont leur œuvre, que le Roi Guillaume et son Ministre ne sont que les instruments aveugles de leur rêve : l'avènement de la race germanique. Et cependant ces mêmes hommes qui le prennent de si haut, et qui voudraient faire croire à l'Europe, en supprimant Descartes et Montesquieu, qu'ils sont les inventeurs de la philosophie et de la politique modernes, étaient fiers, il n'y a pas longtemps, lorsque nos journaux et nos revues daignaient s'occuper d'eux et jeter quelque clarté sur leur science diffuse[1].

G. ROTHAN.

L'Allemagne et l'Italie, 1870-1871.
Paris, Calmann Lévy, 1884.

de nous. Ils nous imposeront une forte besogne ; mais nous ne pouvons pas ne pas les prendre. »

1. Voir *l'Allemagne aux Tuileries,* par M. Bordier.

PAUL DE SAINT-VICTOR (1827-1881)

Styliste incomparable, PAUL DE SAINT-VICTOR, qui dépensa sa vie, pour ainsi dire, à ciseler des articles de journaux et de revues, nous a laissé sur l'Année terrible : BARBARES ET BANDITS, recueil de ses chroniques du moment à LA LIBERTÉ. L'érudit enthousiaste du monde antique, qui écrivit HOMMES ET DIEUX, devait voir en effet dans l'Invasion prussienne les Barbares revenus ; et c'est la dévastation de Rome dominatrice qu'il évoque aux ravages des hordes germaines descendues sur la Gaule derrière le Roi Guillaume, avec quand même l'es-

poir d'un triomphe de la civilisation. P. de Saint-Victor, ancien secrétaire de Lamartine, avait été inspecteur des Beaux-Arts en Février 1870.

« ON NE TUE PAS LA LU-MIÈRE. »

Comme les Barbares voulaient détruire Rome, l'extermination de la France est le but avoué des Prussiens. Ils la décrètent et ils la proclament. Entre les explosions de leurs canons monstres, on entend la voix furibonde de leurs professeurs prophétiser sa ruine et dogmatiser son pillage. Leurs invectives pédantesques commentent le fracas de leur artillerie. L'un souhaite que « la famille gallo-romaine soit anéantie »; l'autre proclame « qu'une race supérieure, comme la race allemande, a le droit de détruire et de remplacer une race inférieure » : un troisième s'écrie : « De nos jours, la civilisation romane succombe, et l'Allemagne, le vrai cœur de l'Europe, le pays aux mœurs pures et au profond génie politique, renverse le Moloch de duperie et de mensonge. C'est tout l'ensemble de la civilisation romane qu'il faut briser pour toujours. On a dit que nous devions aux Français la culture moderne : eh bien! voilà précisément ce qu'il faut écraser. »

On croit rêver en écoutant ces derviches hurleurs de la science. L'esprit s'épouvante à l'idée d'un empire prussien installant sa suprématie sur les ruines de la France. La civilisation ne se relèverait pas d'un tel cataclysme. Ce serait le Moyen âge revenant, à reculons, ressaisir l'Europe; non plus inconscient et naïf, plein de vertus profondes et d'énergies créatrices, mais mécanique et machiavélique, garrottant les peuples sous des oripeaux plus étouffants qu'un linceul. En haut, un césarisme bâtard, qui draperait des loques gothiques du Saint-Empire son autorité militaire. Au-dessous de lui, une vassalité de Rois asservis et de principicules domestiques. Plus bas, la féodalité grossière des seigneurs et des hobereaux — *Junkerthum*. Au fond, une plèbe de soldats et de fonctionnaires automates.

L'idéal de la Prusse, c'est l'État; elle n'en a point d'autre. Et, par ce mot, n'entendez point la Patrie, dans le sens héroïque et tendre que les autres nations attachent à ce mot sacré. L'État prussien n'a ni cœur, ni âme; il ne croit pas devoir à ses sujets le bonheur. La corvée constante, le service passif, l'effort assidu qu'il exige d'eux sans relâche, n'a d'autre compensation que son accroissement. C'est une idole de fer, montée comme une machine, pour broyer et pour dévorer. Chaque individu s'y adapte comme un rouage, et n'a d'autre fonction que d'obéir au moteur. De la civilisation, il n'a pris que les ressorts et les armes, la bureaucratie et la police, l'administration et les sciences exactes. Derrière cette façade hérissée comme un arsenal, le Moyen âge est resté campé. Cette Prusse, qui se pose en modèle des nations modernes, est le conservatoire de toutes les idées arriérées de l'Europe, le musée des antiquailles de la politique. La féodalité s'y roidit dans sa vieille armure, l'esprit de caste y sévit dans toute sa rigueur, la jurisprudence y radote encore le jargon carlovingien des vieux *Miroirs de Saxe et de Souabe*. Sous sa couronne luisant neuf, le spectre du passé ricane et menace. La civilisation prussienne est un sépulcre blanchi.

Et ce ne serait pas seulement la liberté, ce serait encore le génie de l'Europe, qu'étoufferait la suzeraineté de la Prusse. Il ferait nuit sur le monde si la science allemande éteignait la lumière de l'esprit français. Sa langue indigeste et sombre qui, en poésie, prend parfois des ailes, ne sait que ramper pesamment en prose. Les idées ne circulent pas, elles pataugent dans ce rauque idiome. Comparé au nôtre, c'est une fondrière auprès d'un courant. L'érudition germanique ne prend sa valeur que lorsqu'elle est éclairée et débrouillée par des mains françaises. Quel fatras qu'un livre d'exégèse ou de critique allemande, avec ses notes qui noient le texte, ses sous-notes qui submergent les notes, son enchevêtrement de prolégomènes et de corollaires ! Cela fait l'effet de ces grimoires que les sorciers lisent à rebours, à la lueur d'une lanterne sourde, pour évoquer des fantômes. Et que dire de sa philosophie dissolvante, où des systèmes chimériques s'entretuent dans la nuit d'une phraséologie ténébreuse, où des idées, passées chez nous à l'état de lieux communs, prennent, pour paraître profondes, les masques du mythe et du symbolisme ! A tel gros livre de Strauss, à tel traité de Hegel, tout hérissé de termes abstraits et de formules dialectiques, on pourrait répondre, comme l'Agnès de Molière à la harangue ampoulée d'Arnolphe :

Voltaire, avec deux mots, en dirait plus que vous.

Hegel disait à son lit de mort :

« Je n'ai été compris par personne ; il n'y a que Goeschel qui m'a compris. » Quelques instants après, il se retourna sur l'oreiller, et murmura : « Et encore, il ne m'a pas compris du tout. »

Mais pour que l'Empire germanique usurpe l'Europe, il faut qu'il tue la France ; et la France est immortelle, et l'ineptie de cette Prusse brutale est de croire qu'elle peut l'écraser. Trois puissances énormes — elle en fait partie — pèsent depuis cent ans sur la Pologne, vulnérable et faible par tant de côtés ; elles la déchirent et la martyrisent, sans avoir pu l'étouffer encore. Et la Prusse croit anéantir en six mois ce grand pays d'une vitalité invincible, dont les racines plongent au cœur de l'histoire, dont la tête a dominé l'humanité tout entière ! L'infatuation, portée à ce comble, touche à la folie. La France est une lumière, on ne tue pas la lumière. Il n'y a que les Barbares pour croire que l'éclipse dévore le soleil.

PAUL DE SAINT-VICTOR.

Barbares et Bandits. Calmann
Lévy, Éditeur.

✣

EDGAR QUINET (1803-1875)

EDGAR QUINET, le penseur profond, le poète, l'érudit et l'historien qu'aima tant Jules Michelet, ne pouvait rester indifférent aux malheurs de la Patrie. Proscrit par le gouvernement impérial qui lui retira sa chaire du Collège de France, il revint d'exil à la Révolution de Septembre et s'enferma dans la capitale assiégée, après avoir adressé aux Allemands un appel, aussi touchant qu'inutile, à la fraternité des peuples. Il faut citer dans les écrits de l'époque ces pages publiées sous le titre : LA VICTOIRE MORALE.

✣

A PROPOS DU BOMBARDEMENT. Le bombardement a commencé. Fort bien. Au nom de la fraternité, nous devons à nos frères allemands de leur donner une leçon exemplaire qu'ils n'oublieront jamais. Ils en ont besoin pour se guérir en un jour du leur infatuation poussée à la démence. Chargez donc vos armes, pointez et visez juste. Tirez tranquillement, libéralement, consciencieusement. C'est aujourd'hui le premier et le dernier mot de la philosophie, telle qu'ils nous l'ont faite.

Que veulent-ils ? Nous conquérir. Rien de plus juste. Mais jusqu'ici tout conquérant s'est couvert de quelque masque de civilisation et de droit. Les Romains avaient le droit romain ; les Arabes, s'ils portaient dans une main le cimeterre, présentaient dans l'autre le Coran ; nous-mêmes, dans nos guerres, nous apportions avec nous le Code civil. Ceux-ci, que nous apportent-ils ? L'incendie, la rapine, le pillage, la famine, le meurtre à tout propos. Est-ce assez ? Dévastation et mort, voilà leurs promesses.

Si quelqu'un a pu découvrir une autre pensée de civilisation dans les paroles officielles ou privées de ces docteurs *utriusque juris*, qu'il le dise.

Eh bien ! oui, il est encore une idée qui revient souvent chez eux au milieu du carnage.

La voici : « Nous avons fait trop de mal aux Français pour qu'ils puissent l'oublier. Donc, il faut les anéantir. » Ce raisonnement est celui de l'homme qui, après avoir volé un passant, se fait un devoir de l'assassiner pour l'empêcher de se plaindre.

Quand je songe que la Prusse a été si promptement acculée à ce cynisme, et qu'elle n'a pas d'autre mot à la bouche pour couvrir ses meurtres, je suis bien obligé de reconnaître que la France a déjà pour elle la victoire morale ; et je salue, j'acclame cette victoire, présage assuré de l'autre. Je dis et je maintiens qu'il n'est rien de plus beau dans notre histoire que ces trois mois du siège de Paris, où la liberté républicaine a fait ce miracle de rendre à un peuple tout ce que la servitude lui avait enlevé, les forces de l'âme et les forces du corps. Malheur à qui ne voit pas cela !

Le signe avant-coureur de la défaite, celui de l'infériorité de l'esprit chez le Roi Guillaume et ses conseillers, est de n'avoir eu aucun pressentiment de ce que la liberté et la régénération morale peuvent faire.

Ils croyaient que Paris se rendrait en huit jours ; non seulement ils l'ont cru, mais ils ont eu la simplicité de le dire : et c'est là qu'est la marque de la borne de l'intelligence. Car il n'est pas besoin de tant d'esprit que l'on imagine pour opprimer les hommes. Nous le savions par M. Bonaparte ; nous l'apprenons par son élève, M. de Bismarck. Pour moi, je suis charmé de voir ces hommes de ruse si niaisement dupes de toute noblesse de cœur, de toute grandeur véritable.

Ils jugeaient Paris et la France par des observations banales, par des propos de table, par des littératures de police. Au delà de cette première enceinte, ils n'ont rien vu, rien pénétré. Ce Paris nouveau, cette France nouvelle, qui viennent de se révéler, ils n'en ont eu aucune connaissance ; et les voilà maintenant tout ébahis de ce génie qui renaît, de ces forces qui sortent de terre.

Étranges conquérants, qui commencent par être ridicules !

Ils déroulent sur leurs tables des cartes géographiques, soigneusement gravées à Berlin pour chaque arrondissement du territoire français. Ils distribuent à chaque officier ces cartes merveilleuses qui devaient leur ouvrir le chemin de nos villages. Mais dans cette topographie érudite, ils n'ont oublié, méconnu, laissé en blanc, qu'une seule chose : l'esprit de ce peuple qu'ils prétendaient dominer et écraser. Et cet esprit, dont ils n'avaient aucune idée, se réveille, il se retrouve, c'est lui qui les enveloppe. C'est lui qui est debout au seuil de chaque maison.

En se montrant, il les convainc non seulement de perversité, mais d'incapacité.

Edgar Quinet.

Le Siège de Paris et la Défense nationale. Hachette et Cie, Éditeurs.

JACQUES NORMAND (1848)

M. JACQUES NORMAND, dont la muse est spirituelle et qui a des talents dans la poésie légère et humoristique, sait mettre une pointe d'émotion dans son modernisme. A preuve que l'auteur des ÉCREVISSES et de LA MUSE QUI TROTTE a aussi écrit les TABLETTES D'UN MOBILE, qui sont un journal de la guerre bathétique et vibrant, où l'ironie vibre encore, mais comme une des armes de la colère.

Bombardons !

Janvier 1871.

Huit heures ont sonné. Le major sort de table,
Et je viens d'avaler mes derniers saucissons.
Aux pièces. Bombardons cette ville imprenable :
    Bombardons, bombardons !

Par ce froid glacial s'endormant à leur aise,
Les Parisiens ont chaud dessous leurs édredons ;
Réveillons-les avec nos bons boulets de seize :
    Bombardons, bombardons !

La nuit les chats sont gris, comme l'on dit en France,
Et tous les hôpitaux ne sont que des maisons ;
On ne saurait vraiment faire de différence :
    Bombardons, bombardons !

Voilà bientôt cinq mois que je n'ai bu de bière !
Quand donc vous reverrai-je, ô grands champs de houblons,
Ô bons jambons fumés, et choucroute légère ?
    Bombardons, bombardons !

Franz, tu sais que Gretchen m'a dit dans une lettre
Qu'il faut un bracelet pour orner ses bras ronds ?
Je le lui donnerai, si Dieu veut le permettre....
    Bombardons, bombardons !

JACQUES NORMAND.

Tablettes d'un Mobile, 1870-1871. E. Lachaud, Éditeur.

HENRI ROCHEFORT (1830)

HENRI ROCHEFORT, dont la verve de pamphlétaire est assez célèbre pour que nous nous abstenions d'en faire l'éloge, a publié dans LES AVENTURES DE MA VIE quelques notes intéressantes sur la période du Siège. C'est surtout l'impuis-

sance du Gouverneur Trochu, les querelles, parfois ridicules, des membres de la Défense nationale, qui provoquent ses traits. Journaliste et député de l'opposition, Rochefort purgeait à Sainte-Pélagie une condamnation pour délit politique, lorsque le 4 Septembre le nomma membre du Gouvernement et Commissaire des barricades. Rochefort peut être considéré comme un des hommes ayant le plus hâté par ses LANTERNES, *par ses articles batailleurs de la* MARSEILLAISE, *la chute du régime napoléonien. Aussi le caricaturiste André Gill a pu le représenter un pied posé sur une bêche, achevant de creuser une fosse, qui fut celle de l'Empire.*

LE CHEF DE LA COMMISSION DES BARRICADES.

LE froid était devenu insoutenable. J'étais allé au plateau d'Avron où les bataillons qui y campaient à quelques centaines de mètres des Prussiens passaient à grelotter les journées et les nuits. Quelques soldats, avec une insouciance que toutes mes objurgations ne purent vaincre, s'élancèrent sur le revers du plateau pour y cueillir à mon intention des choux de Bruxelles, dont ils firent un volumineux tas qu'ils portèrent ensuite dans ma voiture.

Ils avaient été dérangés dans leur récolte par trois ou quatre coups de feu partis d'un mur crénelé derrière lequel l'ennemi s'abritait, et je tremblais à la perspective de quelque balle allant frapper l'un d'eux. J'aurais dû les soutenir dans leur résistance et leur ténacité, mais je ne pouvais m'empêcher de leur répéter :

« Malheureux ! comment pouvez-vous rester ici par une température pareille ? »

Olivier Pain, qui m'avait accompagné, me glissa ces mots dans l'oreille :

« Vous avez une drôle de façon de les encourager ! »

Mais la vue de tant de souffrances, que je pressentais si inutiles, m'arrachait plus de cris de pitié que de sentences héroïques.

Mes fonctions de chef de la Commission des barricades impliquaient pour moi le devoir d'aller dans les quartiers bombardés tirer de leurs caves les gens qui s'y étaient réfugiés, et de les installer dans des baraquements construits sur l'Esplanade des Invalides pour y servir d'ambulances.

J'étais donc fréquemment réquisitionné par des familles dont la situation n'était plus tenable, leurs fournisseurs eux-mêmes n'osant s'aventurer dans leurs parages. Je me rendis, une après-midi, rue Pascal, près de l'hôpital de Lourcine, dans un petit logement du rez-de-chaussée où un obus venait d'entrer par la fenêtre. Les locataires étaient heureusement sortis et le mobilier seul avait été réduit en un véritable monceau d'allumettes au milieu desquelles il m'était impossible de reconnaître ce qui avait été ou une chaise, ou une table, ou une commode.

Le chat de la maison aussi avait été atteint, et le malheureux, sur lequel avait probablement roulé l'obus, était aplati et allongé dans de telles proportions qu'il tenait toute la longueur de la chambre, par un effet d'amincissement qui avait réduit ses os et sa peau à l'état de feuille de papier.

Je supposais que de son vivant ce chat avait été énorme. Une voisine qui pleurait sur son cadavre on ne peut plus défiguré m'affirma qu'il était tout petit.

Hors barrières, les ravages du bombardement se faisaient plus sinistrement sentir. On me signala l'angoisse des habitants d'Auteuil à qui il était, sous peine de mort, interdit de sortir de chez eux, et il devenait urgent de ramener dans Paris les imprudents qui s'étaient laissé bloquer dans leurs maisons.

J'organisai une tournée à Auteuil où des têtes effarées apparaissaient aux soupiraux des caves ; mais les plus effrayés avaient peine à se décider à quitter leur logement sans en emporter leurs chers et encombrants souvenirs.

Il m'était cependant difficile de me faire entrepreneur de déménagements. Mais les gens sont ainsi construits que, dans un incendie ou un bombardement, ils aiment mieux s'exposer à une mort quasi certaine que d'abandonner aux flammes ou aux éclats d'obus le portrait de leur grand'mère ou le brevet de chevalier du *Mérite agricole* décerné à leur cousin.

Et, pour comble de désarroi, les suspicions, depuis la capitulation de Metz, pleuvaient en proportion des trahisons signalées. N'eus-je pas à recevoir un jour, au ministère des Travaux Publics où se tenaient les séances de la Commission des barricades, une députation de citoyens venant m'annoncer qu'ils venaient d'opérer l'arrestation d'un Allemand qui levait des plans de Paris et qui, conduit sous bonne escorte au commissariat de police, avait osé se recommander de moi ! Ils m'apportaient une lettre de lui, me laissant le soin d'indiquer le traitement à infliger à ce misérable. La lettre était conçue en ces termes :

« Mon cher ami,

« J'ai été fait prisonnier par le Commissaire de police du VIIIe arrondissement, qui veut absolument me fusiller tout de suite dans son bureau, comme espion prussien, sous prétexte que j'ai l'accent anglais.

« Vous seriez bien aimable de faire dire à ce fonctionnaire que je n'ai jamais aimé à travailler pour le roi de Prusse.

« Votre Silvio Pellico,

« CHAM. »

« Vous êtes donc fous ? dis-je à mes visiteurs.

Mais votre prisonnier est un de mes amis, dessinateur célèbre au *Charivari*, et aussi bon Français que vous et moi.

— Cependant, fit observer l'un d'eux, « Cham », c'est un nom allemand.

— Pardon, fis-je, c'est un nom biblique.

Cham est un **des fils de Noé**, et à son époque la Prusse n'existait pas. »

On dut relâcher mon ancien collaborateur ; mais je crus remarquer que la députation ne s'y décidait qu'à regret, m'accusant, sinon de complicité, au moins de coupable faiblesse.

Cham, qui vint me voir, me conta comment on l'avait saisi à la gorge au moment où il prenait, au crayon, le croquis d'une femme qui passait, habillée en garde national avec une giberne et un képi.

Il avait été poussé dans le commissariat, et comme un passant qui l'avait reconnu avait dit à haute voix : « Mais c'est Cham ! » la foule s'était écriée en chœur : « Cham ! plus de doute, c'est un Allemand ! »

Et le Commissaire, auquel il répondait en riant, avait conclu d'un air tragique :

« Vos bravades ne vous sauveront pas.

Si vous avez quelques dernières dispositions à prendre, hâtez-vous.

Tout à l'heure, peut-être, il serait trop tard. »

HENRI ROCHEFORT.

Aventures de ma vie. Paul Dupont, Éditeur.

FRANCIS WEY

VOIR LA NOTICE, PAGE 115.

PARIS PENDANT LE BOMBARDEMENT.

Au moment où j'écris ces lignes, Paris est bombardé depuis huit jours.

Dans la nuit du Dimanche 8 au lundi 9, l'affaire prit des proportions tout à fait significatives. Du côté sud, sept arrondissements (les IVᵉ, Vᵉ, VIᵉ, VIIᵉ, XIVᵉ, XVᵉ et XVIᵉ) furent sérieusement attaqués ; c'était un tiers de la ville. Quatre projectiles tombèrent dans la rue Madame ; un d'eux, au nº 30, traversa trois étages de plafond : le docte et bon M. Egger en reçut un chez lui. L'imprimerie Lahure, les ambulances du Luxembourg, les habitants de la rue d'Assas, un confiseur de la rue de Médicis, les dames du Saint-Sacrement, le lycée Louis-le-Grand furent atteints.

Il fallut suspendre les cours dans les lycées de la rive gauche, et les trains de voyageurs du chemin de Ceinture, ainsi que la navigation des bateaux-mouches entre le Point-du-Jour et le pont de l'Alma ; car, pour démolir le beau viaduc d'Auteuil, l'ennemi faisait rage de ce côté, ainsi que sur Grenelle, où est située l'usine Cail qui fond des canons et pulvérise du grain.

Pendant ces douze heures, la pluie d'airain atteignit en outre la rue des Ursulines, les Carmélites, la rue Gerson, la rue Racine où un enfant fut tué chez un pharmacien, les rues de Vaugirard, Servandoni, du Regard, du Four, de l'École-de-Médecine, de Saint-Séverin, d'Ulm, de Rennes, et la prison militaire de la rue Cherche-Midi, ainsi que la toiture de l'Odéon transformé en ambulance, et la chapelle de la Vierge à Saint-Sulpice, où la voûte fut trouée, non sans dommage pour le tableau de Lemoine qui décore l'autel. La serre des orchidées au Jardin des Plantes, une des merveilles de l'Europe, fut détruite : c'est une perte de 600 000 francs, irréparable parce qu'on n'aura pas de quoi la réparer et que d'ailleurs on ne remplace pas des sujets développés par vingt ou trente années de culture.

Le feu s'était ralenti lorsque, vers deux heures, j'allai visiter dans ces régions d'outre Seine les amis sur le sort desquels j'étais inquiet et constater les ravages. En gravissant le coteau Sainte-Geneviève, je me croisai, comme au début du siège, avec des immigrants transbordant leur mobilier sur des charrettes, et avec de nombreux pèlerins qui, leur valise ou un paquet sous le bras, allaient seulement chercher pour la nuit un gîte plus sûr et moins bruyant. Ces derniers étaient animés, presque riants ; les autres venus de plus loin, et qui désertaient leurs demeures, suivaient mornes le véhicule de leur maigre fortune. Je remarquai un monsieur qui portait avec amour une pendule de Boulle. Rue Carnot, un peintre en vogue, M. Carolus Duran, fut obligé de traîner lui-même une charrette que poussait par derrière Mme Duran, près de devenir mère.

L'aile gauche de l'église de la Sorbonne avait subi l'écrasement d'un obus qui avait évidé la muraille et d'un autre qui avait arraché le stylobate d'un pilastre. Au boulevard Saint-Michel, où plusieurs maisons montraient de vives éraflures, un énorme balcon de pierre, non loin de l'hôtel de Cluny, avait été coupé, et il s'en était détaché un quartier énorme qui gisait au bas. Les entours du Panthéon, où l'ennemi pense qu'il existe encore un dépôt de poudres, avaient été fort maltraités ; un des chapiteaux composites de la façade de l'École de Droit, le dernier à gauche, avait été enlevé. Rue Clovis, le lycée avait souffert ; la Bibliothèque Sainte-Geneviève aussi ; entre ces deux points, le pignon sud du transept de Saint-Étienne du Mont avait eu son chaperon découronné. Il en était tombé une très grosse pierre de taille ; deux autres, détachées, semblaient retenues en l'air par une sorte de prodige.

Dans ces rues, les curieux affluaient, les gens du quartier se promenaient devant leur maison, donnant des explications aux passants, et s'encourageant les uns les autres à ne pas abandonner le quartier. Je ne trouvai nulle part la crainte, ni la colère, ni la forfanterie ; c'est avec sang-froid, comme après un orage, que s'accomplissait cette reconnaissance des effets de la foudre ; les enfants seuls se trémoussaient : il leur tardait de recommencer les ébats de la matinée en courant après les éclats d'obus.

Je notai même la sérénité des gens à discerner la justesse du tir ennemi et la modération avec laquelle ils consignaient son intention, marquée déjà, de prendre pour point de mire les ambulances, les édifices élevés signalés par l'étendard international, les établissements d'éducation et les hôpitaux. Sur l'hospice militaire du Val-de-Grâce, leur feu ne s'était point ralenti ; malgré les avertissements du Gouverneur, il persiste encore à l'heure où j'écris (15 Décembre), bien que M. de Bismarck sache qu'il achève les blessés de son pays. L'hospice de la Pitié avait reçu vingt-deux obus et quatre malades avaient péri dans leur couchette ; au pensionnat des Frères de la Doctrine, rue de Vaugirard, dans un dortoir de douze élèves, sept furent blessés pendant la nuit et les cinq autres tués. M. Jules Favre est venu assister au convoi de ces enfants et faire l'éloge, devant leur fosse, des humbles et héroïques religieux de l'éducation primaire : protestation honorable contre les stupides indignités de quelques maires.

Le long des rues principales, devant les maisons exposées au sud, on dépavait pour amortir les ricochets de la bombe. Sur la place Saint-Étienne étaient alignées quantité de boutiques en plein vent où se débitent, à la fête de Sainte-Geneviève, patronne de Paris, des cierges, des chapelets, des figurines en cire, des médailles et autres offrandes votives. Ce marché et la neuvaine annuelle ont eu lieu sous la mitraille, qui n'a diminué le nombre ni des fidèles, ni des boutiquiers.

Tandis que la foudre lointaine annonçait son prochain retour sur ce quartier, j'ai suivi la foule dans Saint-Étienne, à l'heure où le jour décroissant, ne donnant plus aux vitraux du chœur que l'éclairage opaque et tranquille des tableaux, laissait toute leur ardeur aux cierges dont l'autel était comme embrasé. Le temple était rempli ; l'orgue, les chœurs de la maîtrise jaillissaient de l'abside avec des flots de lumière et les parfums de l'encens.

Au lycée voisin, à la Sorbonne, où un obus enfonça d'un mètre et demi deux pavés de la cour, le Recteur, les administrateurs, fidèles à leur poste, s'étaient fait des chambres à coucher dans les caves, où l'on avait ajusté des poêles de fonte. Ces résidences souterraines, aux larmiers matelassés, avec leurs voûtes tendues par les araignées, leurs mobiliers insolites sur la terre noire où couraient des rats, et la lueur des lampes qui expirait contre les murs sombres, étaient plus lugubres que leurs hôtes, portés à prendre en patience des épreuves entrevues jusqu'alors dans des lectures légendaires.

Fr. Wey.

Chronique du Siège de Paris. Paris, 1871.
Hachette et Cie.

LOUIS PASTEUR (1822-1895)

Le savant illustre qui demeurera, par ses travaux et ses découvertes sur les microbes, sur la rage, une des plus pures gloires françaises et un des bienfaiteurs honorés de l'humanité, fut en même temps un patriote ardent. Il appartient à notre anthologie par d'admirables lettres qui sont de vrais morceaux de littérature patriotique, écrites par lui à l'époque de la guerre et qui parurent en une brochure intitulée : CORRESPONDANCE ENTRE UN SAVANT FRANÇAIS ET UN SAVANT PRUSSIEN PENDANT LA GUERRE. *L'occasion en fut le criminel bombardement du Muséum par les Prussiens, contre lequel protesta l'illustre savant Chevreul. Pasteur s'indigna à son tour et envoya au doyen de la Faculté de médecine de Bonn sa démission de membre d'honneur de cette Faculté dans les termes que voici.*

LETTRE.

Arbois (Jura), le 18 Janvier 1871.

A MONSIEUR LE DOYEN DE LA FACULTÉ DE MÉDECINE DE L'UNIVERSITÉ DE BONN (PRUSSE RHÉNANE).

Monsieur le Doyen,

En 1868, la Faculté de Médecine de l'Université de Bonn m'a fait l'honneur de me décerner d'office le titre de Docteur en Médecine en récompense de mes travaux sur les fermentations et le rôle des organismes microscopiques . De toutes les distinctions que m'ont values les découvertes qu'il m'a été donné d'accomplir depuis mon entrée dans la carrière des sciences, il y a vingt-deux ans, il n'en est pas, je l'avoue, qui m'ait procuré plus de satisfaction. C'était, à mes yeux, la légitimation d'une pensée intime, dont je sentais la vérité s'affermir de plus en plus, que mes recherches ont ouvert aux études médicales des horizons nouveaux. Je m'empressai même de mettre sous verre le diplôme d'honneur qui consacrait la décision de votre Faculté et j'en ornai mon cabinet de travail. Aujourd'hui, la vue de ce parchemin m'est odieuse, et je me sens offensé de voir mon nom, avec la qualification de *virum clarissimum* dont vous le décorez, se trouver placé sous les auspices d'un nom voué désormais à l'exécration de ma patrie, celui de *Rex Guillelmus*.

Tout en protestant hautement de mon profond respect envers vous et envers tous les professeurs célèbres qui ont apposé leurs signatures au bas de la décision des membres de votre Ordre, j'obéis à un cri de ma conscience en venant vous prier de rayer mon nom des archives de votre Faculté et de reprendre ce diplôme en signe de l'indignation qu'inspirent à un savant français la barbarie et l'hypocrisie de celui qui, pour satisfaire un orgueil criminel, s'obstine dans ce massacre de deux grands peuples.

Depuis l'entrevue de Ferrières, la France combat pour le respect de la dignité humaine et la Prusse pour le triomphe du plus abominable des mensonges, savoir que la paix future de l'Allemagne est au prix du démembrement de la France, tandis que, pour tout homme sensé, la conquête de l'Alsace et de la Lorraine est l'enjeu d'une guerre sans limite. Malheur ou pitié aux peuples de l'Allemagne si, plus voisins que nous du servage féodal, ils ne comprennent pas que la France, propriétaire des terres d'Alsace et de Lorraine, n'est pas maîtresse des consciences de leurs habitants ! La Savoie serait encore piémontaise si, par un vote libre, ses habitants n'avaient consenti à devenir Français. Tel est le droit moderne des nations civilisées , que votre Roi foule aux pieds et pour la défense duquel la France est debout. Aussi, à aucune époque de son histoire peut-être, elle n'a mieux mérité d'être appelée la Grande Nation, l'Initiatrice du Progrès, la Lumière des Peuples.

Votre Roi ne connaît pas la France. Il a pris pour son caractère naturel les effets et l'empreinte passagère d'une prospérité matérielle inouïe et de quatre-vingts ans d'instabilité politique. On voit des plantes qui, après avoir éprouvé le tourment factice de la main de l'homme et l'action énervante des serres chaudes, modifient leurs allures à ce point que des naturalistes d'un esprit étroit vont jusqu'à changer leurs noms; mais, replacées dans leurs conditions naturelles, elles reviennent bientôt aux types de leur espèce. Ainsi fait la France en ce moment; le génie de sa race réapparaît et Dieu seul connaît le terme de ses efforts.

« Considérez cette nation en elle-même, a dit un de ses plus dignes écrivains, et vous la trouverez plus extraordinaire qu'aucun des événements de son histoire. En a-t-il jamais paru sur la terre une qui fût si remplie de contrastes et si extrême dans chacun de ses actes, faisant ainsi toujours plus mal ou mieux qu'on ne s'y attendait; tantôt au-dessous du niveau commun de l'humanité, tantôt fort au-dessus; un peuple tellement inaltérable dans ses principaux instincts qu'on le reconnaît encore dans les portraits qui ont été faits de lui il y a deux ou trois mille ans, et en même temps tellement mobile qu'il finit par se devenir un spectacle inattendu à lui-même, demeurant souvent aussi surpris que les étrangers à la vue de ce qu'il vient de faire; le plus casanier et le plus routinier de tous les peuples et, lorsqu'une fois on l'a arraché, malgré lui, à son logis et à ses habitudes, prêt à pousser jusqu'au bout du monde et à tout oser; indocile par tempérament, aujourd'hui l'ennemi déclaré de toute obéissance, demain conduit par un fil, tant que personne ne résiste; plus capable d'héroïsme que de vertu, de génie que de bon sens; enfin, la plus brillante et la plus dangereuse des nations de l'Europe, et la mieux faite pour devenir tour à tour un objet d'admiration, de haine, de pitié, de terreur. »

Voilà le peuple qui se lève devant tous, « prêt à pousser jusqu'au bout du monde et à tout oser », parce qu'il a conscience de la justice et de la sainteté de sa cause.

Veuillez agréer, Monsieur le Doyen, et faire agréer à vos savants collègues l'hommage de mes sentiments de haute considération.

L. PASTEUR,

Membre de l'Institut.

P.-S. — Écrit à Arbois (Jura), le 18 Janvier 1871, après la lecture du stigmate d'infamie inscrit au front de votre Roi par l'illustre Directeur du Muséum d'Histoire naturelle, M. Chevreul, dans la séance de l'Académie des Sciences tenue à Paris le 9 Janvier 1871.   L. P.

❧ ✦ ☙

ANONYME

Nous ne connaissons pas le nom de l'auteur de LA FÊTE DU ROI GUILLAUME; *mais les lecteurs des* TABLEAUX DE L'ANNÉE TRAGIQUE *jugeront sans doute comme nous que ces quelques vers, d'une ironie sanglante, méritaient d'avoir leur place ici. Ils ont été écrits à propos de la Saint-Guillaume 16 Janvier, au moment où le bombardement faisait rage.*

❧ ☙

La fête du roi Guillaume

Il jubilait, le vieux Guillaume,
Ses yeux brillaient,... et cependant,

S'il est comblé par son royaume,
Paris s'est montré regardant.

Paris si grand ! Paris si riche !
Paris qui connaissait ses goûts,
Paris qu'on aurait cru moins chiche
Pour ce bon père et bon époux,

Ayant devant lui deux soirées,
N'a pu fournir, pingre hideux !
Rien que trois femmes éventrées,
Et sept enfants coupés en deux.

X...

A. DE MAZADE.

Lettres et Notes intimes, 1870-1871.
Frémont, Beaumont-sur-Oise, 1892.

CLAUDE DUFLOT

*Durant les tristes jours de la guerre, chaque jour un poème de circonstance nais-
sait, apporté comme un bouquet sur l'autel saignant de la Patrie. Beaucoup de ces
fleurs furent éphémères. Quelques-unes ont gardé un parfum, un peu suranné,
mais persistant, à cause de la sincérité d'où elles naquirent et des larmes vraies
qui y tremblèrent. C'est le cas de ce poème où s'évoquent les martyrs-enfants de la
France.*

Aux Enfants morts

Réponds, ô Roi Guillaume, Empereur d'Allemagne,
Réponds à ces petits enfants que la peur gagne,
Qui viennent près de nous, disant : « Protégez-nous.
Nous ne pouvons avoir rien fait à ce Guillaume,
Nous ne voulions point envahir son royaume,
Nous, enfants de trois ans, qui marchons à genoux. »

Que t'avaient-ils donc fait, nos pauvres petits frères ?
Ils ne sont pas soldats, ils n'ont pas dans nos guerres,
Je suppose, mêlé leurs sabres de carton !
Ils n'avaient fait que naître, — et c'était là leur crime ;
Car tu veux supprimer la racine et la cime,
Et, si tu le pouvais, effacer jusqu'au nom.

Et déchaînant sur eux tes bombes furieuses,
Tu leur montras du doigt les places populeuses,
Où l'on compte les corps par cents et par milliers.
Visez là, leur dis-tu, la besogne est facile,
Il y a des enfants et des femmes par mille,
Vous tûrez à coup sûr, ajustez et tirez.

« Est-ce bien touché ? » dit en relevant la tête,
Après le coup parti, tenant sa pièce prête,
Un artilleur saxon, homme de la landwehr,
Qui là-bas, près de Dresde, a dans une vallée,
Riant, chantant, priant, toute sa maisonnée,
Sa femme, quatre enfants, dans un jardinet vert !

Va toujours, ton obus a rempli son office.
La bombe que tu viens d'envoyer fit justice
D'orphelins endormis, dans un triste hôpital.
Trois sont morts, six blessés. Prends ce thaler pour boire ;
Par-dessus le marché vous aurez de la gloire,
Si vous recommencez cet obus triomphal.

Claude Duflot.

Aux Enfants morts. A. Lemerre, Éditeur.

LECONTE DE LISLE (1818-1894)

Ce grand poète, que la génération des Parnassiens acclama comme son chef, l'auteur des Poèmes barbares, *des* Poèmes tragiques, *à qui on reproche parfois son impassibilité marmoréenne devant la vie, s'émut pourtant d'une douleur vive et véhémente aux malheurs de la France ! Et ce fut comme des larmes de dieu antique tombant dans le sang !... Il y a deux poèmes de lui parus durant la guerre :* Le Soir d'une bataille *et surtout cet admirable* Sacre de Paris, *dont nous citons un fragment, et auquel la grande tragédienne Agar prêta le bronze de sa voix de cloche.*

Le Sacre de Paris

Ville auguste, cerveau du monde, orgueil de l'homme,
Ruche immortelle des esprits,
Phare allumé dans l'ombre où sont Athène et Rome,
Astre des nations, Paris !

O nef inébranlable aux flots comme aux rafales,
Qui, sous le ciel noir ou clément
Joyeuse, et déployant tes voiles triomphales,
Voguais victorieusement !

La foudre dans les yeux et brandissant la pique,
    Guerrière au visage irrité,
Qui fis jaillir des plis de ta toge civique
    La victoire et la liberté !

Toi qui courais, pieds nus, irrésistible, agile,
    Aube d'un monde rajeuni !
Qui, secouant les Rois sur leur tréteau fragile,
    Chantais, ivre de l'Infini !

Nourrice des grands morts et des vivants célèbres,
    Vénérable aux siècles jaloux,
Est-ce toi qui gémis ainsi dans les ténèbres,
    Et la face sur les genoux ?

Vois ! la horde au poil fauve assiège tes murailles !
    Vil troupeau de sang altéré,
De la sainte Patrie ils mangent les entrailles,
    Ils bavent sur ton sol sacré !

Tous les loups d'outre Rhin ont mêlé leurs espèces,
    Vandale, Germain et Teuton ;
Ils sont tous là, hurlant de leurs gueules épaisses,
    Sous la lanière et le bâton.

Ils brûlent les moissons, rasent les citadelles,
    Changent les villes en charnier,
Et l'essaim des corbeaux retourne à tire-d'ailes,
    Pour être venu le dernier !

O Paris, qu'attends-tu ? La famine ou la honte ?
    Furieuse, et cheveux épars,
Sous l'aiguillon du sang qui dans ton cœur remonte,
    Va ! Bondis hors de tes remparts !

Enfonce cette tourbe horrible où tu te rues !
    Frappe, redouble, saigne, mords !
Vide sur eux palais, maisons, temples et rues :
    Que les vivants vengent les morts !

Non, non ! Tu ne dois pas tomber, ville sacrée,
    Comme une victime à l'autel ;
Non, non, non ! Tu ne peux finir, désespérée,
    Que par un combat immortel.

Sur le noir escalier des bastions qu'éventre
    Le choc rugissant des boulets,
Lutte et rugis aussi, lionne, au fond de l'antre,
    Dans la masure et le palais.

Dans le carrefour plein de cris et de fumée,
    Dans le parc, la tour, le clocher,
Arbore sur ton front l'auréole enflammée
    De l'inoubliable bûcher !

Consume tes erreurs, tes fautes, tes ivresses,
    A jamais, dans ce feu si beau,
Pour qu'éternellement, Paris, tu te redresses,
    Impérissable, du tombeau !

Pour que l'homme futur, ébloui dans ses veilles
    Par ton sublime souvenir,
Raconte à d'autres cieux tes antiques merveilles
    Que rien ne pourra plus ternir ;

Et saluant ton nom, adorant ton génie,
    Quand il faudra briser des fers,
Offre ta libre gloire et ta grande agonie
    Comme un exemple à l'univers.

Janvier 1871.

LECONTE DE LISLE.

Le Sacre de Paris. A. Lemerre, Éditeur.

❧ ♣ ❧

MONITEUR PRUSSIEN

Le journal que le Gouvernement allemand publiait à Versailles et qui nous a déjà permis de connaître les « intentions bienveillantes » du Roi de Prusse (voir p. 96), ne pouvait manquer d'enregistrer le compte rendu officiel de la proclamation de l'Empire d'Allemagne ; elle eut lieu au château de Versailles, dans le salon des Glaces, le 18 Janvier 1871, au jour anniversaire où 170 ans aupara-

vant un ancêtre de Guillaume Ier avait ceint à Koenigsberg la couronne royale de Prusse. Le lendemain de cette grande journée, l'Armée de Paris livrait sa dernière bataille sur les plateaux de Montretout et de Buzenval.

LA PROCLAMATION DE L'EMPIRE D'ALLEMAGNE.

VERSAILLES a été aujourd'hui le théâtre historique d'un des événements les plus considérables des temps modernes. Dans une cérémonie qui a eu lieu dans la Galerie des Glaces du Château, S. M. le Roi de Prusse a solennellement accepté la couronne de l'Empire d'Allemagne.

Le 18 Janvier est l'anniversaire du couronnement du premier Roi de Prusse, et pour perpétuer le souvenir du jour mémorable où, il y a 170 ans, Frédéric Ier a ceint la couronne royale, la *fête des Ordres* est célébrée chaque année au Château royal de Berlin.

Dès dix heures du matin, les députations des différents corps de troupe, ainsi que les illustrations militaires et civiles à Versailles et des environs, se sont assemblées dans les grands appartements de Louis XIV.

Au centre de la Galerie et adossé aux fenêtres qui donnent sur le Parc, un autel avait été dressé. Le fond de la Galerie des Glaces, du côté du Salon de la Guerre, était orné d'une estrade sur laquelle se trouvèrent les porte-drapeaux avec les drapeaux et les étendards de tous les régiments de la IIIe armée.

S. M. le Roi, précédé de S. Excellence M. le Comte de Püchler, Grand-Maréchal de la Maison et de la Cour, et de M. le Comte de Perponcher, Maréchal de la Cour, et suivi des Princes de la Maison Royale, des Princes souverains et non souverains de l'Allemagne, ainsi que des Princes héréditaires, est entré à midi et a pris place en face de l'autel. Aussitôt le service divin a commencé, et M. le Prédicateur de division Rogge a fait une allocution dans laquelle il a, avec une éloquence remarquable, relevé le caractère à la fois religieux et historique de la cérémonie. Après le service divin, S. M. le Roi s'est avancé jusqu'au fond de la Galerie et a pris place sur l'estrade.

On remarqua alors à côté du Roi S. A. R. le Prince Royal, S. A. R. le Prince Royal de Prusse, frère du Roi, Grand-Maître de l'Ordre de Saint-Jean-de-Jérusalem, Feldzeugmeister général et Chef de l'Artillerie, S. A. R. le Prince Adalbert, Amiral, S. A. R. le Grand-Duc de Saxe-Weimar, S. A. R. le Grand-Duc d'Oldenburg, S. A. R. le Grand-Duc de Bade, S. A. le Duc de Koburg, S. A. le Duc de Saxe-Meiningen, S. A. le Duc de Saxe-Altenburg, LL. AA. RR. les Princes Luitpold et Othon de Bavière, LL. AA. RR. le Prince Guillaume de Wurtemberg et le Duc Eugène de Wurtemberg, LL. AA. RR. les Grands-Ducs héréditaires, S. A. le Prince héréditaire Léopold de Hohenzollern, S. A. le Duc de Holstein, etc., etc., etc.

Les Princes de la Maison royale, les Grands-Ducs et les autres Princes se sont tenus à droite et à gauche de Sa Majesté.

M. le Comte de Bismarck, Chancelier, a pris place à droite de l'estrade; le Chef d'État-major général, Comte de Moltke, le Chef de l'État-major de la IIIe armée, Général de Blumenthal, ainsi que les Généraux commandants, les membres de l'État-major, les officiers de tous grades, les Conseillers du Ministère des Affaires étrangères et une foule de personnages illustres se sont trouvés du même côté de l'estrade, sur toute la longueur de la galerie. S. Exc. M. le Baron de Schleinitz, Ministre de la Maison du Roi, S. Exc. M. Delbrück, Président de la Chancellerie fédérale, S. Exc. M. de

Fabrice, Gouverneur général des départements du nord de la France, M. le Général de Voigts-Rhetz, Commandant de Versailles, M. Nostiz-Wallwitz, Commissaire civil, M. de Brauchitch, Préfet de Seine-et-Oise, étaient également au nombre des assistants.

S. M. le Roi entouré, par ses ordres, des drapeaux du 1er régiment de la Garde, s'est adressé aux Princes en prononçant l'allocution suivante :

« Illustres Princes et Alliés !

« D'accord avec tous les Princes Allemands et les Villes libres, vous vous êtes associés à la demande qui M'a été adressée par S. M. le Roi de Bavière de rattacher à la Couronne de Prusse, en rétablissant l'Empire d'Allemagne, la dignité impériale allemande pour Moi et Mes successeurs. Je vous ai déjà, illustres Princes, ainsi qu'à Mes hauts Alliés, exprimé, par écrit, Mes remercîments pour la confiance que vous M'avez manifestée et Je vous ai fait part de Ma résolution de donner suite à votre demande. J'ai pris cette résolution dans l'espoir qu'avec l'aide de Dieu Je réussirai à remplir, pour le bonheur de l'Allemagne, les devoirs attachés à la dignité impériale. Je fais part de Ma résolution au Peuple allemand, par une proclamation, en date d'aujourd'hui, que J'ordonne à Mon Chancelier de lire. »

S. Exc. M. le Comte de Bismarck, Chancelier, a ensuite lu la proclamation adressée par Sa Majesté au peuple allemand :

« Au Peuple allemand, Nous, Guillaume, par la grâce de Dieu Roi de Prusse, savoir faisons :

« Après que les Princes Allemands et les Villes libres Nous ont adressé l'appel unanime de renouveler, en rétablissant l'Empire d'Allemagne, la dignité impériale allemande, qui n'a pas été exercée depuis soixante ans, et après que dans la Constitution de la Confédération allemande des dispositions y relatives y ont été prévues, Nous avons considéré comme un devoir envers la Patrie de donner suite à cet appel des Princes et des Villes alliées, et d'accepter la dignité impériale allemande.

« Conformément à ces dispositions, Nous, et Nos successeurs, porterons désormais, rattaché à la Couronne de Prusse, le titre impérial dans toutes nos relations et affaires de l'Empire allemand, et Nous espérons en Dieu qu'il sera donné à la Nation allemande de mener la Patrie, sous l'enseigne de son antique puissance, vers un avenir heureux.

« Nous acceptons la dignité impériale dans la conscience de Notre devoir de protéger, avec la fidélité allemande, les droits de l'Empire et de ses membres, de sauvegarder la paix, de défendre l'indépendance de l'Allemagne appuyée sur la force réunie de son Peuple. Nous l'acceptons dans l'espoir qu'il sera permis au Peuple allemand de jouir de la récompense de ses luttes ardentes et héroïques dans une paix durable et protégée par des frontières capables d'assurer à la Patrie des garanties contre de nouvelles attaques de la France, et dont elle a été privée depuis des siècles.

« Quant à Nous et à Nos successeurs de la couronne impériale, puisse la divine Providence Nous accorder d'être le « toujours Auguste » de l'Empire, non pas en conquérant, mais en prodiguant les dons et les richesses de la paix sur le terrain du bien-être, de la liberté et de la morale !

« GUILLAUME. »

S. A. R. le Grand-Duc de Bade, après avoir salué le Roi, a alors acclamé Sa Majesté comme Empereur d'Allemagne. L'assemblée entière a répété trois fois l'acclamation. A ce moment, l'émotion était à son comble. Tout près du Roi se trouvait le drapeau du bataillon des fusiliers du régiment des Grenadiers du Roi, traversé par les balles à la bataille de Wissembourg. L'Empereur d'Allemagne a embrassé le Prince Royal et les autres membres de la Famille Royale et a donné cordialement la main aux Princes. Sa Majesté Impériale, du haut de l'estrade, a ensuite reçu les hommages de toute l'assemblée. Précédée des grandes charges de sa Cour et suivi de tous les Princes, Elle a passé devant le front des différentes députations en adressant les paroles les plus gracieuses et les plus encourageantes aux personnes de mérite et jusqu'au simple soldat.

La musique militaire a exécuté l'hymne national et des marches triomphales, pendant que l'assemblée s'est séparée sous l'impression d'avoir assisté au plus grand événement du siècle.

GEORGES D'HEYLLI.

Le Moniteur prussien de Versailles.
L. Beauvais, Éditeur.

HENRI REGNAULT (1843-1871)

Parmi les victimes de la guerre de 1870, peu furent autant pleurées que ce peintre en qui la France et l'art avaient salué une de leurs plus chères espérances. Il périt en pleine gloire, en pleine jeunesse, dans sa vingt-huitième année, sur le champ de bataille de Buzenval; son corps ne fut reconnu que parce qu'il avait pris soin de coudre son nom sur la doublure de sa capote. D'un voyage en Espagne en 1869, il avait rapporté un magnifique portrait équestre du général Prim, aujourd'hui au Louvre. Le souvenir du grand artiste se trouve ainsi attaché à la préface même et à l'un des derniers épisodes de l'année tragique. Sa correspondance forme une autobiographie du plus haut intérêt; nous lui empruntons une lettre intime, la dernière peut-être qu'il ait écrite.

UNE LETTRE D'HENRI REGNAULT.

ENFIN ! cette nuit interminable est finie ! O ma pauvre amie, c'était horrible ! Mais je ne veux pas me plaindre, parce qu'il y en a qui auront souffert plus que moi. Nous avons dans la journée levé et posé trois fois le camp. Les autres bataillons étaient partis en reconnaissance avec M. de Brancion et nous avaient laissés à la garde des avant-postes. Les factions de nuit — six heures immobiles ! — allaient nous échoir de nouveau, quand enfin une compagnie est venue nous relever. Un vent glacial menaçait à chaque instant de nous enlever de nos tentes. Nous étions entièrement exposés à cette tempête de glace ; tout gelait dans nos bidons ; les pieds étaient devenus insensibles. Dans une tente voisine de la nôtre, on entendait geindre un de nos pauvres camarades, Nourrisset, tombé à minuit et demie dans la carrière, à une profondeur de quatre-vingts pieds. Il n'est pas encore mort, mais n'en vaut guère mieux. La veille, pendant que nous gelions sur le Port-aux-Anglais, un autre homme de notre bataillon était déjà tombé à cette même place et s'était brisé le fémur. — Nuit horrible !

On va nous emmener, je l'espère, d'un autre côté : nous sommes de toute part entourés de carrières à découvert, et il arrivera quelques accidents encore si l'on ne décampe. Oh ! je puis parler sciemment du froid, et sais ce matin ce qu'est une nuit sur la terre dure, exposé à une bise glaciale. Quatre hommes chez nous gelés, dont un sergent : on est parvenu à les rendre à la vie. Assez là-dessus. Je me réchaufferai à votre foyer. Je vous aime, j'aime mon pays et cela me soutient. Adieu.....

HENRI REGNAULT.

VILLIERS DE L'ISLE-ADAM (1841-1889)

L'écrivain qui nous a laissé des œuvres de si glaçante et cinglante ironie, comme L'ÈVE FUTURE *et* TRIBULAT BONHOMET, *sentit pourtant très profondément les malheurs de la France, cette vieille France dont il continuait un des plus grands noms. Aussi a-t-il publié de nombreux souvenirs, émus et poignants, sur la guerre, entre autres un conte fameux :* LE DROIT DU PASSÉ, *à propos de l'entrevue de Ferrières entre Bismarck et Jules Favre, et aussi cette page attendrie que nous avons choisie, où il raconte la dernière soirée du peintre Henri Regnault.*

LA DERNIÈRE SOIRÉE D'HENRI REGNAULT. J'AI bien souvent eu l'occasion d'entendre, à Paris, Mlle Holmès exécuter elle-même ses ouvrages, devant un petit nombre d'amis et d'admirateurs, au nombre desquels je suis heureux de m'être toujours compté.

Un soir, pendant le siège de 1871, je me trouvais chez elle avec Henri Regnault et M. Catulle Mendès : — c'était la veille du combat de Buzenval. — Regnault, qui avait une jolie et chaude voix de ténor, enleva, brillamment, à première vue, un hymne guerrier, sorte d'arioso d'un magnifique sentiment, que Mlle Holmès, dans un moment de farouche « vellédisme », venait d'écrire au bruit des obus environnants. Tous les trois nous portions une casaque de soldat : Regnault portait la sienne, dans Paris, pour la dernière fois.

Chose qui, depuis, nous est bien souvent revenue vivante dans l'esprit ! Il nous chanta, vers minuit, une impressionnante mélodie de Saint-Saëns, dont voici les premières paroles :

> Auprès de cette blanche tombe,
> Nous mêlons nos pleurs.

(La poésie est, je crois, de M. Armand Renaud.)

Et Regnault la chanta d'une manière qui nous émut profondément, nous ne savions pourquoi. Ce fut une sensation étrange, dont les survivants se souviendront, certes, jusqu'à leur tour d'appel.

Lorsque nous rentrâmes, après le dernier serrement de main, nous y pensions encore, M. Mendès et moi. Bien souvent, depuis lors, nous nous sommes rappelé ce pressentiment.

Regnault trouva chez lui l'ordre de partir le lendemain matin avec son bataillon.

On sait ce qui l'attendait le lendemain soir.

Ainsi fut passée, chez Mlle Holmès, la dernière soirée de ce grand artiste, de ce jeune héros.

VILLIERS DE L'ISLE-ADAM.

Chez les Passants. Bailly, Éditeur.

VINCENT D'INDY (1851)

Le musicien VINCENT D'INDY, *l'auteur si plein de talent du* CHANT DE LA CLOCHE *et de* FERVAL, *n'est pas de ceux qu'on pouvait attendre dans ce recueil. Mais il s'engagea à 19 ans dans la Garde nationale du siège. Il écrivit une monographie curieuse de son bataillon et c'est un opuscule qu'il faut lire. On y trouve un récit, surprenant de vie et de vision nette des choses, une relation poignante des faits et des combats. Voici quelques-unes des impressions qui lui restèrent de la journée de Buzenval.*

BUZENVAL. UN spectacle horrible à voir était les convois de blessés qu'on ramenait de Buzenval ; les uns dans des cacolets, d'autres sur des civières ou dans des voitures d'ambulance.

C'était vraiment navrant de voir ces hommes tout couverts de sang ; les uns, inertes et comme morts, les autres poussant des cris si déchirants qu'ils couvraient même la voix du canon. On ne sait pas, quand on n'en a pas entendu soi-même, ce que c'est que ces hurlements de blessés. A la moindre secousse des voitures d'ambulance (et Dieu sait s'il y en avait, grâce aux fondrières dont le terrain était semé), s'élevait un cri poussé par vingt poitrines, puis un autre plus faible ; puis, plus rien que des gémissements plaintifs, jusqu'à ce qu'un nouveau cahot arrachât un nouveau déchirement à ces hommes qui semblaient ne plus avoir de souffle que pour manifester leur douleur. Et puis, des blessures horribles ! des bras ne tenant plus à l'épaule que par un tendon ; des plaies béantes, qui, à chaque mouvement du cacolet, laissaient couler un ruisseau de sang, comme d'une fontaine intermittente. Car tous les blessés qui passaient devant nous n'étaient pas encore pansés et montraient la guerre dans toute son horreur. De temps à autre, une civière couverte passait, portée par deux hommes ; c'était le corps d'un officier supérieur.... Et tout cela, parce qu'un homme a voulu « *consolider sa dynastie* » et qu'un autre veut voler deux provinces !!!...

Toutefois, nous étions alors tellement blasés sur tout, que nous regardions ces affreux spectacles d'un œil presque indifférent : le dirai-je ? plutôt avec curiosité qu'avec horreur. Décrire de telles scènes maintenant, me fait, par le souvenir, plus d'effet que je n'en ai ressenti sur le moment même.

A peine les 2ᵉ, 3ᵉ et 4ᵉ compagnies nous avaient-elles rejoints, que nous reçûmes l'ordre de charger les armes. Grand bonheur pour nous ! mais on ne parlait pas de nous faire marcher en avant. Cependant nous distinguions parfaitement les Prussiens qui, ayant repris possession des crêtes, y amenaient de l'artillerie.

Toutefois, nous entendions siffler tant d'obus que ce ne fut que lorsque les premiers projectiles tombèrent sur la voie ferrée que nous nous aperçûmes que l'ennemi pointait sur nous. Le fait est que nous étions fort exposés ; beaucoup plus que ceux qui étaient au pied de l'escarpement : et, s'il n'y avait pas eu tant de boue, ce qui empêchait souvent les obus de percuter et d'éclater, les ravages dans notre bataillon eussent été effroyables.

J'ai dit que nous étions en colonne par division ; or, un des premiers projectiles qui nous atteignit tomba et éclata à quelques pas de moi (j'étais en *serre-file* de la 2ᵉ division), en plein milieu de la 9ᵉ compagnie. Le désastre fut immense : cinq hommes y périrent : l'un fut broyé, haché, littéralement *réduit en bouillie* — c'est le mot : il n'avait plus de forme ; on ne distinguait qu'une large masse de lambeaux rouges, avec un œil au milieu. C'était hideux ! Deux autres furent tués sur le coup par les éclats et deux autres encore, blessés grièvement, moururent bientôt après à l'ambulance. Total : la vie de cinq hommes pour un morceau de fonte.

Beaucoup d'autres obus tombèrent ainsi dans le bataillon : heureusement, la plupart ne percutaient pas. Il y eut encore plusieurs tués et un assez grand nombre de blessés. Notre seule ressource était d'obliquer à gauche ou à droite, selon la direction du tir. Jamais nous ne fûmes si exposés et moins effrayés : car la colère dominait tous les autres sentiments. Nous étions réellement furieux de ce qu'on nous laissait tuer là, sans que nous pussions même riposter. Si Trochu eût voulu nous employer dans ce moment, malgré la fatigue de deux jours de garde, de huit heures de marche, de quatre heures d'attente sous les obus, Dieu sait si nous aurions monté à l'assaut avec rage et bonheur !

Il n'en fut pas ainsi : on continua à nous laisser décimer par le feu des

Prussiens. Le 127° n'était pas mieux traité que nous. Les mobiles s'étaient massés au bord de la Seine, hors d'atteinte.

A six heures, cependant, nous eûmes une lueur d'espoir : l'infanterie de ligne qui était devant nous ayant marché en avant, nous reçûmes l'ordre de la suivre. Il paraît que l'on tenta alors une dernière attaque; mais nous ne vîmes rien : la fumée était intense ; le brouillard s'étendait partout : et, du reste, la nuit arrivait à grands pas. Nous entendions seulement le Mont-Valérien tonnant par bordées.

Malgré notre fatigue, nous nous ranimâmes dès que nous sûmes que nous allions enfin marcher. Ceux même qui n'en pouvaient plus l'instant d'auparavant se sentaient tout frais et dispos, alors qu'il s'agissait d'aller faire le coup de feu. Mais cet espoir fut de bien courte durée. A peine étions-nous arrivés à l'escarpement, qu'un officier accourt, à toute bride, porter un ordre au Commandant. Celui-ci lève son sabre en l'air ; nous croyions qu'il allait nous dire : « Chargez ! » mais il prononça simplement : « Bataillon ! — Droite ! » Il nous fallut bien faire *par le flanc droit*, puis demi-tour, et nous revînmes faire halte de nouveau un peu en arrière de la place où nous étions précédemment. Il ne tombait presque plus d'obus; tous les Corps étaient en retraite et rentraient, les uns en bon ordre, les autres pêle-mêle, sous le Mont-Valérien qui tonnait de plus en plus. Pour nous, nous étions là, mornes, l'arme au pied, dans le silence le plus absolu. J'étais si fatigué, qu'appuyant le menton sur le canon de mon fusil, je me mis à *dormir debout* ; c'est le cas de le dire : la nuit était noire. Je fus réveillé par le sergent Rag..... qui me grondait de m'être endormi sur un fusil chargé. Il ajouta : « Il va y avoir sûrement une débâcle; ne nous séparons pas. »

VINCENT D'INDY.

Histoire du 105ᵉ bataillon de la Garde nationale de Paris. Téqui, Éditeur.

HENRI CHANTAVOINE (1850)

M. CHANTAVOINE, qui appartient à l'Université, est un excellent écrivain dont les vers se distinguent par leur franchise d'accent, leur spontanéité vive et vibrante. Aussi un de ses recueils s'intitule-t-il POÈMES SINCÈRES. *C'est là que se trouvent plusieurs poèmes patriotiques, entre autres celui dont nous citons un fragment et qui est une pathétique oraison funèbre de ce grand peintre Henri Regnault.*

A la mémoire d'Henri Regnault

*Ostendent terris hunc tantum fata, neque ultra
Esse sinent.*

(VIRGILE)

Toi qui vins affronter un trépas héroïque
Sur l'arène sanglante où luttaient nos soldats,
Comme ces demi-dieux que l'épopée antique
Montre, livrant leur tête aux fureurs des combats :

Memnon, fils de l'Aurore et beau comme sa mère,
Le puissant Sarpédon, issu de Jupiter,
Tous ces victorieux qu'a célébrés Homère,
Fauchés, en pleine fleur, par le tranchant du fer ;

Toi qu'Athènes eût chanté par la bouche d'Eschyle
Illustre entre tous ceux tombés à Marathon,
Que Polygnote eût peint sur les murs du Pœcile,
Pour garder ta mémoire et consacrer ton nom ;

Toi que l'Art désolé regrette, et que la France,
Jetant un crêpe noir sur tes premiers tableaux,
Pleure ; toi que semblait couronner l'Espérance,
Et dont la mort aveugle a brisé les pinceaux ;

Sois du moins salué prince de la jeunesse
Par tous les jeunes gens qui ne t'ont point connu,
Et reçois aujourd'hui l'hommage que t'adresse
Le plus humble d'entre eux et le dernier venu.

Peintre, sois notre gloire et reste notre maître,
Héros, vis à jamais dans notre souvenir,
Et que toujours nos yeux croient te voir apparaître
Pour nous montrer la route et nous y soutenir.

Tu n'avais point assez de répandre ta flamme
Sur la palette ardente où vivaient les couleurs,
Mais dans les jours mauvais tu parlais à notre âme
Un langage viril qui retrempait les cœurs.

.   .   .   .

Tu l'as fait : tu voulus donner le bon exemple,
Mais les destins jaloux t'ont surpris en chemin,
Et t'ont précipité sur les marches du temple
Où t'attendait la Gloire, une palme à la main.

Eh bien ! nous dresserons nous-mêmes ta statue,
Et ton nom parmi nous sera toujours nommé :
N'es-tu pas un de ceux qu'aucun destin ne tue,
Soldat de Buzenval, peintre de Salomé ?

Adieu ! repose en paix au seuil du sanctuaire,
Et dors superbement de ton dernier sommeil,
Jeune aigle, qu'une balle a frappé dans ton aire,
Mais dont les yeux déjà regardaient le soleil.

Nous avons enterré ta dépouille mortelle ;
Mais, plus haut, dans la sphère où rayonne Celui
Qui verse à tous les cieux la lumière éternelle
Dont le reflet divin dans ton œil avait lui,

Léonard, Raphaël, Michel-Ange, Corrège,
Rubens et Titien, tes maîtres, tes amis,
Ouvrant pour t'accueillir leur sublime cortège,
T'offrent le rameau d'or que tu t'étais promis.

HENRI CHANTAVOINE.

Poèmes sincères. Calmann Lévy, Éditeur.

LÉON DIERX (1838)

Ce pur poète, un des plus admirables de la génération des Parnassiens, un poète d'évocation et de rêve, dont la poésie se ressent des langueurs passionnées de l'île Bourbon où il est né, vibra, lui aussi, d'un saint délire patriotique, qui contraste étrangement avec ses nonchalances de créole et ses harmonieuses rêveries ordinaires. Il écrivit les PAROLES DU VAINCU *et d'autres poèmes, dont celui-ci qui est haletant et plein d'angoisse.*

L'Armistice

(Février 1871)

A M. A. Vacquerie.

Quelle nuit, ô mon âme ! et quel silence ! Écoute !
La diane héroïque hier encor battait !
Voilà donc la rançon que le pain blanc nous coûte !
        Contemple Paris qui se tait !

Superbe, aux longs échos de ses vingt citadelles,
Hier encor Paris, debout sur ses remparts,
        Caressait des canons fidèles.
O stupeur, qu'après eux laissent les grands départs !

Le camp sublime, hier plein de veuves sans larmes,
    Se roidissant dans sa fierté,
Il se tait, noir désert plein de soldats sans armes,
Prison morne sur qui pèse un rêve hébété !

    O nuit faite pour les fantômes !
Ressuscite les vieux Français ! Ah ! cache-nous,
Nous vers qui rayonnaient ces flèches et ces dômes,
Nous les vivants muets de Paris à genoux !

O nuit ! qui donc s'en va ? Qui nous quitte ? — O silence !
    Qui donc râle ? Qui donc est mort ?
Liberté, gloire, orgueil du drapeau sur sa lance,
Qu'êtes-vous devenus aux rafales du Nord ?

Inextinguible amour ! Aïeule ! idolâtrie
Des morts fameux ! O France ! héritage sacré !
    Berceau ! Terre sainte ! O Patrie !
O Christ des nations par vingt Judas livré !

LÉON DIERX.

Poésies complètes. A. Lemerre, Éditeur.

ALPHONSE DAUDET (1840-1897)

Le célèbre romancier de TARTARIN *et de* SAPHO, *sans avoir écrit aucun roman spécial sur la guerre, est un de ceux qui ont publié le plus de notes, d'impressions vives, de souvenirs aigus, de nouvelles et de contes saisissants, inspirés par cette campagne de 1870. On dirait qu'il n'y a rien de tel que les myopes pour bien voir; car malgré sa myopie légendaire, que corrigeait un éternel monocle,* ALPHONSE DAUDET, *plus qu'aucun autre écrivain, a vu et raconté par menus détails, touches précises, ces épisodes d'invasion. D'ailleurs il put les observer sur le vif, car il porta le fusil, monta la garde, fit le coup de feu et les sorties du siège. Il en a tiré les* LETTRES A UN ABSENT, ROBERT HELMONT, *une sorte de journal pathétique des années 1870-1871, et aussi quelques morceaux de ses célèbres* CONTES DU LUNDI, *parmi lesquels* LE SIÈGE DE BERLIN *est un chef-d'œuvre d'évocation et d'émotion.*

LE SIÈGE DE BERLIN. LE premier jour de l'investissement, je montai chez eux — je me souviens — très ému, avec cette angoisse au cœur que nous donnaient à tous les portes de Paris fermées, la bataille sous les murs, nos banlieues devenues frontières. Je trouvai le bonhomme assis sur son lit, jubilant et fier :

« Eh bien, me dit-il, le voilà donc commencé, ce siège ! »

Je le regardai, stupéfait :

« Comment, colonel, vous savez ?... »

Sa petite fille se tourna vers moi :

« Eh ! oui, docteur.... C'est la grande nouvelle.... Le siège de Berlin est commencé. »

Elle disait cela en tirant son aiguille, d'un petit air si posé, si tranquille... Comment se serait-il douté de quelque chose ? Le canon des forts, il ne pouvait pas l'entendre. Ce malheureux Paris, sinistre et bouleversé, il ne pouvait pas le voir. Ce qu'il apercevait de son lit, c'était un pan de l'Arc de Triomphe, et, dans sa chambre, autour de lui, tout un bric-à-brac du Premier Empire, bien fait pour entretenir ses illusions. Des portraits de Maréchaux, des gravures de batailles, le Roi de Rome en robe de baby ; puis de grandes consoles toutes raides, ornées de cuivres à trophées, chargées de reliques impériales, des médailles, des bronzes, un rocher de Sainte-Hélène sous globe, des miniatures représentant la même dame frisottée, en tenue de bal, en robe jaune, des manches à gigots et des yeux clairs, — et tout cela, les consoles, le Roi de Rome, les Maréchaux, les dames jaunes, avec la taille montante, la ceinture haute, cette raideur engoncée qui était la grâce de 1806.... Brave colonel ! c'est cette atmosphère de victoires et conquêtes, encore plus que tout ce que nous pouvions lui dire, qui le faisait croire si naïvement au siège de Berlin.

A partir de ce jour, nos opérations militaires se trouvèrent bien simplifiées. Prendre Berlin, ce n'était plus qu'une affaire de patience. De temps en temps, quand le vieux s'ennuyait trop, on lui lisait une lettre de son fils, lettre imaginaire bien entendu, puisque rien n'entrait plus dans Paris, et que, depuis Sedan, l'aide de camp de Mac-Mahon avait été dirigé sur une forteresse d'Allemagne. Vous figurez-vous le désespoir de cette pauvre enfant sans nouvelle de son père, le sachant prisonnier, privé de tout, malade peut-être, et obligée de le faire parler dans des lettres joyeuses, un peu courtes, comme pouvait en écrire un soldat en campagne, allant toujours en avant dans le pays conquis ! Quelquefois la force lui manquait ; on restait des semaines sans nouvelles. Mais le vieux s'inquiétait, ne dormais plus. Alors vite arrivait une lettre d'Allemagne qu'elle venait lui lire gaîment près de son lit, en retenant ses larmes. Le Colonel écoutait religieusement, souriait d'un air entendu, approuvait, critiquait, nous expliquait les passages un peu troubles. Mais où il était beau surtout, c'est dans les réponses qu'il envoyait à son fils : « N'oublie jamais que tu es Français, lui disait-il.... Sois généreux pour ces pauvres gens. Ne leur fais pas l'invasion trop lourde.... » Et c'étaient des recommandations à n'en plus finir, d'adorables prêchiprêcha sur le respect des propriétés, la politesse qu'on doit aux dames, un vrai code d'honneur militaire à l'usage des conquérants. Il y mêlait aussi quelques considérations générales sur la politique, les conditions de la paix à imposer aux vaincus. Là-dessus, je dois le dire, il n'était pas exigeant :

« L'indemnité de guerre, et rien de plus.... A quoi bon leur prendre des provinces ?... Est-ce qu'on peut faire de la France avec de l'Allemagne ?... »

Il dictait cela d'une voix ferme, et l'on sentait tant de candeur dans ses paroles, une si belle foi patriotique, qu'il était impossible de ne pas être ému en l'écoutant.

Pendant ce temps-là, le siège avançait toujours, pas celui de Berlin, hélas !... C'était le moment du grand froid, du bombardement, des épidémies, de la famine. Mais, grâce à nos soins, à nos efforts, à l'infatigable tendresse qui se multipliait autour de lui, la sérénité du vieillard ne fut pas un instant troublée. Jusqu'au bout je pus lui avoir du pain blanc, de la viande fraîche. Il n'y en avait que pour lui, par exemple ; et vous ne pouvez rien imaginer de plus touchant que ces déjeuners de grand-père, si innocemment égoïstes, — le vieux sur son lit, frais et riant, la serviette au menton, près de lui sa petite-fille, un peu pâlie par les privations, guidant ses mains, le faisant boire, l'aidant à manger toutes ces bonnes choses défendues. Alors, animé par le repas, dans le bien-être de sa chambre chaude, la bise d'hiver au dehors, cette neige qui tourbillonnait à ses fenêtres, l'ancien cuirassier se rappelait ses campagnes dans le Nord, et nous racontait pour la centième fois cette sinistre retraite de Russie où l'on n'avait à manger que du biscuit gelé et de la viande de cheval.

« Comprends-tu cela, petite ? nous mangions « du cheval ! »

Je crois bien, qu'elle le comprenait. Depuis deux mois, elle ne mangeait pas autre chose.... De jour en jour cependant, à mesure que la convalescence approchait, notre tâche autour du malade devenait plus difficile. Cet engourdissement de tous ses sens, de tous ses membres, qui nous avait si bien servis jusqu'alors, commençait à se dissiper. Deux ou trois fois déjà, les terribles bordées de la porte Maillot l'avaient fait bondir, l'oreille dressée comme un chien de chasse ; on fut obligé d'inventer une dernière victoire de Bazaine sous Berlin, et des salves tirées en cet honneur aux Invalides. Un autre jour qu'on avait poussé son lit près de la fenêtre — c'était, je crois, le jeudi de Buzenval, — il vit très bien des gardes nationaux qui se massaient sur l'avenue de la Grande-Armée.

« Qu'est-ce que c'est donc que ces troupes-là ? » demanda le bonhomme, et nous l'entendions grommeler entre ses dents :

« Mauvaise tenue ! mauvaise tenue ! »

Il n'en fut pas autre chose ; mais nous comprîmes que dorénavant il fallait prendre de grandes précautions. Malheureusement, on n'en prit pas assez.

Un soir, comme j'arrivais, l'enfant vint à moi toute troublée :

« C'est demain qu'ils entrent, » me dit-elle.

La chambre du grand-père était-elle ouverte ? Le fait est que depuis, en y songeant, je me suis rappelé qu'il avait, ce soir-là, une physionomie extraordinaire. Il est probable qu'il nous avait entendus. Seulement, nous parlions des Prussiens, nous ; et le bonhomme pensait aux Français, à cette entrée triomphale qu'il attendait depuis si longtemps. — Mac-Mahon descendant l'avenue dans les fleurs, dans les fanfares, son fils à côté du Maréchal, et lui, le vieux, sur son balcon, en grande tenue comme à Lutzen, saluant les drapeaux troués et les aigles noires de poudre....

Pauvre père Jouve ! Il s'était sans doute imaginé qu'on voulait l'empêcher d'assister à ce défilé de nos troupes, pour lui éviter une trop grande émotion. Aussi se garda-t-il bien de parler à personne ; mais le lendemain, à l'heure même où les bataillons prussiens s'engageaient timidement sur la longue voie qui mène de la porte Maillot aux Tuileries, la fenêtre de là-haut s'ouvrit doucement, et le Colonel parut sur le balcon avec son casque, sa grande latte, toute sa vieille défroque glorieuse d'ancien cuirassier de Milhaud. Je me demande encore quel effort de volonté, quel sursaut de vie l'avait ainsi mis sur pied et harnaché. Ce qu'il y a de sûr, c'est qu'il était là, debout derrière la rampe, s'étonnant de trouver les avenues si larges, si muettes, les persiennes des maisons fermées. Paris sinistre comme un grand lazaret, partout des drapeaux, mais si singuliers, tout blancs avec des croix rouges, et personne pour aller au-devant de nos soldats.

Un moment, il put croire qu'il s'était trompé....

Mais non ! là-bas, derrière l'Arc de Triomphe, c'était un bruissement confus, une ligne noire qui s'avançait dans le jour levant.... Puis, peu à peu, les aiguilles des casques brillèrent, les petits tambours d'Iéna se mirent à battre, et sous l'Arc de l'Étoile, rythmée par le pas lourd des sections, par le heurt des sabres, éclata la marche triomphale de Schubert!...

Alors, dans le silence morne de la place, on entendit un cri, un cri terrible! « Aux armes!... aux armes!... les Prussiens! » Et les quatre uhlans de l'avant-garde purent voir là-haut, sur le balcon, un grand vieillard chanceler en remuant les bras, et tomber raide. Cette fois, le Colonel Jouve était bien mort.

ALPHONSE DAUDET.

Contes du Lundi. G. Charpentier et E. Fasquelle, Éditeurs.

ANDRÉ GILL (1840-1885)

Le brillant et cruel caricaturiste qui jouit d'une vogue si considérable à a fin de l'Empire, se doublait d'un fin lettré, d'un poète imagé et ingénieux, dont la MUSE A BIBI, *l'unique recueil laissé par lui, est peut-être ce qui prolongera encore le plus sûrement son nom. Ce sont encore un peu aussi des caricatures, parfois, car on y rencontre de malicieux pastiches d'autres poètes ; mais quelques morceaux sont d'inspiration et de verve personnelles. Il y a là, entre autres, quelques souvenirs de la guerre, sincères et poignants.*

La Porte de Paris

Le premier jour de Mars, l'an mil huit cent soixante
Et onze, la patrie étant agonisante,
Deux cavaliers prussiens, deux clairons allemands,
Cheveux jaunes, reins lourds, soldats des régiments
D'avant-garde massés en haut de Courbevoie,
Poussèrent leurs chevaux au milieu de la voie
Qui s'étend vers Paris; puis, redressant le cou,
Et la face gonflée, ensemble tout à coup
Soufflèrent, pour aider les autres à les suivre,
Je ne sais trop quel air fanfaron, dans leur cuivre.
Au signal, escadrons, cuirassiers blancs, uhlans,
Canonniers, dragons bleus, fantassins, à pas lents,
Ceux de Hesse et de Saxe, et ceux de la Bavière,
Tous les mangeurs de porc, tous les buveurs de bière,
S'ébranlèrent, pesants. On vit leurs bataillons
Tour à tour défiler sous les pâles rayons
Du matin, et vers l'Arc triomphal de l'Étoile,
Que la brume à cette heure enveloppait d'un voile,
Prodigieux témoin qui hausse jusqu'aux cieux,
Sur ses flancs de granit, le renom des aïeux
Et fait un seuil de gloire à l'immortelle ville,
Ils allaient lentement. — Ils étaient trente mille.

Sous le portail géant, des enfants attendaient.

Les petits de Paris, comme s'ils répondaient
A quelque vœu suprême et que seule entend l'âme,
Amaigris, résolus, gardant du siège infâme
Les haillons à l'échine, aux yeux le feu des pleurs,
Hélas ! et sur des fronts de douze ans, les pâleurs
De cinq mois de famine et de rancœurs accrues,
S'étaient mis dès l'aurore en marche par les rues.
Descendant les faubourgs, par un, par deux, par trois,
Longeant les quais déserts, touchant du front parfois
Les longs drapeaux en deuil suspendus aux fenêtres,
Ils étaient venus là, tous les pauvres chers êtres ;
Ils attendaient, debout. — Ils étaient bien trois cents.
Trois cents ! Les plus âgés à peine adolescents.
Devant eux, l'ennemi ; derrière eux, le silence ;
Et le brouillard partout, comme un linceul immense....

Et voilà que du sol monte en sourds grondements
Comme un râle dans l'air. Ce sont les Allemands ;
Ils approchent.

        Soudain, désespérée, aiguë,
Jaillit une clameur : tout ce que sait la rue
De malédictions, d'injures et de cris,
Toute l'âme en fureur des pavés de Paris,
Tragique, véhémente, intrépide et difforme.

Le bataillon chétif huait l'armée énorme....

André Gill.

La Muse à Bibi. E. Flammarion, Éditeur.

COMTESSE TASCHER DE LA PAGERIE (1814)

La COMTESSE DE LA PAGERIE, de la famille de l'Impératrice Joséphine, a écrit sur le règne de Napoléon III et son séjour aux Tuileries plusieurs volumes de souvenirs dont quelques parties présentent un véritable intérêt. Elle resta à Paris après la chute de l'Empire et assista au grand drame du siège ; habitant rue Montaigne, dans la partie de la ville qui fut livrée aux Prussiens, elle relate ainsi leur entrée et leurs deux jours d'occupation.

LES PRUSSIENS A PARIS. — Enfin le 1er Mars est arrivé. Dans la crainte de quelque événement, j'étais levée et prête de bonne heure, mon sac était fait pour le cas où quelques désordres auraient nécessité que je me misse à l'abri.

Très émue de ce qui se passait, j'étais contente de voir que l'aspect de ma rue était tel que je le désirais : silencieux et calme. Les magasins fermés ne devaient pas s'ouvrir pendant le temps que les ennemis seraient là.

Les troupes sont entrées précédées des fameux uhlans. Je les voyais de loin, tandis que par la rue du Faubourg-Saint-Honoré j'apercevais les troupes françaises destinées à maintenir l'ordre et les limites. D'un côté, l'ennemi en joie et triomphant ; de l'autre côté, nos pauvres soldats silencieux et tristes.

Et, pour comble d'ennui, un soleil radieux souriait aux vainqueurs, tandis que Paris eût voulu s'envelopper d'une brume noire et épaisse pour ne plus rien voir. J'avoue que mes larmes ont coulé à la vue de ce contraste dont l'amertume revenait sans fin à ma pensée.

Je voyais, à la façon dont on accueillait le défilé de l'avant-garde, que la journée se passerait avec la dignité qu'exigeaient les circonstances.

Désirant m'en convaincre, je suis descendue aux Champs-Élysées. Excepté une troupe gouailleuse de gamins qui cherchaient à produire quelque effet et qu'on regardait avec mépris, j'ai été satisfaite de la tenue générale. Il y avait peu de monde ; la plupart des maisons étaient fermées. Quelques femmes galantes qui s'étaient montrées trop avenantes ont été dûment battues ; une d'elles était en lambeaux, tant on l'avait maltraitée. A ma connaissance, il ne s'est rien passé de plus extraordinaire.

Le défilé se faisait avec l'ordre et la discipline qu'exige une bonne et solide armée. Je rageais, mais je ne pouvais m'empêcher de trouver ces hommes superbes ; c'étaient de beaux ennemis. Il n'y a rien d'étonnant à ce que, en nombre si supérieur aux nôtres, ils les aient écrasés. Leur aspect était imposant. J'ai admiré l'adresse et la dextérité avec

lesquelles leur installation s'effectuait. Le Cirque, le Palais de l'Industrie et le Panorama ne suffisaient pas ; il a bien fallu avoir recours à l'habitant. Nous en avons eu quinze pour notre maison. Pour ma part, j'en ai eu quatre. Il ne s'agissait que de les loger, car ils apportaient leurs vivres avec eux.

Vers trois heures, le gros de l'armée a achevé son entrée, musiques en tête et, à partir de ce moment, Paris a été comme coupé en deux ; les bouts des rues gardés par des sentinelles françaises et allemandes séparées par un petit espace, se regardant avec la haine au cœur, cela va sans dire.

Il y avait plus de monde à trois heures que le matin, mais pas de foule, pas cette foule animée de Paris ; non, des gens tristes et sentant profondément le malheur de la Patrie. Cette douleur est plus touchante, plus digne aussi.

J'ai bien vu quelques individus se livrant à des injures grossières, mais l'Allemand ne répondait rien ; l'ordre avait été donné évidemment à toute la troupe d'éviter les altercations. La gloire d'entrer à Paris d'ailleurs suffisait à son orgueil.

Cette entrée n'a pas eu l'aspect d'un triomphe, mais plutôt d'une occupation. Le Roi — nouvel Empereur — n'a pas paru à la tête de ses troupes. Il les a fait défiler devant lui à Longchamp, puis il est retourné à Versailles.

L'effet moral était produit : 3o à 4oooo hommes ont occupé la capitale de la France, vaincue par la famine et non par les armes !

A dix heures du soir, le calme s'est fait comme dans une petite ville de province : Prussiens, Saxons, Bavarois, Hessois, Mecklembourgeois, tous reposaient dans les maisons ou bivouaquaient dans les Champs-Élysées. Nous étions séparés du reste de Paris.

Le lendemain 2 Mars, il est encore venu des troupes, notamment l'élite de la Garde royale. Comme spectacle, c'était superbe, mais l'œil qui admirait contenait des pleurs et le cœur était oppressé.

A partir de midi jusqu'à six heures du soir, l'avenue des Champs-Élysées a été sillonnée par des troupes de toutes sortes, des détachements de toutes les armes et de tous les pays allemands. On voyait des représentants de toutes les nations qui se sont réunies pour fondre sur la France et l'accabler.

A trois heures, des corps de musique ont joué des airs de triomphe, comme pour nous montrer encore la supériorité de leur musique, tandis que des compagnies de soldats prussiens se succédaient de distance en distance, portant des lauriers ou des branches vertes à leurs casques et chantant des airs allemands avec un ensemble parfait.

L'union paraissait complète entre ces soldats de différentes nationalités. Peut-être que de près on la verrait moins grande, et le sud de l'Allemagne dominé par le nord aura-t-il à souffrir quelquefois de cette domination. Il me semble que j'en voyais déjà les indices en constatant les allures de coqs conquérants que se donnaient, au milieu de leurs collègues allemands, les officiers prussiens. On sentait qu'ils se savaient les plus forts et que pour eux cela voulait dire supérieurs.

Ma franchise est forcée de reconnaître que beaucoup plus de monde que la veille avait cédé à la curiosité et à la tentation de voir cette armée, si détestée, mais dont la présence donnait aux Parisiens un spectacle qu'ils ne reverront jamais, le Ciel nous en préserve!

COMTESSE STÉPHANIE DE TASCHER
DE LA PAGERIE.

Mon Séjour aux Tuileries, Paul Ollendorff, Éditeur.

***

V. PILLON-DUFRESNES

Fils du conservateur de la bibliothèque du Louvre, qui fut détruite d'une manière si déplorable dans les incendies de la Commune, M. V. PILLON-DUFRESNES, le savant bibliothécaire de la Bibliothèque Nationale, était, dès l'époque du siège, attaché à la bibliothèque de la rue Richelieu. La lettre suivante, qu'il adressait à un ami, fut écrite de Paris le jour même de l'entrée des Prussiens.

***

LES PRUSSIENS A PARIS.

Paris, 2 Mars 1871.

A M. A. de M..., Ronquerolles-Clermont (Oise).

Mon cher Ami,

Ton absence forcée de Paris t'aura au moins évité les angoisses douloureuses par lesquelles nous avons passé hier et aujourd'hui, et que la destinée, si dure envers nous, eût bien dû nous épargner. Paris du reste a été très digne, et cette journée, si appréhendée pour les conséquences terribles qu'elle pouvait avoir, s'est beaucoup mieux passée que nous n'eussions osé l'espérer d'après l'effervescence générale des esprits. Toutes les boutiques étaient et sont encore fermées; le café de la Régence l'est pour cause de deuil national; les affiches des trois ou quatre théâtres ouverts en ce moment sont encadrées de noir avec la mention : *1er Mars 1871. — Relâche.*

Beaucoup de drapeaux noirs aux fenêtres. Presque aucun journal n'a paru. Une foule immense parcourt silencieusement les boulevards, que nous remontons depuis la rue de la Paix jusqu'à la Bastille, en revenant par les rues Saint-Antoine et de Rivoli; les issues par la rue de Rivoli et le quai sont barricadées formidablement; partout même foule, très surexcitée contre les espions. De temps à autre on rencontre une patrouille formée d'une compagnie entière avec tambour et officiers en tête ; le fanion et le tambour ont un crêpe, et les sourdes batteries sont d'un effet lugubre. Le soir, un très beau clair de lune éclaire sinistrement les boulevards, dont pas une boutique, pas un café ne sont ouverts. En somme, cette entrée de nos ennemis dans une ville qu'ils n'ont su ni pu prendre... que par la famine, ne sera pas une page très glorieuse pour eux, parqués qu'ils sont, pour si peu de temps, dans les Champs-Élysées et les Tuileries, où le patriotisme fait le vide autour d'eux, et qu'ils doivent évacuer demain.

Rapporte-moi le plus de journaux de province de ces derniers temps que tu pourras te procurer ; ce doit être curieux de voir comment la triste période que nous traversons est jugée par la province.

A bientôt donc, etc...

Ton ami,
V. PILLON-DUFRESNES.

A. DE MAZADE.

Lettres et Notes intimes, 1870-1871.
Frémont, Beaumont-sur-Oise, 1892.

H. PIGEONNEAU (1834-1892)

Professeur d'histoire au lycée Louis-le-Grand, puis à la faculté des Lettres de Paris, PIGEONNEAU se fit connaître surtout par des études d'histoire économique, comme son HISTOIRE DU COMMERCE DE LA FRANCE. *Il habitait Versailles au cours de l'occupation prussienne ; c'est à ce titre que nous citons, comme le témoignage d'un témoin oculaire, un passage d'un article très intéressant et douloureusement ému, qu'il publia vers cette époque dans la* REVUE DES DEUX MONDES.

LE PILLAGE DANS LA RGEION DE VERSAILLES.

Ce qui donnait au pillage son véritable caractère, c'est que le soldat semblait n'être dans cette œuvre de destruction qu'un instrument passif et quelquefois honteux de la consigne qu'il exécutait. Partout les officiers se montrèrent les plus âpres à la curée, ou autorisèrent du moins par leur silence ce que bien peu auraient rougi d'encourager par leur exemple. Malgré les précautions prussiennes, ces déprédations niées avec tant d'impudence n'échapperont pas au grand jour de la publicité. On sait quels sont les officiers supérieurs du 47e et du 58e qui, à Ville-d'Avray, faisaient vider les caves et emballer les pianos sous les yeux des propriétaires ; briser et souiller d'ordures le buste de M. Corot, après avoir dévasté sa maison, qui cependant était habitée ; on sait quels sont les gentilshommes qui ont volé l'argenterie dans la propriété de Mme Furtado à Rocquencourt ; on sait à quelle famille appartient l'officier qui, après avoir fait main basse sur les statuettes et les objets d'art au château de Chambourg, invitait ses amis à faire leur choix et à emporter un souvenir de la campagne de France ; on sait d'où venaient les charitables diaconesses qui, le 8 Décembre, dans l'ambulance de la Queue-en-Brie, jetaient au feu les tableaux et les chaises, tandis que les cours étaient pleines de bois sec.

Je laisse aux victimes et aux témoins oculaires la satisfaction de dénoncer les coupables ; mais à Versailles même, où le *Moniteur de Seine-et-Oise* protestait avec indignation contre les calomnies de la presse française, où tant de correspondants étrangers couvraient de leur silence ce qu'ils ne pouvaient ignorer, où un Anglais, que je ne nommerai point par égard pour quelques-uns de ses compatriotes, osait écrire : « J'ai visité les environs de Paris, et j'affirme que partout la propriété privée est respectée, » à Versailles, séjour du Roi et de la foule des autorités civiles et militaires, *j'ai vu* un officier d'intendance, M. Ursel, enlever sans ordre, sans réquisition, dans des maisons particulières, les lits, les matelas, les couvertures, jusqu'aux serviettes et aux mouchoirs de poche, qui disparurent sans retour. Le fait fut signalé au Commandant de place, au Général Comte de Voigts-Rhetz ; il se contente de hausser les épaules et de répondre : « Qu'importe ! cet homme nous est utile ; il a vécu à Paris et sait le français ! » *J'ai vu* un Prince du sang royal s'emparer d'une voiture enlevée par le bon plaisir d'un aide de camp, au château de la Celle-Saint-Cloud, et y promener pendant trois mois son désœuvrement sous les yeux de la légitime propriétaire, sans daigner lui demander son assentiment. *J'ai vu* les Généraux et les Princes s'offrir mutuellement comme cadeau de Noël les vases de Sèvres, les objets d'art pillés au château de Saint-Cloud, dont la destruction, commencée par nos obus, fut achevée à loisir, comme celle de Meudon, par la torche des incendiaires, qui brûlaient pour avoir le droit de nier le pillage.

Que tel correspondant du *Times*, admirateur de la réserve et de la modération germaniques, demande au Préfet de police, M. Stieber, dans quel fourgon sont partis pour la Prusse la pendule, les vases et les statues de l'appartement qu'il occupait sur le boulevard du Roi ; qu'il demande à M. de Bismarck pourquoi la pendule de son salon de la rue de Provence est veuve du sujet qui en faisait le prix, et que le propriétaire avait refusé de lui donner ou de lui vendre. Qu'il ouvre une enquête sur le sort du service damassé prêté par la ville de Versailles à Son Excellence le Chancelier de l'Empire d'Allemagne et qu'on n'a plus retrouvé après son départ. Qu'il s'informe, lui qui n'a jamais vu dans les rues un soldat allemand en état d'ivresse, par quelles mains un Capitaine blessé et prisonnier, M. Ritouret, a été roué de coups à deux pas d'un poste. Qu'il aille vanter la sobriété prussienne à ce chef d'ambulance bien connu à Versailles, M. Roche, qui, attaqué par toute une escouade, frappé par derrière et sans provocation, jeté sanglant sur le pavé, a vu les autorités militaires lui refuser justice, et nier l'agression dont il porte encore les traces. C'est la guerre ! répondront les docteurs en droit des gens de l'Université de Berlin. Oui, c'est la guerre allemande ; mais la guerre ainsi comprise est un opprobre pour le monde civilisé, qui n'a pas osé protester, et une leçon pour ceux qui se flattaient de concilier les nécessités de la lutte avec les lois de l'humanité.

H. PIGEONNEAU.

Versailles pendant le Siège (Revue des Deux Mondes, 1er Avril 1871).

VICTOR HUGO (1802-1885)

VICTOR HUGO, qui fit résonner avec une puissance sans égale toutes les cordes de la lyre, qui fut comme l'encyclopédie poétique de son siècle et de son pays, ne pouvait pas laisser les événements de 1870 en dehors de son génie universel. Après la LÉGENDE DES SIÈCLES *et les* MISÉRABLES, *après l'épopée d'imagination en vers et en prose,* L'ANNÉE TERRIBLE — *lui-même la baptisa ainsi* — *offrait au poète, rentré dans Paris après la proclamation de la République, des tableaux d'une cruelle réalité. Ce recueil parut en 1872, le poète avait 70 ans. On y retrouve l'imagination prodigieuse, la verve intarissable, le souffle épique, que le grand poète possédait à un si haut degré.*

Prouesses borusses

La conquête avouant sa sœur l'escroquerie,
C'est un progrès. En vain la conscience crie,

Par l'exploitation on complète l'exploit ;
A l'or du voisin riche un voisin pauvre a droit.
Au dos de la victoire on met une besace ;
En attendant qu'on ait la Lorraine et l'Alsace,
On décroche une montre au clou d'un horloger ;
On veut dans une gloire immense se plonger,
Mais briser une glace est une sotte affaire,
Il vaut mieux l'emporter ; à coup sûr on préfère
L'honneur à tout, mais l'homme a besoin de tabac,
On en vole. A travers Reichshoffen et Forbach,
A travers cette guerre où l'on eut cette chance
D'un Napoléon nain livrant la grande France,
Dans ces champs où manquaient Marceau, Hoche et Condé,
A travers Metz vendue et Strasbourg bombardé,
Parmi les cris, les morts tombés sous les mitrailles,
Montrant l'un sa cervelle et l'autre ses entrailles,
Les drapeaux avançant ou fuyant, les galops
Des escadrons pareils aux mers roulant leurs flots,
Au milieu de ce vaste et sinistre engrenage,
Conquérant pingre, on pense à son petit ménage ;
On médite, ajoutant Shylock à Galgacus,
De meubler son amante aux dépens des vaincus ;
On a pour idéal d'offrir une pendule
A quelque nymphe blonde au pied du mont Adule ;
Bellone échevelée et farouche descend
Du nuage d'où sort l'éclair, d'où pleut le sang,
Et s'emploie à clouer des caisses d'emballage ;
On rançonne un pays village par village ;
On est terrible, mais fripon ; on est des loups,
Des tigres et des ours qui seraient des filous.
On renverse un Empire et l'on coupe une bourse.
César droit sur son char, dit : Payez-moi ma course.
On massacre un pays, le sang est encor frais ;
Puis on arrive avec le total de ses frais ;
On tarife le meurtre, on cote la famine :
— Voilà bientôt six mois que je vous extermine ;
C'est tant. Je ne saurais vous égorger à moins. —
Et l'on étonne au fond des cieux ces fiers témoins,
Les aïeux, les héros, pâles dans les nuages,

Par des hauts faits auxquels s'attachent des péages.
On s'inquiète peu de ces fantômes-là ;
Avec cinq milliards on rentre au Walhalla.
Pirates, d'une banque on a fait l'abordage.
On copie en rapine, en fraude, en brigandage,
Les Bédouins à l'œil louche et les Baskirs camards ;
Et Schinderhannes[1] met le faux nez du dieu Mars.
On a pour chefs des Rois escarpes, et ces Princes
Ont des Ministres comme un larron a des pinces ;
On foule sous ses pieds le scrupule aux abois.
En somme, on dévalise un peuple au coin d'un bois ;
On détrousse, on dépouille, on grinche, on rafle, on pille.

Peut-être est-il plus beau d'avoir pris la Bastille.

1. Schinderhannes (Jean l'Écorcheur) est le sur-
nom d'un chef de brigands allemand, qui fut exécuté à Mayence en 1803. EDM. BIRÉ, *Victor Hugo
après 1852*, p. 40.

VICTOR HUGO.

L'Année Terrible. Paris, 1872.
Calmann Lévy, Éditeurs.

EDMOND DE GONCOURT (1822-1896)

Le célèbre JOURNAL DES GONCOURT, *entrepris par les deux frères (dont on sait la collaboration pour toutes leurs œuvres) fut continué par le survivant. Or cette période de 1870 est précisément celle où EDMOND DE GONCOURT commence à tenir, seul, la plume. Jules, le frère cadet, venait de mourir. Et le* JOURNAL *est comme la plainte de deux blessures. Edmond de Goncourt y transcrit sa propre douleur et la douleur de la Patrie. Or ce système de notes, au jour le jour, fut surtout précieux pour un temps où la vie quotidienne était pleine d'alertes, d'événements, de coups de théâtre imprévus. Aussi rien ne demeurera plus caractéristique que ce* JOURNAL *pour se représenter la physionomie de Paris, durant la guerre et le siège. Évocation saisissante, notes brèves, « impressionnisme » aigu, fixant, dans une forme admirablement artiste, un tableau, un épisode, un coin de rue, une escarmouche, un propos, la couleur d'un uniforme, l'odeur de ruines et de désastre.*

UNE VISITE A SAINT-CLOUD.

Vendredi, 17 Mars.

SAINT-CLOUD n'existe plus. C'est un champ de pierres, de moellons, de platras, d'où se lèvent, sur des caves effondrées, des pans de murs calcinés, garnis encore, à des hauteurs inaccessibles, de fragments de mobiliers : ici c'est une niche de poêle, là un portrait au daguerréotype, plus loin une table des règles du billard avec les tableaux à marquer, plus loin encore, dans un placard, dont le vent bat la porte, un bidet égueulé.

Partout des maisons aux fenêtres léchées de flammes, par le trou vide desquelles s'entrevoit le bleu du ciel. Sur l'emplacement du petit hôtel Saint-Nicolas, cet hôtel où mon frère et moi avons passé huit gais jours avec Marie, une femme est assise dans la pose d'accablement d'une statue qui pleure sur ses ruines. De la gargote historique où tout Paris a dîné il ne reste guère qu'un bout de mur du rez-de-chaussée, sur lequel ne se lit plus de l'enseigne écornée, que ... DE TÊTE NOIRE.

La grande rue de Saint-Cloud, un sentier de décombres, entre deux rangées de maisons aux façades dégringolantes, et dont se détache, à tout moment, quelque pierre. On dirait qu'on marche dans la secousse d'un tremblement de terre.

Au milieu de ces restes croulants, et qui sentent encore le feu, en ces trous de portes et de fenêtres, étayés par de grands madriers, un misérable commerce renaissant. Ici, un débit où se voit attablée la chemise rouge d'un garibaldien; là, une mauvaise petite laiterie, où, au milieu des harengs saurs, se dresse, sur le rebord de la fenêtre, un obus gigantesque. Sur des volets réduits en charbon, et où la trace du pétrole est encore visible, on lit écrit à la craie : *Français, souvenez-vous ! Vengeance !*

L'hôpital fondé par Marie-Antoinette n'a plus de toit. A côté, dans un pensionnat de jeunes demoiselles, les lits du dortoir, déjetés, disloqués, et recroquevillés par le feu, ressemblent à une broussaille de fer.

Tout en haut de Saint-Cloud, près de l'église, un vieillard, la tête nue, les cheveux blancs au vent, l'air délirant, crie à ceux qui passent : « *Vous pouvez dire que c'est les Prussiens qui ont mis le feu avec de l'huile de pétrole et des torches.... Ah ! ce n'est pas à moi qu'on peut dire non !* »

Le palais, avec ses pauvres statues de femmes qui ont servi de cible, ses pauvres femmes blessées aux seins par les balles prussiennes, n'est plus que la façade meurtrie d'une ruine : une ruine à conserver, comme l'Allemagne a conservé Heidelberg, une ruine à entourer de lierre et de plantes grimpantes, montant le long de ses pilastres, de ses bas-reliefs, de ses marbres recuits et éclatés, — une ruine dont la vue et la légende entretiendront, comme la ruine du Palatinat, la juste haine et le désir enragé de la vengeance.

EDMOND DE GONCOURT.

Journal des Goncourt. G. Charpentier et E. Fasquelle, Éditeurs.

THÉOPHILE GAUTIER (1811-1872)

Ce brillant poète romantique, dont le gilet rouge, arboré à la première représentation d'HERNANI, est resté légendaire, ne se contenta pas d'être un joaillier de style, le précieux sertisseur des ÉMAUX ET CAMÉES, l'écrivain parfait de tant de romans, contes, ballets, récits de voyage. Celui qu'on croyait uniquement absorbé dans le culte d'une beauté riche en couleurs cachait en réalité une âme d'ardent patriote. Plus qu'aucun il souffrit cruellement de la défaite. A ce moment, il se trouvait en villégiature à Genève. « On bat maman ! j'arrive », dit-il, et il vint prendre sa part de l'angoisse et des privations en réintégrant Paris où il demeura durant le siège. C'est même de la faim, du froid, du chagrin subis, qu'il contracta la maladie dont il mourut à Neuilly, l'année suivante. Mais il avait publié son journal de ces jours noirs : TABLEAUX DU SIÈGE, un des plus beaux livres sur ce sujet, et qui prouve que THÉOPHILE GAUTIER n'était pas seulement un grand talent, mais une grande âme.

LES RUINES DE SAINT-CLOUD.

Mars 1871.

On nous avait dit que les Prussiens avaient quitté Saint-Cloud la veille, et, cédant à un désir bien naturel après la longue réclusion du siège, nous nous mîmes en route comptant ne rencontrer aucune figure ennemie, et trouver le paysage nettoyé. Nous avions compté sans notre hôte. Au bout du pont de bateaux de Sèvres, encombré de charrois, nous aperçûmes, à notre très désagréable surprise, trois casques de cuir à pointe de cuivre, surmontant trois épaisses figures de soldats, fortement râblés, à grosses cuisses, à gros pieds, chaussés de grosses bottes, ayant au côté une musette de toile rappelant les poches de Bertrand dans *Robert Macaire* et portant le fusil en travers sur l'épaule avec la même grâce que le balai dont, il n'y a pas longtemps, ils nettoyaient nos rues....

Cet espace franchi à travers les gravats, les pierres, les bouts de bois, les débris et les souillures de toutes sortes, on arrive à cette pelouse qui montait du château à la lanterne de Diogène, dont il ne reste rien, par une pente douce, entre deux grands massifs de verdure, et l'on aperçoit avec stupeur le squelette brûlé d'un monument à peine reconnaissable. Les embrasures des fenêtres, noircies par le passage des flammes, laissent voir le bleu ou le gris du ciel ; tout l'intérieur s'est effondré....

La ruine est complète, et il n'y a pas, pour l'édifice, de restauration possible. Ce que les obus ont commencé, l'incendie l'a achevé. On pénètre dans le palais par le vestibule ouvert à tous les vents, obstrué de décombres, de poutres carbonisées, de ferrailles descellées et tordues, de fragments de marbre, et l'on découvre par l'effondrement des planchers, les distributions intérieures, comme dans les coupes des plans d'architecture.

On voit, comme des veines dans le corps de l'édifice, circuler les tuyaux des calorifères et des conduits d'eau rompus çà et là, ou rentrant dans l'épaisseur des murs. Pas une cloison ne subsiste. Quelquefois une cheminée se tient suspendue à la paroi, sur un arrachement de plancher, et produit le plus singulier effet. La flamme a dû être guidée dans sa fureur : un élément aveugle n'arrive pas tout seul à cette perfection de ravage et de désastre. On sent là l'œuvre d'incendiaires exercés et pratiques, obéissant à une consigne d'extermination.

Dans l'intérieur de la cour, la destruction a eu ses caprices ; des statues sont décapitées, boiteuses, manchotes, borgnes, balafrées d'affreuses blessures, réduites à l'état de troncs informes et calcinées comme de la chaux ; d'autres ont été épargnées, on ne sait pourquoi, et sourient, avec la sérénité indifférente du marbre, au milieu de cette désolation que leur grâce intacte rend encore plus lugubre. Trois lampadaires ont conservé, sans la moindre fêlure, les glaces de leurs lanternes. Mais ces exceptions sont rares, tout est mutilé, pilé, émietté avec une méchanceté savante, et les maraudeurs, si on ne les arrête, auront bientôt fait disparaître jusqu'au dernier vestige des matériaux.

En sortant de ce qui fut le palais de Saint-Cloud, navré de cette ruine violente, à laquelle le temps n'est pour rien, car les siècles détruisent moins que les hommes, nous remarquâmes, aux fenêtres des anciens bâtiments de service, des figures de juifs allemands sordidement et cruellement basses, à cheveux gras, à barbe fourchue, à teints rances, descendants de Judas Iscariote et de Shylock, capables de couper la livre de viande à l'échéance, receleurs du vol et du meurtre, brocanteurs du pillage, retirant avec leurs griffes sales les lingots de métal fondu des morceaux de braise. Ils avaient cet air de béatitude hébétée qu'on voit aux vautours gorgés de charogne jusqu'au bec.

THÉOPHILE GAUTIER.

Tableaux de Siège. Paris, 1870-1871.
Paris, Charpentier, 1871.

ALFRED BUSQUET (1819-1883)

Le poète du POÈME DES HEURES, *et aussi des* REPRÉSAILLES, *publié en 1872 et dont lui-même dit dans la préface :* « *Voici des vers de haine et de colère ; ils ont été faits sous les bombes. » L'indignation n'exclut pas la verve ; et le volume contient des* PORTRAITS A LA SANGUINE, *joliment égratignés et égratignants, dont celui de Moltke, que nous reproduisons ici.*

Moltke

Celui-là, ce n'est pas un homme. — C'est l'algèbre,
Un théorème en os, avec un air funèbre,
    Une équation des tombeaux !
Une larve échappée au noir Cocyte, un strige,
Un avale tout cru de Français : il érige
    Ses exigences en monceaux.

Il est le pourvoyeur de la mort, il suppute
Ce qu'il peut lui fournir bon an, mal an ; la lutte
    Pour lui n'a pas de passion.
Sur un grand échiquier où le fol est son maître
Et dont il est le roi sans vouloir le paraître,
    Il avance dame et pion.

Il y va largement avec la vie humaine,
Il fait du bois, conduit son cavalier en plaine
    Et fait avancer ses deux tours
Pour enserrer d'un coup l'ennemi qui le raille,
Le tourner sur ses flancs et finir la bataille
    Par le plus banal de ses tours.

Il n'est pas de ces gens que hante le scrupule,
Il veut la fin ; qu'un autre hésite, ait peur, recule,
    La victoire est sans décorum.
Donc, on peut employer la bombe et le pétrole.
Être infâme, n'est rien ; vaincre, cela console.
    Quod fuerat demonstrandum.

ALFRED BUSQUET.

Représailles. A. Lemerre, Éditeur.

V

L'ARMÉE DE LA LOIRE

ALCIDE DUSOLIER (1836)

ALCIDE DUSOLIER, écrivain, homme politique, sous-préfet de Nontron après le Quatre Septembre, ensuite député et sénateur, a noté ses impressions des mois néfastes en une brochure curieuse pour l'état des esprits : Ce que j'ai vu du 7 août 1870 au 1er février 1871. — *Littérateur, Alcide Dusolier n'est guère connu que par des ouvrages de critique :* Ceci n'est pas un livre, Propos littéraires et pittoresques de Jean de la Martrille, Nos gens de lettres, *où se trouve reproduit l'article célèbre sur Baudelaire, qu'il y appelait un Boileau hystérique. De la brochure précitée, nous donnons ces lignes sur les nouvelles de la guerre en province, Gambetta, son ardent patriotisme.*

GAMBETTA A TOURS. C'est dans cette foi profonde que Léon Gambetta trouva la force d'accomplir la mission dont la France l'avait chargé, et sous laquelle il ne fléchit pas une minute ; là me fut prouvé réellement comme l'esprit mène le corps et le peut rendre capable d'un héroïsme de fatigue tout à fait inconcevable. Quand j'y songe, en effet, quand je rassemble mes souvenirs, moi qui ai vu cet homme à l'œuvre pendant les trois mois et les trois semaines qu'a duré son double ministère, je ne comprends pas, je m'émerveille qu'il ne soit point mort à la peine.

Je ne crois pas qu'il ait reposé plus d'une heure par nuit, en moyenne, du 10 Octobre au 30 Janvier. Sans cesse réveillé (*réveillé !* quel euphémisme !) par les dépêches qui arrivaient en foule, de une à quatre heures du matin, soit des armées, soit des préfectures, et auxquelles il fallait souvent répondre séance tenante ; — parfois même obligé de partir brusquement pour les camps, où l'appelaient les courages à remonter, les dissentiments entre généraux à apaiser ; — se multipliant à l'infini ; — toujours prêt, toujours debout ; — n'ayant pas le temps de dormir, prenant à peine celui de manger, tant il avait l'inquiétude constante de la Patrie, non ! on ne se doute pas de ce que le rude citoyen a dépensé de forces au service de la France !

Quelques plumitifs assurent cependant (ils savent le contraire, bien entendu) que Léon Gambetta, se berçant dans une indolence de dilettante, avait une préoccupation unique : limer des proclamations littéraires, prononcer d'éloquents discours, parader devant la foule en acteur affamé de triomphes ; qu'il se prélassait, enfin, dans une sorte de dictature artistique. Rien de plus faux. Nul, plus que lui, ne répugne aux vaines exhibitions. Combien de députations, arrivées de tous les points de la France pour le haranguer, n'ont pu le voir, même un instant et comme à la dérobée ! C'est qu'il ne voulait pas donner une minute à l'inutile ; c'est que, devant tout son temps à la conduite de la défense, il ne se sentait pas le droit de s'éparpiller en paroles ; qu'il tenait à travailler pratiquement, dans le recueillement du cabinet, à l'œuvre colossale dont le pays lui avait confié l'accomplissement.

M. Spuller ou quelque autre recevait les délégations, et ces patriotes, venus de loin, souvent des extrémités de la France, comprenant qu'il ne fallait pas *déranger* le ministre, n'insistaient pas et partaient sans se plaindre de ne l'avoir point vu.

Il parla deux fois au peuple, telle est la vérité : une fois à Tours, l'autre à Bordeaux ; à Tours, lorsque, d'une voix que la joie faisait tremblante, quand pâle, débordant d'émotion, toute son âme dehors, il annonçait à la population tourangelle la fameuse sortie du Général Ducrot, qui avait juré, à la manière antique, de ne rentrer que mort ou victorieux. Et sous sa parole, comme les cœurs battaient ! Comme les yeux s'emplissaient de larmes fières et douces ! On se croyait déjà sauvé, l'on se disait : « Nous serons à Paris au jour de l'an… » Je vois encore Steenackers, le Directeur général des Postes et des Télégraphes, traverser la pièce où je travaillais, tout courant, agitant la dépêche, pleurant et riant à la fois, et criant : « Le Ministre ! le Ministre ! » — On n'oublie pas ces choses-là.

ALCIDE DUSOLIER.

Ce que j'ai vu du 7 Août 1870 au 1er Février 1871. Ernest Leroux, Éditeur.

THÉODORE FONTANE (1819)

THÉODORE FONTANE, d'origine française, mais littérateur, romancier et journaliste allemand, suivit une partie de la campagne de 1870 en qualité de correspondant militaire. Arrêté comme espion à Domremy, conduit d'étape en étape à Lyon, puis à Moulins, à Poitiers, enfermé enfin à l'île d'Oléron, remis en liberté sur l'ordre de Gambetta, il a publié, de sa captivité, une histoire édifiante si nous la comparons aux récits des soldats français internés en Allemagne. Les prisonniers, ayant des loisirs, se disaient mutuellement leurs aventures ; et voici comment le sergent Polzin raconte, dans le livre de Théodore Fontane, la défense par les Prussiens du village d'Ablis.

LA REPRISE D'ABLIS. Il pouvait être cinq heures lorsque nous nous retirâmes dans Ablis. Le jour tombait déjà. Nous fouillâmes le village, où l'on ne trouva rien de suspect, et nous occupâmes alors les fermes situées du côté sud, tout en laissant double garde à chacune des quatre sorties du village. Cela avait très bon air, et pouvait suffire à tranquilliser une recrue, mais pas un vieux soldat. Car c'était de tous points une grosse faute. Notre Chef d'escadron nous traitait comme de l'infanterie ; nous n'avions pourtant pas été envoyés là pour y jouer les tirailleurs ou les chasseurs. Nous étions des hussards, on aurait dû nous laisser de l'espace libre. Au lieu de cela, on nous mettait derrière des barricades. C'était un non-sens. Et nous devions bientôt en faire l'expérience à nos dépens.

A neuf heures, nous étions déjà couchés à côté de nos chevaux, lorsqu'il nous arriva encore du renfort, 60 hommes du 11e régiment de Bavière. C'était une excellente occasion de nous rendre à nos fonctions de hussards, de placer des vedettes aux quatre coins du village, et d'envoyer des patrouilles en reconnaissance. On n'en fit rien. Nous étions destinés à nous laisser écraser comme infanterie.

Une demi-heure après l'arrivée des Bavarois, tout dormait profondément. Je restais seul à veiller. Dans la ferme où nous étions, j'avais remarqué toute la soirée des allées et venues, et des conciliabules mystérieux qui se rompaient aussitôt que les gens se croyaient observés, et tout cela m'avait semblé peu rassurant. Je ne pouvais m'ôter de l'idée qu'il allait se passer quelque chose. Au moindre bruit, je tendais l'oreille, mais aussitôt je n'entendais plus rien. Quand minuit sonna, j'étais encore éveillé, mais je finis par m'endormir comme les autres.

Il pouvait être trois heures lorsqu'il me sembla entendre frapper à la porte de l'écurie. Je me relevai d'un bond, et je répondis, encore à moitié endormi : « Voici, tout de suite. » Mais pendant que je tâtonnais pour trouver la porte, le bruit augmenta de telle sorte que je reconnus que cela ne pouvait pas être simplement des coups frappés à la porte. C'était plutôt comme si des pierres étaient tombées sur le toit. Je compris tout de suite qu'il se passait quelque chose de grave, et je criai : « Alerte, camarades, nous sommes surpris ! »

Il y avait dix hommes dans mon écurie. En une seconde ils furent sur pied. Nous nous précipitâmes au dehors, la carabine à la main. On se battait déjà de tous côtés. Sur la droite, vers le milieu du village, à l'endroit où se coupent les deux rues principales, nous entendîmes des commandements donnés par les officiers bavarois. A gauche, nous apercevions l'éclair des coups de feu tirés par les nôtres, parfois même on distinguait le bleu et blanc des uniformes. L'ennemi paraissait sortir de partout. Il y avait eu entente avec les habitants, et il venait moins des entrées du village que des maisons et des jardins. Mais tout n'était pas encore perdu. Les Bavarois tenaient manifestement tête à l'attaque ; ils gagnaient même peu à peu du terrain. Nous nous criions les uns aux autres de tenir bon. Si nous avions eu nos chevaux sous nous, en vrais hussards, nous aurions chargé les ennemis dispersés un peu de tous côtés, et nous aurions pu ainsi en balayer les rues du village, pendant que les Bavarois auraient défendu la place centrale ; et nous nous serions peut-être tirés ainsi de ce mauvais pas.

Mais ces maudites barricades que nous avions faites nous rendaient impossible tout mouvement offensif. Nous pouvions à peine nous mouvoir sur un champ de cinquante pas, et nous fûmes battus, parce qu'au lieu de nous confier à nos chevaux, nous ne pouvions lutter qu'avec la carabine, ce qui n'était pas notre fonction.

Le crépitement de la fusillade continuait de se faire entendre. Notre petite ligne d'uniformes bleus s'éclaircissait toujours. Les francs-tireurs nous repoussèrent de la rue dans la ferme, et de la cour de la ferme dans les écuries. Nous nous retrouvâmes près de nos chevaux, sans plus savoir quoi faire. Du dehors l'ennemi tirait à tout hasard dans l'obscurité par les portes et les lucarnes. Le sous-officier Balzer, fils d'un riche propriétaire, et notre favori à tous, voyant tomber près de lui hommes et chevaux, se précipita au dehors jusqu'au milieu de l'escouade qui tirait sur nous, en criant: « Pardon ! » Son bon visage et son ton suppliant parurent d'abord devoir le sauver ; l'homme près de qui il se trouva abaissa son arme, et le regarda ; mais au même instant un zouave, se précipitant entre eux deux, lui cria en allemand : « Meurs, chien ! » et d'un coup de fusil il lui fit sauter la tête à bout portant.

Mais nous nous rendîmes à l'ennemi, et il n'y eut plus d'autres victimes. Tous nos officiers étaient morts ; nous restions encore 56 hommes.

THÉODORE FONTANE.

Souvenirs d'un prisonnier de guerre allemand en 1870. Perrin et Cie, Éditeurs.

LE P. MONSABRÉ (1827)

Grand orateur dominicain, il occupa longtemps avec éclat la Chaire de Notre-Dame, où ses Carêmes ont fait l'exposition complète du Dogme. C'est la matière de 22 volumes, œuvre énorme, qui est un recommencement éloquent de l'œuvre Thomiste. Au moment de la guerre, le P. MONSABRÉ, qui commençait sa glorieuse carrière d'orateur sacré, trouva des accents de patriotisme admirables. Un jour, à Metz, il parla de la Patrie au tombeau qui, comme Jésus-Christ, allait ressusciter. C'était le jour de Pâques. Il y eut des acclamations dans l'église. Le lendemain, les Prussiens se présentaient à l'évêché pour arrêter le trop hardi prédicateur. Mais on l'avait obligé à fuir. Il prononça aussi un vaillant panégyrique à Châteaudun : UNE VILLE HÉROÏQUE, à propos de la résistance désespérée et glorieuse de cette ville, qui appartient maintenant à l'Histoire. Nous en citons ici un fragment.

UNE VILLE HÉROÏQUE. JE me replie vers vous, Messieurs, j'entre dans votre ville et je la vois en proie à une douloureuse anxiété. Elle veut, elle ne veut pas ; elle abdique, elle se ravise. La contradiction des nouvelles augmente son trouble et sa confusion. Cependant le péril est certain. Une nuée d'éclaireurs parcourt la campagne. Lutz a reçu leur visite et va bientôt brûler. Varize et Civry sont en feu ; ils payent d'un désastre immense leur courageuse résistance. Plus près, voici la fumée de Menainville et de Bassonville, puis, dans le ciel, une rougeur sinistre, reflet de la vengeance et présage du sort qui menace Châteaudun, si Châteaudun se défend.

Qu'allez-vous faire, Messieurs ? Le pillage, l'incendie, la mort sont à vos portes. Les prudents enseignent qu'une ville ouverte doit se laisser rançonner sans mot dire et que toute défense de sa part est folie. Moi, j'estime qu'il est une folie proche parente de l'héroïsme, pareillement qu'il est une prudence fille de la lâcheté. Trop de villes ont été prudentes ; l'évidente satisfaction avec laquelle l'ennemi les a traversées me semble démontrer qu'une défense eût retardé sa marche, contrarié ses opérations et peut-être empêché ces mouvements circulaires et ces concentrations qui nous furent si funestes.

Mais, bref, quoi que pensent et conseillent les prudents, vous avez combattu, Messieurs, et la France a pensé que c'était pour vous un immortel honneur, que vous avez bien mérité de la Patrie. Le 18 Octobre, date funèbre dans votre histoire, est aussi une date glorieuse.

Le 18 Octobre, quelle journée ! Après une matinée paisible, l'alarme se répand tout à coup dans les rues et les maisons. L'ennemi approche, le voici. Les cloches, les tambours, les clairons appellent aux armes, la fièvre s'empare des combattants. Contre douze mille, ils sont douze cents, dépourvus d'artillerie et n'ayant pour se protéger que des barricades construites à la hâte. Tout de même ils tiendront. Le bombardement commence sans sommation, c'est une habitude allemande. Trente bouches à feu vomissent sur tous les points des bombes incendiaires ; églises, hospice, ambulance, on n'épargne rien ; il n'y a plus de droit des gens. Mais du sein de la ville une fusillade ardente et sûre répond à cet orage. Hardis jusqu'à la témérité, les chefs eux-mêmes tirent à découvert pour encourager leurs hommes. Plusieurs succombent, on les remplace. Gardes nationaux et francs-tireurs rivalisent d'audace pendant que les pompiers, au milieu d'une pluie de projectiles, s'efforcent d'éteindre les incendies qui commencent et que, au péril de sa vie, le Maire, assisté de deux membres de la Municipalité, veille sur l'Hôtel de Ville. Je ne veux point nommer ici ceux qui se sont distingués : qu'ils soient morts, qu'ils aient survécu, j'aurais peur de commettre involontairement quelque injustice, dussé-je n'oublier qu'un seul des noms qui sont écrits dans vos mémoires et dans vos cœurs.

Enfin il faut céder au nombre, mais non pas sans un combat de rues dans lequel l'ennemi, deux fois repoussé, jonche le terrain de ses cadavres, et qui se termine par une merveilleuse retraite.

L'affaire est finie. Elle nous a coûté vingt-six morts et une quarantaine de blessés ; de l'autre côté, deux mille hommes hors de combat. Deux mille hommes ! c'est un crime horrible, Messieurs ; il va falloir payer cela. A tout autre vainqueur, votre courage eût commandé la pitié, le respect, l'admiration. L'Allemand ne connaît point ces tendresses et n'a point ces sentiments désintéressés ; la peur de pareilles rencontres lui commande la vengeance ; il s'y met d'une manière atroce, digne des plus mauvais jours de la barbarie. Ces soldats étouffés par une discipline de fer ont besoin d'une compensation. Le massacre par ordre les console des brutalités dont ils sont victimes.

Les voilà à la besogne ; les portes cèdent sous leurs coups, ils chassent les habitants à la baïonnette et incendient leurs maisons avec une infernale méthode qui éloigne l'excuse de ces emportements auxquels se livre d'ordinaire la passion. Ils vont priver de leurs dernières ressources des pauvres qui n'ont pris aucune part à la défense ; c'est égal, ils brûlent. On les supplie, on les conjure avec des larmes, on leur fait des promesses ; rien ne les émeut, ils brûlent. Des vieillards, des infirmes, des femmes, des enfants vont périr dans leurs lits ou dans les caves ; qu'importe ? ils brûlent. Là où l'on a contenté leur voracité, ils brûlent. Le plaisir du manger tient une large place dans leur vie, mais pour eux une volupté plus grande, c'est le bruit des écroulements et la plainte des désespérés. Chose horrible, hideuse ! des Généraux, des Princes même, descendent, comme de vulgaires bandits, au rôle d'incendiaires ; le feu est une solennité qui complète leurs victoires. « Admirable spectacle, s'écrient-ils, qu'une ville en flammes ! Il faut que ce soit le sort de la France entière, que femmes, enfants, vieillards, tout y passe. » Ces paroles ont été dites, Messieurs, devant cent quatre-vingt-dix-sept maisons brûlées à la main, en réjouissance de la glorieuse journée où les vainqueurs étaient dix contre un. Après l'incendie, le pillage ; après le pillage, l'assassinat ; pour couronner tout cela, l'orgie ! Elle dure deux jours entiers ; après quoi les Barbares s'éclipsent sous le coup d'une alerte.

La ville, livrée à elle-même, va pouvoir mesurer l'étendue de ses désastres. Rien de plus tragique : partout des décombres fumants, des murs qui s'écroulent, des fers qui se tordent encore, des mobiliers, l'unique richesse d'une foule de travailleurs, entièrement réduits en cendres, et, sous cet amas de ruines, des os humains calcinés. On doit s'attendre à des larmes, des gémissements, des cris de colère ; rien de tout cela. La douleur de Châteaudun est digne comme fut grand son courage. Un légitime orgueil suspend ces sentiments tumultueux qui agitent le cœur de l'homme après une catastrophe. On pleurera plus tard ; maintenant, il faut être impassible et fier : on s'est bien défendu.

LE R. P. MONSABRÉ.

Une Ville héroïque, discours prononcé à
Châteaudun le 18 Octobre 1872.

FÉLIX FRANK (1837)

Un de ceux qui poussèrent les cris les plus indignés contre les envahisseurs. Il y a souvent plus d'emphase exagérée que de lyrisme poétique dans LA HORDE ALLE-

MANDE *et les* CHANTS DE COLÈRE, *parus en 1871, mais la sincérité est forte et emporte l'émotion. Du reste, le poète a fait ses preuves ailleurs, surtout dans sa* CHANSON D'AMOUR *parue depuis, d'une inspiration continue et délicate.*

Châteaudun

Salut, Châteaudun, ville ouverte,
Qui t'es fait un rempart de tes propres enfants !
Chaque poitrine au feu sans trembler s'est offerte ;
    Et les Barbares triomphants
    N'ont pu trouver même une porte
    Pour entrer dans la ville morte !

    Dix-huit cents cadavres germains
Ont vengé, pauvres gens, votre sang que je pleure ;
Vous les avez couchés au bord de vos chemins,
    En travers de chaque demeure,
    Et, la face contre le seuil,
    Ils ont payé cher votre deuil !

    Puis, tout s'effondra dans la flamme....
O débris, toits croulants, qui furent des logis ! —
Ces décombres pourtant n'étaient pas seuls ! Une âme
    Planait sur les pavés rougis :
    Ton âme, ô Peuple que renie
    L'universelle ignominie !

    Plus forte et plus sainte qu'hier,
Elle reprend son vol : ô ma patrie, ô France,
Ils ne la tûront pas, cette âme, avec du fer !
    J'entends déjà, — pure espérance, —
    Chassant les bataillons épais,
    La voix auguste de la Paix !

    Nous montrerons que la victoire
Ne change pas chez nous les soldats en bourreaux !
Nous ne forcerons pas les portes de l'Histoire :
    A nos légions de héros,
    Ceints d'impérissables guirlandes,
    Elles s'ouvriront toutes grandes !

Oui, nous dont le cœur exalté
Se sent par la douleur meurtri dans chaque fibre,
Nous briserons tes lois, ô vieille cruauté,
Indigne de tout peuple libre,
Et nous laisserons aux corbeaux
L'immonde empire des tombeaux.

Mais, dût la bataille dernière
Être le dernier coup pour la France et pour nous,
Comme dans Châteaudun, gardant notre bannière,
Nous ne ploîrons pas les genoux :
Ne fût-elle qu'un cimetière,
Il nous faut la Patrie entière !

27 Octobre 1870.

FÉLIX FRANK.

Chants de colère. A. Lemerre, Éditeur.

GÉNÉRAL D'AURELLE DE PALADINES (1804-1877)

Le GÉNÉRAL D'AURELLE DE PALADINES commandait en 1870 la 9ᵉ division militaire. Après la défaite du Général La Motterouge, Gambetta le mit à la tête de la première Armée de la Loire. La victoire de Coulmiers que ses troupes remportèrent sur le Général Von der Tann força les Allemands à évacuer Orléans. On put croire que Paris allait être débloqué. Mais ces succès partiels furent suivis de revers. Il y eut des contre-marches, des ordres inverses, des tiraillements avec le Gouvernement de Tours. Le livre du Général de Paladines, LA PREMIÈRE ARMÉE DE LA LOIRE, *est une réponse à celui de M. de Freycinet :* LA GUERRE EN PROVINCE. *Nous en avons détaché les pages relatives aux mouvements qui occasionnèrent la bataille de Coulmiers.*

AVANT LA BATAILLE DE COULMIERS. LE Général en chef quitta Salbris à deux heures et demie, le 27 Octobre, et arriva à Blois le même jour à cinq heures.

Les recommandations les plus expresses avaient été faites aux employés des chemins de fer, qui se trouvaient forcément dans la confidence, pour que ce mouvement fût tenu secret. La Délégation de Tours avait fait répandre le bruit que des troupes étaient dirigées sur le Mans ; mais tout cela s'était fait avec trop d'affectation ; le but ne fut pas atteint. Tout le monde connaissait la destination de l'armée. Dans la gare de Tours, à notre arrivée, les voyageurs venant de Blois et de Mer ne manquaient pas de dire que nous étions attendus, et chacun parlait du mouvement sur Orléans, qu'on avait pris tant de peine à dissimuler.

L'ennemi multipliait ses reconnaissances en avant du front du 16ᵉ Corps, pour s'assurer de la véracité des bruits répandus ; il en résultait journellement de petits engagements entre des francs-tireurs, des patrouilles françaises et des éclaireurs allemands. Nos avant-postes furent successivement attaqués à Layes, à

Ourcelles et à Binas. Le 26 Octobre, les Bavarois dirigèrent sur ce dernier point une colonne composée de 200 cavaliers, 200 fantassins et deux pièces de canon ; ce poste était défendu par *trente-huit* francs-tireurs de Saint-Denis, de la compagnie Liénard, qui préférèrent mourir plutôt que de se rendre. Ces braves vendirent chèrement leur vie ; embusqués, tirant à coup sûr à petite distance, ils épuisèrent toutes leurs cartouches. Armés de carabines sans baïonnette, ils s'en servirent comme de massues, assommant tous ceux qui s'aventuraient trop près. Ils durent succomber sous le nombre, et lorsque le reste de la compagnie accourut à leur secours, un seul de ces braves n'était pas blessé. Le soir de ce combat, sur les 38 hommes, 14 étaient morts ! Quant aux Allemands, ils comptaient 137 tués, dont un Colonel, et un grand nombre de blessés. (Rapport officiel du Général Pourcet, commandant le 16e Corps.)

Ce brillant engagement méritait une mention spéciale, le dévouement de ces francs-tireurs ne saurait être oublié.

Ces petits combats sur le front du 16e Corps détournaient fort à propos l'attention de l'ennemi de la rive gauche de la Loire, pendant que le 15e Corps passait sur la rive droite.

Il avait été décidé que le mouvement qui consistait à transporter les troupes du camp de Salbris en avant de Blois, se ferait par les chemins de fer. On a vu, par le détail des ordres donnés, combien toutes les précautions avaient été prises pour en assurer la bonne exécution. M. de Freycinet, qui, en cette circonstance, était dans la spécialité de ses fonctions, avait lui-même arrêté tous les moyens d'exécution, de concert avec un des agents supérieurs de la ligne d'Orléans.

Il avait calculé, avec une exactitude qu'il croyait infaillible, le moment d'arrivée des troupes et du matériel à leur destination. Mais, comme il arrive souvent, la pratique vint déjouer les calculs faits dans le cabinet. Il y eut des retards considérables ; les Corps en arrivant se trouvèrent séparés de leurs bagages. Les agents du chemin de fer ne chargèrent pas le matériel sur les trains avec tout l'ordre désirable : des munitions de divers calibres, qui n'avaient pas suivi les batteries auxquelles elles étaient affectées, furent mélangées. On perdit un temps considérable à réparer ce désordre.

L'artillerie aurait mis deux ou trois jours pour faire le trajet de Salbris à Blois par Romorantin ; le voyage par chemin de fer l'obligea à employer cinq jours pour se réorganiser avant d'être prête à entrer en ligne.

Le mauvais temps survint ; des pluies torrentielles avaient détrempé les terres et rendu presque impossibles les manœuvres de l'artillerie et de tout le matériel roulant, qui s'embourbait dans les chemins défoncés.

Les membres de la Délégation du Gouvernement, qui voyaient les voitures circuler facilement dans les rues de Tours, ne comprenaient pas que l'artillerie et les convois de vivres fussent arrêtés au dehors par le mauvais temps.

GÉNÉRAL D'AURELLE DE PALADINES.

La Première Armée de la Loire. Plon, Nourrit et Cie, Éditeurs.

❧ ⚜ ☙

GÉNÉRAL MARTIN DES PALLIÈRES (1823-1876)

Blessé grièvement à Bazeilles et transporté à Mézières pendant que l'Armée du Maréchal de Mac-Mahon capitulait à Sedan, le GÉNÉRAL MARTIN DES PALLIÈRES reprit du service dans l'Armée de la Loire. Après la victoire de Coulmiers, il eut le commandement du 15e Corps. Chargé de protéger la retraite, lors de l'évacuation d'Orléans, il ne quitta la ville qu'après avoir encloué les canons et fait sauter les ponts derrière lui. Il fut accusé néanmoins de n'avoir pas fait complètement son devoir et mis en disponibilité. Le Général a écrit : ORLÉANS, CAMPAGNE DE 1870-1871, pour répondre aux assertions du Gouvernement de la Défense nationale. Voici la marche de ses troupes pendant l'affaire de Coulmiers.

PENDANT LA BATAILLE DE COULMIERS. UN pressentiment me poussait tout d'abord à me jeter vers Artenay, par la route de Rébréchien et Saint-Lyé, pour aller m'établir à cheval derrière lui (l'ennemi) sur la route d'Étampes. C'était le mouvement indiqué dans l'hypothèse où nous étions les agresseurs ; mais dans ce cas, le Général m'eût averti qu'il avançait le jour de l'attaque, au lieu de me demander simplement où j'étais et ce que je faisais.

La raison, cependant, me ramenait invinciblement à cette idée que l'offensive venait de la part de l'ennemi. Tout ce qui m'entourait, à l'exception de mon Chef d'État-major, voulait marcher sur Artenay. Cependant, réfléchissant à la faible organisation de nos jeunes troupes, les seules ressources de la France, j'abandonnai avec un serrement de cœur une direction vers laquelle me poussait mon instinct de soldat, me disant qu'il ne pouvait être question d'aventures, quand on jouait la dernière carte de son pays, qu'il fallait renoncer à suivre les séduisantes perspectives de la fortune pour répondre à l'appel de l'obscur, mais honnête devoir.

Je pressai donc la marche de la colonne vers Fleury ; l'artillerie gagna au trot la grande route de Pithiviers à Orléans, par Loury, et l'infanterie coupa à travers champs pour arriver plus vite dans cette nouvelle direction.

La 2ᵉ brigade, qui marchait à deux heures derrière nous, fut informée de notre mouvement et reçut l'ordre de coucher à Boigny, en nous envoyant tous ses canons. Les voitures du convoi durent s'arrêter pour laisser filer les troupes.

Alors, dans la solitude de cette grande route sillonnant l'éclaircie de la forêt, les 20 000 hommes que j'avais sous la main, serrant les rangs et doublant l'allure au bruit du canon, sans paraître ressentir la fatigue, descendirent vers Orléans en silence avec une fiévreuse rapidité.

Ces troupes firent dans cette journée onze lieues, sans prendre aucune nourriture ni presque un instant de repos ; elles marchèrent pendant quatorze heures sans laisser de traînards, faisant preuve d'une réelle énergie et d'une remarquable bonne volonté.

Malheureusement, deux compagnies et quelques cavaliers que je dirigeai sur la ville à mon passage à Sémoi en gagnant Fleury, me firent prévenir que l'attaque venait de nous et non pas de l'ennemi, que les Bavarois avaient abandonné Orléans et qu'ils étaient en forces bien moins considérables que nous ne l'avions supposé.

Les renseignements qui nous avaient été envoyés pendant les derniers temps parlaient de 70 000 hommes et 200 pièces de canon que des habitants notables, trompés sur l'effectif de l'armée ennemie par les sorties et les rentrées incessantes du Général bavarois, qui cherchait à leur dissimuler son effectif, prétendaient même avoir comptés dans Orléans. C'était donc cette armée que nous pensions avoir devant nous, et non pas 35 ou 40 000 hommes tout au plus avec 70 pièces de canon.

Le Général Von der Tann, convaincu qu'il ne pouvait faire une résistance efficace dans cette ville, l'avait abandonnée, n'y laissant que les malades et un régiment parti dans l'après-midi. Depuis plusieurs jours, il avait fait rétrograder son matériel sur la route de Paris, par Étampes, sa ligne de bataille établie entre Saint-Péravy et les Ormes, sur la route de Châteaudun à Orléans, poussant ses avant-postes jusqu'à Coulmiers et Huisseau.

C'est là qu'il fut attaqué par notre armée. Il n'hésita pas à se replier dès qu'il s'aperçut que, contrairement aux prévisions du Quartier général allemand, il avait devant lui une réelle Armée de la Loire, et qu'il n'était pas en forces supérieures en hommes comme en artillerie.

Nous arrivâmes à six heures du soir à Fleury. La nuit était noire, glacée ; la pluie tombait depuis deux heures et dura toute la nuit et une partie de la journée suivante. Ce fut un dur moment pour des troupes aussi fatiguées que les nôtres.

Le lendemain matin, dès la pointe du jour, nous nous remîmes en marche, et, malgré toute la célérité possible, nous ne pûmes atteindre l'ennemi, qui déjà depuis la veille au soir était en pleine retraite.

Ce fut en vain que nos deux régiments de cavalerie se mirent à la poursuite d'un convoi qui avait quitté la ville une heure et demie à peine avant notre arrivée au faubourg Bannier ; les chevaux éreintés par la journée précédente, enfonçant jusqu'aux genoux dans les terres détrempées par la pluie, pouvaient à peine avancer. Le convoi bavarois maintint son avance avec la plus grande énergie.

Je pris le parti de m'arrêter à Chevilly, à la sortie de la forêt d'Orléans.

J'établis ma division dans de bonnes positions, au fur et à mesure de son arrivée, et je lui laissai prendre le repos qu'elle avait si vaillamment, quoique si infructueusement gagné.

GÉNÉRAL MARTIN DES PALLIÈRES.

Orléans, campagne de 1870-1871. Plon, Nourrit et Cie, Éditeurs.

GÉNÉRAL AMBERT (1804-1890)

Ses RÉCITS MILITAIRES, sérieux d'information et d'un homme compétent, forment quatre séries : l'Invasion, Après Sedan, La Loire et l'Est, Siège de Paris. Préférant les témoignages directs, nous en avons détaché le récit du sergent Bérail sur la bataille de Coulmiers.

COULMIERS. « LE jour commençait à paraître, lorsque les tambours et les clairons retentirent dans le camp. Nous prenions nos places, compagnies par compagnies, dans un profond silence. Le froid était vif, et le ciel très sombre. Un brouillard épais cachait tous les horizons. Lorsqu'il se dissipa, un spectacle magnifique frappa les plus indifférents. C'était l'armée française rangée en bataille sur deux lignes, calme, confiante, et attendant le combat avec la froide énergie des vieux soldats. Au plus loin que portaient les regards dans les champs unis et dépouillés, nous voyions des bataillons. On se mit en marche. Au loin, vers la Loire, nous apercevions des massifs d'arbres qui entouraient châteaux et fermes. Un clocher se dessinait sur les hauteurs de Baccon.

« On ne voit pas un Allemand, mais chacun de nous semble deviner que l'ennemi est caché derrière les murs crénelés des châteaux et des fermes.

« A neuf heures et demie, nous marchions toujours, lorsqu'un coup de canon retentit et nous fait dresser la tête. Le Capitaine de ma compagnie, un ancien, dit à haute voix : *Attention !*

« Ce coup de canon isolé produit plus d'émotion que n'aurait pu faire la décharge d'une batterie.

« Nous voyons passer un officier, dont le cheval est lancé à toute vitesse ; il jette ces mots à notre Chef de bataillon : « C'est le 15e Corps « qui attaque à droite. » Le bruit formidable de l'artillerie remplit l'air. Nous faisons halte et l'on dit dans les rangs que la position de Baccon est prise d'assaut après deux charges à la baïonnette. La division du 16e Corps, dont je fais partie, est mise en marche sur Coulmiers. Vers midi, nous atteignons les jardins qui entourent le village, et chacun de nous s'embusque de son mieux. Les balles sifflaient, et les obus éclataient de toutes parts. Je me glissais d'arbre en arbre, le corps plié en deux, mais je ne pouvais viser à cause d'une épaisse fumée. « Réglez-« vous les uns sur les autres, » criait le Capitaine, qui n'avait pas le sabre à la main, et nous poussait en avant ou nous retenait, en jurant comme un païen. Il ne se gênait pas non plus pour se servir de sa canne ; mais il était si brave et si bon que nous nous serions tous fait massacrer pour lui. Au moment où nous allions entrer dans Coulmiers, le 7e chasseurs occupait notre droite, et le 31e de marche notre gauche. A la tête du 31e, son Colonel entraînait le régiment. Lorsque je le vis chanceler, puis tomber mort, je demandai son nom et je sus qu'il était M. de Fonlonges.

« Pendant un instant, nous fûmes arrêtés puis repoussés. Le Général Barry, commandant la division, parut à cheval au milieu de nous, mit pied à terre, et, montrant de sa canne les Bavarois, jeta le cri de : *Vive la France !* Nous répétons ce cri en nous lançant sur le village. Il est en flammes, et nous nous battons corps à corps dans les rues, dans les cours et même dans les maisons. Je me sers de ma baïonnette rouge de sang, je casse des têtes à coups de crosse, je ne me connais plus, ma vue est troublée, un bruit formidable m'étourdit, je suis d'une force prodigieuse, et la poudre m'a enivré. Mes lèvres sont sèches et je ne m'aperçois même pas qu'un filet de sang coule de mon front. Qui m'a blessé ? Je n'en sais rien.

« Les Bavarois fuient de tous côtés et l'on sonne le ralliement, lorsque le jour finit au milieu de la pluie et de la neige qui commençait à tomber.

. . . .

« Vers le milieu de la journée, pendant une marche pénible, le Général d'Aurelle était arrivé près de nous. Accablé de fatigue, le front soucieux, il nous vit défiler. Ce n'était pas un jeune homme, mais un rude vétéran à la physionomie sévère. On le redoutait tout en l'aimant. Il adressait aux soldats qui passaient devant lui quelques paroles brèves. Tout en lui indiquait l'énergie, cette énergie des champs ou de la mer ; il devait y avoir de cette race autour de saint Louis aux croisades, ou près de Jean Bart à l'heure de l'abordage.

« Je crois, en vérité, que le Général d'Aurelle me regardait en disant : « Allons, enfants, encore un « coup de collier ! »

« J'ai aussi un autre souvenir précieux de la bataille de Coulmiers. Deux ou trois fois par heure, nos batteries cessaient un instant leur feu et se portaient rapidement plus près de Coulmiers. En passant près d'une de ces batteries qui recommençait son tir, je remarquai que les boulets et les obus pleuvaient sur nos pièces qui répondaient furieusement. Les canonniers et les chevaux tombaient de tous côtés. Je fus saisi d'admiration en voyant le Colonel d'artillerie de Nöue debout sur un tertre, auprès d'une ferme abandonnée ; sa lorgnette à la main, quelques fourriers autour de lui, le Colonel, calme, tranquille comme dans un salon, envoyait partout ses ordres, commandant sans la moindre émotion, suspendant un mouvement, dirigeant le feu ou pressant la marche en avant.

« J'ai vu ce jour-là, 9 Novembre 1870, des actes de bravoure extraordinaires, mais l'image de ce Colonel est restée dans mon souvenir comme le suprême effort de l'homme sur la nature, comme la victoire la plus complète d'un cœur de soldat remplissant son devoir. »

GÉNÉRAL AMBERT.

Récits militaires, la Loire et l'Est.
Bloud et Barral, Éditeurs.

GAMBETTA

VOIR LA NOTICE PAGE 68.

Coulmiers était notre première victoire, et la bataille qui nous rendait Orléans semblait devoir nous ouvrir la route de Paris. Aussi y eut-il à cette nouvelle comme un frisson d'espérance et d'enthousiasme qui secoua la France entière. GAMBETTA félicita dans la proclamation suivante les jeunes troupes de l'Armée de la Loire, qui avaient fait leur devoir avec autant de bonheur que de vaillance.

PROCLAMATION A L'ARMÉE DE LA LOIRE.

Quartier général de l'Armée de la Loire, ce 12 Novembre 1870[1].

Soldats de l'Armée de la Loire,

Votre courage et vos efforts nous ont enfin ramené la victoire, depuis trois mois déshabituée de nos drapeaux. La France en deuil vous doit sa première consolation, son premier rayon d'espérance.

Je suis heureux de vous apporter, avec l'expression de la reconnaissance publique, les éloges et les récompenses que le Gouvernement décerne à vos succès.

Sous la conduite de chefs vigilants et fidèles, dignes de vous, vous avez retrouvé la discipline et la force. Vous nous avez rendu Orléans, enlevée avec l'entrain de vieilles troupes accoutumées depuis longtemps à vaincre.

A la dernière et cruelle injure de la fortune, vous avez montré que la France, loin d'être abattue par tant de revers inouïs jusqu'à présent dans l'histoire, entendait répondre par une générale et vigoureuse offensive.

Avant-garde du pays entier, vous êtes aujourd'hui sur le chemin de Paris.

N'oublions jamais que Paris nous attend, et qu'il y va de notre honneur de l'arracher aux étreintes des barbares qui le menacent du pillage et de l'incendie. Redoublez donc de constance et d'ardeur. Vous connaissez maintenant nos ennemis. Jusqu'ici, leur supériorité n'a tenu qu'au nombre de leurs canons.

Comme soldats, ils ne nous égalent ni en courage ni en dévouement. Retrouvez cet élan, cette furie française qui ont fait notre gloire dans le monde, et qui doivent aujourd'hui nous aider à sauver la Patrie.

Avec des soldats tels que vous, la République sortira triomphante des épreuves qu'elle traverse ; et, après avoir organisé la défense, elle est en mesure à présent d'assurer la revanche nationale.

Vive la France! Vive la République une et indivisible!

Le membre du Gouvernement de la Défense nationale, Ministre de l'Intérieur et de la Guerre.

LÉON GAMBETTA.

[1]. Le Quartier général était à Villeneuve-d'Ingré.

MONSEIGNEUR L. BAUNARD (1826)

Auteur de nombreux ouvrages religieux, historiques et philosophiques, notamment d'un ouvrage très remarqué, LE DOUTE ET SES VICTIMES DANS LE SIÈCLE PRÉSENT, MONSEIGNEUR BAUNARD, Recteur de l'Université catholique de Lille, appartient comme historien à notre recueil par son ouvrage sur le Général de Sonis. Écrit en grande partie sur des documents personnels, ce livre met en pleine lumière dans le héros de Loigny le soldat et le chrétien.

LE GÉNÉRAL DE SONIS ET LE COLONEL DE CHARETTE A LA JOURNÉE DE LOIGNY. UNE fois le mouvement tournant arrêté, il fallait se rendre maître de la position de Loigny, qui était le point de résistance le plus important. Dès le 27 Novembre, les ennemis avaient organisé ce village pour la défense. Ils avaient dû l'abandonner dans la nuit du 1er au 2 Décembre; et aussitôt l'Amiral Jauréguiberry l'avait fait occuper par le 2e et le 3e bataillon du 37e, avec ordre de tenir jusqu'à la dernière extrémité. Ce fut vers midi que nos hommes s'y établirent. Les Allemands s'y portaient déjà au même moment, et étaient près d'y rentrer. Repoussés d'abord, ils canonnèrent le village, incendièrent quelques maisons, s'emparèrent du saillant qui fait face à Goury; mais tous leurs efforts pour se rendre maîtres du village étaient demeurés inutiles. Dans l'auberge Saint-Jacques, on lutta corps à corps; nos soldats désarmés prenaient des tabourets, et ils frappaient encore. Les habitants étaient réfugiés dans les caves : « Priez pour nous, leur disait le Commandant de Fauchier, à l'auberge Chaveau; priez pour nous, pendant que nous combattons pour vous! » Jusque-là, la troupe française avait toujours eu le dessus; mais le Duc de Mecklembourg avait envoyé ses réserves sur ce point, et pendant que nos soldats, à couvert dans le cimetière, tiraient presque à bout portant, les Allemands renforcés débordaient le village et prenaient pied dans la partie qui regarde le petit bois.

C'est de ce côté que le Généra[l] tourna son artillerie. « Elle était con[]sidérable et admirable de toute ma[]nière, témoignait-il devant la Com[]mission d'enquête. Cette belle troup[e] se distinguait aussi bien par l'espri[t] militaire de ses soldats que par cel[ui] de ses officiers. Je ne saurais jamai[s] assez en faire l'éloge. »

Protégés par ce feu, il fallait s[e] hâter de secourir et de joindre le[s] braves du 37e et M. de Sonis alla[it] lancer sa brigade sur Loigny, lors[]qu'il s'aperçut qu'un grand troubl[e] se manifestait dans sa ligne de ba[]taille. On vint bientôt lui dire[:] « Votre centre se replie. » D'un bon[d] de son cheval, il se porte vers deu[x] régiments de marche d'un effec[tif] considérable : le 48e et le 51e. Il a[lla] vers l'un des deux, le 51e, qui lâch[ait] pied, et, criant de toutes ses forces[:] « En avant! Avez-vous peur? » Puis, les voyant reculer : « Misé[]rables! vous nous perdez! » et, [en] deux mots, il leur montre les désastr[es] qu'ils préparent : les Prussiens l[es] poursuivant dans leur fuite ho[n]teuse; notre armée coupée en deu[x,] toute notre artillerie enlevée; le [16e] Corps surpris et écrasé dans [sa] retraite. « Mes paroles furent im[]puissantes, rapporte le Général. [Ce] malheureux régiment reculait tou[]jours sans que j'aie pu comprend[re] cette panique. Indigné, je menaç[ai] de brûler la cervelle aux soldats qu[e] j'avais devant moi. Je criais : « Vou[s] « êtes des lâches, vous nous perde[z;] « vous nous déshonorez; vous ête[s] « des misérables, indignes du no[m] « français; je flétrirai le numéro d[e] « votre régiment. » Les spahis de m[on] escorte frappaient les fuyards à coup[s] de plat de sabre pour les ramener au devoir. Ils subirent ce dernier outrage, mais sans avancer d'un pas.

« C'est alors que je leur dis : « Eh bien, puisque vous ne savez « pas mourir pour la France, je vais « faire déployer devant vous le dra- « peau de l'honneur. Regardez-le et « tâchez de le suivre lorsqu'il va pas- « ser dans vos rangs. »

« Là-dessus, je partis et je me lançai au galop sur ma réserve d'artillerie, où j'avais placé mes zouaves, mon bataillon sacré. Je criai à Charette : « Mon ami, amenez-moi un « de vos bataillons. » Il en avait deux. Puis, m'adressant aux zouaves : « Il « y a là-bas des lâches qui refusent de « marcher. Ils vont perdre l'armée. A « vous de les ramener au feu. En « avant, suivez-moi ! Montrons-leur « ce que valent des hommes de cœur « et des chrétiens. »

« Un cri d'honneur s'échappa de ces nobles poitrines. Ces braves enfants se précipitèrent vers moi; tous voulaient courir à la mort. J'en pris trois cents, le reste devant rester à la garde de l'artillerie. Le bataillon partit, accompagné par les francs-tireurs de Tours et de Blidah, les mobiles des Côtes-du-Nord, et précédé par une ligne de tirailleurs. C'était en tout huit cents hommes.

« Il était quatre heures et demie. Le jour tombait. Je dis au Colonel de Charette : « Voici le moment de dé- « ployer la bannière du Sacré-Cœur. » Elle se déploya, on la voyait de partout. C'était électrisant. Nous marchâmes ainsi d'un pas assuré, bien convaincus que nous remplissions un grand devoir. J'avais toujours l'espoir que la 3e division arriverait enfin et appuierait mon mouvement. Je ne doutais pas non plus que cette poignée de braves ne ramenât au feu les troupes qui battaient en retraite. Arrivé à la hauteur du 51e : « Sol- « dats ! dis-je à ces hommes, voilà le « drapeau de l'honneur, suivez-le, en « avant ! » Mais rien, rien. Secouant mon képi de la main gauche, et brandissant mon épée de la main droite, je leur criai : « N'avez-vous « plus de cœur ? Marchez ! » Ils ne marchèrent pas.

« Et nos zouaves avançaient toujours. J'avais à ma droite le Colonel de Charette, à ma gauche le Commandant de Troussures. Ce dernier se jetant à mon cou : « Mon Gé- « néral, me dit-il, que vous êtes bon « de nous mener à pareille fête ! » Noble cœur ! Ce devait être sa dernière parole.

« Dans ce moment, il y avait un tel entrain dans cette troupe qu'elle décida même un mouvement en avant de la part de mes lignes restées jusqu'alors immobiles, ce qui me rendit l'espoir. Devant cette fusillade, les Allemands, qui occupaient depuis le matin la ferme de Villours, l'abandonnèrent et se sauvèrent. Mais, arrivés en face du petit bouquet de bois, au buisson des acacias, à 2 ou 300 mètres du village, nous fûmes accueillis à bout portant par un feu de mousqueterie très violent, et beaucoup des nôtres tombèrent pour ne plus se relever. Le 51e, que j'avais ramené un instant au combat, ne soutint pas cette épreuve; il nous quitta pour ne plus reparaître.

« Je restai à la tête des zouaves pontificaux qui faisaient une résistance héroïque, disait Sonis à l'enquête. Je ne voyais pas reparaître la 3e division que j'avais envoyé chercher; et à part l'Amiral Jauréguiberry, qui tenait toujours à Villepion, je n'avais aucune nouvelle du 16e Corps. Que devais-je faire alors ? Je ne voulus point me déshonorer en abandonnant ces trois cents zouaves qui marchaient derrière moi, et qui ne m'auraient jamais pardonné ce crime. Je me sentis fort pour le sacrifice que j'allais accomplir, du consentement de ces braves. Ils s'appelaient les soldats du pape, et il me parut bon de mourir sous le drapeau qui les abritait. Tous ensemble, nous poussâmes un dernier cri : « Vive la France ! Vive Pie IX ! » Ce fut notre acte de foi.

« Trois cents zouaves s'étaient donc élancés avec moi. Je ne les avais destinés qu'à une chose : produire un grand effet moral, capable d'entraîner au devoir une troupe démoralisée. De ces trois cents hommes, cent quatre-vingt dix-huit tombèrent devant Loigny, et avec eux dix des quatorze officiers qui les commandaient. La plupart de ces héros tombèrent à mes côtés.

« Moi-même je fus blessé d'un coup de feu à la cuisse tiré à bout portant. Je n'eus plus la force de tenir mon cheval. Je criai à mon officier d'ordonnance, M. le Capitaine Bruyère : « Mon ami, prenez-moi « dans vos bras ; c'est fini pour aujour- « d'hui. » Il me déposa à terre, aidé en cela par M. de Harscouët, Lieutenant aux zouaves pontificaux. J'ordonnai ensuite à M. Bruyère de se retirer, et d'aller prévenir le plus ancien officier général de prendre le commandement du 17e Corps et de diriger la retraite.

« J'eus en ce moment la consolation d'entendre rouler derrière moi toute mon artillerie ; et je suis heureux, en finissant ce récit, de pouvoir constater que le 17e Corps n'a pas perdu une seule bouche à feu pendant le temps où j'ai eu l'honneur de le commander. »

MGR BAUNARD.

Le Général de Sonis, d'après ses papiers et sa correspondance. Paris, Ch. Poussielgue, 1890.

GÉNÉRAL DE SONIS (1825-1887)

La carrière militaire de LOUIS-GASTON DE SONIS s'était passée à peu près toute en Algérie, quand il fut appelé en France avec le commandement provisoire du 17e Corps, dans la nouvelle Armée de la Loire ; c'est à ce titre qu'il prit part à la bataille de Loigny. Amputé d'une jambe au presbytère de Loigny où il avait été transporté mourant, il devait reprendre du service actif jusqu'en 1880. Il repose aujourd'hui dans la crypte de l'église de Loigny que le curé de ce pauvre village beauceron a fait reconstruire avec l'argent d'une souscription nationale. Sonis a demandé qu'on inscrivît sur sa tombe ces mots qui le peignent tout entier : MILES CHRISTI.

LA NUIT DE LOIGNY. J'AVAIS donc fait retirer MM. Bruyère et de Harscouët. Ils avaient voulu rester pour ne pas se séparer de moi. Mais c'eût été les livrer aux mains de l'armée prussienne qui se portait en avant, à la poursuite de nos troupes. Je les forçai de partir. Ayant donc dessellé mon cheval, qui était criblé de balles, ces deux officiers, me soutenant l'un à droite, l'autre à gauche, placèrent la selle sous ma tête et se retirèrent.

J'étais là, seul, immobile, étendu sur la terre et la neige. Autour de moi gisaient de nobles victimes qui n'avaient point marchandé leur vie, mais qui l'avaient libéralement donnée pour la grande cause de la Patrie et de l'Honneur. A quatre ou cinq pas en avant, et un peu sur ma droite, je remarquai un de ces braves étendu sur la terre et appuyé sur le coude. Était-ce un officier ou un simple zouave ? Je ne le savais pas.

L'armée prussienne ne tarda pas à passer sur nos corps, en ordre parfait.

En arrivant à la hauteur des morts et des blessés, les soldats allemands s'arrêtaient et enlevaient les armes qui pouvaient avoir quelque valeur. C'est ainsi qu'un soldat se précipita sur moi, et, me tournant et retournant avec brutalité, déboucla mon ceinturon et enleva mon épée et mon pistolet.

D'autres compagnies passèrent successivement, m'infligeant le spectacle de l'enivrement de leur victoire.

Enfin, je vis un de ces soldats que sa place dans le rang avait conduit en face du zouave dont j'ai parlé et qui était couché à quelques pas de moi, remuer du pied cet infortuné et lui écraser la tête d'un coup de crosse.

Je crus que le même sort m'attendait, et je remis mon âme à Dieu. Je le crus surtout lorsque, dans cette troupe marchant en ligne, je vis arriver directement vers moi un autre soldat qui devait me passer sur le corps. Mais celui-là, au contraire, était le bon Samaritain. Cet homme arrivé à moi s'arrêta, me prit la main, et, la serrant avec une indéfinissable expression de bonté, il me dit : « Camarade ! » C'était sans doute le seul mot de français qu'il sût, mais il y mit tout son cœur. Se penchant vers moi, ce généreux soldat inclina sa gourde et versa dans ma bouche quelques gouttes d'eau-de-vie. J'étais à jeun depuis vingt-quatre heures.

Après le passage des troupes prussiennes, des médecins et des infirmiers allemands vinrent visiter le champ de bataille. Je vis d'abord briller dans le lointain les énormes lanternes rouges sphériques qui leur servaient à rechercher les blessés. Ils relevèrent plusieurs des leurs, mais aucune offre de secours ne me fut faite et je ne voulus rien demander à l'ennemi. J'ai su plus tard que quelques-uns des nôtres avaient été recueillis par les Prussiens et conduits dans une grange du village de Loigny.

Bientôt le silence se fit autour de moi, silence troublé par la voix des mourants, appelant en vain au secours. Jamais je n'oublierai ces cris déchirants : « Docteur ! Docteur ! l'ambulance ! l'ambulance ! » Hélas ! il n'y avait dans ce champ de carnage ni docteur ni ambulance.

La nuit vint augmenter les douleurs de notre agonie, et nous fûmes bientôt entourés par un grand cercle de feux. Les Prussiens incendiaient les hameaux des environs ; et celui de Loigny, situé à deux cents mètres de moi, paraissait déjà un vaste brasier. A la lueur de l'incendie, je pouvais distinguer les silhouettes des soldats allemands se chauffant autour des maisons qui brûlaient, et le bruit de leurs conversations et de leurs rires arrivait jusqu'à moi.

Vers neuf heures, j'entendis sur ma droite, en avant de Terminiers, un cri prolongé semblable à celui que l'on entend sur la mer, lorsqu'on veut héler un bâtiment. J'eus tout de suite la pensée que quelqu'un de charitable venait à notre secours. Je ne m'étais pas trompé ; je rassemblai toutes mes forces et je criai : « Au secours ! » mais la voix s'éloignait. J'essayai alors de me traîner sur la terre dans la direction de la voix que j'avais entendue. Ce fut en vain : j'étais incapable de tout mouvement.

J'abandonnai tout espoir de salut et je me résignai à mon sort. Lorsque MM. Bruyère et de Harscouët m'avaient quitté, ils avaient emporté les derniers adieux que j'adressais à ma famille. La pensée des douleurs que ma mort allait leur causer vint navrer mon âme de tristesse ; mais je fus tiré de mon abattement par la contemplation de l'image de Notre-Dame de Lourdes ; elle ne me quitta plus.

Je perdais cependant beaucoup de sang. Ma jambe était brisée en vingt-cinq morceaux, comme on l'a vu depuis.

Vers onze heures du soir, la neige commença à tomber à gros flocons. Peu à peu les cris cessèrent ; les moribonds rendaient l'âme, le froid engourdissait tout ; il se fit un silence de mort. La neige couvrait tout de son immense linceul. Au sein de ce calme profond, je vis deux formes humaines se traîner vers moi. C'étaient deux jeunes zouaves pontificaux, tous deux enfants du peuple, car l'un était attaché au service du curé de Saint-Brieuc, et l'autre était un ouvrier cordonnier parisien. Le premier s'appelait Auger, le second Delaporte.

Ces deux jeunes blessés, qu'une foi commune avait placés au milieu de la meilleure noblesse de France, étaient de fervents chrétiens, et ils venaient me demander de leur parler de Dieu. Je les entretins de la mort avec cette liberté que donne la foi dans l'immortalité. Nous étions sur le seuil de ces espérances éternelles qui forment comme le prix de ce grand combat qu'on appelle la vie ; et sur ce seuil l'Église a placé Marie, afin d'inspirer confiance à ceux qui doivent le franchir. La Vierge immaculée fut donc l'objet de mon entretien avec ces deux jeunes gens.

Au bout d'un certain temps, ils s'aperçurent que leurs blessures leur permettaient de marcher. L'un avait reçu une balle qui lui avait enlevé toute la peau du front ; il était inondé de sang. L'autre n'avait qu'une blessure sans gravité. Faisant effort et s'aidant l'un l'autre, ils essayèrent de marcher. Ils me firent donc leurs adieux et ils tentèrent de se rendre au village voisin ; mais, avant d'y arriver, ils furent faits prisonniers.

Un autre jeune zouave, qui m'avait vu, se traîna sur la neige et vint se placer près de moi, en appuyant sa tête sur mon épaule gauche. Il y mourut peu après.

La neige tombait toujours ; mon sang coulait, mais sans souffrance ; encore une fois je ne perdis pas connaissance un seul instant. Je me représentais toujours Notre-Dame de Lourdes, et je ne cessais de sentir une paix, une consolation intérieure ineffable. Je ne recommençai à souffrir que lorsque les hommes s'occupèrent de moi.

Vers cinq heures du matin, deux Prussiens, portant de grands manteaux, s'approchèrent et me regardèrent. Me voyant les yeux ouverts, ils ne me touchèrent pas, mais ils dépouillèrent le zouave qui était venu mourir à mon côté, lui enlevant non seulement ses armes, son caban et sa ceinture, mais tout l'argent qu'il avait dans ses poches.

A sept heures environ, j'entendis encore d'autres voix qui me parurent des voix françaises. J'appelai de nouveau au secours ; mais elles s'éloignèrent, elles aussi, et je m'abandonnai à la volonté de Dieu.

Il était dix heures du matin lorsque d'autres voix retentirent, mais celles-là très distinctement et tout près moi. J'agitai mon bras droit, le seul qui fût libre ; je criai de toutes mes forces, à plusieurs reprises. Enfin l'abbé Batard, aumônier des mobiles de la Mayenne, aperçut mon geste et vint de mon côté.

MGR BAUNARD.

Le Général de Sonis. Paris.
Poussielgue, 1890.

❦

ART ROË (1865)

L'officier d'artillerie qui signe du pseudonyme d'ART ROË, est arrivé du premier coup à la notoriété avec son livre de début, PINGOT ET MOI. Le sentiment si personnel et si profond de la vie militaire qui s'y manifestait, sans parler des qualités d'un style précis sans sécheresse, expressif sans recherche, se retrouve dans ses autres écrits, comme PAPA FÉLIX, RACHETÉ, MON RÉGIMENT RUSSE, dont les sujets sont tous empruntés à l'armée, à ses gloires, à son esprit de sacrifice. SOUS L'ÉTENDARD renferme des pages, intitulées « l'Assaut de Loigny », qui sont parmi les plus émouvantes et les plus vraies qu'on ait écrites sur cet épisode héroïque de la campagne de la Loire.

❧

LES BLESSÉS DE LOIGNY. **I**LS choisirent une grange pour le logement des blessés. Là, Colossandri délia son Allemand ; il l'employa à nettoyer l'aire, tout en le bousculant et le terrifiant. Il disait l'armée prussienne détruite, hachée partout comme chair à pâté : les Français, souverains maîtres, feraient manger leurs prisonniers par les turcos. Inquiet de ces menaces que les gestes animés de l'Italien lui rendaient compréhensibles, l'autre s'arrêta de ranger une charrue contre le mur du fond; il tira de sa poche deux photographies et vint les montrer au Père.

« *Gute Frau, kleines Kind!...* »[1] répétait-il, se recommandant de ses figures chères pour qu'il ne lui fût point fait de mal.

Puis la voiture arriva; on déposa un à un les corps dolents sur leurs lits de paille. Il était trop tard pour requérir des chirurgiens : on lava simplement les plaies; puis, derrière la porte disjointe, qu'à défaut de serrure un étui de bois maintenait fermée, tous se turent dans le triste dortoir....

Le Père veillait encore, attendant pour s'endormir que les malades fussent engagés davantage dans leur sommeil. Assis, ses chaussures dénouées, son chapelet et sa ceinture déposés à côté de lui, son capuchon rabattu sur les yeux, il s'appuyait ascétiquement contre le socle d'un poteau isolé et semblait un moine de pierre sous un pilier de cathédrale. Ses vêpres achevées, il méditait.

Il songeait à ce peuple de France qui va criant partout à sa décadence et qui ne peut s'empêcher pourtant d'être un grand peuple. Comme la sève et la vie savaient encore jaillir de cette souche qu'on disait vieillie! Qu'ils étaient beaux, tout à l'heure, les pieds de ceux qui volaient à ce pèlerinage sans retour, et qui portaient si haut le labarum sous une épiphanie grandiose de canons en feu, de terre en cendre, d'âmes en délire et de troupes en mouvement! Pas de doute : qu'ils missent le siège devant Saint-Jean-d'Acre, ou qu'ils s'emparassent du Sépulcre, qu'ils levassent jadis bannière pour les droits de la veuve, ou qu'ils se jetassent aujourd'hui derrière ce preux contre ces hérétiques ; croisés de saint Louis, zouaves de Sonis, c'étaient toujours ces mêmes soldats du Christ marqués sur l'épaule du signe rédempteur, prompts à marcher dans les voies de Dieu. Nobles serviteurs! fronts éclairés d'en haut ! cœurs saignants comme le Sacré-Cœur ! Cet âge de ténèbres le reconnaîtrait-il ? Cette génération malade ouvrirait-elle les yeux sur Sonis, sur Verthamon, sur Troussures, ces signes évidents ? ou si ces grandes mémoires ne dureraient que les crises d'un faux enthousiasme, et si, quittes envers elles par des jeux de lyrisme et d'hyperbole, les rhéteurs qui mènent à jamais ces Gaulois passeraient bientôt l'éponge sur la réalité sublime et sur le sang versé?

Mais non... Dieu ne souffrirait pas que ce qu'il a mis de lui dans l'homme y fût effacé par l'homme, s'étant révélé cette fois en des soldats, il serait compris au moins par les soldats. Ainsi l'armée, miroir dans lequel la nation peut à toute heure se voir et se reconnaître, rapprendrait son passé à ce peuple oublieux ; héritière de l'histoire, gardienne des traditions, elle serait à jamais l'arche qui contient la loi, le réservoir qui contient la force ; maîtresse d'école, elle montrerait l'action à nos enfants dégénérés ; et le mouvement de cette jeunesse en armes mettrait au cadavre de cette France comme la pulsation d'un cœur nouveau....

« A boire! cria dans ce moment une voix irritée.

— Oui, mon ami, vous aurez à boire,... » répondit doucement le Père en levant la lanterne pour reconnaître le blessé qui avait parlé.

Outre le gobelet d'argent enfermé dans sa valise, il portait toujours sur lui, depuis l'Italie, un récipient de cuir replié en forme de bourse : il tira cet ustensile de sa poche pour l'aller remplir au dehors. Comme il rentrait, le Bava-

---

1. Ma brave femme, mon petit enfant....

rois, tout défaillant de sommeil, les jambes écartées et fléchissantes, se tenait sur son passage.

« *Gar traurig,... gar traurig,* »[1] dit-il, d'un ton bonhomme, en montrant du geste la couchée lamentable.

Et il s'empressa pour prendre à deux mains le récipient débordant d'eau glacée ; il abreuva lui-même le fiévreux.

Le Père revint fermer la porte. Une neige fine voltigeait au gré du vent inégal ; la lune imprégnait le ciel et la terre d'une même clarté blafarde et diffuse. Il songeait aux zouaves qui jonchaient là-bas les abords du village, et qui n'avaient pas fini de mourir, et qui hurlaient encore, consommant leurs agonies sans espoir et sans secours. Alors, à cette heure cruelle et devant cette nuit meurtrière :

« Mon Dieu ! c'est trop !... dit-il. Mon Dieu, prenez pitié ! »

Des larmes lui vinrent, et il les laissa couler librement à travers ses rides et jusqu'à sa lèvre pendante. Il pleurait ainsi devant Dieu ces belles créatures ressemblantes à Dieu. Car, exerçant jusqu'au bout le droit de les aimer, il réclamait cette douleur comme une part de son ministère ; et les ayant suivis, prêchés, consolés, absous, il ne lui restait vraiment qu'à les pleurer.

,   ART ROË. .

Sous l'Étendard. Paris, Calmann Lévy, 1895.

1. C'est bien triste, bien triste.

BARON DE MARICOURT

Capitaine des mobiles de la 8e compagnie du 2e bataillon de Loir-et-Cher, le BARON DE MARICOURT *a raconté, avec l'accent vivant et pittoresque d'un témoin oculaire, divers épisodes des opérations de son bataillon à Coulmiers, à Faverolles, à Loigny. Le fait qui suit appartient à la lamentable histoire des blessés de Loigny. Au bout de quatre jours de souffrances atroces, on entassa ces malheureux sur des charrettes et on les évacua dans la direction de Janville.*

LA SUPÉRIEURE DE L'HOSPICE DE JANVILLE. — Au bout de cinq heures de route qui nous avaient paru à tous longues comme des années, nous arrivâmes enfin à Janville.

Les voitures qui nous précédaient étaient arrêtées sur une place ; un officier prussien, commandant d'étape ou chirurgien, je ne sais, donnait l'ordre à tout le convoi de continuer jusqu'à Toury, à trois grandes lieues encore !...

J'eusse préféré, je crois, être abandonné sur la route.

Mais la Providence nous envoie la Supérieure de l'hospice de Janville.

« Non, monsieur ! s'écria-t-elle avec énergie ; ces blessés ne vous appartiennent pas, ils sont à moi et ils n'iront pas plus loin ! » Le Prussien voulut protester. « Allez ! » cria impérieusement la vieille religieuse aux charretiers, qui obéirent. « Et vous, monsieur, qui voulez faire souffrir inutilement ces blessés, vous êtes un misérable ! »

Nous assistions tout émus à cette scène dont l'issue nous intéressait tant, bénissant de tout cœur la sainte énergie de la bonne religieuse, mère Saint-Henri au couvent, Mlle de Saint-Guilhelm dans le monde.

Son dévouement aux blessés inconnus qu'elle réclamait comme siens reçut de suite une douloureuse, mais précieuse récompense. Son propre neveu, M. du Bourg, zouave pontifical, se trouvait dans le convoi, mais, hélas! blessé à mort. Il languit quelque temps, et la bonne mère Saint-Henri eut la triste consolation d'entourer son lit de

mort d'une affection maternelle.
BARON DE MARICOURT.

Casquettes blanches et Croix-Rouge.
Firmin-Didot, Éditeur.

V. PILLON-DUFRESNES

Ladon est une commune de 1300 habitants dans l'arrondissement de Montargis. Sa résistance énergique aux Allemands dans la journée du 24 Novembre doit être connue, elle est tout à l'honneur de cette bourgade. Que de villages obscurs mériteraient aussi de voir leurs noms inscrits au livre d'or de la France héroïque! Nous empruntons à M. PILLON-DUFRESNES (voir la notice, p. 156) quelques notes sur ce combat qui précéda la bataille de Beaune-la-Rolande.

LA DÉFENSE DE LADON. ON m'a fait lire, dans l'*Indépendant de Montargis* du 25 Novembre 1871, une relation complète de l'anniversaire de ce beau fait d'armes, cérémonie célébrée la veille (24) dans le village, en présence des autorités, parmi lesquelles le Dr Pillard, qui était en 1870, comme il est encore aujourd'hui, le Maire de Ladon. En voici un extrait :

« Dans l'église de Ladon, au milieu du chœur, était dressé un catafalque, sur lequel on lisait : « Tout « pour Dieu et pour la Patrie, » et aux quatre coins duquel se placèrent un soldat de chaque arme et un sapeur-pompier. La messe fut dite par M. le Curé de Bellegarde ; M. Rabotin, Vicaire général, dit l'absoute et prononça l'oraison funèbre, en prenant pour texte ces paroles : *Illi viri sunt quorum pietates non defuerunt* (Ceux-là sont des hommes, chez qui n'a pas péri le sentiment du devoir).

« Au cimetière, trois discours ont été prononcés : par M. Driard, Conseiller général, par le Sous-Préfet et par le Dr Pillard, Maire de Ladon, dont la conduite et le dévouement, pendant ces douloureux événements, ont été, comme Maire et comme Médecin, au-dessus de tout éloge.

« Le 24 Novembre 1870, a dit « M. Pillard, la commune de Ladon a « été le théâtre du premier choc entre « l'aile droite de l'Armée de la Loire et « l'Armée allemande accourant à « grandes journées de Metz au se- « cours du Général Von der Tann, « vaincu à Coulmiers. Un peloton de « chasseurs, un bataillon de ligne et « de mobiles, avec quatre pièces de « campagne, ont arrêté pendant trois « heures une colonne de 8 000 Alle- « mands, flanquée de quinze pièces « d'artillerie, et en ont mis 1 400 hors « de combat. Les officiers prussiens « eux-mêmes, qui commandaient la « colonne, m'ont fait l'aveu de ce chif- « fre à leur retour (1 700 à Beaune et « 1 900 à Lorcy, Mézières-en-Gâtine, « et Juranville.... Total : 5 000....)

« .... Je n'oublierai jamais l'ins- « tant qui a précédé l'attaque, lorsque « les chasseurs, rangés autour de la « halle, devant ma porte, attendaient « le signal. Quelle ardeur! Quelle im- « patience! Quelle joie sur leur figure ! « Enfin, disaient-ils, nous allons « donc les voir de près et nous me- « surer avec eux! Jamais je n'ou- « blierai cette charge à fond de train, « aux acclamations enthousiastes de « toute la population réunie sur la « place et qui les suivait de ses yeux, « de ses vœux et de ses espérances, « hélas! sitôt déçues... »

Pour perpétuer la mémoire de ce combat de modestes héros, on a élevé, dans la vieille église, par les soins du Maire, et inauguré le 24 Novembre 1876, une chapelle commémorative, où se trouvent déposés les restes des soldats qui ont été tués :

Sur un des murs de la chapelle, on lit :

A LA MÉMOIRE DES SOLDATS
MORTS LE 24 NOVEMBRE 1870,
COMBAT DE LADON.
ILS SONT ICI,
SOUVENEZ-VOUS D'EUX,
ET IMITEZ-LES.
Requiescant in pace !

Dans dix travées se trouvent inscrits les noms des soldats tués, 44 morts, 46 disparus.

J'ai relevé seulement les noms des enfants de Ladon : Thilloux (Georges) ; Anceau (Désiré) ; Barrault (Louis) ; Pinaux (Charles), *disparu*.

Là ne s'est pas borné le pieux hommage rendu au combat de Ladon. Sur la place de la Mairie, se dresse une pyramide, qui a été inaugurée le 24 Novembre 1886 par le Général Caillot, représentant du Ministre de la Guerre. Sur la face, on a a inscrit :

1870
24 NOVEMBRE
HONNEUR AUX 1 430 CONTRE 8 000.
MOBILES DE LA LOIRE ET DE LA
HAUTE-LOIRE.
44e DE MARCHE. FRANCS-TIREURS DU
DOUBS.

Tu trouveras peut-être ces détails un peu longs ; j'ai pensé qu'ils pourraient t'intéresser ; car si les souvenirs que j'évoque de cette épouvantable guerre sont toujours tristes, il est cependant consolant de voir que, dans nos malheurs et dans notre écrasement foudroyant, le courage de nos soldats n'a jamais fait défaut. Nous avions été, là comme partout, écrasés par le nombre : 1 400 contre 8 000 Allemands ! Luttes toujours inégales ! triste refrain de cette malheureuse guerre, mais qui ont toujours démontré, tant elles étaient vaillamment disputées, que le vieux sang gaulois n'avait pas dégénéré. Il est donc à présumer, sans trop de forfanterie, qu'avec de tels hommes, si la guerre eût été conduite d'une façon intelligente et sans les préoccupations dynastiques et politiques qui ont été si funestes, le cours des événements eût pu être singulièrement modifié. Mais à quoi sert de récriminer ?...

V. PILLON-DUFRESNES.

A. DE MAZADE.

Lettres et Notes intimes, 1870-1871.
P. Frémont, Beaumont-sur-Oise, 18...

❦ ♣ ❧

DIMIER DE LA BRUNETIÈRE

Sous ce titre, SOUVENIRS ET LETTRES DE CLAUDE-VICTOR-ANTONIN DIMIER DE LA BRUNETIÈRE, ENGAGÉ VOLONTAIRE POUR LA CAMPAGNE DE 1870-1871, SERGENT AU 45e DE MARCHE, FRAPPÉ ET DISPARU A LA BATAILLE DU MANS LE 11 JANVIER 1871, AGÉ DE 19 ANS ET DEMI, *des mains pieuses ont publié une sorte de journal, fait de la correspondance d'un fils avec ses parents. Peu de lectures sont plus poignantes que ce livre modeste et intime, « dédié aux mères qui ont perdu leur fils dans la funeste campagne de 1870-1871 ». A ces pages sans apprêt, mais pleines d'héroïsme, nous empruntons une lettre écrite au moment de la retraite de l'Armée de Chanzy.*

❧ ❦

LA RETRAITE DE L'ARMÉE DE CHANZY.

Marchenoir, 5 Décembre 1870.

CHER Papa,
C'est la seconde fois que je vous écris, et que ma lettre est interrompue par l'arrivée des Prussiens !... Nous battons en retraite devant eux, voyageant jour et nuit, faisant des étapes fabuleuses, que nos vieux soldats du Mexique et d'Italie jurent n'avoir jamais connues. Il suffit de vous dire que, partis de Saint-Mammès, l'autre jour, à six heures du matin, nous sommes allés à Brou, passant dans les bois des

Coudreaux, de Chantemesle, etc., marchant au pas de course, à-travers les terres labourées,... tout cela sans manger, ni boire. Arrivés à Brou, à six heures du soir, avec défense d'entrer en ville, nous sommes revenus à notre camp à quatre heures du matin, ayant fait plus de treize lieues ce jour-là, et marché plus de vingt-quatre heures sans quasi nous arrêter. Les Prussiens ont quitté Brou à notre arrivée, et y sont rentrés quand nous sommes partis, pour y mettre le feu, dit-on, le lendemain. Nous avons levé le camp à deux heures de l'après-midi, nous avons voyagé tout le jour, toute la nuit, tout le lendemain, jusqu'à trois heures de l'après-midi ; nous nous sommes arrêtés enfin, hier, et nous voilà maintenant à Marchenoir, que nous allons quitter tout de suite, pour rentrer dans les chemins de traverse, par la pluie battante.

Inutile de dire que plus de la moitié de l'armée a succombé et s'est fondue en route.

Dans mon escouade, sur dix-huit hommes, il n'en est encore revenu que quatre.

Je ne suis pas du nombre de ceux qui sont tombés d'épuisement le long des chemins ; grâce à ce qui me restait dans ma bourse, je me suis bourré d'eau-de-vie et de choses fortifiantes, que je n'ai pu trouver, dans un pays déjà ravagé par les Prussiens, qu'à coup d'argent. Aussi, vous prié-je, cher Papa, de m'en renvoyer par un mandat sur la poste.

Je change de lieu à tout instant.

Adressez donc ce mandat au 45ᵉ régiment de marche, 1ᵉʳ bataillon, 17ᵉ Corps ; cela arrivera toujours.

Adieu, cher Papa, je vous embrasse, ainsi que maman.... »

Votre fils,
ANTONIN.

Souvenirs et Lettres de Cl.-Victor-Antonin Dimier de la Brunetière.
1873.

AMÉDÉE DELORME (1850)

L'auteur du JOURNAL D'UN SOUS-OFFICIER s'était engagé à Toulouse le premier jour de sa vingtième année. Après quelques semaines passées à Perpignan au dépôt de son régiment, il fut versé dans le 48ᵉ régiment de marche et envoyé à l'Armée de la Loire. Blessé grièvement à la bataille de Josnes, il dut abandonner la campagne. De son JOURNAL, où l'on devine à chaque page un Français qui fit simplement et courageusement son devoir, nous extrayons quelques passages.

JE LE FERAIS ENCORE, SI J'AVAIS A LE FAIRE.

L'ORDRE donné, il n'y avait plus ni hésitation ni scrupule. Je tirais, je chargeais ; je tirais toujours, avec calme et sang-froid, visant de mon mieux, comme à la cible, sans fièvre ni remords ; il n'y a pas de comparaison à établir entre l'impression de ce moment et le tressaillement pénible qu'avait provoqué le premier bruit des balles, à la nuit tombante. Occupé d'exécuter méthodiquement la charge, je ne songeais pas à trembler, quoique le sifflement fût autrement intense et soutenu que la veille. L'appréhension vague — on ne peut trop le répéter — est pire que le danger réel, défini ; le danger se laisse regarder sans terreur, pourvu qu'on le regarde en face.

Dans le mouvement incessant des artilleurs, au sein de la fumée qui se renouvelait, s'épaississait sans cesse, il était impossible de les viser individuellement ; mais, les uns à plat ventre, d'autres, comme moi, un genou en terre, ce qui est une excellente position pour assurer le tir, nous prenions tous pour objectifs les flammes qui, d'instant en instant, jaillissaient de cette nuée blanche. A 150 mètres environ, nos coups portaient ; nos balles firent des ravages...

... Avant que j'eusse refermé le tonnerre sur la cartouche, une forte commotion, comme un rude coup de bâton, m'avait secoué le bras gauche. Toujours dans la position du tireur à genou, je chargeais ; ma main glissa inerte de dessus mon genou par terre, et un flot de sang l'inonda. En même temps, une très vive douleur se faisait sentir à la jambe sur laquelle avait reposé mon bras.

Point de doute possible, nos maladroits adversaires avaient enfin, sur mille coups peut-être, touché au moins une fois. Une balle m'avait fracassé l'avant-bras, l'avait traversé, et s'était amortie sur ma cuisse....

Ramené à Toulouse, M. Am. Delorme y resta presque moribond jusqu'au mois de Mai.

... Un jour, en cachette de mes parents, je parvins, après une heure de patients efforts, avec l'aide d'une amie du voisinage, à glisser mon bras ankylosé dans la manche trouée de mon habit de guerre, ce bras si largement labouré par la lancette du chirurgien, ce bras qu'avait si longtemps menacé le couteau de l'opérateur, ce bras qui m'avait été conservé miraculeusement. Soutenant à peine ma main cependant lourde comme du plomb, j'apparus soudain. triomphant, aux yeux de tous les miens réunis pour le repas du soir. Quelle surprise, et quel attendrissement ! Ah ! j'ai causé bien des soucis à ma mère, il est vrai ; mais en revanche, quelles joies infinies ! Nulle autre récompense ne pouvait égaler celle-là et elle m'a suffi. Aussi, en dépit des plus vives souffrances, malgré l'énervement de ma longue maladie, dans l'angoisse de très douloureuses opérations, aucun regret n'est jamais venu obscurcir ni troubler ma conscience. Aux amis qui s'apitoyaient sur moi, j'ai pu répéter sans cesse, en toute sincérité, ce vers si simple du grand Corneille :

Je le ferais encore si j'avais à le faire,

AMÉDÉE DELORME.

Journal d'un sous-officier, 1870.
Hachette et Cⁱᵉ, Éditeurs.

GÉNÉRAL CHANZY (1823-1883)

Après l'abandon définitif d'Orléans par les troupes françaises, le GÉNÉRAL CHANZY reçut le commandement de la deuxième Armée de la Loire. Durant deux mois, en plein hiver et avec des troupes improvisées, il eut à lutter contre trois armées prussiennes ; à Beaugency, à Josnes, à Marchenoir, à Origny, il arrêta leur mouvement offensif et les Allemands durent mettre en ligne 180 000 hommes pour le forcer à reculer. A Vendôme, au Mans, il soutint encore avec avantage le choc de toute l'armée ennemie ; pendant six jours, l'Amiral Jauréguiberry, qui commandait le 16ᵉ Corps, arrêta près du Mans les colonnes prussiennes victorieuses. Il montra un acharnement et une bravoure qui restent l'éternel honneur de cette campagne désespérée. Retiré à Laval, le Général Chanzy réorganisait son armée quand fut signée la suspension d'armes. Il a écrit l'histoire de son commandement : LA DEUXIÈME ARMÉE DE LA LOIRE, dont nous citons cette protestation indignée en réponse aux brutalités commises par les Allemands à Saint-Calais. L'homme de guerre que l'on regardait comme le général de la revanche mourut quatre jours après Gambetta.

LETTRE DU GÉNÉRAL CHANZY AU COMMANDANT PRUSSIEN A VENDOME.

PENDANT que ces deux colonnes mobiles gagnaient leurs positions, un parti ennemi, composé d'infanterie, de cavalerie et d'artillerie, venant de Vendôme par Épuisay, se présenta devant Saint-Calais, le

25 Décembre, obligea les éclaireurs du Capitaine Bernard à se retirer sur Bouloire, et pénétra dans la ville, pillant les maisons, maltraitant les habitants et exigeant 17 000 francs de la municipalité. Aux observations faites par les notables, qui rappelaient les soins donnés dans Saint-Calais aux malades et aux blessés allemands à la première invasion, l'officier prussien répondit en les traitant de lâches et de vaincus, et en leur jetant 2 000 francs, pris sur la contribution, pour payer ces bons traitements[1].

Ces faits révoltants se passaient en vue des avant-postes de l'armée. Tout en se réservant de chercher à les venger, le Général en chef crut devoir commencer par les flétrir, et adressa, par parlementaire, au Commandant prussien à Vendôme, la protestation ci-après qu'il fit mettre à l'ordre dans tous les Corps :

« *Le Général Chanzy au Commandant prussien, à Vendôme.*

« Au grand Quartier général du Mans, le 24 Décembre 1870.

« J'apprends que des violences inqualifiables ont été exercées par des troupes sous vos ordres sur la population inoffensive de Saint-Calais, malgré ses bons traitements pour vos malades et vos blessés.

« Vos officiers ont exigé de l'argent et autorisé le pillage : c'est un abus de la force qui pèsera sur vos consciences, et que le patriotisme de nos populations saura supporter. Mais ce que je ne puis admettre, c'est que vous ajoutiez à cela l'injure, alors que vous savez qu'elle est gratuite.

« Vous avez prétendu que nous étions les vaincus : cela est faux. Nous vous avons battu et tenu en échec depuis le 4 de ce mois. Vous avez osé traiter de lâches des gens qui ne pouvaient vous répondre, prétendant qu'ils subissaient la volonté

du Gouvernement de la Défense nationale, les obligeant à résister alors qu'ils voulaient la paix et que vous la leur offriez. Je proteste avec le droit que me donnent de vous parler ainsi la résistance de la France entière et celle que l'armée vous oppose et que vous n'avez pu vaincre jusqu'ici.

« Cette communication a pour but d'affirmer de nouveau ce que cette résistance vous a déjà appris. Nous lutterons avec la conscience du droit et la volonté de triompher, quels que soient les sacrifices qu'il nous reste à faire. Nous lutterons à outrance, sans trêve ni merci, parce qu'il s'agit aujourd'hui de combattre, non plus des ennemis loyaux, mais des hordes de dévastateurs qui ne veulent que la ruine et la honte d'une nation qui prétend conserver son honneur, son indépendance et son rang.

« A la générosité avec laquelle nous traitons vos blessés et vos prisonniers, vous répondez par l'insolence, l'incendie et le pillage.

« Je proteste avec indignation, au nom de l'humanité et du droit des gens que vous foulez aux pieds. »

M. de Vézian, ingénieur des Ponts et Chaussées, attaché au grand Quartier général, chargé de porter cette protestation à Vendôme, rentra au Mans le 28 avec le reçu ci-après, sans toutefois avoir pu voir le Commandant des troupes allemandes lui-même :

« *Deuxième Armée.*

« Reçu une lettre du Général Chanzy. Un Général prussien, ne sachant pas écrire une lettre d'un tel genre, ne saurait y faire une réponse par écrit.

« Quartier général à Vendôme, 28 Décembre 1870.

« *Le Général commandant à Vendôme.* »
(Illisible).

CHANZY.

La Deuxième Armée de la Loire. Paris, Plon, Nourrit et Cie, Éditeurs.

---

[1]. Ce récit fut fait au Commandant en chef par le Juge de paix de Saint-Calais et des notables venus tout exprès au grand Quartier général pour exposer ce qui s'était passé et se plaindre.

TABLEAUX DE L'ANNÉE TRAGIQUE

EDMOND DESCHAUMES (1856)

EDMOND DESCHAUMES, un des plus féconds chroniqueurs de la presse actuelle, a écrit sur la guerre de 1870 un livre d'histoire qu'il faut ranger parmi les mieux documentés. LA RETRAITE INFERNALE retrace l'épopée de l'Armée de la Loire. Le récit en est clair, d'une précision de procès-verbal, — et c'est véritablement le procès-verbal d'événements mémorables. — Nous en avons coupé cet épisode de la bataille du Mans.

BATAILLE DU MANS. Dès le matin (11 Janvier 1871), malgré le mauvais état de sa santé, le Général Chanzy, entouré de son État-major, escorté de ses Algériens, visita les troupes rangées en bataille, inspectant la tenue des hommes, contrôlant la position des Corps, cherchant à exciter l'enthousiasme par la promesse de grandes récompenses à tous ceux qui feraient leur devoir. La neige avait cessé de tomber, mais la température était très froide.

L'ennemi portait ses efforts les plus énergiques sur les hauteurs d'Yvré-l'Évêque et le plateau d'Auvours. Nos troupes tinrent bon dans leurs positions en avant d'Yvré.

La situation était plus grave au plateau d'Auvours. Pendant que, bien soutenus par notre artillerie, dont une batterie de 12 criblait le château des Arches de ses boulets, les soldats du Général Goujard prenaient hardiment l'offensive et réussissaient à se loger dans ce château, le Colonel Bel et le Commandant de Trégomeun tombaient mortellement à Champagné, où leurs hommes ne pouvaient plus se maintenir. De Champagné, l'ennemi avait pu organiser son attaque. L'infanterie prussienne, s'élançant par ce chemin d'un accès facile, et qu'il nous eût fallu conserver à tout prix, débouchait à deux heures sur le plateau d'Auvours et se ruait, en poussant des hourras de victoire, sur les mobiles bretons et le 51e de marche. Soutenues par les mitrailleuses, ces troupes opposèrent une résistance acharnée. A la fureur du combat, on comprenait que les officiers et les soldats tenaient à honneur d'exécuter l'ordre de Chanzy de défendre jusqu'à la mort la position capitale dont la garde leur avait été confiée. Les troupes du IXe corps prussien envahissaient alors à leur tour ce plateau si énergiquement défendu. Écrasés par l'attaque de ces renforts, découragés par ce nouveau péril, les soldats du Général Pâris se laissaient emporter par le vertige de la déroute. Infanterie, cavalerie, équipages se jetaient comme un torrent sur les pentes du plateau, espérant trouver le salut dans la fuite. Cette cohue se précipita sur les ponts de l'Huisne, à Yvré-l'Évêque, et tenta de les franchir.

Mais au village d'Yvré se tenait le Général Goujard. Inaccessible à la peur, ne connaissant que son devoir, n'obéissant qu'aux ordres reçus, Goujard barra le chemin à cette foule en déroute. Il ordonne de mettre en batterie deux pièces de canon sur la route. On fera feu sur les fuyards qui refuseront de s'arrêter. Ces soldats qui viennent d'être vaincus s'arrêtent devant cette attitude énergique. Les officiers réunissent et groupent leurs soldats dispersés.

Ce qui importe avant tout, c'est de reprendre le plateau à l'ennemi, de l'en chasser immédiatement, de ne pas lui laisser une minute de plus cette position qui commande les nôtres sur la rive droite de l'Huisne, qui est la clef de notre centre, et par laquelle un mouvement rapide peut nous envelopper et nous enfermer entre deux rivières.

Goujard se place à la tête de deux bataillons de mobilisés, celui de Nantes et celui de Rennes, et appelle à lui le 1er bataillon des zouaves de Charette :

« Allons, messieurs, s'écrie-t-il, en avant pour Dieu et pour la Patrie. Le salut de l'armée l'exige ! »

Mobiles et zouaves suivent leur général.

Sur son chemin, cette colonne héroïque rallia le Commandant Tarillon, qui n'avait point lâché pied avec ses chasseurs et tenait toujours tête aux Prussiens.

Le plateau d'Auvours n'est d'un accès facile que par Champagné. C'est à la suite de la prise de ce village que les Allemands avaient pu en gravir les pentes, beaucoup plus douces de ce côté. Il fallut que Goujard lançât ses hommes sur des hauteurs abruptes, coupées de taillis, de murs, de talus, de buissons et de haies, tandis que de la crête du plateau l'infanterie prussienne dirigeait sur nous un feu terrible. Nos troupes, électrisées par leur chef, gagnèrent le sommet de ces crêtes. Les zouaves s'y firent hacher et se montrèrent à cet audacieux assaut tels qu'on les avait vus à Loigny, à la suite du Général de Sonis. Le succès récompensa tant d'héroïsme et de sang versé. Le plateau retombait entre nos mains.

A ce moment, la victoire semblait sourire à Chanzy. Jauréguiberry, qui était à Pontlieue, avait déjoué toutes les attaques de l'ennemi sur le Tertre et la Tuilerie. A 6 heures du soir, le Général en chef pouvait compter cette journée sanglante pour un succès.

EDMOND DESCHAUMES.

La Retraite infernale. Firmin Didot et Cⁱᵉ, Éditeurs.

VI

L'ARMÉE DU NORD

JULES BRETON (1827)

JULES BRETON, l'excellent peintre de la PROCESSION DANS LES BLÉS *et de tant de tableaux qui évoquent poétiquement les plaisirs et la vie rustique du Nord (car le peintre a passé toute sa vie à Courrières) est, en même temps, un écrivain délicat, un poète dont la plume est aussi colorée que le pinceau. Dans l'un de ses livres :* UN PEINTRE PAYSAN, *il raconte des souvenirs divers, entre autres quelques-uns sur la guerre, dont nous avons choisi un fragment plein d'évocation et d'émotion.*

LA RENTRÉE A COURRIÈRES. — J'AI parlé de ces jours décolorés où le spleen assombrit tout et où l'azur du ciel, lui-même, semble odieux.

Je me retrouve à un de ces jours néfastes et livides malgré un beau soleil de fête et, cette fois, cela ne vient pas des chimères de mon imagination.

Je suis en Bretagne, j'assiste à un pardon.

La foule se presse autour d'une vieille chapelle absolument perdue dans une sorte de désert : des dunes nues, des rochers ; çà et là, quelques carrés pierreux contenant un peu de terre végétale couleur d'amadou, entourés de ces murs bas, faits de cailloux jetés sans soin.

Une seule maison isolée sous un bouquet de chênes.

Le petit clocher, bien breton, regarde la mer qui, à deux pas, bondit furieusement et écume sur les falaises d'une petite anse sauvage et tout à fait inabordable.

Sauvage aussi, cette foule muette de beaux et sombres paysans, de marins bronzés par le vent, robustes de corps, venus ici dans leur foi superstitieuse.

Le clair soleil rayonne au fond du ciel uniformément pur. Tout resplendit, et pourtant tout me semble morne comme un muet désespoir.

Je sens mon cœur en proie à une de ces tristesses infinies que rien ne peut exprimer et que l'on n'avoue pas, tant le découragement paralyse les ressorts de l'âme.

D'ailleurs, je sens en moi un malaise physique, très vague, très poignant, un de ces avant-coureurs de maladie, pires que le mal lui-même, parce que leur mystérieuse angoisse s'attaque à un corps dans toute sa force pour en souffrir.

Pourquoi ce crêpe funèbre sur tout cet éclat de jour ?

Est-ce une amère illusion ?

Non ! Je ne rêve pas. Nous sommes à l'été 1870. La guerre est déclarée.

Tous ces jeunes gens, chair à canon !

Combien de ces femmes vouées aux larmes !

La paix de cette chapelle, dérision !

Dans cet océan qui gronde, je crois entendre la fureur de l'orgie sanguinaire. Le bruit des paquets de mer dans les grottes, c'est le canon !

C'est chaque fois comme un boulet qui me troue la poitrine.

Et ce n'est pas une vaine comparaison.

Non ! combien la mitraille horrible fauchera-t-elle de ces membres qui se prosternent pieusement, de ces mains jointes pour la prière !

Le lendemain, je tombai malade.

O rage ! Dans un lit banal d'hôtel j'apprends, de mon médecin, la première défaite !

Et puis c'est la longue et lamentable suite des catastrophes dont chacune retarde ma guérison.

Et, malgré tant de désastres, comme le désespoir espère toujours, nous attendions encore cette impossible victoire qui devait tout changer.

Et puis ce furent les hébétements, l'abrutissement de la débâcle, du failli qui s'étourdit, les horribles jeux de mots d'une sanglante gaieté qui grince des dents, la folie et la lugubre chasse aux espions.

Je ne faisais plus de peinture, je n'en avais plus le courage ; mais je jetais des cris rimés, comme si la fureur de mes strophes allait repousser l'ennemi.

Nous apprenons qu'il approche de Courrières. Il faut y être. Comment y aller ?

Toutes les voies sont coupées, sauf les côtes normandes.

Nous partons. Nous sommes tout le temps talonnés par la guerre. On raconte qu'on a tiré sur des trains de voyageurs.

Nous arrivons à Rouen.

J'ai l'imprudence de demander le musée !...

« Le musée, en un pareil moment ! me dit-on ; vous êtes un espion ! »

Nous eûmes toutes les peines du monde à prouver le contraire.

Nous-mêmes nous en voyions, des espions.

Un monsieur à l'hôtel a des allures mystérieuses.... Il n'a pas inscrit son nom sur le registre.... Nous le revoyons à la gare.... Décidément, il a un air.... « Qu'en pensez-vous, Chef de gare ?... — Oh ! je le surveille !... »

Partout c'est l'affolement. Tout le monde est stratégiste, trace son plan, voudrait diriger la campagne. On ne parle que de trahison !

Je ne m'arrête pas davantage aux incidents de ce voyage agité.

Nous arrivons à Carvin, à une lieue de Courrières.

Nous y retrouvons les gens du pays.

Ils doivent sans doute partager nos transes : les Allemands sont à trois lieues !

Mais non ! On dirait un dimanche ordinaire. On joue aux cartes, au billard, on fume tranquillement.

« Il n'y a plus que les vieux, me dit-on, tous les jeunes sont partis ! Mais, bast ! on y est ! On en rit ! A la guerre comme à la guerre ! »

Un brouillard de tabac enveloppe toutes ces têtes diffuses, singulièrement douces à côté des types sombres et sauvages auxquels notre long séjour en Bretagne nous avait habitués.

Je n'ai jamais eu davantage la sensation de la placidité du Nord.

JULES BRETON.

Un Peintre paysan. A. Lemerre, Éditeur.

GUSTAVE FLAUBERT (1821-1880)

Il ne fallait guère s'attendre à trouver quelque page sur la guerre dans les livres de FLAUBERT, quand on sait sa théorie chère sur l'impersonnalité nécessaire de l'œuvre, où jamais, prétendait-il, l'auteur ne doit intervenir ni se laisser deviner. Cette esthétique a produit SALAMMBO, LA TENTATION DE SAINT ANTOINE et même MADAME BOVARY. Pourtant le grand écrivain avait une âme vibrante et passionnée. La guerre ne le trouva pas indifférent. Il s'émeut, s'inquiète, s'enflamme. Son indignation éclate contre « l'invasion des docteurs ès lettres, cassant des glaces à coup de pistolet et volant des pendules. » Dans cette ville de Rouen où il vécut presque toujours, le voici, plein d'espoir malgré les premiers revers, organisant la garde nationale ; il porte des galons sur son uniforme ; il est capitaine. Sa correspondance, publiée après sa mort, raconte ces pathétiques journées.

AVANT L'ARRIVÉE DES PRUSSIENS A ROUEN.

Depuis dimanche dernier, il y a un revirement général ; nous savons que c'est *duel à mort*. Tout espoir de paix est perdu ; les gens les plus capons sont devenus braves ; en voici une preuve : le premier bataillon de la Garde nationale de Rouen est parti hier, le second part demain. Le Conseil municipal a voté un million pour acheter des chassepots et des canons. Les paysans sont furieux. Je te réponds que d'ici à quinze jours la France *entière* se soulèvera. Un paysan des environs de Mantes a étranglé un Prussien et l'a déchiré avec ses dents. Bref, l'enthousiasme est maintenant réel. Quant à Paris, il peut tenir et il tiendra.

« La plus franche cordialité règne, » quoi qu'en disent les feuilles anglaises. Il n'y aura pas de guerre civile ; les bourgeois sont devenus sincèrement républicains : 1° par venette ; 2° par nécessité. On n'a pas le temps de se disputer ; je crois la *Sociale* ajournée pour bien longtemps. Nos renseignements nous arrivent par ballons et par pigeons. Les quelques lettres de particuliers parvenues à Rouen s'accordent à affirmer que depuis dix jours nous avons eu l'avantage dans tous les engagements livrés aux environs de Paris ; celui du 23 a été sérieux. Le *Times* actuellement ment impudemment. L'Armée de la Loire et celle de Lyon ne sont pas des mythes. Depuis douze jours il a passé à Rouen 45 000 hommes. Quant à des canons, on en fait énormément à Bourges et dans le centre de la France. Si l'on peut dégager Bazaine et couper les communications avec l'Allemagne, nous sommes sauvés. Nos ressources militaires sont bien peu de chose en rase campagne, mais nos tirailleurs embêtent singulièrement MM. les Prussiens, qui trouvent que nous leurs faisons une guerre infâme : du moins ils l'ont dit à Mantes. Ce qui nous manque surtout, ce sont des généraux et des officiers. N'importe. on a bonne espérance. Quant à moi, après avoir « côtoyé » ou « frisé » la folie et le suicide, je suis complètement remonté. J'ai acheté un sac de soldat et je suis prêt à tout.

Je t'assure que cela commence à devenir beau. Ce soir, il nous est arrivé à Croisset 400 mobiles venant des Pyrénées. J'en ai deux chez moi. sans compter deux à Paris ; ma mère en a deux à Rouen, Commanville cinq à Paris et deux à Dieppe. Je passe mon temps à faire l'exercice et à patrouiller la nuit. Depuis dimanche dernier, je retravaille et je ne suis plus triste. Au milieu de tout cela, il y a, ou plutôt il y a eu des scènes d'un grotesque exquis ; l'humanité se voit à nu dans ces moments. Ce qui me désole, c'est l'immense bêtise dont nous serons accablés ensuite.

Toute gentillesse, comme eût dit Montaigne, est perdue pour longtemps ; on élèvera les enfants dans la haine des Prussiens ! le militarisme et le positivisme le plus abject, voilà notre lot désormais ; à moins que, la poudre purifiant l'air, nous ne sortions de là, au contraire, plus forts et plus sains. Je crois que nous serons vengés prochainement par un bouleversement général. Quand la Prusse aura les ports de la Hollande, la Courlande et Trieste, l'Angleterre, l'Autriche et la Russie pourront se repentir. Guillaume a eu tort de ne pas faire la paix après Sedan ; notre honte eût été ineffaçable ; nous allons commencer à devenir intéressants. Quant à notre succès immédiat, qui sait ? L'armée prussienne est une merveilleuse machine de précision, mais toutes les machines se détraquent par l'imprévu ; un fétu peut casser un ressort. Notre ennemi a pour lui la science ; mais le sentiment, l'inspiration, le désespoir sont des éléments dont il faut tenir compte. La victoire doit rester au droit, et maintenant nous sommes dans le droit. Oui, tu as raison ; nous payons le long mensonge où nous avons vécu, car tout était faux : fausse armée, fausse politique, fausse littérature, faux crédit.... Dire la vérité, c'était être immoral. Persigny m'a reproché tout l'hiver dernier de « manquer d'idéal » ! et il était peut-être de bonne foi. Nous allons en découvrir de belles ; ce sera une jolie histoire à écrire. Ah ! comme je suis humilié d'être devenu un sauvage, car j'ai le cœur sec comme un caillou ! Sur ce, je vais me réaffubler de mon costume et aller faire une petite promenade militaire dans le bois de Canteleu. Penses-tu à la quantité de pauvres que nous allons avoir ? Toutes les fabriques sont fermées et les ouvriers sans ouvrage ni pain : ce sera joli, cet hiver. Malgré tout cela, je suis peut-être fou, *quelque chose me dit* que nous en sortirons.

Gustave Flaubert.

Correspondance. G. Charpentier et
E. Fasquelle, Éditeurs.

ÉDOUARD FOURNIER (1819-1880)

ÉDOUARD FOURNIER est moins connu comme auteur dramatique, bien qu'il ait écrit un certain nombre de pièces de théâtre, que comme érudit ou critique littéraire. L'Esprit des autres, L'Esprit dans l'Histoire, L'Histoire du Pont-Neuf, *pour ne citer que ces ouvrages dans la longue liste de ses écrits, sont des livres où l'érudition bien informée se présente d'ordinaire sous une forme piquante. Il songea à raconter, province par province, les scènes de vandalisme qui déshonorèrent trop souvent la guerre de 1870 ; à ce dossier douloureux, intitulé* Les Prussiens chez nous, *nous empruntons quelques épisodes et une virile protestation.*

LES PRUSSIENS EN NORMANDIE. A L'ANNONCE de la grande revue qui devait être l'occasion de l'apothéose prussienne, Rouen tout entier prit le deuil : grand nombre de façades se couvrirent de tentures funèbres ; aux fenêtres, on arbora le drapeau noir, semé de larmes d'argent ; pas une boutique ne s'ouvrit, et sur la plupart on put lire, écrit à la craie, en français et en allemand : *Fermé pour cause de deuil national.*

La revue se passa entre Allemands, comme si elle avait lieu en Prusse. Ils ne le pardonnèrent pas à la ville. Leur première mesure fut une de ces grosses et brutales ironies qui est le suprême de leur esprit, quand ils veulent faire de la finesse. Dignes fils de ces gens de Berlin, qui, en 1806, n'eurent qu'une curiosité empressée et sans larmes pour les Français qui entraient chez eux, ils ne comprirent pas ce deuil, dont le noble sentiment avait échappé à leurs pères : au lieu de le respecter, sinon d'y compatir, ils s'en amusèrent en tyrans goguenards. La mauvaise plaisanterie que, sous forme de communication officielle, leur commandant à Rouen fit afficher sur les murs de la ville tendus de noir, sonna comme un méchant rire auprès d'un cercueil :

« Le Commandant en chef prie la Commandanture royale de faire part à la Mairie de Rouen que, par le fait d'arborer des drapeaux noirs, il ressort clairement combien de maisons de Rouen sont encore libres pour le logement militaire, et qu'environ 10 000 hommes pourraient y trouver place.

« Pour épargner des marches aux troupes des environs, il est à prévoir que plusieurs bataillons entreront en ville demain. Ces troupes seront logées, pour la plus grande partie, partout où sont arborés des drapeaux noirs. Il ne faudra donc pas de billets de logement.

       « Rouen, le 10 Mars.
« *Pour le Commandant en chef, le Lieutenant-colonel, Chef d'État-major.*

         « Von Burg. »

Cet ordre, qui, par le ton, voulait être narquois et plaisant, fut très sérieux d'exécution. Beaucoup de maisons reçurent un redoublement de garnisaires, sur la seule vue du drapeau qui s'y trouvait arboré ; tous arrivèrent, le fusil chargé, avec ordre de faire feu s'il ne disparaissait pas.

« Otez cette loque, dirent deux officiers furieux à un négociant qui avait hissé à sa fenêtre le plus large qu'il y eût dans la rue ; ôtez-la, ou nous allons vous envoyer trente hommes à loger.

— Ma femme, leur répondit-il, fait un second drapeau qui sera prêt ce soir ; vous pouvez donc m'en envoyer soixante. »

Rouen, par cette manifestation de son deuil, sous les yeux mêmes de l'illustre héritier prussien, venait de se rendre coupable du plus grand crime qu'un vaincu pût commettre ; il méritait donc le plus terrible châtiment. On ne le fit pas attendre : ce fut l'arrivée du 44ᵉ régiment, le plus odieux de toute l'armée, celui sur lequel M. de Bismarck compte toujours, lorsqu'il y a quelques mauvais coups, quelque lâche et cruelle exécution à faire. Il le connaît. Tous les soldats y sont de son pays, des Poméraniens, qui, brutaux de nature et barbares d'instinct, le sont devenus encore bien

plus, depuis que l'orgueil d'avoir un si remarquable compatriote les a grisés....

... Dans le pillage du petit château de M. de Bonnechose, parent de l'Archevêque de Rouen, à Broglie, dans l'Eure, le vin joua aussi son rôle ; je ne dirai pas paya sa dîme, ce serait trop peu : il fut bu jusqu'à la dernière goutte. Le reste de ce qui était à prendre s'en alla du même courant. Quand le propriétaire revint, à la paix, il n'y avait plus rien dans son château. Il s'enquit du Corps d'armée qui lui avait envoyé ces parfaits pillards, et quand il sut que c'était celui du Duc de Mecklembourg, il écrivit à cette Altesse, le 14 Mars 1871, la très vaillante lettre que voici :

« Monseigneur,

« Du 21 Janvier au 5 Mars, le modeste manoir de ma famille, situé près de Broglie, vient d'abriter et de nourrir environ deux cents cavaliers de votre armée.

« Pendant ce temps, la cave a été vidée, le linge, l'argenterie, une partie du mobilier ont disparu ; toutes les armoires, tous les tiroirs ont été crochetés ou brisés ; enfin, l'on a percé jusqu'aux murailles pour découvrir des cachettes qui n'existaient pas.

« En dénonçant ce pillage à Votre Altesse Royale, je n'ai pas la naïveté de vouloir l'instruire : elle sait que partout, sur le passage des armées allemandes, les mêmes faits se sont reproduits avec une précision mathématique, et ces faits, Monseigneur, vous les déplorez certainement plus que moi, car leur divulgation est le commencement de notre revanche.

« Pour ma part, j'attache un si grand prix à perpétuer le souvenir du pillage continué chez moi durant l'armistice et achevé le 4 Mars, la paix déjà conclue, qu'une plaque commémorative va être fixée au mur de ma maison, et, si chacun de mes concitoyens en fait autant, il n'y aura pas sur tout le territoire envahi un coin de terre où ne soit pieusement gardée la mémoire de la curée allemande.

« Veuillez agréer, Monseigneur, l'expression des sentiments français avec lesquels j'ai l'honneur d'être,

de Votre Altesse Royale, le très humble et très obéissant serviteur,

« CHARLES DE BONNECHOSE. »

ÉDOUARD FOURNIER.

Les Prussiens chez nous. Paris, Dentu, 1871.

GÉNÉRAL FAIDHERBE (1818-1889)

Le GÉNÉRAL FAIDHERBE, gouverneur et organisateur du Sénégal, fut mis par Gambetta à la tête de l'Armée du Nord. L'année 1871 s'ouvrit par une victoire de cette armée aux environs de Bapaume. Le détail de la campagne de l'Armée du Nord a été donné par un opuscule du Général, dédié à Gambetta ; nous en avons extrait son récit, très simple et sans fioriture, de la bataille gagnée le 3 Janvier.

LA BATAILLE DE BAPAUME. LE 3 janvier, dès le matin, nous commençâmes l'attaque vers le centre de la position où le Général Faidherbe s'était porté. La 2ᵉ division du 22ᵉ Corps, Général du Bessol, attaqua le village de Biefvillers, pendant que la 1ʳᵉ division, Général Derroja, se dirigeait vers Grevillers. De son côté, la 1ʳᵉ division du 23ᵉ Corps, Commandant Payen, entrait sans coup férir à Béhagnies et Sapignies, se rabattait ensuite sur Favreuil fortement occupé et qu'elle canonnait vivement de deux côtés. Quant à la 2ᵉ division (Général Robin), elle ne prit qu'une faible part au combat, ne procurant d'autre avantage que de couvrir notre extrême gauche par sa présence.

Les divers villages furent défendus par l'ennemi avec une grande opiniâtreté. Le combat fut surtout acharné à Biefvillers qui ne fut enlevé qu'après plusieurs retours offensifs et après avoir été tourné vers la gauche par les troupes du Général du Bessol, pendant que le Général Derroja appuyait l'attaque sur la droite en enlevant vivement Grevillers.

Nous trouvâmes le village de Biefvillers et la route qui conduit à Avesnes couverts de morts et de blessés prussiens ; les maisons d'Avesnes en étaient remplies et un assez grand nombre de prisonniers restèrent entre nos mains.

L'artillerie, portée entre les deux villages, eut à soutenir une lutte terrible contre l'artillerie que l'ennemi avait accumulée près de Bapaume, sur la route d'Albert. Enfin les batteries des Capitaines Collignon, Bocquillon et Giron, parvinrent, non sans dommages, à éteindre le feu de l'ennemi et toute la ligne s'avança sur Bapaume. Le petit village d'Avesnes avait été enlevé au pas de course par la 1ʳᵉ division. Une tête de colonne de la 2ᵉ division, emportée par son ardeur, se jeta en même temps sur le faubourg d'Arras, mais s'arrêta à l'entrée de la ville. Une vaste esplanade irrégulière, avec des fossés à moitié comblés, remplaçait les anciens remparts de la place, présentant des obstacles sérieux à la marche de l'assaillant, qui restait exposé aux feux des murs et des maisons crénelées par l'ennemi. Il eût fallu, pour le déloger, détruire avec de l'artillerie les abris où il s'était établi, extrémité bien dure quand il s'agit d'une ville française et à laquelle le Général en chef ne put se résigner, ne tenant pas essentiellement à la possession de Bapaume. Pendant ce temps, le Général Lecointe apprit que le village de Tilloy, qui débordait notre droite, était occupé par l'ennemi et qu'une colonne prussienne avec de l'artillerie s'avançait de ce côté sur la route d'Albert. Il fallait s'opposer à cette tentative de nous tourner par notre droite ; la brigade du Colonel Pittié fut immédiatement portée sur le village de Tilloy qu'elle enleva malgré la plus vive résistance et où elle se maintint. Sur la gauche, le Général Paulze d'Ivoy n'eut pas moins de succès contre le village de Favreuil.

La division Robin, restée en grande partie en arrière, fut remplacée par deux bataillons de la 2e brigade de la division Payen, auxquels se joignit seulement un bataillon de voltigeurs de mobilisés pour l'attaque de gauche, tandis que la brigade du Colonel de la Grange attaquait de front. Ces troupes forcèrent ensemble les barricades de l'ennemi et s'emparèrent de toutes ses positions. Cette attaque fut favorisée par une batterie de la 2e division du 22e Corps, établie sur la route d'Arras à Bapaume, et l'ennemi se mit en pleine retraite de ce côté.

On était donc victorieux sur toute la ligne à la nuit tombante. Le combat ne se prolongea plus que faiblement sur l'extrême droite où l'ennemi s'efforçait de se maintenir dans le village de Ligny. On passa la nuit dans les villages conquis sur l'ennemi ; le Général Faidherbe aurait pu y établir les troupes pour quelques jours, mais ces villages étaient encombrés de morts et de blessés. Des retours offensifs étaient possibles à si petite distance d'Amiens où l'ennemi avait encore des forces ; on apprenait d'ailleurs que l'attaque de Péronne avait été suspendue, que l'artillerie assiégeante avait été retirée de devant la place et que le 31 Décembre et le 1ᵉʳ Janvier pas un coup de canon n'avait été tiré sur la ville ; mais on ne sut pas que le 2 quelques pièces placées sur la rive gauche avaient recommencé le feu. Alors, prenant en considération la fatigue des troupes et le froid extrêmeme[nt] rigoureux qu'elles avaient à suppor[ter], le Général en chef résolut [de] reprendre ses cantonnements [à] quelques kilomètres en arrière, remettant à quelques jours la marc[he] sur Péronne si elle redevenait néce[s]saire. En conséquence, le 4 au ma[tin], nous nous mîmes en marc[he] pour ces cantonnements.

Notre succès sous Bapaume [a] occasionné à l'ennemi des pertes t[rès] considérables. Les renseignemen[ts] qui nous sont parvenus porten[t à] plusieurs milliers le nombre de s[es] morts et blessés ; une partie d[es] troupes qui avaient pris part à [la] bataille s'était même débandée [et] dirigée en désordre sur Amien[s]. Dans un ordre du jour du Géné[ral] von Goeben, reproduit par les jou[r]naux allemands et anglais, ce Géné[ral] donne l'ordre aux chefs de corps [de] lui signaler les officiers qui avaie[nt] fui à la bataille de Bapaume, po[ur] qu'ils soient immédiatement rév[o]qués.

Les Prussiens, quoi qu'ils [aient] dit, avaient des forces t[rès] comparables aux nôtres ; ils avaie[nt] fait venir les troupes qui assiégeai[ent] Péronne, et, jusqu'à la fin de la b[a]taille, ils recevaient des renfor[ts]. Ils avaient certainement plus [de] 20 000 hommes, et, de notre cô[té] un nombre à peine égal prit une p[art] effective à la bataille.

Pendant la nuit du 3 et le lend[e]main matin, ils évacuèrent Bapau[me] persuadés que nous allions [les] y attaquer et ne se sentant pas [en] force à s'y défendre. En même tem[ps] ils envoyèrent deux escadrons [de] cuirassiers blancs en reconnaissanc[e]. ces deux escadrons ayant eu l'id[ée] d'attaquer l'arrière-garde d'une b[ri]gade de la division du Bessol, ce[tte] arrière-garde, composée de chasseu[rs] à pied, les attendit à cinquante p[as], détruisit presque complètement [un] des deux escadrons, et l'autre prit [la] fuite.

Le 4 au soir, assurés que no[us] étions éloignés de deux lieues env[iron]

ron, les Prussiens rentrèrent dans Bapaume.

Quant aux pertes de l'Armée du Nord à la bataille de Bapaume, elles furent de 183 tués, dont 9 officiers, 1136 blessés, dont 41 officiers, 800 disparus, dont 3 officiers.

GÉNÉRAL L. FAIDHERBE.
Campagne de l'Armée du Nord en 1870-1871. E. Dentu, Éditeur.

CH. DE FREYCINET (1828)

Ancien élève de l'École Polytechnique et ingénieur des Mines, M. DE FREYCI-NET fut nommé préfet de Tarn-et-Garonne par Gambetta, puis chef du cabi-net militaire de la Délégation de Tours. Il eut à étudier l'organisation matérielle des armées nouvelles et les divers plans de campagne par lesquels le nouveau gou-vernement espérait repousser de France les armées de la Confédération Germani-que. Le livre qu'il a publié à ce propos : LA GUERRE EN PROVINCE PENDANT LE SIÈGE, *a provoqué diverses rectifications, notamment du Général d'Aurelle de Pa-ladines et du Général Martin des Pallières qui commandaient à l'Armée de la Loire. Sans nous occuper de ces querelles, nous avons cité les pages où il raconte les dernières opérations de l'armée de Faidherbe.*

LES DERNIÈRES OPÉRATIONS DE L'ARMÉE DU NORD.

Cette fois encore (à Bapaume) l'ennemi s'attribua la victoire. Mais ici, sa prétention est plus que difficile à admettre, car s'il est vrai que le Général Faidherbe, au lieu de continuer sa marche, se cantonna de nouveau pour faire reposer son armée, l'armée prussienne, elle, fit plus, puisqu'elle évacua Bapaume en abandonnant ainsi la position disputée. L'ennemi a donc avoué par là qu'il se trouvait trop affaibli pour risquer une nouvelle action sur le même point. C'est précisément ce qu'on appelle être battu. Le froid était, du reste, tellement intense et la neige si épaisse dans les chemins, que pendant plusieurs jours toutes opérations furent suspendues de part et d'autre.

Sur ces entrefaites, la ville de Péronne se rendit, sans que rien eût pu faire prévoir une semblable capitulation. Ce fut pour l'Armée du Nord un coup sensible, car cette place gênait sérieusement les mouvements de l'ennemi. Le Général Faidherbe en éprouva un vif désappointement et provoqua sur le champ la réunion d'un Conseil d'enquête pour juger le Commandement de la place.

Le 12 Janvier, les opérations furent reprises. Le Général revint sur Bapaume et de là à Albert, où il entra le 14 sans coup férir, l'armée prussienne se repliant devant lui. Le 17, une brigade délogea du bois de Buire, près Templeux, quelques bataillons de la garnison allemande de Péronne, qui s'y étaient établis pour fermer le passage. Le même jour, un corps prussien abandonna le village de Vermand à l'approche des troupes françaises. L'armée continuant sa marche sur Saint-Quentin, l'avant-garde fut attaquée le 18 au matin par une partie du Corps d'armée du Général Goeben ; une de nos divisions combattit toute la journée dans une position en avant de Vermand, où elle se maintint pendant la nuit.

Le lendemain 19 fut livrée la bataille de Saint-Quentin. L'Armée du Nord eut affaire à toute la première armée prussienne. Celle-ci reçut, dans l'après-midi, de nombreux renforts venant de Paris par chemin de fer et qui, à mesure qu'ils descendaient de wagons, à peu de distance du lieu de combat, accouraient immédiatement se mettre en ligne. Aussi nos troupes, dans la soirée, après d'énergiques efforts, durent-elles abandonner le terrain. Le Général annonça son insuccès en ces termes :

« A la nuit, les hommes étaient tellement harassés de fatigue qu'il était impossible de songer à les maintenir sur leurs positions. Les faire entrer en ville, c'était en amener le bombardement ; plusieurs obus étaient déjà tombés sur la place, jetant l'effroi dans la population. La retraite sur un point en arrière de Saint-Quentin fut alors ordonnée. Nous avons fait de fortes pertes, mais nous avons dû en infliger de très fortes à l'ennemi. »

La retraite s'effectua avec une habileté remarquée des hommes spéciaux. Mais les troupes, jeunes pour la plupart, étaient tellement ébranlées par ces chocs successifs et plus encore par les rigueurs de la saison, qu'elles laissèrent un grand nombre de traînards sur les routes.

Ils ne tombaient pas précisément aux mains de l'ennemi, mais ils se débandaient et se réfugiaient dans les fermes voisines.

Ainsi se terminèrent les opérations de l'Armée du Nord, après six semaines d'une des plus rudes campagnes qui se vit jamais. Le froid descendit plus d'une fois jusqu'au-dessous de 20 degrés. Aussi le repos était-il absolument nécessaire à cette jeune et vaillante armée. Le Général Faidherbe, en cantonnant ses soldats dans les principales places fortes, leur dit :

« Ce que vous avez souffert, ceux qui ne l'ont pas vu ne pourront jamais l'imaginer, et il n'y a personne à accuser de ces souffrances : les circonstances seules les ont causées. »

CH. DE FREYCINET.
La Guerre en Province pendant le Siège de Paris, 1870-1871. Paris, 1872, Calmann Lévy, Éditeurs.

VII

LES PLACES D'ALSACE. — L'ARMÉE DE L'EST

ERCKMANN-CHATRIAN (1822-1899) (1826-1890)

Deux hommes réunis en un même nom, deux existences associées pour l'œuvre lit-
téraire. Le premier était né dans une librairie dont il s'occupa aussi ; l'autre fut
attaché à la Compagnie du chemin de fer de l'Est. Cela ne les empêcha pas d'écrire
un œuvre considérable, une quantité de romans historiques, d'un nouveau genre,
qu'ils avaient inventé et qui se trouvait, comme on a dit, entre celui d'Alexandre
Dumas et de Walter Scott. Beaucoup sont relatifs à la période du Premier Empire :
HISTOIRE D'UN CONSCRIT DE 1813 ; WATERLOO. Ils furent naturellement
amenés jusqu'à la dernière guerre, qu'ils ont évoquée dans L'ALSACE EN 1814,
drame patriotique, et aussi dans ce livre, LE BRIGADIER FRÉDÉRIC, qui nous a
servi ici. En 1889, les collaborateurs, si longtemps inséparables, se brouillèrent
violemment. M. Erckmann est mort le 15 mars 1899, près de cette Alsace qu'il
pleurait, car il fut un ardent patriote.

LES PRUSSIENS EN ALSACE. Après le grand passage des armées allemandes et le bombardement de la ville, des milliers de landwehr vinrent occuper le pays. Ces gens remplissaient tous les hameaux et les villages : ici une compagnie, là deux, plus loin trois ou quatre, commandées par des officiers prussiens. Ils gardaient les routes et les sentiers, ils faisaient des réquisitions de toute sorte : pain, blé, farine, foin, paille, bétail, tout leur était bon ; ils se plaisaient au coin du feu, parlaient de leurs femmes et de leurs enfants d'un air d'attendrissement, plaignaient le sort de leurs pauvres frères alsaciens et lorrains et soupiraient de nos misères. Mais tout cela ne les empêchait pas de bien manger et de bien boire à nos dépens, et de s'étendre dans le vieux fauteuil du grand-père ou de la grand'mère, en fumant avec satisfaction les cigares que nous étions forcés de leur fournir ! Oui, les belles paroles ne leur coûtaient pas grand'chose. C'est ce que j'ai vu souvent au Graufthal, à Echbourg, Berlingen, Hangeviller, où le désir d'apprendre des nouvelles me faisait aller de temps en temps, en blouse et le bâton à la main.

Dès les premiers jours de Septembre, leur Gouverneur général Bismarck-Bohlen vint s'établir à Haguenau, déclarant que l'Alsace avait toujours été un pays allemand, et que Sa Majesté le Roi de Prusse rentrait en possession de ses biens ; que Strasbourg, Bitche, Phalsbourg, Neuf-Brisach devaient être considérés comme des villes rebelles à l'autorité légitime du Roi Guillaume, mais qu'on les mettrait bien vite à la raison, avec les nouveaux obus de cent cinquante kilos.

Voilà, Georges, ce qu'on prêchait ouvertement chez nous, et cela montre que ces Allemands nous prenaient tous pour des bêtes, auxquelles on pouvait raconter les plus mauvaises plaisanteries du monde, sans crainte de se faire rire au nez.

Notre seule consolation était de vivre au milieu des bois, où ces braves gens n'aimaient pas à se hasarder ; j'en bénissais le ciel tous les soirs.

Mais à peine Bismarck-Bohlen fut-il installé, que nous vîmes passer régulièrement matin et soir des gendarmes à cheval dans la vallée, avec leurs casques et leurs grands manteaux, portant les ordres du Gouverneur, et des paquets d'affiches que les Maires étaient tenus de poser à la porte des mairies et des églises.

Ces affiches promettaient les meilleurs traitements aux fidèles sujets du Roi Guillaume, et menaçaient de mort tous ceux qui prêteraient assistance aux Français, qu'elles appelaient « nos ennemis »! Il était défendu de leur donner du pain et même un verre d'eau dans le malheur, de leur servir de guide, de les cacher dans sa maison ; il fallait les livrer, pour être un honnête homme ; les Conseils de guerre devaient seuls vous juger en cas de désobéissance, et la moindre peine pour ces délits était vingt ans de galères et trente-sept mille francs d'amende !

Avec des moyens pareils, Bismarck-Bohlen pouvait se passer de toutes les autres explications touchant les races, la patrie allemande et les droits de Sa Majesté.

ERCKMANN-CHATRIAN.

Le Brigadier Frédéric. J. Hetzel et Cie, Éditeurs.

A.-J. DALSÈME (1840)

ACHILLE DALSÈME, orientaliste, puis rédacteur au PEUPLE *de Marseille, où il alla combattre le plébiscite, rédacteur au* PETIT JOURNAL, *a signé divers ouvrages sur la guerre:* PARIS PENDANT LE SIÈGE ET LES SOIXANTE-CINQ JOURS DE LA COMMUNE, PARIS SOUS LES OBUS, LE SIÈGE DE BITCHE. *Nous nous sommes arrêtés à ce petit livre du* SIÈGE DE BITCHE, *qui fut tiré à des milliers d'exemplaires et méritait certes d'être répandu, car c'est la glorification de la défense quand même, malgré tout, jusqu'au dernier jour ; le récit simple des faits montre que la résistance héroïque de Belfort, plus populaire, ne fut point la seule, et qu'il n'arriva pas toujours aux armées prussiennes de prendre des villes avec les quatre uhlans de leur avant-garde. De la résistance héroïque de la petite citadelle de Bitche, qui dura jusqu'au 27 Mars 1871, pendant 230 jours, nous détachons ces épisodes.*

ÉPISODES DU SIÈGE DE BITCHE.

LE 11 Septembre au matin, comme dix heures sonnent à l'horloge de l'église, un coup de canon part des hauteurs de la Roselle. Un signal, sans doute; car à peine le nuage de fumée blanchâtre qui marque la place d'où est partie la détonation commence-t-il à se dissiper, qu'une ligne sanglante illumine l'horizon : quatre batteries de gros calibre, démasquées à 2000 mètres du château, font feu de toutes leurs pièces.

Du fort, en un instant, toutes les pièces répondent. Encore peu précis de part et d'autre, le tir acquiert bientôt une justesse meurtrière. Les coups se succèdent, rapides, haletants. Les obus ennemis tombent par centaines et sur les parapets et sur la plate-forme de la citadelle. En vingt endroits, les constructions s'embrasent, et, pendant qu'immobiles derrière leurs pièces nos artilleurs pointent et tirent, la garnison s'élance vers les points que menacent les flammes.

Vers le milieu de la journée, les Prussiens démasquent une nouvelle batterie qui, prenant le château d'enfilade, cause parmi nos canonniers d'effroyables ravages. Inébranlables à leur poste, les braves servants se multiplient. Avec une artillerie inférieure en nombre, dominée de très haut par l'artillerie ennemie, ils déploient des prodiges d'audace et de sang-froid. Leur chef, le Capitaine Jouart, qu'une contusion douloureuse empêche de marcher, se fait porter par quatre hommes et donne partout ses ordres.

La nuit seule met fin à ce combat violent.

Au crépuscule, le canon ennemi recommence à tonner. Son principal objectif la veille paraissait être un magasin à poudre mal garanti par un blindage incomplet, et avec lequel à chaque instant les nôtres s'attendaient à sauter. Les artilleurs prussiens semblent, maintenant, prendre pour cible les bâtiments de l'État-major, en particulier l'habitation du Commandant de place. Ce dernier fait évacuer les archives et les effets d'équipement que renferme le pavillon. Puis, au milieu du vacarme des projectiles qui heurtent les murs et le toit, il dicte, impassible, un rapport résumant les événements de la journée précédente et portant à l'ordre de la place les soldats qui se sont le plus distingués....

... Le soir arrive. Les nôtres s'attendent à voir, comme la veille, le feu de l'ennemi cesser. Il cesse un instant, en effet. Puis, il reprend avec une recrudescence de fureur : il est dirigé, cette fois, principalement sur la ville. Des obus incendiaires sont lancés sur l'arsenal, qui se relie à angle droit au poste de l'État-major. D'immenses gerbes de flammes enveloppent ces deux bâtiments. Au loin, sur le plateau de Sarreguemines, on entend retentir les hourras frénétiques des Bavarois. Les hauteurs isolées se peuplent d'habitants qui contemplent, terrifiés, ce spectacle de désolation. L'assiégeant renforce son tir pour mettre obstacle à tout essai de sauvetage....

... Dès ce moment, et pendant les huit journées et les huit nuits qui vont suivre, un spectacle lamentable se déroule entre les murailles de la cité lorraine.

Bitche n'est plus qu'une vaste fournaise.

Le sifflement des obus qui attisent l'incendie, le craquement des charpentes que dévore la flamme, le sourd effondrement des maisons croulant au milieu du brasier, l'affolement des habitants qui cherchent un refuge au dehors, ou courent, demi-nus, s'abriter dans les caves ; les cris des mères, les gémissements des petits êtres qu'elles pressent sur leurs seins, le crépitement de la fusillade, le grondement incessant du canon, toutes ces terreurs, tout ce fracas, toutes ces épouvantes emplissent l'air et montent emportés dans le tourbillon dévorant qui fait à la ville comme une toiture de feu.

Et quand le fléau destructeur a consommé son œuvre ; quand la cité est devenue un monceau de ruines — cent trente maisons réduites en cendres, cent autres à demi consumées ; — quand le fortin du camp retranché ne représente plus guère qu'une protection illusoire ; quand là-haut, sur ce rocher réputé imprenable, il ne reste plus debout que le courage des assiégés :

« Rendez-vous ! ordonne l'ennemi.

— Jamais ! » réplique le Commandant Teyssier.

Sur la plate-forme du château, le Commandant Teyssier était partout à la fois, se montrant de préférence aux endroits les plus exposés, électrisant par son audace calme, raisonnée pour ainsi dire, les défenseurs qui, à ses côtés, rivalisaient d'ardeur et de résolution.

Parfois son mépris du danger allait jusqu'à la témérité.

Un trait parmi vingt autres. Un soir, — c'était l'heure du dîner, — il fallait, pour gagner le mess, traverser un espace découvert contre lequel le canon ennemi faisait rage. La place était criblée de projectiles, et les plus courageux hésitaient à défier cette pluie de fer et de feu, paraissant préférer attendre une embellie.

Tranquille et souriant, le Commandant Teyssier s'avance. D'un pas assuré, il franchit les premières enjambées. Tout à coup il s'arrête, chancelle et roule dans la poussière : un obus vient de faire explosion presque à ses pieds.

Avec une expression navrée, les compagnons d'armes du brave Teyssier s'entre-regardent, prêts à pleurer et à venger le chef dont aucun n'ose mettre en doute la mort.

Cependant, après être resté quelques secondes immobile, le Commandant fait un mouvement. N'aurait-il été qu'étourdi par la chute ? Peut-être. Un instant s'écoule en-core, pendant lequel les bombes viennent, avec un fracas de tonnerre, s'écraser tout autour de son corps. Enfin, le Chef se redresse, le visage noir de poudre, les vêtements souillés de terre ; d'un bond il est sur pied, et, d'une voix que ne trouble pas la plus légère émotion :

« Eh bien ! messieurs, on ne dîne donc pas ce soir ? »

Et le Commandant de la place, miraculeusement épargné, reprend sa route vers le pavillon du mess.

A.-J. DALSÈME.

Le Siège de Bitche. Paris, Dentu, 1873.

MICHELET (1798-1874)

Le grand historien novateur fit de l'histoire un enseignement philosophique, y ayant vu aussi, selon le mot de Bossuet, « le magnifique enchaînement des affaires humaines ». Non plus narrateur comme Augustin Thierry, il ressuscita le passé, choisissant le point culminant d'une époque. Il y menait comme on mène sur une montagne. Et un style avec des fièvres, des illuminations, des sursauts de génie, dans toute cette HISTOIRE DE FRANCE, qui est un monument durable. Ce voyant avait, semble-t-il, prévu la guerre ; et il la dénonça, en s'y opposant avec force, dans sa fameuse lettre d'Août 1869. Dès les hostilités, il se montra un adversaire acharné de la guerre et se trouvant alors à Florence, il y publia un patriotique appel à la fraternité des peuples ; mais dans ce cyclone épouvantable de races qui pouvait entendre même cette grande voix ?

LE BOMBARDEMENT DE STRASBOURG.

COMBIEN généreusement l'Alsace avait accueilli ces masses d'ouvriers allemands qui incessamment arrivaient ! Vingt mille maçons de Bade, au moins, venaient chaque année à Mulhouse, Colmar, Strasbourg. Ils ont pu tout connaître parfaitement et n'ont guère été amis. Ils rapportaient je ne sais quelle envie contre le pays qui les recevait si bien. La petite cathédrale de Fribourg ne pardonnait pas à la flèche incomparable qui, des Vosges jusqu'aux Alpes, signale la reine du Rhin.

Le Duc de Bade, si cruel aux prisonniers de 49, haïssait en eux les amis de la France, autant que les martyrs de la Liberté. Il ne tint pas à lui alors que Eloccon, notre illustre ami, ne pérît pour avoir parlé des basses prisons de ses forteresses, noyées dans les crues du Rhin. Il dut la vie à l'héroïsme de deux hommes de Strasbourg, son imprimeur qui le cacha, et l'agriculteur M. North, qui le sauva au péril de sa vie. Reste ce nom pour l'avenir !

Celui du général Uhrich est maintenant consacré. Abandonné, sans artilleurs, n'ayant pour servir ses canons que des soldats d'infanterie et quelques turcos novices, on sait comme il résista. Le gendre du Roi de Prusse, le Badois, et son Général Werder, furent terribles d'acharnement. Le feu ne fut point suspendu, dit-on, au moment où les Suisses, envoyés par leurs cantons, vinrent prier qu'on laissât sortir des femmes, des vieux, des malades. Il fallut que ces hommes admirables, missionnaires de la charité fraternelle, passassent, pour entrer à Strasbourg, sous le feu, sous les boulets !

Les Suisses obtinrent la sortie de peu de personnes, et l'on continua de bombarder, moins les murs, moins la citadelle que les quartiers les plus habités. Tout le monde a déploré la perte de l'irréparable bibliothèque et de tant d'autres monuments. Les caves humides de Strasbourg, très malsaines, recevaient un monde de pauvres femmes tremblantes sous la pluie de fer, de feu, qui, la nuit surtout, tombait, crevant les toits des maisons avec un bruit épouvantable. L'effroi fut au comble surtout quand le toit de la Cathédrale, une immensité de zinc, fondu, sifflant, tout à coup illumina la ville entière, lui donna, et à toutes les campagnes, une scène du Jugement dernier.

Ce monument vénérable, le plus haut qui soit sur le globe, sublime par le génie d'un héros, Erwin de Steinbach, est cher aux peuples pour avoir été bâti par le peuple, tant de millions de pèlerins, dont chacun y montait sa pierre « pour le salut de son âme ». Dans ses sculptures innombrables, il offre un monde complet, anges, animaux, hommes, toute nature, toute humanité. On voit les temps qui s'y succèdent. Près du chœur (qui est de Charlemagne) se trouve la fameuse horloge, œuvre étonnante de la science contemporaine, où les révolutions futures des astres sont calculées. Les statues de chaque portail jettent dans une mer de pensées. Ici, dans les *Vierges folles*, tout l'esprit des fabliaux. Là, les deux figures étranges, taillées par la fille d'Erwin, l'une, la *Loi chrétienne*, imposante et terrible, et l'autre, la pauvre *Loi juive*, jadis tant persécutée. L'ensemble est tout le Moyen âge, toute l'histoire accumulée et du monde et de Strasbourg. Ces pierres sont des vies humaines, entassées, superposées, toujours vivantes, des âmes!

La Terreur de 93 a eu respect de cela. Il fallait l'atrocité, l'impiété révolutionnaire des Rois, pour attaquer la prodigieuse relique.

Ce qui est merveilleux ici, c'est le silence du monde.

Ces pauvres Suisses, admirables, qui exposèrent leur vie pour une œuvre de charité, atténuent de leur mieux la chose.

D'autres ont fait mieux. Ce qu'ils admirent, c'est l'attaque, non l'héroïque, la prodigieuse résistance.

Heureusement des témoins graves, sérieux, désintéressés, arrivent de tous côtés. Le plus fort témoignage est d'une innocente et candide demoiselle, qui m'apprend (18 Octobre) une chose que tous avaient supprimée, comme trop exécrable. C'est que ces furieux coupables, manquant de munitions, et progressant dans leur crime, lancèrent, pour écraser la ville, tout ce qu'ils avaient sous la main, non seulement des clefs, des serrures, des poids, *mais surtout* des pierres sépulcrales, les tombes de Strasbourg. Ils lancèrent des cimetières, et les femmes épouvantées, qui fuyaient sous cette pluie, crurent recevoir des ossements.

Mon fils, mort à trente ans, était enterré à Strasbourg, dans cette cité amie. Quand pourrai-je y retourner, et m'informer de ses restes ? Je ne sais. S'ils ont passé dans cet horrible chaos de marbres, de morts, de bières, dont cette fureur impie avait cru nous accabler, c'est bien. Ils retomberont tôt ou tard, par un juste jugement, sur les ennemis de la France.

JULES MICHELET.

La France devant l'Europe, Hachette et Cie.

ART ROË

VOIR LA NOTICE PAGE 180.

LE COUP DE CANON *est une nouvelle dans ce genre historique et militaire où excelle le talent descriptif d'ART ROË. A ce récit, qui se rapporte au siège de Strasbourg, nous empruntons le tableau d'une de ces nuits d'angoisse où les malheureux Strasbourgeois croyaient que leur dernière heure était venue.*

UNE NUIT A STRASBOURG.

DANS ces ténèbres constantes, les heures du soir étaient plus sinistres encore ; elles remettaient la ville vassale dans la sujétion du canon allemand et lui faisaient sentir l'atroce et méthodique volonté du vainqueur. On attendait curieusement : canonnade ou bombardement ? accalmie ou tempête ? Dans l'accalmie, quels bruits menteurs naîtraient du désir de la foule ? quels cris de délivrance propageraient partout de fausses nouvelles : « Ils arrivent !... Ce sont eux !... A Kœnigshofen !... A Schiltigheim !... Cent mille hommes !... C'est le Général Dumont !... C'est Félix Douay !... C'est Mac-Mahon !... Quoi ! Vous n'entendez pas leur canon ? » Dans la tempête de fer et de feu, quels monuments vénérés, quelles maison discrètes et bénies, quels asiles, quels foyers, quels autels disparaîtraient ? Le sommeil, quand on en pouvait jouir, délivrait de toutes ces menaces ; on l'espérait comme un bienfait, comme un cadeau, et ce n'était plus le bruit coutumier du canon qui prévalait contre ce sommeil béni, c'était l'appel des veilleurs, c'était leur cri d'alarme répété et multiplié de quartier en quartier : « Au feu ! rue du Dôme ! — Au feu ! Broglie ! — Au feu, rue de la Mésange ! — Au feu ! place Kléber ! — Au feu ! rue du Bouclier ! »

On sortait : les pavés étaient rouges ; au hasard des pas et des cris, derrière les escouades de pompiers volontaires, on allait voir brûler l'arsenal, où les fusées détonaient par milliers, brûler le musée de peinture, où les toiles des vieux maîtres s'en allaient au néant dans un peu de fumée, brûler la bibliothèque, où les manuscrits du Moyen âge, les incunables du xve siècle, les archives de Gutenberg ne faisaient au matin qu'un tas de cendres et de débris. De droite, de gauche, il arrivait des bombes ; leur trajectoire courbe, recoupant la montée verticale des flammes, convergeait là systématiquement. C'était le moyen des Badois pour écarter le secours et pour étendre le fléau. On restait cependant à se conter les nouvelles, les fantaisies des obus allemands, les pauvres logis qu'ils avaient visités, volés pour ainsi dire, la misère du tambour Umhofer, l'infortune du colporteur Blum. « A l'Orphelinat, onze petites filles ont été blessées d'un seul coup. — Moi, j'ai vu une femme qui portait au Général Uhrich le cadavre de son enfant ; elle riait, elle dansait, elle était folle. — On dit que la Préfecture brûle aussi ? — Oui, on le dit... » Et, tout à coup, on se taisait, le sens des mots étant épuisé : tout ce que l'intelligence peut jeter d'arguments à la force qui l'écrase, tout ce que la bouche peut dire au cœur qui désespère, on l'avait dit ; il ne restait plus qu'à compter silencieusement les heures, ailées autrefois quand le carillon de la Cathédrale les jetait gaîment dans le ciel ; il ne restait qu'à s'asseoir et qu'à fermer les yeux, jusqu'à ce que l'aube lente à paraître, bien qu'elle fût l'aube prompte d'un jour d'été, pâlît ces flambées rouges, ternît ces grandes surfaces ardentes et rendît du moins la lumière à ceux qui n'avaient plus d'autre bien. Comme il paraissait pur après ces horreurs de la terre, comme il rayonnait clair sur la ville maudite, le grand matin de pourpre et d'or !

ART ROË.

Le Coup de Canon (Revue des Deux Mondes, 1er Octobre 1899).

ÉDOUARD ROD (1857)

M. ÉDOUARD ROD, qui est un écrivain suisse, auteur de romans remarquables :
LA COURSE A LA MORT, MICHEL TEISSIER, LES ROCHES BLANCHES, *etc., fournit ici une note spéciale et intéressante. Encore enfant en 1870, il a quand même senti l'émotion douloureuse et sympathique qu'éveillaient, en ce pays de frontière, les malheurs de la France. Et il le rappelle dans cette jolie page, qui est comme un miroir où on voit la guerre en reflet.*

LES SYMPATHIES DE LA SUISSE. LES plus précis parmi mes souvenirs d'enfance sont ceux qui se rapportent à la guerre de 1870. J'avais treize ans : dans la petite ville où je vivais, la vieille petite ville vaudoise de Nyon, aux maisons gracieusement étagées autour de son château à tourelles, sur les bords du lac de Genève, nous ne percevions que les échos assourdis des batailles ; et pourtant, ces terribles choses qui se passaient là-bas, de l'autre côté des lignes arrondies et noires du Jura, nous tenaient haletants et frissonnants. Chaque jour, aux heures du courrier, on voyait les bourgeois aux allures lentes, si peu pressés d'habitude de sortir de chez eux, s'agiter par les rues, la mine inquiète, puis former des groupes animés, pérorant et gesticulant devant le débit des gazettes ; en sorte que pour un instant la place publique, où d'ordinaire l'arbre de la Liberté s'ennuyait dans le vide, semblait une fourmilière en pleine activité. Aux jours de grandes nouvelles, il y avait presque des bagarres : on guettait les feuilles qu'apportait en paquet le père Dutemps, le facteur, qui avait une jambe de bois. On les lui arrachait, sans lui laisser le loisir de se reconnaître, on se les disputait, on les lisait fiévreusement, et les figures exprimaient la peine et la stupéfaction.

Avec quelle ardeur, pour ma part, je suivais les péripéties de la lutte ! J'excellais à m'emparer d'un des premiers journaux arrivés, que j'allais lire à l'écart, en faisant des combinaisons stratégiques. Je possédais une carte du théâtre de la guerre, sur laquelle je piquais de petits drapeaux pour représenter les corps d'armée ; et je voyais avec désespoir les drapeaux tricolores reculer devant les drapeaux noirs et blancs, dont les tristes couleurs couvraient l'espace. Car, comme la majorité de mes compatriotes, j'étais Français et je l'étais avec passion. J'avais reporté sur la France — le pays de ma chère langue maternelle, des poètes que je commençais à aimer et de mes héros préférés — une large part du patriotisme romanesque que l'école développait en moi. Aussi mon petit cœur d'enfant imaginatif et sensible saignait-il à chaque défaite. Je pleurai toute la nuit de la bataille de Wœrth : ce qui me valut des réprimandes de mon père, qui me trouvait immodéré. Je partageai toutes les illusions, toutes les espérances qui suivirent le 4 Septembre. Je m'attendais sans cesse à voir recommencer les glorieuses journées de la première République, Valmy, Jemmapes ou Fleurus. De tout mon désir, de toute ma foi, je crus à chaque fausse nouvelle de victoire. Ma petite âme fut bien, à distance, le reflet vibrant du drame qui se jouait dans les cœurs français, — et en resta française à jamais.

ÉDOUARD ROD.

Nouvelles Suisses. Eggimann, Éditeur.

MARC MONNIER (1827-1885)

Professeur à la Faculté des lettres, puis vice-recteur de l'Université de Genève, MARC MONNIER publia, sans compter quel nes poésies et romans, un grand nombre d'études historiques et littéraires. Dans un curieux article il raconte un épisode qui est tout à l'honneur de nos voisins de Suisse. L rs du siège de Strasbourg, un comité s'était formé à Bâle pour venir en aide aux Strasbourgeois. On décidi l'envoi d'une députa ion « pour concerter avec les Commandants de la place et de l'armée assiégeante des mesures propres à faciliter à la population l'accès de la Suisse ». Cette délégation se composait de M. Bischoff, de Bâle, le promoteur de cette idée généreuse, du Dr Ramer, de Zurich, du Colonel de Büren, de Berne. Celui-ci a recueilli dans un émouvant rapport les épisodes de cette intervention courageuse et difficile. On donne ici le passage qui se rapporte à l'arrivée des délégués suisses à Strasbourg.

LES SUISSES A STRASBOURG. « LE ciel s'était éclairci depuis la veille; mais de Kœnigshofen il s'élevait une colonne de feu et d'épaisse fumée : un violent incendie y avait éclaté. Sur les remparts comme sur les ouvrages des assiégeants roulaient les nuages blanchâtres des batteries avec un bruit de tonnerre. A l'heure dite, l'officier prussien qui devait nous servir de parlementaire français, montant un beau cheval arabe, vint à notre rencontre sur le glacis.

« Les papiers échanges entre les officiers, on nous fit un chemin pardessus un parapet en terre afin que notre voiture pût passer; les portes étaient ouvertes. Quelle entrée au milieu de toutes ces terreurs !

« Un monsieur vêtu de noir vint à nous; tout le Conseil municipal en habit noir. Le Maire et l'Adjoint, portant l'écharpe tricolore, nous attendaient à la porte de Strasbourg. Plus loin, la foule criait : « Vive la Suisse! » Tous les assistants avaient des larmes dans les yeux; c'était la première fois, depuis le commencement du siège, depuis les jours et les nuits terribles du bombardement, que quelqu'un du dehors pénétrait dans la pauvre ville, apportant sympathie et secours. Quel cœur n'eût été profondément touché! C'était autour de nous une affreuse destruction; le quartier que traversait la rue, en grande partie brûlé, rappelait les ruines de Glaris après la catastrophe. Le Maire nous lut une adresse au nom du Conseil municipal; M. Bischoff remercia le fonctionnaire, en lui disant que nous n'étions point éloquents, mais qu'à défaut de paroles les faits répondraient pour nous.

« Le pont de l'Ill nous mit dans l'intérieur de la place, où la destruction était moindre; il y avait pourtant des maisons brûlées du haut en bas. Ce qui frappait le plus dans une cité si populeuse, c'étaient les magasins fermés, les fenêtres en partie barricadées, les soupiraux des caves bouchés. Une foule serrée nous attendait au passage; impossible de nous soustraire aux acclamations. La Mairie ayant été fort maltraitée, le Conseil municipal siégeait à l'hôtel du Commerce, dans une salle où l'on nous fit entrer. Nous refusâmes les rafraîchissements qu'on nous offrait; il y avait de plus urgente besogne à faire. M. Bischoff exposa nettement notre mission; il demanda qu'on dressât au plus tôt un rôle des personnes qui pourraient user de la permission de sortie accordée par les deux commandants militaires. Nous ne pouvions fixer de chiffre; mais il importait avant tout de constater les cas où la sortie était nécessaire. Les autorités communales devaient donc, avec une discrétion prudente, préparer des listes où les femmes, les enfants, les vieillards, les malades, auraient naturellement la priorité. Tout cela décidé, nous fîmes notre visite au Général Uhrich, qui s'était fait disposer un cabinet de travail et une chambre à coucher au rez-de-chaussée d'un hôtel assez maltraité par les boulets, mais de belle apparence. La réception du Général répondit pleinement au ton de sa lettre; il nous accorda toutes les facilités possibles, et s'entretint avec nous, avec le Maire et avec le Préfet, qui fut appelé, sur l'excellente attitude, le dévouement des habitants, leur immuable attachement à la Patrie. Le Général Uhrich ne nous adressa pas de question; en revanche, l'Amiral Exelmans, qui était là, tenait fort à savoir ce qui se passait dans le monde. Chose étrange! on soupçonnait à peine dans la place forte les revers de la France; on doutait de la catastrophe de Sedan, on ne voulait pas croire aux dépêches transmises par les assiégeants, on rêvait des victoires françaises, on attendait une armée de secours! Loin de chercher, comme on l'en accusait, à maintenir ces illusions chez les assiégés, le Général nous laissa circuler partout librement et causer avec tout le monde. Nous pûmes voir la Cathédrale; quelques débris gisent sur le sol. Un boulet a endommagé la lanterne, plusieurs autres ont percé les vitraux. La toiture de la nef a été brûlée; mais les voûtes sont intactes, l'horloge subsiste, seulement on ne la remonte plus. Les portes étaient closes, et ce ne fut pas sans peine qu'on nous permit d'entrer dans l'intérieur. Un prêtre officiait dans une chapelle latérale; il n'y avait dans l'immense église que lui et nous.... »

MARC MONNIER.

La Suisse pendant la guerre de 1870
(Revue des Deux Mondes, 1er Mai
1871).

THÉOPHILE GAUTIER

VOIR LA NOTICE PAGE 161.

La statue de Strasbourg sur la place de la Concorde est devenue depuis la Guerre l'objet d'un culte. Des mains pieuses ne cessent de l'orner d'emblèmes et de couronnes; chaque année, les candidats à l'École de Saint-Cyr s'y rendent dans une procession patriotique et y déposent un drapeau tricolore. Comment naquit le culte de « la nouvelle Madone » ? THÉOPHILE GAUTIER, qui assista à sa naissance, le raconte dans le morceau suivant.

UNE NOUVELLE MADONE. LA STATUE DE STRASBOURG.

Septembre 1870.

QUAND on traverse la place de la Concorde, qu'animent les évolutions et le passage des troupes, l'œil est attiré par un groupe qui se renouvelle sans cesse aux pieds de la statue représentant la ville de Strasbourg. Majestueusement, du haut de son socle, comme du haut d'un autel, elle domine la foule prosternée; une nouvelle dévotion s'est fondée, et celle-là n'aura pas de dissident; la sainte statue est parée comme une Madone, et jamais la ferveur catholique n'a couvert de plus d'ornements une image sacrée. Ce ne sont pas, il est vrai, des robes ramagées de perles, des auréoles constellées de diamants, des manteaux de brocart d'or brodés de rubis et de saphirs comme en porte la Vierge de Tolède, mais des drapeaux tricolores lui composent une sorte de tunique guerrière qui semble rayée par les filets d'un sang pur.

Sur sa couronne de créneaux, on a posé des couronnes de fleurs. Elle disparaît presque sous l'entassement des bouquets et des ex-voto patriotiques. Le soir, pareilles aux petits cierges que les âmes pieuses font brûler dans les églises devant la Mère divine, les lanternes vénitiennes s'allument et jettent leurs reflets sur la statue impassible et sereine. Ses traits, d'une beauté fière, ne trahissent par aucune contraction qu'elle a, enfoncés dans la poitrine, les sept -glaives de douleurs. On dirait presque qu'elle sourit quand la lueur rose des lanternes flotte sur ses lèvres pâles. Des banderoles où sont tracées des inscriptions enthousiastes voltigent autour d'elle.

Sur le piédestal se lisent des cris d'amour et d'admiration. Des pièces de vers, des stances sont écrites au crayon, et si l'art manque à ces poésies, le sentiment s'y trouve toujours. Devant le socle est un large registre ouvert, et les noms s'y ajoutent aux noms. Le peuple parisien s'inscrit chez la ville de Strasbourg. Le volume, relié magnifiquement et blasonné aux armes de la glorieuse cité, sera offert à la grande martyre qui se dévoue pour l'honneur et le salut de la France. Jamais ville n'aura eu dans ses archives un plus glorieux livre d'or.

THÉOPHILE GAUTIER.

Tableaux de Siège. Paris, 1870-1871.
Paris, Charpentier, 1871.

ALFRED RAMBAUD (1842)

De nombreux ouvrages d'histoire, sur l'ancienne Constantinople, sur la Russie, sur la France, portent la signature de M. ALFRED RAMBAUD, qui fut successivement professeur aux Facultés de Caen, de Nancy et de Paris. M. Rambaud appartient aussi à l'histoire politique de nos jours comme chef du cabinet de Jules Ferry, sénateur, ministre de l'Instruction publique. En quelques pages précises et émouvantes, écrites à l'époque même, il a raconté le traitement odieux infligé par les Prussiens à la patriotique population de Fontenoy-sur-Moselle.

LES PRUSSIENS A FONTENOY-SUR-MOSELLE. — LE dimanche 22 Janvier, il se passa à 17 kilomètres de Nancy un drame qu'on pourrait trouver épouvantable, si cette guerre ne l'avait pas rendu presque banal. Environ 400 hommes de l'Armée de Langres, en képis et capote brune, après avoir marché plusieurs heures dans les bois, étaient arrivés vers cinq heures du matin, par une sombre nuit d'hiver, au village et à la station de Fontenoy, situés près du pont du chemin de fer sur la Moselle. La sentinelle qui gardait le pont fut tuée, celle qui gardait la gare renversée d'un coup de crosse; mais les coups de fusil firent manquer la surprise et réveillèrent les soldats du 57e de ligne prussien, qui se trouvaient cantonnés soit dans les maisons du village, soit dans la gare. On fit prisonniers à la gare le sous-officier du poste, blotti derrière une porte et un caporal caché sous une table; sept autres soldats furent arrêtés dans le village; les quarante et un autres s'échappèrent. Pendant qu'une partie des Français occupaient le pont et déblayaient les chambres de mine, le reste se répandit dans le village. Ils se montrèrent fort réservés, très sobres, donnèrent des soins tout fraternels à leur prisonnier blessé, évitèrent d'entrer chez les paysans pour ne pas les compromettre. A sept heures, une double détonation retentit, deux arches du pont de Fon tenoy venaient de sauter; la grande ligne de l'Est était coupée. Les Français, dans leur confiance naïve, crièrent en élevant leurs képis : « Paris est sauvé! Vive la France! » Des femmes et des enfants du village crièrent: « Vive Garibaldi! »

A peine les auteurs de ce hardi coup de main avaient-ils disparu dans les profondeurs de la forêt de Haye, que les Allemands arrivèrent sur le quai du chemin de fer. Un train qui venait de Nancy, prévenu à temps, s'arrêta. Les soldats se répandirent aussitôt par les rues du village, tirant des coups de fusil, brandissant les sabres, frappant et terrassant tout ce qu'ils rencontraient. Comme ils tremblaient de peur et de colère au seul nom de francs-tireurs, ils furent sans pitié pour ceux qu'ils regardaient comme leurs complices. L'autorité allemande, pour faire oublier d'atroces cruautés, a essayé de répandre le bruit qu'un soldat allemand avait eu le nez et les oreilles coupés. Elle a menti. En tout, dans cette affaire, il n'y eut qu'un mort, un blessé, neuf prisonniers, que les soldats français, avec cette générosité qui sera toujours inintelligible pour les maîtres de la Prusse, renvoyèrent le lendemain sains et saufs au Commandant de Toul.

Les Allemands furent cruels dans ce malheureux Fontenoy; ils accablèrent les habitants de coups de crosse et de coups de sabre; la femme du Maire fut battue, traînée par les cheveux; une jeune fille de dix-huit ans reçut, à ce que nous raconte un témoin, « autant de coups qu'elle en pouvait porter »; d'autres s'enfuirent au milieu des balles.

A huit heures apparaissait à Toul un détachement d'infanterie avec les ordres du Commandant. Tous les habitants qu'on put saisir, hommes ou femmes, furent brutalement ramassés en un troupeau. Un pauvre vieillard de quatre-vingts ans, courbé en deux, voulut s'approcher de sa famille qu'on emmenait, un coup de fusil l'étendit mortellement

blessé. Le Maire, le chef de gare, le Curé de Gondreville, qui était accouru pour s'interposer, furent arrêtés. Puis de nouvelles troupes, uhlans et Bavarois, arrivèrent de Nancy, et commencèrent à brûler : le premier jour, toutes les auberges, la maison d'école, celle du Maire, y passèrent. On enduisait les paillasses de pétrole; *on rejetait à coups de baïonnette les habitants dans leurs maisons enflammées!* Ils ne durent la vie qu'à l'existence de portes de derrière. Une vieille femme paralytique fut brûlée dans un lit. L'exécution devint bientôt une orgie. Les soldats étaient venus de Nancy avec leurs gourdes pleines d'eau-de-vie; c'est toujours ainsi que s'y prend le despotisme pour obtenir des crimes. D'ailleurs, les habitants, effarés, avaient cru humaniser leurs exécuteurs en leur versant à boire. Plusieurs prisonniers furent maltraités à tel point qu'ils expirèrent à l'hôpital de Nancy.

Le lendemain, le surlendemain, l'incendie recommença : le village fut brûlé comme à petit feu sous les yeux des habitants. Après les ordres du Commandant de Toul vinrent ceux du Gouverneur de Nancy, et comme celui-ci hésitait à consommer la ruine de ces pauvres masures, Versailles donna l'ordre de tout brûler. De cinquante-cinq maisons, cinq seulement, outre l'église, furent épargnées. Encore des officiers prussiens, amateurs de photographie, étant venus de Toul et ayant disposé leurs objectifs sur le théâtre de ce glorieux exploit, s'aperçurent que précisément l'une des maisons situées au premier plan était debout. Cela faisait mal dans le paysage : on éventra la maison, on creva le toit, on fit crouler les cheminées. Les prisonniers, traînés à moitié morts jusqu'à Nancy, tombés entre les mains de M. Puggé, juge militaire, restèrent les uns huit, les autres vingt-cinq jours en prison. Les femmes, odieusement battues par ces guerriers chevaleresques, avaient été relâchées presque aussitôt. Les gamins aussi avaient été fort maltraités. Les soldats ne leur pardonnaient pas d'avoir crié : « Vive Garibaldi ! »...

L'administration allemande se glorifia de ce crime et proposa Fontenoy en exemple terrible à toute la Lorraine.

Même dans les principes si arbitraires du militarisme prussien, il n'y avait pas à ce traitement barbare l'ombre d'un prétexte. Les paysans ignoraient le projet de destruction du pont, ils n'avaient ni appelé ni reçu les soldats français dans leurs maisons, et ne les avaient point aidés dans leur opération. Les prisonniers et les blessés prussiens, leurs hôtes si incommodes pendant si longtemps, avaient été bien traités. Enfin nos soldats n'étaient pas des partisans, et agissaient dans toute la plénitude des droits de la guerre. Ce qu'il faut qu'on sache, c'est que ce fut l'ordre formel du Roi Guillaume, du Chancelier Bismarck, du stratégiste de Moltke, qui livra l'innocent village à l'incendie ; il faut qu'on sache que le premier décret que Guillaume ait signé comme Empereur d'Allemagne, c'est la ruine de cent cinquante familles et une contribution de 10 millions frappée à titre d'amende sur les trois départements de la Lorraine. Nous avons vu les ruines de Fontenoy trois mois après cette exécution. Rien n'avait été relevé ; toutes ces maisons ne présentaient plus que murailles noircies, monceaux de briques et de plâtres. Sur ces ruines, des pêchers en espaliers, aux rameaux roussis, s'obstinaient à verdir, à pousser des bourgeons, à promettre des fruits, à parler de printemps au milieu de cette désolation. Les habitants étaient revenus ; ils logeaient dans les caves, dans les chambres à four à demi écroulées, parmi les pans de murs sans appui, qu'un coup de vent pouvait jeter sur eux...

Restait à rétablir le pont.

Le lendemain de l'explosion, on requit, dans les espèces d'ateliers nationaux que la ville de Nancy avait établis pour fournir de l'ouvrage aux travailleurs, environ cinq cents ouvriers. Ils refusèrent de monter en wagon et s'en revinrent chez eux en poussant des cris séditieux. Le Préfet prussien fit alors paraître un arrêté en vertu duquel tous les chantiers de la ville, toutes les manufactures particulières, tous les ateliers employant plus de dix ouvriers, étaient fermés jusqu'à ce que les cinq cents réfractaires se fussent soumis. Tout chef d'industrie qui persisterait à faire travailler serait frappé d'une amende de 10 000 à 50 000 francs par jour.

La bourgeoisie était décidée à soutenir de son argent la patriotique résistance des ouvriers, lorsque le Préfet, exaspéré, donna l'ordre d'afficher :

« M. le Préfet de la Meurthe vient de faire au Maire de Nancy l'injonction suivante :

« Si demain, mardi 24 Janvier, à midi, cinq cents ouvriers des chantiers de la ville ne se trouvent pas à la gare, les surveillants d'abord, un certain nombre d'ouvriers ensuite, seront fusillés sur place.

« Nancy, le 23 Janvier, quatre heures du soir. »

ALF. RAMBAUD.

La Lorraine sous le régime prussien
(Revue des Deux Mondes, 1ᵉʳ Juin
1871).

VICTOR DE LAPRADE (1812-1883)

C'est le poète de Lyon, où il vécut toute sa vie, occupant pendant quatorze ans la chaire de littérature française à la Faculté de cette ville ; le gouvernement impérial la lui enleva en 1861 à cause d'une satire politique, intitulée LES MUSES D'ÉTAT. Par une dérogation à ses règlements qui exigent la résidence à Paris, l'Académie française l'avait choisi pour succéder à Musset. Dans son œuvre considérable, d'une gravité soutenue et d'un lyrisme parfois un peu recherché, il y a, à propos de la guerre, un livre, POÈMES CIVIQUES, sincèrement ému et vibrant, où le poète témoigna du plus pur et chaud patriotisme.

Bons Allemands !

Bons Allemands, on vous faisait injure :
On vous tenait pour un peuple penseur ;
On vous aimait chez nous, je vous le jure ;
De votre Muse on vantait la douceur.
Et le Français, peuple vain et frivole,
Mais fort épris et de science et d'art,
Très humblement allait à votre école
Chez Kant, Schiller, Hegel, Goethe, Mozart.
Il vous disait humains, loyaux, honnêtes...
Pardonnez-nous ces mauvais sentiments !
Nous savons mieux enfin ce que vous êtes,
    Bons Allemands, bons Allemands !

Déjà deux fois sur le sol de la France
Un Bonaparte, hélas ! vous amena :
Juste retour ! Vous aimez la vengeance,
Et Waterloo payait pour Iéna.
Depuis ce temps, les Muses immortelles
Semblaient nous faire amis, quoique rivaux ;
L'Europe avait oublié ses querelles
En soixante ans de paisibles travaux.
Il nous suffit, à nous, d'un peu de gloire
Pour couper court aux vieux ressentiments.
Mais vous avez une longue mémoire,
    Bons Allemands, bons Allemands !

Peuple penseur !... il pense à ses rentrées ;
Il a le don du vol intelligent,
Et ses fureurs sont bien administrées ;
Dans la victoire il voit surtout l'argent.
Nous l'avons eu chez nous, commis tranquille,
Ouvrier lourd ; on se fiait à lui ;
Il a tenu nos caisses par la ville,
Hier espion et voleur aujourd'hui.

Il nous revient le sabre sur les côtes ;
Il sait l'endroit des tiroirs verrouillés.
Bons Allemands, nos voisins et nos hôtes,
    Pillez, pillez, pillez, pillez !

Vous triomphez... Honneur à la science !
Le fer en main, nous vous gênions souvent
Lorsqu'on luttait à force de vaillance ;
Vous combattez de loin, c'est plus savant.
Pour l'écraser sous vos bombes en flammes,
Vous choisissez, ô généreux vainqueur,
Le pauvre toit, plein d'enfants et de femmes,
Plus sûr alors de nous frapper au cœur.
C'est pourtant nous qui restons les barbares,
Luttant de près comme aux temps reculés.
Bons Allemands, frères des bons Tartares,
    Brûlez, brûlez, brûlez, brûlez !

Vous avez mis contre nous en campagne
Bourgeois, vilains, étudiants, vieillards,
Landwehr, landsturm, toute votre Allemagne,
Tous vos pédants devenus des soudards.
Mais par vos lois — car vous êtes les maîtres —
De nous défendre il nous est défendu.
Nos francs-tireurs sont jugés comme traîtres,
Le paysan qui les cache est pendu.
Le droit n'est rien, la force est souveraine :
Vous êtes forts, nous sommes condamnés....
Bons Allemands, contentez votre haine,
    Assassinez, assassinez !

Victor de Laprade.

Poèmes civiques, Perrin et Cie, Éditeurs.

❦

ALEX. DE MAZADE

VOIR LA NOTICE PAGE 11.

La lettre suivante est d'un ouvrier teinturier qui quitta son usine au cours de la guerre pour s'engager sous les drapeaux. Les mésaventures qu'il y raconte, avec son style et son orthographe, ne devaient pas s'en tenir là ; à la suite de divers incidents qu'il expose dans une autre lettre, il fut dirigé sur Briançon et ne put rejoindre les combattants. Ces deux curieux documents se trouvent dans les LETTRES ET NOTES INTIMES de M. ALEX. DE MAZADE, dont nous avons déjà parlé.

LETTRE D'UN CHASSEUR A PIED.

A M. A. DE M..., PARIS.

Auxone, 14 Octobre [1].

Monsieur et Madame,

Ayé la bonté de me dire si vous avé recu ma lettre de Tour, si les lettre corresponde, j'ai été pour le 2ᵐᵉ ouzave et l'on m'a reversé dans le 12ᵐᵉ Bⁿᵒᵒ de chasseur à pied où nous somme pas tres bien pour le moment, on couche sur les planches. Je raconterais les misères de mon voyage à mon retour. Surtout ne manqué de me donner des nouvelles de Paris et Ronquerolles.

Galibardi est passé à Dijon le 12 courant pour aller à Epernet former l'Armée de la Loire que nous es-

pérons rejoindre sous peu, rien autre à vous dire pour le moment que je ne suis pas tres bien portant et que je m'ennuye beaucoup de mon petit Camil.

Bien le bonjour à M. et Mme de Mazade père et à Mme Alexandre. Sur tout je souhaite bonne chance.

Votre dévoué serviteur,

. MUTIN (LOUIS).

12ᵐᵉ Bⁿᵒᵒ de chasseur à pied compagnie provisoir à Auxonne armée du Rhain réponse si vous pouvé.

Mort aux prussiens.

A. DE MAZADE.

Lettres et Notes intimes, 1870-1871. Paul Frémont, Beaumont-sur-Oise. 1892.

[1]. Cette lettre n'a été reçue qu'après le siège de Paris.

CHARLES AUBERTIN (1825)

Nuits fut le théâtre d'une sanglante bataille, le 18 Décembre 1870, entre la petite armée du général Cremer et une division badoise. Un professeur et un administrateur distingué de l'Université, auteur de divers ouvrages d'histoire et de critique littéraire, M. CHARLES AUBERTIN a raconté ce fait et décrit la physionomie de Dijon dans un article à peu près contemporain de ces événements.

LE COMBAT DE NUITS.

JE vois encore, sur une nouvelle apportée à fond de train par des estafettes dont le galop sonore ébranlait les rues désertes, un mot d'ordre courir de porte en porte à dix heures du soir, réveiller les soldats endormis, puis, en moins d'une demi-heure, la garnison entière, infanterie, cavalerie, artillerie, rouler avec ses caissons et ses équipages à travers la ville obscure par un ciel pluvieux et aller camper sur une route stratégique tracée par elle,

pour éviter le péril d'une insurrection populaire combinée avec un coup de main du dehors, qui semblait imminent. Comme tous les pouvoirs qui se sentent malades, l'ennemi prenait de l'humeur. Devenu ombrageux et colère, il molestait l'habitant, il emprisonnait les curieux inoffensifs, il interdisait la circulation passé neuf heures : le Badois aigri tournait au Prussien.

C'est dans ces circonstances qu'eut lieu, le 18 Décembre, l'affaire de Nuits, diversement racontée par les journaux du temps. Résolu de sonder une situation que chaque jour empirait, le Général Werder dirigea sur trois colonnes contre la division Cremer un mouvement offensif et convergent, qu'il appelle dans son rapport « une forte reconnaissance ». Il y engagea près de 15 000 hommes. Les Français en comptaient 8 ou 9 000 au plus. La vérité est que ce ne fut pour personne un franc succès. Un bataillon de mobiles lâcha pied ; nous perdîmes 500 prisonniers, qui ne tardèrent pas, dit-on, à s'échapper. Le reste de la division tint ferme ; l'artillerie, habilement manœuvrée, écrasa l'ennemi. Une charge à la baïonnette, exécutée dans un faubourg de la ville, fut un des incidents heureux et brillants de la bataille. On cite aussi 150 francs-tireurs qui, barricadés dans une ferme voisine, tuèrent 600 Badois. Il fallut deux régiments et quatre pièces de canon pour les réduire. C'est là que fut blessé grièvement le Prince Guillaume de Bade. Les Français évacuèrent Nuits, mais les Allemands n'y restèrent pas. Des deux côtés, après le choc, on se replia. Nous avions perdu en tués et blessés environ 3000 hommes ; la perte de l'ennemi était double. J'ai vu revenir à Dijon les troupes allemandes dont les bulletins chantaient victoire ; ces prétendus vainqueurs étaient consternés. Dans toutes les maisons où logeaient les soldats, il manquait des hommes à l'appel. Les survivants rapportaient du champ de bataille une impression terrible. Par des gestes expressifs, ils essayaient de peindre à nos yeux le sang versé à flots et les cadavres amoncelés dans leurs rangs. Les rares officiers qui parurent à leur café le soir étaient mornes et silencieux. Pour soutenir leurs soldats qui pliaient, ils avaient dû payer énergiquement de leur personne ; le feu des Français embusqués sur les hauteurs qui dominent la ville les avait décimés. Il n'y a jamais eu de victoire aussi lugubre et d'un aspect aussi peu triomphant. Personne ne s'y trompa ; l'occupation prusso-badoise en Bourgogne se sentait frappée à mort ; ses jours étaient comptés.

Le 27 Décembre, à neuf heures du matin, il n'y avait plus dans la ville un seul ennemi. On apercevait à 2 kilomètres les dernières colonnes, qui s'éloignaient dans la direction de l'Est. Dijon, en s'éveillant, se retrouvait libre et redevenait français. C'était le premier résultat du mouvement stratégique de Bourbaki. Werder, informé à temps, se dérobant au péril certain d'être enveloppé et pris, franchit la Saône, grâce à une avance de trente-six heures au plus, évacua rapidement Gray, Vesoul, Villersexel, et ne s'arrêta, comme on sait, qu'à Héricourt. Pour nous, à qui l'avenir échappait, tout entier au présent et à la délivrance, la scène allait brusquement changer. Tenue au secret depuis deux mois par 30 000 Allemands, la ville allait retentir pendant plusieurs semaines du défilé de 110 000 Français et Italiens. La jeune Armée de la République allait déployer sous nos yeux ses uniformes bigarrés, son ardeur patriotique, ses bataillons variés et nombreux, son inexpérience en partie couverte et rachetée par sa valeur. On rentrait dans la vie, dans la noble activité du patriotisme, et, nous le pensions du moins, dans la joie durable de légitimes espérances.

Ch. Aubertin.

Les Allemands en Bourgogne. Impressions et Souvenirs (Revue des Deux Mondes, 15 Mars 1871).

GARIBALDI (1807-1882)

On sait que le célèbre patriote italien, sitôt la proclamation de la République, vint mettre son épée au service de la France. Les susceptibilités du Général Trochu, es-

prit ombrageux, l'écartèrent. Le Chancelier Bismarck parlait de le faire fusiller s'il tombait entre les mains de ses généraux. GARIBALDI organisa une guerre de partisans, défendit la région de l'Est, livra aux Prussiens, près de Dijon, deux batailles, les 21 et 23 Janvier 1871. Nous transcrivons ici, du livre que son biographe, Elpis Melena (Mme Marie Schwartz) lui a consacré, un article de LA NOUVELLE PRESSE LIBRE de Dijon (15 Janvier 1871) concernant les troupes garibaldiennes.

LE QUARTIER GÉNÉRAL DE GARIBALDI A DIJON. LA correspondance suivante, tirée de la *Nouvelle Presse libre* de Dijon, du 15 Janvier 1871, donne une idée très claire de l'impression que fit le Quartier général de Garibaldi ; je la reproduis d'autant plus volontiers qu'elle paraît être sortie d'une plume impartiale.

« Je me trouve ici au milieu de l'Armée des Vosges, commandée par Garibaldi. Les rues de l'ancienne capitale des ducs de Bourgogne fourmillent de chemises rouges et de francs-tireurs ; les mobiles aussi sont bien représentés. La gare est remplie de troupes ; de nouveaux convois arrivent chaque jour. L'Armée des Vosges, depuis la prise d'Autun par les Allemands, a atteint des proportions très respectables ; toutes les divisions sont vêtues d'uniformes et pour la plupart équipées de fusils se chargeant par la culasse. Les chasseurs de Gênes sont armés de chassepots ; ils forment avec les Espagnols la garde de corps de Garibaldi. Une grande partie des francs-tireurs sont pourvus de fusils Remington qui, dans cette guerre, au dire de personnes compétentes, se sont trouvés être les fusils les plus solides.

« Garibaldi a établi son quartier à la Préfecture où sont aussi les bureaux de l'État-major et de l'Armée des Vosges. Le chef de l'État-major est le Colonel Bordone, un homme exceptionnellement intelligent, auquel pourtant le métier de la guerre semble très étranger. Il était médecin et fut nommé, d'après le désir de Garibaldi, Général en chef de l'État-major. Quoique d'origine italienne, Bordone est Français de naissance et plus attaché à sa nouvelle patrie qu'à l'Italie. Bordone est peu aimé par la plus grande partie des Italiens qui se trouvent dans l'Armée des Vosges ; de là de véhémentes attaques contre sa personne dans les journaux italiens.

« Dans l'État-major de Garibaldi se trouvent deux officiers connus, les Colonels Lobbia et Canzio. Lobbia a reçu, il n'y a pas longtemps, le commandement d'une brigade. J'ai eu l'occasion de m'entretenir avec lui et avec Canzio. Tous deux ont émis l'opinion qu'une guerre de guérillas habilement conduite pourrait mettre les Allemands en France dans un grand embarras, si elle était dirigée partout systématiquement et avec persévérance.

« Je n'ai pu voir ni Ricciotti ni Menotti ; ils se trouvaient tous deux avec leurs corps aux points avancés. J'ai fait, en revanche, la connaissance du Général Bossak, renommé par la dernière révolte polonaise, et qui commandait ici la première brigade. Je lui fis une visite dans son camp et y fus reçu avec la plus grande politesse. J'y trouvai plusieurs Polonais, parmi lesquels un Major Bohden qui avait servi auparavant dans l'Armée russe. Le Général Bossak est très aimé de ses soldats ; c'est un officier brave et capable, qui a fait son école dans le Caucase. Un des points faibles de l'Armée des Vosges était, jusqu'à présent, son artillerie ; il y a à peine trois semaines, Garibaldi n'avait guère plus d'une batterie de petits canons de montagne, attelés de mulets. Depuis peu les choses ont changé. Garibaldi a non seulement un nombre suffisant de canons de campagne, mais encore des mitrailleuses avec lesquelles il pourra probablement arrêter l'artillerie prussienne. J'ai vu Garibaldi deux fois ; sa barbe blanche, la couleur blême de son visage lui donnent l'aspect d'un guerrier qui s'incline vers la tombe Ses blessures ne lui permettent pas de marcher ; il se fait porter dans une litière, d'où il donne ses ordres pendant la bataille.»

ELPIS MELENA.

Garibaldi, Souvenirs de sa vie publique et privée. Ernest Leroux, Éditeur.

PIERRE LEHAUTCOURT

Un Chef de bataillon a signé du pseudonyme de LEHAUTCOURT l'un des ouvrages les plus étendus et les mieux informés qui aient paru sur la seconde partie de la guerre de 1870. Il se compose de huit volumes réunis sous ce titre commun : LA DÉFENSE NATIONALE EN 1870-1871. C'est une histoire uniquement militaire, exposée avec beaucoup de précision, d'après les documents originaux. Le passage suivant donne une idée de l'acharnement avec lequel les Français et les Allemands se disputèrent, le 9 Janvier 1871, le château de Villersexel qui commandait les approches de Belfort.

LE SECOND COMBAT DE VILLERSEXEL.

La moitié d'un nouveau bataillon de landwehr remontait les pentes qui descendent du château vers l'Ognon ; un autre, qui occupait le nord-est de Villersexel, jetait deux compagnies dans cette direction. Le combat se continuait toujours plus vif, dans les escaliers et les couloirs ; les landwehriens réussissaient à pénétrer dans le premier étage et à s'emparer d'une pièce en y faisant de nombreux prisonniers. Mais le reste du château demeurait en notre pouvoir. Schmeling donnait alors l'ordre de nous enfumer et les landwehriens l'exécutaient au pied de la lettre (vers dix heures). On incendiait la partie ouest et, peu après, sur le bruit que nous menacions déjà le pont de pierre, la majeure partie des assaillants se repliaient vers l'Ognon qu'ils traversaient à gué, quoique la passerelle existât encore ; plusieurs se noyaient dans les eaux glacées. Le Colonel Von Krane et le Major Von Wüssow, restés avec quelques hommes, étaient cernés dans l'aile de l'est.

Pourtant, ils réussissaient à se faire jour, avec l'aide du demi-bataillon qui opérait le long de la rivière (10 h. 30). Mais ce dernier ne parvenait pas à rentrer dans le château.

De l'intérieur du bourg, deux compagnies prussiennes restées à la garde du pont avaient pris également cette direction. Mais elles furent entraînées dans un combat extrêmement vif contre des fractions du 52e et du 92e. Jusque vers dix heures du soir, la violence du feu ne cessa de s'accroître. Le Colonel Von Knappe, qui avait de nouveau rassemblé près du pont les bataillons de landwehr, prescrivit une autre attaque du château, surtout afin de dégager les défenseurs de la ville. Deux compagnies reprirent position le long de la rivière, mais toutes les tentatives sur le château restèrent inutiles. D'ailleurs, ce vaste édifice était tout entier en flammes ; vers minuit, une partie s'écroula, ensevelissant sous ses ruines les vivants et les morts[1].

A l'intérieur de Villersexel, nos troupes gagnaient lentement du terrain, s'emparant des maisons une à une. Pour briser les dernières résistances de l'ennemi sur le pont et dans les quartiers voisins, il fallut faire avancer deux sections de 4, dont les obus obtinrent le résultat cherché (vers 2 h. 30).

D'ailleurs, Werder était de nou-

---

1. On retira des ruines deux cents cadavres calcinés.

veau revenu sur ses derniers ordres. Ses troupes s'étaient installées à Moimay, Marat, la Grange d'Ancin, lorsqu'il apprit (9 h. 30) que le combat durait encore à Villersexel. Il laissa au Général Von Schmeling la liberté de le rompre.

Ce dernier ne tarda pas à prescrire l'évacuation (1 heure); un bataillon prussien couvrit la retraite. La 4ᵉ division de réserve se retira sur les ponts d'Aillevans; son avant-garde atteignit Saint-Sulpice avant le jour. A Villersexel, le combat ne cessa entièrement qu'à quatre heures du matin. De notre côté, le 2ᵉ bataillon du 52ᵉ occupait le pont, à l'extrémité duquel il élevait une barricade; nos troupes restaient en position, attendant un retour offensif.

La journée du 9 janvier coûtait à l'ennemi 26 officiers et 553 hommes seulement, presque tous de la 4ᵉ division de réserve. Il avait fait plusieurs centaines de prisonniers, en nous infligeant, dit le Dʳ Chenu, une perte de 27 officiers et 627 hommes tués ou blessés. Quoique les 18ᵉ, 20ᵉ Corps et une portion du 24ᵉ se fussent trouvés à portée du champ de bataille, deux divisions du 18ᵉ Corps, une division au plus du 20ⁿ et les réserves d'artillerie des deux Corps d'armée, furent réellement engagées contre 15000 Allemands et 54 pièces.

A Villersexel, en particulier, nos troupes combattirent presque toutes avec l'infériorité du nombre.

Pierre Lehautcourt.

Campagne de l'Est en 1870-1871. Nuits, Villersexel. Berger-Levrault et Cⁱᵉ, 1896.

MARÉCHAL DE MOLTKE (1800-1891)

Cédant aux instances de son entourage, le MARÉCHAL DE MOLTKE, Généralissime des armées allemandes, a donné son impression personnelle de la guerre de 1870. Son livre est l'œuvre d'un tacticien; il avait d'abord pensé réduire l'ouvrage du grand État-major allemand, trop étendu pour le public. Ses mémoires demeurent une histoire militaire, sèche, laconique, mais forcément précise. Il est consolant ainsi d'entendre raconter par les Prussiens le siège de Belfort. C'est l'épisode que nous avons choisi; et surtout la période finale de l'investissement, du 28 Janvier au 15 Février 1871.

LE SIÈGE DE BELFORT.

Du 28 Janvier au 15 Février. — En s'approchant davantage des forts on put, sans être inquiété par l'ennemi, avancer peu à peu la sape volante de 300 mètres. Malgré toutes les difficultés que présentait la nature du sol, on ouvrit, le 1ᵉʳ Février, la deuxième parallèle à demi distance des Perches.

C'était le fort de la Justice qui gênait le plus les travaux de siège. On construisit donc pour le combattre deux nouvelles batteries à l'est de Pérouse. Quatre batteries de mortiers établies sur les ailes de la parallèle ouvrirent leur feu, à petite distance, sur les Perches. De plus, trois batteries furent établies dans le bois des Perches contre la citadelle et une contre l'enceinte de la ville sur la lisière du bois, à Bavilliers. On tirait 1500 coups de canon par jour contre la place et ses ouvrages avancés.

Mais il devenait de plus en plus difficile de pousser l'attaque par siège. Le Général de Debschitz ayant été rappelé, le corps de siège disposait d'un nombre très restreint de travailleurs. Le service pénible dans les tranchées n'était fait que par neuf bataillons. Les compagnies de pionniers surtout subissaient des pertes graves : il fallut en faire venir deux autres de Strasbourg. Toutes les nuits il y avait clair de lune ;

la garnison voyait tout ce qui se passait sur le terrain couvert de neige en avant de la place et l'on ne put plus employer la sape volante; on dut recourir à la sape double à terre roulante en couvrant la tête de sape avec des sacs à sable et les côtés avec des gabions ; quant à la terre servant à l'encaissement, il fallait souvent aller la chercher fort loin.

Pour comble de malheur, le dégel se produisit le 3 Février. L'eau coulant des hauteurs remplit les tranchées, et les troupes étaient obligées de circuler sur le terrain découvert. Les travaux déjà terminés furent endommagés par les pluies torrentielles, le parapet de la première parallèle s'effondra par places et l'on ne voyait plus la banquette. Les chemins étant défoncés, on ne put procéder à l'armement des batteries qu'au prix des fatigues et des efforts les plus grands et, pour le remplacement des munitions, il fallut mettre à contribution les attelages des colonnes et de l'artillerie de campagne. Beaucoup de bouches à feu étaient hors de service par suite d'érosions qui s'étaient produites dans l'âme et, de plus, l'ennemi se montrait fort habile à déranger les travaux en faisant ouvrir soudain le feu à des pièces qu'il ramenait en arrière presque immédiatement. Non seulement les batteries durent continuer à canonner les Perches pendant la nuit, mais l'infanterie était également tenue de faire, sans discontinuer, le coup de feu avec les défenseurs. Les batteries nouvellement établies dans les parallèles ne parvenaient que momentanément à réduire au silence l'artillerie des Hautes-Perches. Contre le fort de Bellevue et les ouvrages de la gare, il fallut recourir aux masses couvrantes et recommencer en outre à combattre le fort des Barres. Il va de soi que dans cette situation, et le mauvais temps aidant, l'état sanitaire des troupes était de moins en moins satisfaisant. Il arrivait fréquemment que les bataillons ne pouvaient faire

prendre les armes qu'à trois cents de leurs hommes.

Malgré tout, l'artillerie de l'assaillant avait incontestablement pris le dessus sur celle du défenseur et, en dépit de tous les obstacles, les sapes avaient atteint le bord du fossé des Perches.

Le 8 Février à 1 heure du soir, le Capitaine Roese fit jeter des gabions de sape dans le fossé des Hautes-Perches ; il y sauta avec cinq pionniers et, taillant vivement les marches dans l'escarpe, il gravit le parapet. La garde de tranchée le suivit immédiatement, mais on ne trouva plus qu'un petit nombre de Français dans les traverses pare-éclats. La situation des troupes défendant les forts était en effet devenue des plus critiques. Qu'elles voulussent remplacer les munitions ou chercher de l'eau à l'étang de Vernier et faire la soupe à l'intérieur de l'ouvrage, elles ne pouvaient faire tout cela qu'exposées au feu de l'ennemi. Aussi le Colonel Denfert avait d'ores et déjà donné l'ordre de mettre le matériel en sûreté. Les pièces dont les affûts supportaient encore le transport furent enlevées, à l'insu de l'assiégeant, et dans chacun des forts on ne laissa qu'une compagnie avec l'ordre de se retirer, en cas d'attaque, en faisant feu sur l'ennemi. En effet, on ne trouva dans l'ouvrage complètement démoli que des affûts brisés et quatre bouches à feu hors d'état de servir. On l'organisa immédiatement pour la défense, face à la place ; mais celle-ci ouvrit à 3 heures un feu d'une telle violence sur la position qu'elle venait de perdre, que les travailleurs durent aller s'abriter dans les fossés.

La garnison des Basses-Perches opposa une certaine résistance ; mais, recueillie par la réserve, elle battit peu après en retraite sur le Fourneau, ne laissant dans le fort que cinq pièces et du matériel endommagé par les projectiles. Ici, tout comme aux Hautes-Perches, le feu de la place contraignit les assaillants à interrompre leurs travaux de retranchements sur la contrescarpe; mais ils réussirent à amener dans l'ouvrage quatre mortiers de 15 centimètres et deux canons de 9 centimètres sur le ressaut de la colline à l'ouest du fort. Ces pièces ouvrirent le feu sur le Fourneau et Bellevue. Dans la nuit du 9 au 10 Février, les deux forts des Perches furent reliés entre eux par une tranchée longue de 624 mètres, et, de la sorte, la troisième parallèle se trouvait établie.

Dès lors, on était à même d'attaquer directement la citadelle, et c'est sur elle que les batteries du bois des Perches, puis celles de la deuxième parallèle, ouvrirent le feu. En même temps, on bombardait les forts de la Justice, de la Miotte et de Bellevue. Le Général de Debschitz était revenu, le corps de siège avait de nouveau son effectif complet et, le temps étant redevenu froid, tout alla mieux. Le 13, il y avait 97 pièces dans la troisième parallèle qui se tenaient prêtes à ouvrir le feu.

La ville avait énormément souffert de ce long bombardement. Presque toutes les maisons étaient endommagées, 15 d'entre elles avaient totalement brûlé et, dans les localités voisines, 164 maisons avaient été détruites par les projectiles des défenseurs. De même, les ouvrages de la place étaient en fort mauvais état, la citadelle en particulier. Le revêtement en pierres de taille de son mur de front était tombé dans le fossé, la moitié des embrasures blindées s'étaient éboulées ; les magasins de consommation des batteries avaient sauté et un certain nombre de traverses voûtées étaient percées. On ne pouvait plus arriver qu'à l'aide d'échelles aux batteries les plus élevées. La garnison, dont l'effectif avait primitivement été de 372 officiers et de 17 322 hommes, avait perdu 32 officiers et 4 713 hommes ; 336 personnes appartenant à la population civile avaient été tuées.

La place ne pouvait plus tenir longtemps ; à cela vint s'ajouter la nouvelle que l'armée qui, seule, pouvait débloquer Belfort, venait de déposer les armes.

Étant donnée cette situation, le Général de Treskow invita le Commandant à rendre la place qu'il avait si vaillamment défendue, et en se retirant avec les honneurs de la guerre ; cette condition avait au préalable reçu l'approbation de Sa Majesté et le Gouvernement français autorisait le Colonel Denfert à accepter. Mais celui-ci exigeait un ordre direct. Un de ses officiers se rendit à Bâle pour attendre cet ordre et, jusqu'à son retour, il y eut une suspension d'armes.

Le 15 fut signée, à Versailles, une convention par laquelle l'armistice du 28 Janvier était étendu aux trois départements qui n'y avaient d'abord pas été compris et à la place de Belfort. L'article 1er stipulait la reddition de cette ville.

Les négociations définitives ayant été menées à bonne fin, la garnison quitta, dans le courant des 17 et 18 Février, le rayon de la place forte, avec armes et bagages, et se rendit par l'Isle-sur-le-Doubs et Saint-Hippolyte sur le territoire occupé par les troupes françaises.

Les troupes partirent en échelons de 1000 hommes, marchant à la distance de 5 kilomètres l'un de l'autre.

Le Colonel Denfert sortit avec le dernier. Cent cinquante voitures prussiennes suivaient la colonne avec les vivres provenant des magasins de la place. Le 18 Février, à trois heures de l'après-midi, le Lieutenant-général de Treskow fit son entrée à la tête de détachements fournis par toutes les troupes du corps de siège.

On trouva 341 canons, dont 56 hors d'état de tirer, et 356 affûts, dont 119 brisés, 22 000 armes à feu portatives et de plus des approvisionnements considérables de munitions et de vivres.

Le siège avait coûté aux Allemands 88 officiers et 2 049 hommes dont 245, faits prisonniers par les assiégés, recouvrèrent leur liberté par suite de la capitulation.

MARÉCHAL COMTE DE MOLTKE.
Mémoires (La Guerre de 1870).
Le Soudier, Éditeur.

COLONEL DENFERT-ROCHEREAU (1823-1878)

Le COLONEL DENFERT-ROCHEREAU commandait depuis 1864 le génie militaire de la place de Belfort quand survint la guerre allemande. Il résista aux sommations et aux attaques réitérées de l'ennemi et ne livra Belfort, le 18 Février 1871, que sur l'ordre formel de la Défense nationale ; la garnison sortit avec les honneurs de la guerre. La défense de Belfort a été racontée en détail dans le livre des capitaines du génie et de l'artillerie, Éd. Thiers et S. de La Laurentie — livre écrit sous le contrôle du Colonel Denfert-Rochereau qui en garantit l'authenticité. — Nous en donnons les passages suivants, relatifs aux premiers pourparlers avec le corps assiégeant et au spectacle de la ville, à la fin du siège, les hostilités étant suspendues.

LE SIÈGE DE BELFORT.

Dans la journée du 4, un parlementaire se présenta à la porte du Vallon, porteur d'une lettre du Général ennemi, dont voici la traduction :

« 4 Novembre 1870.

« Très honoré et honorable Commandant,

« Je me fais un honneur de porter très respectueusement à votre connaissance la déclaration suivante :

« Je n'ai pas l'intention de vous prier de me rendre la place de Belfort ; mais je vous laisse le soin de juger s'il ne conviendrait pas d'éviter à la ville toutes les horreurs d'un siège, et si votre conscience, votre devoir ne vous permettraient pas de me livrer la forteresse dont vous avez le commandement.

« Je n'ai d'autre intention, en vous envoyant cet écrit, que de préserver autant que possible la population du pays des horreurs de la guerre. C'est pourquoi je me permets de vous prier, dans la limite de vos pouvoirs, de faire connaître aux habitants que celui qui s'approchera de la ligne d'investissement à portée de mes canons mettra sa vie en danger.

« Les propriétaires des maisons situées entre la place et notre ligne d'investissement doivent se hâter de mettre tout leur mobilier en lieu sûr, car d'un instant à l'autre je puis être obligé de réduire les maisons en cendres.

« Je saisis cette occasion de vous assurer de mon estime toute particulière, et j'ai l'honneur d'être,

« Votre très dévoué serviteur,

« Général royal prussien, commandant les forces prussiennes concentrées devant Belfort.

« *Signé :*
« Général DE TRESKOW. »

Il lui fut immédiatement répondu la lettre suivante que remporta son parlementaire :

« Général,

« J'ai lu avec toute l'attention qu'elle mérite la lettre que vous m'avez fait l'honneur de m'écrire avant de commencer les hostilités.

« En pesant dans ma conscience les raisons que vous me développez, je ne puis m'empêcher de trouver que la retraite de l'armée prussienne est le seul moyen que conseillent à la fois l'honneur et l'humanité, pour éviter à la population de Belfort les horreurs d'un siège.

« Nous savons tous quelle sanction vous donnerez à vos menaces, et nous nous attendons, Général, à toutes les violences que vous jugerez nécessaires, pour arriver à votre but, mais nous connaissons aussi l'étendue de nos devoirs envers la France et envers la République, et nous sommes décidés à les remplir.

« Veuillez agréer, Général, l'assurance de ma considération très distinguée.

« Signé :

« DENFERT-ROCHEREAU. »

. . . .

Le feu était suspendu de part et d'autre et il ne devait plus reprendre.

A huit heures trente-cinq minutes du soir, le dernier coup de canon de cette épouvantable guerre de 1870-71 avait été tiré, dans une pièce de 24 du Château, par le vieux maréchal des logis Huyghes, si dévoué pendant tout le siège.

La guerre était finie, la France était vaincue, mais non déshonorée, elle allait se recueillir et préparer sa régénération.

Cette nuit si calme, qu'aucun bruit sinistre n'était venu troubler, avait transmis à chacun, mieux que n'eût pu le faire la voix du crieur public, la nouvelle de la suspension d'armes. Elle fut portée de bouche en bouche et connue bientôt dans la plus humble cave.

Aussi dès l'aube du 14 Février tout le monde est dehors, chacun circule fiévreusement comme pour prendre une part de cet air pur dont on a manqué si longtemps. On veut en refaire une provision si l'armistice ne doit durer qu'un jour.

A huit heures le soleil s'élève splendide et magnifique, comme pour consoler tous ces malheureux qui ont été privés si longtemps de sa chaleur bienfaisante. Chaque cave rend à l'air de pauvres enfants pâles et souffreteux, des vieillards aux traits amaigris, aux yeux caves et aux membres trop faibles pour les soutenir.

Mais le groupe le plus navrant était celui qui vivait sous l'hôtel de ville et l'église, où les plus malheureux étaient venus chercher un asile dès le commencement du bombardement.

Les pauvres y étaient entassés les uns sur les autres au milieu de l'humidité et de la pourriture. Ils n'en sortaient jamais, vaquant côte à côte à tous les travaux de la vie. Aussi la variole et le typhus faisaient-ils des ravages épouvantables dans ces foules en haillons. Les hôpitaux regorgeaient. Ils ne pouvaient plus recevoir les malades, les morts mêmes étaient souvent oubliés, et leur nombre ne permettait pas de les enterrer régulièrement. L'enfant venait au jour près de celui qui le quittait, s'emparant aussitôt de son grabat moisi, comme d'une conquête de la vie sur la mort.

On pense avec quelle joie tout ce pauvre peuple vit arriver la cessation du feu. C'était la fin de ses misères : il courait de tous côtés, semblait trouver le jour plus beau qu'il ne l'avait jamais connu. On allait dans toutes les rues contempler les sinistres ; chacun se consolait de sa ruine propre par la ruine des autres. Les plus heureux avaient encore un étage à peu près intact, d'autres une chambre, le plus grand nombre n'avait plus rien.

Les rues étaient pleines de débris, on n'y pouvait passer qu'avec précautions. L'église était à moitié démolie, l'hôtel de ville brûlé, la prison décapitée, les faubourgs consumés, et la foule des curieux cherchait encore un spectacle plus terrible.

Elle court en procession le demander au Château, point de mire de toutes les batteries. Là les murs sont renversés, les terres bouleversées. La cour n'est qu'un cloaque boueux où l'on enfonce et dont on ne peut sortir qu'en se heurtant contre une pierre de taille ou un obus Krupp qui n'a pas éclaté.

Malgré tout, les pièces des casemates sont encore debout et menaçantes ; seules elles lèvent la tête au milieu de cet écrasement général, comme pour accuser bien haut les soins minutieux que les artilleurs ont mis à leur conservation. Leurs abris à eux se sont écroulés sous les projectiles, peu importe. Ils ont avant tout préservé les pièces, et tous les soirs, montés dans les embrasures, sous le feu ennemi, ils ont travaillé quatre heures, six heures s'il le fallait, pour garer les blindages et relever les terres. Puis au matin l'ennemi pouvait croire qu'il n'avait rien fait la veille.

Celles du haut vivaient également ; les escaliers qui y conduisaient ayant été détruits pierre par pierre, on y montait avec des échelles et on les approvisionnait par une poulie.

On dit aussi que ce qui frappa les officiers prussiens à leur première visite au Château, fut de trouver encore au milieu de ces ruine tant de pièces sur roues.

Les Prussiens désiraient aussi contempler leur ouvrage. On le voyait en grand nombre aux Perches, dévorant des yeux cette ville qu'ils n'auront le droit d'occupe qu'après le départ du dernier solda français. Quelques-uns même viennent jusque sous les murs du Château pour fraterniser avec nos soldats ; mais une consigne sévère les éloigne et leur fait rebrousser chemin.

ÉDOUARD THIERS
et S. DE LA LAURENTIE.

Histoire de la Défense de Belfort,
écrite sous le contrôle de M. le
Colonel DENFERT-ROCHEREAU. Lachevalier, Éditeur.

GÉNÉRAL BOURBAKI (1816-1897)

Le GÉNÉRAL BOURBAKI, commandant de la Garde impériale, sortit de Metz assiégée, avec une mission du Maréchal Bazaine. Empêché par l'investissement de reprendre son poste de combat, il fut appelé par le Gouvernement de la Défense nationale et, après la séparation de l'Armée de la Loire, mis à la tête des troupes qui devaient défendre la région de l'Est. Luttant en plein hiver contre un ennemi supérieur et mieux aguerri, il livra des combats heureux comme à Villersexel, se battit à Héricourt, presque aux portes de Belfort, pendant trois journées consécutives, sans parvenir à franchir les lignes de la Lisaine. Pour échapper à l'ennemi, il songea à se réfugier en Suisse ; mais, accusé de lenteurs et d'inaction par un ministère qui prétendait tout conduire de son cabinet, suspecté presque, il essaya bientôt de se suicider. Refusé par la mort et convalescent, il adressa son rapport au ministère (3 mars 1871) comme la justification de son commandement ; nous en avons extrait cet intéressant morceau.

LES OPÉRATIONS DE L'ARMÉE DE L'EST. — Malgré la neige qui couvrait la terre, le verglas des routes, le froid intense qui causait des souffrances réelles, je me mis en devoir de continuer le mouvement des troupes en les dirigeant par les voies ferrées sur Chalon-sur-Saône. L'emploi de ce mode de locomotion ne donna pas de résultats aussi satisfaisants qu'il était permis de l'espérer au point de vue de la rapidit d'exécution.

La concentration de l'armé était à peine effectuée que l'évacua tion de Dijon en était la conséquence

Je me transportai de ma per sonne dans cette ville, pendant qu les colonnes, suivant les voies ordi naires, gagnaient l'Ognon et fran chissaient cette rivière.

On m'avait promis que s

j'obtenais ce premier succès, 100 000 hommes (gardes nationaux mobilisés ou autres) seraient chargés, afin de me permettre de poursuivre le plan convenu, de garder le cours de la Saône ; que le Général Pélissier et Garibaldi occuperaient solidement Dijon et Gray, que je me trouverais ainsi garanti sur mon flanc gauche et mes derrières, et que Besançon serait approvisionné de façon à me permettre de m'y appuyer si je me trouvais dans la nécessité de me replier.

D'après ces données, après avoir fait évacuer Dijon par une simple manœuvre, j'obtins de la même manière l'évacuation de Gray et de Vesoul.

Le 9 Janvier, j'enlevai Villersexel ; le 13, Arcey. Ces deux villages occupent des nœuds de routes importants. Le premier, sur la route de Montbéliard à Vesoul, sur les bords de l'Ognon, commande la route de Lure à Besançon et celle qui de Belfort conduit à Besançon, en suivant les pentes septentrionales des hauteurs entre Doubs et Ognon. Le second est à l'intersection de la route de Vesoul à Montbéliard avec celle qui, partant de Belfort, permet de se rendre soit à l'Isle-sur-le-Doubs, soit à Beaume-les-Dames et par suite à Besançon, en longeant les pentes méridionales de ces mêmes hauteurs.

Le surlendemain du combat d'Arcey, je fis attaquer les lignes de la Lisaine, comprenant Montbéliard, Béthoncourt, Bussurel, Héricourt, le mont Vaudois, Couthenans, Chagey, Chennebier. Afin de faciliter cette attaque et de diviser l'attention de l'ennemi, je prescrivis au Général Rolland, commandant la 7e division militaire, de faire entrer simultanément en action toutes les troupes dont il pouvait disposer, de les faire déboucher par la rive droite du Doubs, de façon à menacer Montbéliard du côté d'Exincourt et de Sochaux.

Mais depuis que nos opérations dans l'Est étaient commencées, l'ennemi avait reçu des renforts considérables venus de l'Alsace, de la Lorraine et du duché de Bade.

J'avais choisi pour pivot de mon mouvement Montbéliard, où le 15e Corps était entré dès le premier jour, s'emparant de la ville moins le château.

Le 24e Corps était devant Béthoncourt et Bussurel.

Le 20e, devant Héricourt et le mont Vaudois.

Enfin le 18e Corps, grossi de la division Cremer, possédant plus de cent pièces de canon, devait exécuter le mouvement tournant destiné à faire tomber les fortes positions occupées par l'ennemi, et tenir en échec avec une partie de son monde les forces qui tenteraient de menacer son flanc gauche.

J'avais fondé de grandes espérances sur le résultat de cet effort exécuté par près de 40 000 hommes à mon extrême gauche, quoique ce chiffre fût bien supérieur à celui des combattants. Les difficultés de terrain et les retards apportés dans l'exécution des ordres que j'avais donnés au 18e Corps rendirent infructueux les efforts tentés de ce côté.

Après trois jours de lutte pendant lesquels nous n'avions gagné du terrain que pied à pied, la fatigue morale et physique de chacun m'était signalée par les officiers généraux ; j'étais averti en outre que des troupes étaient en marche avec l'intention de me tourner.

Pendant ce temps, les forces réunies à Dijon se laissaient amuser par un rideau de troupes ennemies n'ayant d'autre mission que de les occuper.

Je me décidai à me replier sur Besançon. J'opérai ma retraite sans trop de hâte pour ne pas accroître le trouble causé dans l'armée par les combats livrés, par les nombreux cas de congélation, par l'état des routes, par la rigueur de la saison, par l'irrégularité et l'insuffisance des distributions de vivres. J'accomplis ce mouvement sans abandonner à l'ennemi un seul canon ni une seule voiture.

Après avoir ordonné au 24e

Corps de passer sur la rive gauche du Doubs, afin d'occuper Pont-de-Roide, Clerval, Beaume-les-Dames et le défilé du Lomont, je prescrivis au Commandant de ce Corps de se porter sur Besançon en abandonnant aux troupes dépendant directement de la 7e division militaire et ayant déjà opéré sur la position de Blamont, le soin de défendre cette position ainsi que celle de Pont-de-Roide, mais de continuer à garder les autres points desquels il répondait.

J'espérais trouver des vivres et des munitions de façon à pouvoir me maintenir quelque temps, au besoin, autour de Besançon. Ces vivres et ces munitions m'avaient été promis, et, dès le 4 janvier, j'avais appelé de nouveau sur ce point l'attention du Ministre.

Quelle fut ma douleur quand j'appris que les chemins de fer n'avaient pas fourni les transports nécessaires et que nous possédions à peine sept jours de vivres !

En ajoutant aux ressources de l'Armée celles constituant l'approvisionnement de la garnison, j'aurais été réduit au bout de vingt jours à laisser périr mon armée de faim et à la livrer pour ce motif à l'ennemi avec la place de Besançon. J'apprenais en même temps que Quingey et Mouchard étaient tombés aux mains de l'ennemi, malgré l'envoi en chemin de fer d'une division du 15e Corps, que j'avais chargée d'occuper ces points afin de maintenir mes communications avec Lyon.

Les troupes avaient souffert depuis deux mois tout ce qu'on peut souffrir de fatigues et de privations.

Les ponts de la Saône n'avaient pas été détruits comme je ·l'avais ordonné.

Je me décidai à essayer de me replier du côté de Salins ou, subsidiairement, de Pontarlier, afin de garder la vallée du Rhône.

Le Ministre, avisé par moi du projet que je cherchais à exécuter, me fit connaître que, tout en me laissant la responsabilité des mesures adoptées, il pensait que je devais renoncer au parti que j'avais pris. Il m'engageait fortement à marcher sur Auxonne, à secourir Garibaldi, qui s'était laissé tromper par les Prussiens et qui m'avait laissé couper la retraite en ne retardant pas d'une heure la marche de flanc qu'ils avaient dû exécuter devant lui pour traverser la Saône.

En supposant, ce qui est tout à fait invraisemblable, que cette opération fût praticable, il m'aurait fallu trois jours pour faire passer sur la rive droite du Doubs toutes celles des troupes de l'armée qui étaient déjà sur la rive gauche, ainsi que l'artillerie et les convois de vivres.

L'armée se serait alors engagée entre deux rivières occupées par l'ennemi (l'Ognon et le Doubs) ; elle se serait enfoncée dans le cul-de-sac formé par ces rivières et par la Saône, en suivant deux routes qui longent précisément ces rivières ; elle aurait été attaquée sur ses deux flancs et sur ses derrières au fur et à mesure qu'elle se serait portée en avant. Elle se serait alors trouvée dans la nécessité de faire face à l'ennemi pour le combattre avec la Saône à dos et un seul point de passage, Auxonne !

C'eût été préparer une catastrophe certaine, à la suite de laquelle hommes, canons, matériel de toute nature, auraient été entièrement perdus et seraient tombés au pouvoir de l'ennemi.

Je persévérais donc dans mon projet de me glisser le long de la frontière de la Suisse, lorsque je reçus du Commandant du 24e Corps une lettre m'annonçant qu'à la suite d'une attaque exécutée par des forces insignifiantes, il avait abandonné les positions que je l'avais chargé de garder ; que la 3e légion du Rhône s'était retirée de Beaume-les-Dames à la débandade, et qu'elle avait communiqué sa panique aux autres troupes.

Pendant ce temps, j'avais mis en route la division Crémer, une di vision du 20ᵉ Corps et la réserve commandée par le Général Pallu de la Barrière, afin d'occuper les routes par lesquelles la retraite me semblait encore possible. J'ordonnai au Commandant du 24ᵉ Corps de reprendre coûte que coûte le lendemain 26 les positions perdues et d'exiger que chaque Général se tînt à la tête de ses troupes. Je le prévins en outre que je lui viendrais en aide moi-même avec le 18ᵉ Corps.

Mais, hélas ! le 18ᵉ Corps employa toute la nuit et toute la journée du 26 pour passer de la rive droite sur la rive gauche du Doubs en traversant Besançon. Quant au 24ᵉ, il continua sa retraite au delà de Vercel !

Je vis clairement dès lors que cette armée courait le risque d'être internée en Suisse. Les événements ont prouvé depuis que cette nécessité même n'aurait pas été subie par la première armée, si l'armistice n'avait pas eu lieu, ou s'il n'avait été donné à mon successeur aucun ordre de l'observer avant que le commandant des forces ennemies eût reçu les mêmes instructions.

GÉNÉRAL BOURBAKI.

Le Général Bourbaki par un de ses anciens officiers d'ordonnance [LOUIS D'EICHTHAL]. E. Plon, Nourrit et Cⁱᵉ, Éditeurs.

JEAN RICHEPIN (1849)

Poète, romancier, auteur dramatique, M. RICHEPIN, malgré une production touffue et qui va dans des sens très variés, n'a guère écrit sur la guerre ; et il serait curieux même qu'aucun de ses recueils de vers n'en conservât d'échos, si ces recueils n'étaient avant tout des poèmes, dont l'objet est défini et spécial : telle la CHANSON DES GUEUX, LA MER, MES PARADIS. *C'est donc dans un ouvrage de prose,* CÉSARINE, *un roman, que M. Richepin a utilisé ses souvenirs de cette époque et que nous y pouvons puiser un morceau où s'atteste la vigueur brillante et bruyante habituelle à cet écrivain.*

LA RETRAITE APRÈS BELFORT.

L'Armée de l'Est battait en retraite, sur Besançon, après l'inutile tentative de Bourbaki pour débloquer Belfort. Pauvre et lamentable armée, qui avait commencé la campagne étant déjà un troupeau ! Quelle cohue ! Innombrables corps francs, où tout le monde se chamarrait de galons ; bataillons de moblots, où presque personne n'en portait, car il n'y avait plus un officier par cent hommes ; cavaliers de goums, improvisés spahis ; nègres algériens, recrutés comme turcos ; mobilisés effarés, gauches conscrits de quarante ans dont les meilleures compagnies avaient pour capitaines d'anciens sergents-majors ; et enfin les débris de l'Armée de la Loire, ces régiments de marche tant de fois disloqués par la défaite et la misère, tant de fois reconstitués à la diable, de bric et de broc, les uniformes mêlés ; sauf les Lyonnais aux vareuses neuves et des *Vengeurs* aux costumes d'opéra-comique, tout cela vêtu misérablement ; la plupart en loques ; certains, des chançards, rafistolés mi-partie soldats et pékins, lignards en culottes de porteurs d'eau, chasseurs pantalonnés de cotillons, zouaves enfouis dans des cache-nez ; et, pour armes, des fusils de tout système et de tout calibre, distribués comme au décrochez-moi-ça d'un arsenal en déconfiture, chassepots fabriqués hâtivement, remingtons anglais, carabines suisses, tabatières, jusqu'à de vieux flingots à piston ; et toute cette foule manœuvrant au hasard, sans cohésion, sans expérience, sans discipline, les uns n'ayant jamais vu le feu, les autres l'ayant trop vu, ceux-ci accoutumés à la débandade et y préparant ceux-là, les nouveaux travaillés d'avance par la panique, les anciens écœurés d'une guerre où l'on était toujours vaincu ; et nul n'ayant confiance en rien, ni dans les chefs qu'on accusait d'impéritie ou de trahison, ni dans l'intendance qui nous laissait manquer de vivres des jours entiers, ni dans les camarades, puisque chacun sentait son voisin aussi découragé que lui-même. Ainsi, mal organisée, mal équipée, et désespérant du suprême effort qu'on lui demandait, s'était mise en mouvement cette armée calamiteuse ; et si, quand elle marchait en avant, elle avait déjà l'air d'une multitude en déroute, on pense ce que pouvait être à présent sa retraite, par dix-huit degrés de froid, les provisions égarées, hommes et chevaux fourbus, pas de commandement, après trois semaines d'étapes dans la neige et deux batailles perdues. A vrai dire, nous n'étions plus au retour ni une armée, ni même un troupeau, mais une débâcle de matière vivante et souffrante qui roulait tumultueusement.

Souffrance singulière, d'ailleurs, et telle que je n'ai jamais éprouvé la pareille, sinon dans certains cauchemars. Elle ne se localisait en aucun point précis, ni dans les pieds lourds et traînants que gonflait la marche, ni dans l'estomac que tiraillait la faim, ni dans les mains et la face tuméfiées que le gel raidissait. On eût dit que le cerveau, engourdi de froid, abruti de fatigue, anémié d'inanition, n'avait plus la lucidité nécessaire à la perception de ces douleurs distinguées l'une de l'autre, et qu'il les buvait toutes à la fois comme une éponge incessamment pressée et sursaturée. Et cela vous donnait la sensation alternative tantôt d'une confuse pesanteur d'ivresse qui vous accablait, tantôt d'un vide où il semblait que tout l'être allait se fondre.

Dans ce cerveau plein de ténèbres, une seule flamme se rallumait par moments : l'idée fixe de ne point quitter le milieu de la route. Encore fallait-il, pour la ranimer, le souffle hurlant des grands cris qui s'envolaient soudain de la tête de la colonne, annonçant qu'un encombrement survenait.

« Halte ! halte ! » clamaient de proche en proche des voix à la fois terribles et terrifiées.

Et aussitôt, tous les coudes de se serrer aux corps, tous les pieds de se caler, tous les reins de se cambrer en arrière, et toutes les épaules de s'arc-bouter les unes aux autres pour former bloc et résister à l'inévitable poussée des derniers rangs. Mais toujours, en dépit de l'avertissement et des précautions, la queue se tassait et s'écrasait contre le centre. Des reflux se produisaient alors. On piétinait, on virait sur place, on était saisi comme dans un remous, et, du lit de la route devenu trop étroit et semblable à celui d'un fleuve barré, de brusques coulées d'hommes débordaient par les champs en nappes houleuses et tourbillonnantes.

JEAN RICHEPIN.

Césarine. G. Charpentier et E. Fasquelle, Éditeurs.

RENÉ VALLERY-RADOT (1853)

Dans LA VIE DE PASTEUR, *cet admirable monument que la piété filiale de M. R. VALLERY-RADOT vient d'élever à la mémoire de l'homme intime et du savant, on lit ceci, à propos de la guerre de 1870 : « Pasteur souhaitait, avec son âme vibrante, que par des extraits puisés dans les correspondances militaires, dans les œuvres des écrivains, des poètes, par le rapprochement enfin de certains épisodes qui se renouvelaient sur tant de points du sol envahi, on constituât un manuel de patriotisme destiné à nos foyers, à nos écoles, à nos casernes. Lui-même, comme s'il eût voulu esquisser un semblable travail, collectionnait tout ce qui tombait sous ses yeux, souvent remplis de larmes. » L'honneur est grand pour notre anthologie de pouvoir se placer sous l'autorité du nom de Pasteur ; sans le savoir, et comme en suivant le plan qu'il imaginait, elle a réalisé un de ses plus chers désirs. Comment l'homme de science était-il aussi le Français si ardemment patriote dont on a déjà lu la lettre au doyen de la Faculté de Médecine de Bonn ? La VIE DE PASTEUR l'explique en plusieurs passages. Qu'il nous suffise de rappeler que Pasteur vécut les douleurs de l'Année tragique au milieu même des maux de la guerre, dans sa petite maison d'Arbois, sur cette terre de Franche-Comté qui eut alors tant à souffrir. Le récit qui suit, si émouvant dans sa simplicité et dans sa précision, n'est pas pour étonner de la part de l'écrivain qui a signé, à ses débuts, le JOURNAL D'UN VOLONTAIRE D'UN AN.*

LES PRUSSIENS A ARBOIS. Ce matin-là, (25 Janvier) quelques soldats français à la recherche de leurs régiments et une poignée de francs-tireurs s'étaient disséminés, puis postés à travers les vignes. Vers dix heures, un premier coup de feu retentit dans le lointain. Au détour de la grande route sinueuse de Besançon, dès que l'avant-garde prussienne s'était montrée, un zouave, — qui la veille errait de porte en porte tremblant la fièvre et qui s'était réfugié au village de Montigny, à deux kilomètres d'Arbois, — avait brûlé désespérément sa dernière cartouche. Une escouade de Prussiens, quittant la route, la baïonnette en avant, se précipita vers la fumée du coup de fusil. On aperçut, on rejoignit, on saisit ce soldat isolé. On le fusilla séance tenante et on le lacéra à coups de baïonnette. Pendant que le gros de la colonne ennemie continuait à s'avancer vers la ville, des détachements prussiens, en ordre dispersé, à droite et à gauche de la route, à travers les mottes de terre et les ceps de vigne marchaient et tiraient. Un petit garçon pâtissier, que les Arboisiens, qui aiment à donner des surnoms, appelaient gaiement Biscuit, était descendu, en marmouset curieux, du haut de la ville, depuis les vieilles arcades de pierre jusqu'aux grands peupliers qui se dressent à l'entrée d'Arbois. Tout à coup il chancela. Frappé d'une balle prussienne, il put se traîner vers la première maison, le regard déjà voilé de mort. Un vieil Arboisien, qui travaillait ce matin-là dans sa vigne avec une indifférence courageuse, tomba mortellement atteint.

Si c'étaient là choses de guerre, il y en eut d'autres plus dures, plus cruelles, que Pasteur apprit avec un frémissement de tout son être. Ces faits divers se perdent dans l'histoire, comme un filet de sang se perd dans un fleuve. Mais, pour les témoins, pour les contemporains de ces choses, la trace du sang ne s'efface plus. Raconter un incident dont Pasteur eut l'écho, c'est faire comprendre l'indignation longtemps nouvelle que lui fit éprouver cette guerre.

Un des sous-officiers prussiens qui, après le coup de fusil tiré à Montigny, conduisaient quelques soldats en tirailleurs, jugea de loin, à vue de pays, qu'une maison située dans le faubourg de Verreux, à l'extrême limite d'Arbois, entre vignes et jardins, devait être un poste-abri de francs-tireurs. Il dirigea de ce côté la marche de ses hommes. Ce fut bien vite fait d'atteindre cette maison.

Midi sonnait. Tout combat avait cessé. Les premiers Prussiens étaient déjà maîtres de la ville. D'autres, de plus en plus nombreux, suivaient. Ils débouchaient par les grands chemins, ils marchaient à la file par les plus petits sentiers. On en voyait partout. Un silence lourd, semblable à la stupeur qui suit certains orages, pesait sur les maisons à demi closes. La grande place du marché était transformée en place d'armes au pouvoir de l'ennemi. Le Maire, M. Lefort, conduit par un officier prussien, qui ne lui parlait que le revolver au poing, était traité comme un otage responsable de la soumission absolue. Toutes les portes du petit hôtel de ville furent successivement ouvertes pour constater s'il n'y avait pas d'armes cachées. Chaque fois le Maire passait le premier, par ordre, afin qu'il reçût le coup de feu si quelque Arboisien avait tenté un guet-apens. Une autre escouade était allée bien vite de l'autre côté de la place, à la bibliothèque. Trois étendards-guidons, que le Général Delort, quand il était capitaine de cavalerie, avait rapportés des campagnes du Rhin et donnés à sa ville natale, les Prussiens les décrochèrent en renversant le buste du général.

La besogne du premier sous-officier, entré violemment dans la maison qui paraissait suspecte, fut tout aussi rapide. S'il s'attendait à quelque embuscade, il fut rassuré, lui et les trois hommes qui l'accompagnaient. Toute une famille, réunie au premier étage de cette petite demeure, allait se mettre à table : la femme, le mari, un fils de dix-neuf ans et deux jeunes filles. Le sous-officier, vainqueur et agissant de sa propre autorité, ne fit aucune perquisition. Il n'interrogea personne. Peut-être lui aurait-on dit que la seule chose faite par ces pauvres gens était d'avoir donné quelques verres de vin aux soldats français. Sans même demander le nom du chef de famille, de cet Antoine Ducret, âgé de cinquante-neuf ans, le sous-officier le saisit par la veste. Il ordonna à ses soldats de s'emparer également du fils. La femme Ducret, qui étendit les bras devant la porte pour qu'on ne passât pas, pour qu'on n'arrachât pas du foyer ce père et ce fils, fut rejetée jusqu'au fond de la pièce. Ses deux filles, muettes d'effroi, l'entourèrent pendant que toutes trois entendaient le bruit des bottes prussiennes qui descendaient lourdement les quelques marches de l'escalier de bois. Non loin de cette maison, au bas des vignes en pente, le long d'un ruisseau, est une fontaine publique. Ducret fut placé à droite contre le mur. Comprenant ce qu'on allait faire, il cria : « Épargnez mon fils ! — Qu'est-ce que tu demandes, toi ? dit le sous-officier au fils. — Je veux rester près de mon père, » répondit-il simplement. Le père, frappé de deux balles tirées à bout portant, tomba aux pieds de son fils qui, un instant après, eut la tête fracassée. Les deux corps, mutilés ensuite à coup de baïonnette, restèrent étendus près du ruisseau. Les voisins réussirent à empêcher la mère et les deux filles de quitter leur maison jusqu'au moment où les corps furent dans le cercueil.

Sur les tombes d'Antoine Ducret et de Charles Ducret, on inscrivit ces mots amphibologiques : *Décédés à Arbois le 25 Janvier 1871 par le feu des Prussiens.* Mais pour l'honneur de l'humanité, un chef allemand, ayant su les détails de ce crime, offrit à la femme de Ducret la vie du sous-officier. Écartant toute idée de vengeance : « Non, dit-elle, sa mort ne me les rendrait pas. »

R. VALLERY-RADOT.

La Vie de Pasteur, 1900. Hachette et Cie
Éditeurs.

❧ ❧ ❧

MARC MONNIER

VOIR LA NOTICE PAGE 205.

De tous les malheurs qui fondirent au cours de l'Année tragique sur nos vaillants soldats, il n'en fut pas de plus affreux que l'agonie de l'Armée de l'Est : froid très rigoureux, chemins couverts de neige, Allemands barrant toutes les routes, tout était conjuré contre ces troupes qui avaient déjà tant souffert et qu'on avait oublié de comprendre dans l'armistice. Enfin le Général Clinchant, qui avait remplacé

Bourbaki, put arriver jusqu'au territoire suisse. Dans un article de l'époque, MARC MONNIER raconte ainsi les derniers moments de cette armée à bout de forces, à qui la généreuse hospitalité des Suisses allait faire oublier en partie ses misères.

L'ENTRÉE DE L'ARMÉE DE L'EST EN SUISSE.

LE Général Clinchant, le Commandant en chef de la dernière heure, s'évertuait à ramener ses troupes vers Lyon en se glissant le long de la frontière suisse; mais l'armistice, qu'on croyait général « pour toutes les armées de terre et de mer », suspendit fort mal à propos ce mouvement, et, quand on sut l'inexplicable exception qui frappait les départements de l'Est, il était trop tard pour se remettre en marche. L'armée prit alors le parti « de sauver son matériel et ses armes en venant demander l'hospitalité de la Suisse pour ses soldats épuisés ». Voilà le fait en deux mots; mais les détails sont navrants.

Pontarlier, la petite ville de frontière, avait été envahie inopinément le 30 Janvier par plusieurs divisions en désordre qui l'encombrèrent de malades et de mourants. Pontarlier manquait de tout; il n'y avait ni pain, ni fourrages... A Pontarlier, le 30 Janvier, on croyait à l'armistice: on y croyait même en Suisse. Aussi le Général Herzog avait-il donné l'ordre de ne laisser entrer pendant la trêve aucun soldat français, même désarmé, et il songeait à licencier la plus grande partie de ses troupes, quand tout à coup le bruit du canon, tonnant à la frontière, lui apprit que les hostilités duraient toujours. En effet, les Prussiens arrivaient en nombre, comme de coutume, serrant toujours plus leur cercle de canons. Pour mettre à profit le malentendu, ils refusèrent même une suspension d'armes de trente-six heures.

Ce fut alors que le Général Clinchant, ne voulant « livrer à l'ennemi ni un homme, ni un canon », annonça sa résolution de demander asile à la neutralité suisse.

On peut se figurer l'embarras du Général Herzog qui, pris au dépourvu par cette invasion imminente, n'avait pas assez de forces pour endiguer le torrent. Il courut en toute hâte aux Verrières, l'extrême village suisse du côté de Pontarlier, et il y arriva dans la nuit du 31, deux ou trois heures avant l'officier envoyé par le Général français pour négocier les conditions du passage de l'armée en Suisse. Cet officier, enfiévré d'impatience, suppliait de faire vite, car les Prussiens arrivaient. La convention fut conclue, écrite à trois exemplaires, signée séance tenante, aux chandelles, vers quatre heures et demie du matin.

Il fut stipulé que l'armée française déposerait en entrant ses armes, équipements et munitions, qui seraient restitués après la paix et le remboursement des dépenses, — que les chevaux, armes et effets des officiers seraient laissés ultérieurement à leur disposition, — que des instructions ultérieures seraient données à l'égard des chevaux de troupe, — que les voitures de vivres et de bagages, après avoir déposé leur contenu, retourneraient immédiatement en France avec leurs conducteurs et leurs chevaux, — que la Confédération garderait jusqu'au règlement des comptes les voitures du trésor et les postes, — qu'elle se réservait la désignation des lieux d'internement et les prescriptions de détail destinées à compléter la convention.

Ces articles à peine dictés et signés par le Général Herzog, aussitôt son aide de camp et l'officier français, sans attendre l'aube, coururent à la partie française du village des Verrières, où les attendait le Général Clinchant dans une petite chambre au rez-de-chaussée d'une pauvre maison. Deux hommes s'étaient emparés du lit qui meublait cette pièce ; d'autres étaient étendus sur le plancher ; à chaque pas on écrasait un bras ou une jambe.

Le Général, très agité, était assis à une petite table malpropre ; derrière lui, son chef d'État-major et quelques officiers ; plus loin, la propriétaire de la chambre, une vieille femme, les mains jointes sur son tablier, et une fille à peine adulte qui regardait avec un air de stupeur. Une lumière vacillante s'efforçait en vain d'éclairer la scène. Là fut signée cette convention qui arracha 85 000 Français des mains de l'ennemi.

Aussitôt on cria dans tout le camp : « Le passage est libre ! » et les troupes, qui s'étaient amassées aux extrêmes confins, s'ébranlèrent. Leur entrée se fit par un chemin frayé entre deux murs de neige ; chaque homme en entrant jetait sa cartouchière et ses armes sur le bord de la route, où elles formèrent pendant plusieurs jours un épaulement de deux mètres de haut.

Le défilé continua sans interruption pendant quarante - huit heures. « Les premiers qui passèrent, écrit un Suisse, étaient des artilleurs avec pièces et caissons, en bon ordre, à pied, à cheval ou juchés jambes pendantes sur les chariots. Beaux hommes, grands et forts, à l'air résolu, au regard doux. A leur poste, à leur rang, les officiers marchaient sérieux et dignes. Tous du regard semblaient dire : « Quel « malheur, n'est-ce pas ? avec de « pareils canons en être réduits-là ! » Et comme on leur offrait du vin : « Merci, disaient-ils ; mais c'est assez, « gardez pour ceux qui nous suivent. » Le lendemain, d'autres soldats, ceux qui, commandés par le Général Billot, avaient vigoureusement soutenu la retraite, entrèrent aussi en bon ordre, marchant d'un pas martial et nerveux, le sac droit, la tente-abri pliée régulièrement ; mais les autres, mais la foule !

Qu'on se figure une masse débandée s'engouffrant dans tous les passages praticables, non seulement aux Verrières, mais à Jougne, aux Fourgs, aux Brenets, dans toutes les vallées du Jura ; puis les troupes que le Général Cremer tâchait de ramener dans le pays de Gex par la Faucille, coupées à Morez par les Prussiens et rejetées dans les montagnes, roulèrent en Suisse par tous les chemins, frayés ou non, qui tombent dans le Val de Joux. Tous ces régiments disloqués, débandés, n'ayant plus ni drapeau, ni chef, couraient au hasard et apparaissaient tout à coup par troupeaux de 10 000, de 20 000 hommes dans telle petite ville, Orbe, par exemple, qui ne les attendait pas. Les chevaux d'abord faisaient peine à voir : exténués, traînant le pied, allongeant le cou, tête pendante, glissant à chaque pas, affamés, on les voyait ronger l'écorce des arbres, les cordes, les barrières, les roues des canons, les flasques des affûts entamés à trois pouces de profondeur, ou encore ils s'arrachaient l'un à l'autre avec les dents les crins de leurs queues et les dévoraient ; quantité de chariots étaient restés plusieurs jours attelés, et les Prussiens avaient pris tout le fourrage. Aux descentes, ces malheureuses bêtes s'affaissaient sous leurs cavaliers ou devant les fourgons ; les canons qui roulaient sur elles, les traînaient ainsi jusqu'en bas ; on les prenait alors, et on les jetait sur le bord du chemin, où elles périssaient abandonnées. Toutes les routes, depuis Héricourt jusqu'au Val de Travers, étaient jonchées de chevaux morts. Non moins malheureux, les hommes rôdaient pêle-mêle entre les roues des milliers de chars qui encombraient la voie, ou roulaient en torrent dans la chaussée du chemin de fer ; ce n'était plus une armée, c'était une cohue.

Les officiers ne commandaient plus, et marchaient en sabots, en pantoufles, au milieu des soldats sans chaussures qui déchiraient des pans d'habit pour emmailloter leurs pieds gelés, et cette neige implacable, qui était tombée sur eux tout l'hiver, s'amassait maintenant sous leurs pieds en poussière glacée où ils s'enfonçaient jusqu'aux genoux. Ils se traînaient ainsi confondus, dragons, lanciers, spahis, turcos et zouaves, mobiles et francs-tireurs, grands manteaux rouges ou blancs, cabans marrons, pantalons garance, vareuses bleues, toutes les coiffures du monde depuis le fez arabe jusqu'au béret béarnais, tous les dialectes, les accents de France, depuis le vieil idiome de l'Armorique jusqu'aux cris stridents de l'Atlas et du désert : un tumulte de langues, de couleurs et surtout de misères, car cette multitude en fuite, exténuée par un ou deux jours de jeûne, venait de bivouaquer plusieurs nuits dans la neige par 15 degrés de froid. Les traînards surtout serraient le cœur : ces pauvres mobiles tout jeunes, des enfants trop frêles pour porter le fusil et jetés tout à coup en un pareil hiver dans les montagnes ! Hélas ! on sait leur histoire : ils suivent pendant quelques jours leurs compagnies ; mais bientôt, ralentissant le pas, ils restent en arrière ; les autres vont toujours, les colonnes s'allongent : comment rejoindre sa place et gagner l'étape où l'on dînera ? Les pieds enflés refusent le service, et les régiments passent fatalement l'un après l'autre, l'armée entière s'éloigne à perte de vue, les derniers hommes qui la suivent ont disparu derrière le coteau. Que faire ? On s'arrête sans courage et sans force, on s'assied, on appelle tant qu'on peut crier, le vent seul répond en chassant des tourbillons de neige ; puis viennent les Prussiens, puis les vautours.

Nous avons vu entrer en Suisse les adolescents qui sortaient de ces épreuves ; ils vivaient encore, mais décharnés, tremblant de fièvre, les yeux enfoncés et ternes ; ils marchaient encore d'un mouvement machinal, sans savoir où ils allaient ; ils regardaient, mais sans voir ; ils se laissaient abattre par l'ennemi, qui de loin, par derrière, jusqu'à la dernière heure, sans un éclair de pitié, tirait sur eux ; les obus partant de batteries invisibles passaient par-dessus la montagne et venaient éclater sur la route. Ainsi défilait cette lugubre procession de corps inertes avec la stupeur et l'égoïsme du désespoir, abandonnant leurs morts, leurs mourants, s'abandonnant eux-mêmes, refusant parfois la vie que vous veniez leur rendre, vous disant quand vous leur tendiez une gourde : « Laissez-moi tranquille ! — Mais que voulez-vous donc ? — Je veux mourir ! »

MARC MONNIER.

La Suisse pendant la guerre de 1870. (Revue des Deux Mondes, 1ᵉʳ Mai 1871).

VIII

APRÈS LA GUERRE

PAUL DÉROULÈDE
VOIR LA NOTICE PAGE 30.

Vive la France !

Oui, France, on t'a vaincue, on t'a réduite même,
Et comme il n'a pas eu pour preuve le succès,
A ton courage encore on jette l'anathème,
Et les Français s'en vont rabaissant les Français.

Que la faute fut grande et cette guerre folle,
Qui le nie ? Ils sont là, nos désastres d'hier.
Mais qu'au bruit des canons tout un passé s'envole,
Que tout un avenir soit brisé sous ce fer,

Que la France n'ait plus, chez les peuples du monde,
Ni voix dans leurs arrêts ni place à leur grandeur :
C'est une calomnie infâme, et si profonde,
Qu'un vaincu qui la dit étonne ses vainqueurs.

Non, France, ne crois pas ceux qui te disent lâche,
Ceux qui voudraient nier ton âme et ses efforts :
Sans gloire et sans bonheur tes fils ont fait leur tâche,
Mais il l'ont faite, et Dieu ne compte plus tes morts.

J'ai vu des pauvres gens tomber sans une plainte ;
D'autres — je les ai vus — ont combattu joyeux,
Et, pieux chevaliers de cette guerre sainte,
Sont morts, l'amour dans l'âme et le ciel dans les yeux.

Ils ont lutté, n'étant ni l'espoir ni le nombre.
Et sans cesse détruits, et renaissant toujours,
C'est un éclair divin de cette époque sombre
Que ces martyrs voulant leurs supplices moins courts.

PAUL DÉROULÈDE

Je les ai vus, marchant les pieds nus sur la neige,
Succomber de fatigue et non de désespoir ;
La misère et la faim leur servaient de cortège,
Mais ils marchaient, ayant pour guide le devoir.

J'en ai vu qui, captifs, s'échappaient d'Allemagne,
Revenaient aux dangers, à travers les dangers,
Et sans revoir leurs toits, reprenant la campagne,
Retombaient par deux fois aux mains des étrangers.

Ce n'était pas toujours des soldats, notre armée !
Mais j'ai vu des blessés venir, saignant encor,
Reprendre dans les rangs leur place accoutumée,
Et, luttant tout meurtris, se guérir dans la mort.

J'ai vu des régiments, aux jours de défaillance,
Se porter en avant, et se dévouer seuls,
Pour qu'on pût dire au moins, en parlant de la France,
Que ses drapeaux étaient encor de fiers linceuls ;

Que nous savions encore mourir, sinon combattre.
Et puis, nous n'avons pas toujours été si bas :
Frœschwiller est l'assaut d'un homme contre quatre,
Et de ces assauts-là, les Prussiens n'en font pas !

Gravelotte et Borny ne sont pas des défaites ;
Les vivants ont vengé les morts de Champigny ;
Les gloires de Strasbourg échappent aux conquêtes,
Et Paris affamé n'a jamais défailli !

Oui, Français, c'est un sang vivace que le vôtre !
Les tombes de vos fils sont pleines de héros ;
Mais, sur le sol sanglant où le vainqueur se vautre,
Tous vos fils, ô Français ! ne sont pas aux tombeaux...

Et la revanche doit venir, lente peut-être,
Mais en tout cas fatale, et terrible à coup sûr ;
La haine est déjà née, et la force va naître :
C'est au faucheur à voir si le champ n'est pas mûr.

Paul Déroulède.

Chants du soldat. Paris, Calmann Lévy, Éditeur.

VICTOR DURUY (1811-1894)

*Historien, auteur d'ouvrages considérables comme l'*HISTOIRE DES GRECS *et* l'HISTOIRE DES ROMAINS, VICTOR DURUY *consacra une partie de son existence à écrire pour les classes des réductions de ses œuvres principales. Napoléon III l'avait appelé au ministère de l'Instruction publique en 1863; il y resta six ans et, avec des ressources pécuniaires modestes, sut donner à l'enseignement une nouvelle et remarquable impulsion. Son* HISTOIRE DE FRANCE, *de cadre plus étroit que les histoires nationales de Michelet et d'Henri Martin, résume en quelques pages les grands événements de 1870.*

RÉSUMÉ GÉNÉRAL DE LA GUERRE.

Une grande faute avait été commise avant Sadowa. Dans la pensée que l'unité de l'Allemagne était possible avec et par l'Autriche, nous avions laissé écraser cette puissance. Le péril pour nous n'était pas à Vienne, mais à Berlin. La Prusse, qui depuis Frédéric le Grand rêvait de reconstituer l'Empire germanique, savait bien qu'elle ne trouverait cette fortune menaçante pour l'Europe qu'après une humiliation militaire de la France, et elle en prépara les moyens avec une infatigable persévérance. Elle surexcita par l'histoire, la poésie et la science, le patriotisme allemand contre ceux qu'elle faisait appeler dans ses journaux « l'ennemi héréditaire ». Elle arma tout son peuple de vingt à soixante ans; elle exigea de ses officiers l'instruction la plus complète, de ses troupes la discipline la plus sévère; et, par une organisation qui ne laissait inactive aucune parcelle des forces nationales, par une prévoyance qui utilisait toutes les ressources de l'industrie et de la science, elle constitua, au centre de l'Europe, la plus formidable machine de guerre que le monde eût encore vue : 1 500 000 hommes exercés et armés ; tout le peuple soldat. Et cette épouvantable machine, elle la confia, pour être mise en jeu, à des hommes qu'aucun scrupule n'arrêtait, puisqu'ils disaient : « La force prime le droit, » et qu'ils agissaient en conséquence.

La France ne voyait rien ou ne voulait rien voir de ces immenses préparatifs qui s'achevaient sur son territoire même par l'étude minutieuse et secrète de tous ses moyens d'action ou de résistance. Les idées de paix et d'économie dominaient au Corps législatif; une confiance aveugle dans notre supériorité militaire, une défiance égale contre l'armement du pays tout entier, empêchèrent de proportionner nos forces à la grandeur de la lutte qui s'approchait, et, par l'incapacité des hommes, par l'insuffisance des administrations, on employa mal celles qui existaient.

Pour dernière habileté, la Prusse eut l'art de se faire déclarer une guerre qu'elle souhaitait ardemment et qu'elle préparait depuis quinze ans (19 Juillet 1870). L'accession éventuelle d'un Hohenzollern au trône d'Espagne, vacant depuis la chute d'Isabelle II (1868), une soi-disant insulte à l'Ambassadeur de France, insulte que le Comte Benedetti nia avoir subie, tels en furent les prétextes.

A 500 000 soldats amenés en quinze jours sur notre frontière, et concentrés dans un petit espace, de Trèves à Landau, nous opposâmes 240 000 hommes épars sur une ligne de 75 lieues. Ils furent accablés isolément par un ennemi trois ou quatre fois supérieur en nombre, se battant de loin, sous bois, et couvert par une innombrable artillerie, dont la portée était plus grande que celle de nos canons, aux combats de Wissembourg (4 Août), de Wœrth ou Reichshoffen et de Forbach (6), de Borny (14), de Gravelotte (16), de aint-Privat (18), de Beaumont, le o. L'Empereur capitula à Sedan 2 Septembre) ; le Maréchal Bazaine Metz (27 Octobre). Strasbourg, où en n'avait été disposé pour un iège, avait succombé le 28 Septem- re, après un bombardement qui ncendia la bibliothèque, le musée, t menaça de ruine la cathédrale. Paris, le 4 Septembre, une émeute vait envahi la Chambre, et, en face e l'ennemi, renversé le Gouverne- nent. Quinze jours après, la capitale nvestie livrait sa première bataille, elle de Châtillon. En retenant sous es murs, durant près de cinq mois 18 Septembre-27 Janvier), les prin- ipales forces prussiennes, elle donna la France le temps de se lever. oute notre armée régulière, sauf uatre régiments d'Afrique, était risonnière en Allemagne ; il fallait onc improviser les soldats, les offi- iers, les canons, les fusils, l'inten- lance. On fit des miracles. Mais la uerre est devenue trop savante pour ue des jeunes gens sortis la veille le leur village tiennent tête, malgré eur courage, à des soldats disci- linés et victorieux. Nos armées de rovince furent écrasées malgré héroïsme de l'Armée de la Loire ous le Général Chanzy, malgré les

efforts de Faidherbe dans le Nord, de Bourbaki dans l'Est ; et lorsque, après cent trente et un jours de siège, après un mois de bombardement, la famine força Paris à laisser tomber les ponts-levis de ses forts, il ne resta plus qu'à subir la loi du vainqueur.

Pour la première fois depuis quatre siècles, la France recula. En 1815, elle avait du moins à peu près gardé les frontières que lui avait données sa vieille monarchie ; par le traité de Francfort (26 Février et 10 Mai 1871), on lui faisait une bles- sure qui saignera toujours, en lui arrachant deux de nos provinces les plus françaises, l'Alsace et une partie de la Lorraine, qui jamais n'avaient tenu à l'Empire germanique que par les liens les plus faibles.

Strasbourg s'était volontaire- ment donné à Louis XIV en 1681, et Metz à Henri II en 1552. Si le droit historique est quelque part, c'est de notre côté qu'il se trouve. Aussi les Prussiens n'ont-ils pas osé consulter les populations pour savoir si elles voulaient devenir allemandes ou rester françaises.

V. DURUY.

Histoire de France jusqu'à nos jours, 1892.
Hachette et Cie, Éditeurs.

THÉODORE DE BANVILLE (1823-1892)

Celui-ci, le plus lyrique de tous les poètes, qui fut toujours en état de lyrisme comme certains saints sont toujours en état de grâce, devait naturellement vibrer aux émotions de la guerre. Celui qu'on jugeait un délicieux Pierrot, coiffé toujours, du reste, d'un béret bouffant qui lui venait du Gilles de Watteau, l'auteur des STA-LACTITES, des ODES FUNAMBULESQUES surtout, qui jonglait avec les rimes et les faisait voler jusqu'aux étoiles, écrivit aussi tout à coup des poèmes patrioti-ques, comme pour prouver qu'il savait aussi jongler avec des obus. Ce sont ces IDYLLES PRUSSIENNES, parues au jour le jour dans les gazettes, au hasard de l'actualité, et qui débordent d'un sentiment si tendre et passionné pour la France, en même temps que d'une si féroce, impitoyable et mortelle ironie contre le vain-queur dont la Force écrase l'Esprit, dont le Nombre écrase le Droit.

Le Jour des Morts.

Je prends ces fleurs, dont les corolles
Ont encor des souffles vivants,

Et sur l'aile des brises folles
Je les disperse aux quatre vents.

Dans l'ombre où tombés avec joie,
Vous frissonnez pâles et nus,
C'est à vous que je les envoie,
O soldats ! O morts inconnus !

O soldats morts pour la Patrie !
Qui déjà glacés et mourants,
L'avez acclamée et chérie,
O mes frères ! O mes parents !

O ma généreuse famille !
O parure de nos malheurs !
Ces fleurs dont la corolle brille,
Je vous les offre avec mes pleurs.

O mobiles, gais et superbes,
Si voisins de l'enfance encor,
Avec vos visages imberbes
Et vos cheveux aux reflets d'or !

Cavaliers, soldats de la ligne,
Turcos, par le soleil brûlés,
Vétérans au courage insigne,
Chasseurs d'Afrique aux fronts hâlés !

Où dormez-vous ? Pour vous sourire,
Où peut-on se mettre à genoux,
Héros qui voliez au martyre
Et qui l'avez souffert pour nous ?

Nous l'ignorons. C'est là peut-être.
Qui peut le dire ? Et c'est pourquoi,
Lorsque enfin nous allons renaître,
Pleins de bravoure et pleins de foi,

Après ces longs jours de souffrance,
De haine et de meurtre exécré,
Le sol tout entier de la France
Nous sera désormais sacré.

Foule par la guerre immolée,
Nous adorerons en tout temps
Cette terre partout mêlée
A votre cendre, ô combattants !

Et quand la paix aux mains fleuries
Aura, nourrice des chansons,
Ravivé l'herbe des prairies
Et les fleurettes des buissons,

Vos sœurs, vos mères, vos amantes
Viendront dans les champs embaumés,
Parmi les campagnes charmantes,
Chercher la place où vous dormez,

Pâles d'une espérance folle,
Et, rêveuses, suivant des yeux
Le ruisseau pourpré qui s'envole
Avec un bruit mystérieux,

La colline où frémit le tremble,
Le nid d'où l'oiseau s'envola
Et la place où le rosier tremble,
Se diront : « C'est peut-être là ! »

Novembre 1870.

TH. DE BANVILLE.

Poésies complètes. Odes funambulesques. Occidentales. Idylles prussiennes.
Paris, 1878. Charpentier, Éditeur.

JULES FAVRE (1809-1880)

Avocat célèbre et homme politique, député de l'opposition au Corps législatif, il fut des premiers, après nos défaites et la capitulation de Sedan, à demander la déchéance de l'Empire. Membre du Gouvernement de la Défense nationale, il se rendit auprès de Bismarck, avec lequel il eut, à Ferrières, plusieurs conférences dans l'espoir d'en obtenir la fin des hostilités. Après le siège, il eut encore à négocier les conditions d'un armistice et de la reddition de Paris. Les pourparlers qui amenèrent la paix définitive se poursuivirent jusqu'au 10 Mai 1871 ; c'est la négociation de Thiers avec Bismarck au cours de l'armistice, que JULES FAVRE raconte dans les feuillets suivants de son livre : GOUVERNEMENT DE LA DÉFENSE NATIONALE.

LES NÉGOCIA-
TIONS POUR
LA PAIX

M. DE BISMARCK accueillit M. Thiers avec une grande courtoisie. Il lui témoigna vivement toutes les sympathies que lui méritaient son caractère, sa haute situation dans l'État et les malheurs qu'il avait en vain essayé de conjurer. Il accorda sans discussion une prolongation d'armistice jusqu'au 26 Février à minuit, avec promesse de renouvellement s'il était nécessaire ; mais il se montra net jusqu'à la roideur en faisant connaître les conditions, selon lui absolument immuables, que le Roi lui avait ordonné de poser comme un ultimatum. La France devait renoncer à l'Alsace tout entière, y compris Belfort, à la ville et aux forteresses de Metz, ainsi qu'à une notable partie des départements de la Moselle et de la Meurthe ; de plus, elle devait payer six milliards.

M. Thiers ne dissimula pas sa consternation. Il dit au Chancelier qu'il se trompait fort s'il supposait que la France fût épuisée au point d'en être réduite à accepter des conditions déshonorantes ou d'une exécution impossible, que lui demander ses deux plus belles provinces, l'en dépouiller contre le gré de leurs habitants, au mépris de leurs affections et de leurs sentiments, était une violence à laquelle il craignait qu'elle ne pût se résigner. Quant à la contribution de guerre exigée, elle atteignait un chiffre tellement fabuleux qu'il était difficile d'en regarder la fixation comme sérieuse. L'imagination se refusait à concevoir l'opération financière nécessaire à l'acquittement d'une pareille charge. Non seulement elle absorberait plus de deux fois l'épargne entière de la nation, mais en ruinant ses capitalistes et ses propriétaires elle jetterait dans toute l'Europe une perturbation monétaire qui deviendrait une calamité publique. Il déclara qu'il en référerait à la Commission parlementaire nommée par l'Assemblée, et venue de Bordeaux à Paris pour l'assister. Il n'avait qu'un faible espoir de la voir entrer dans la voie ouverte par un vainqueur inexorable, il était sûr à l'avance qu'elle reconnaîtrait, comme il le faisait lui-même, l'impossibilité des sacrifices auxquels on prétendait nous condamner. M. Thiers demanda à voir le Roi, ne désespérant pas de lui faire comprendre la justesse de ces considérations.

M. de Bismarck prit les ordres de son maître ; Sa Majesté fit savoir qu'elle serait heureuse de recevoir M. Thiers ; toutefois elle le priait de s'abstenir avec elle de tout débat politique, ayant l'habitude, dont elle n'entendait pas se départir, d'abandonner exclusivement au Chancelier de la Confédération la discussion des affaires publiques.

L'entrevue eut lieu dans ces termes. Triste, respectueux et digne, notre éminent négociateur trouva le moyen de concilier la réserve qui lui était commandée avec le sentiment patriotique dont il était bon que le souverain victorieux entendît l'expression. Laissant de côté les questions de détail, il parla éloquemment des dangers que ferait courir aux deux nations qui venaient de se rencontrer sur le champ de bataille, et à l'Europe tout entière, une paix qui renfermait le germe d'une lutte nouvelle. Il fit valoir l'intérêt de l'Allemagne à jouir du fruit de ses triomphes sans être condamnée à les arroser encore de sang. Il rappela au Roi tous les sacrifices qu'entraînent après elles les conquêtes qui s'accomplissent malgré le vœu des populations. Guillaume fut bienveillant, presque affectueux ; il affirma n'avoir jamais eu l'intention de faire la guerre à la France. Il regrettait profondément les obligations impérieuses que lui dictaient les événements ; il n'était pas le maître de s'y soustraire.

Telle fut cette première journée : en nous en rapportant, le soir, les incidents, M. Thiers avait peine à dominer son émotion. Néanmoins nous ne le trouvâmes pas abattu. De son côté, la Commission paraissait disposée à le soutenir avec une loyale abnégation. Un sentiment profond l'animait : celui du devoir qui lui ordonnait d'en finir au plus vite et de sauver la France, même au prix des plus dures extrémités. Épouvantée à l'idée de faire payer à la naon une somme de six milliards, la Commission y aurait encore ajouté pour racheter nos chères provinces. L'obligation d'y renoncer glaçait tous les courages. Placés en face d'une iniquité révoltante, nous aurions voulu échapper à la complicité indirecte d'un consentement. Nous avions beau sentir que nous n'obéissions qu'à la violence, l'adhésion, même contrainte, que nous lui donnions nous semblait un crime national. Cependant le salut était à ce prix. Comme l'avait dit avec une invincible logique le chef du pouvoir, il fallait traiter ou se battre. Se battre était impossible, il ne restait plus qu'un parti : celui de la soumission aux arrêts du destin. Ils étaient cruels ; ils auraient pu l'être davantage. Nous avions craint de perdre toute la Lorraine, nous en conservions la majeure partie. Contrairement aux versions les plus accréditées des feuilles étrangères, on ne nous avait menacés d'aucune réglementation ultérieure du chiffre de notre armée, d'aucune diminution de nos flottes. Nous étions bien malheureux, mais nous restions encore puissants. Et si la terrible leçon qui nous était infligée nous apprenait la concorde et la sagesse, nous pouvions ne pas désespérer de l'avenir.

La Commission fut donc unanime à encourager M. Thiers et à le soutenir par son concours moral et son autorité officielle. Mise chaque soir au courant de tout ce qui s'était dit et fait, elle nous éclairait par ses observations, nous aidait de ses conseils, sans jamais gêner notre liberté d'action. L'union de ses membres, leur ferme résolution, leur volonté bien arrêtée d'écarter tout souci de popularité ne se sont pas démenties un seul instant. Nous mettions en commun nos douleurs et nous nous fortifiions les uns les autres par l'amour de la Patrie qui animait chacun de nous au même degré.

Le lendemain mercredi, M. Thiers voulut encore aller seul à Versailles. Il espérait adoucir M. de Bismarck et lui arracher Metz, dont le sacrifice le navrait. Il tenait aussi à lui communiquer l'opinion de la Commission sur l'impossibilité pour la France de payer six milliards. Le Chancelier demeura inflexible. Il parut même mécontent et surpris de l'insistance de son interlocuteur. Il lui répéta plusieurs fois que ce qui lui paraissait exagéré était jugé insuffisant en Allemagne. Les hommes les plus graves de ce pays portaient notre rançon à douze et même quinze milliards et prétendaient prouver par des calculs rigoureux que cette somme n'atteignait pas l'importance du préjudice souffert. Aussi taxait-on de faiblesse la réduction de la contribution à six milliards. Il ajouta qu'une plus longue discussion était inutile, qu'il allait faire rédiger un traité dont chaque article pourrait devenir le texte d'un débat particulier ; que le Roi lui avait exprimé le désir formel d'éviter une nouvelle prorogation d'armistice.

JULES FAVRE.

*Gouvernement de la Défense nationale
du 29 Janvier au 22 Juillet 1871.*
E. Plon, Nourrit et Cie, Éditeurs.

❧ ⚜ ☙

POUYER-QUERTIER (1820-1891)

Grand manufacturier, adversaire déclaré des doctrines du libre échange, représentant de la Seine-Inférieure à l'Assemblée nationale, POUYER-QUERTIER était ministre des Finances quand il accompagna Jules Favre aux négociations de Francfort. Pour trancher les dernières difficultés de détail il alla ensuite à Berlin. Il reçut de Guillaume Ier un accueil particulièrement cordial. On remarqua aussi la manière dont il fut reçu par Bismarck. La rondeur de ses allures et sa manière de conduire les affaires lui avaient promptement gagné les sympathies du

Chancelier. Dans ces conditions on comprend l'anecdote suivante, où quelques détails amusants ont pu être arrangés par le narrateur.

LE PRIX DES CHEMINS DE FER EN ALLEMAGNE.

C'ÉTAIT, disait Pouyer-Quertier, à l'hôtel de France, à Berlin; j'étais couché; vers cinq heures du matin, bruit de bottes et cliquetis d'armes dans les couloirs. Je me redresse, et j'écoute. On frappe fortement à la porte.... « Entrez ! »

Bismarck paraît, en grande tenue de cuirassier blanc !

« Vous, Prince ? à cette heure ?

— Oui, moi ! j'ai passé la nuit près de mon Empereur pour traiter nos grandes affaires.

— Eh bien ?

— Eh bien ! bonne nouvelle, et j'ai voulu être le premier à vous l'annoncer : l'Empereur accepte toutes vos conditions.

— Je n'attendais pas moins de vos influences.

— J'ai dit simplement : l'Empereur, etc....

— Eh bien, Prince, veuillez passer dans mon petit salon; je me lève pour télégraphier à mon Gouvernement.

— Vous pouvez vous lever devant moi; j'ai été soldat. »

J'endosse une robe de chambre.

« Et maintenant, dit Bismarck, avant tout, rédigeons nos conventions. »

Sur une méchante table, à la lueur d'une bougie, Bismarck en grande tenue, moi en costume de nuit, nous rédigeons en double :

« Demain, à midi, les troupes prussiennes auront évacué le territoire français, etc.... »

. . . .

« Quand partez-vous, Monsieu[r] le Ministre ?

— Mais demain, Prince.

— Eh bien ! puisque nous voil[à] bons amis, je veux que tout le mond[e] le sache; je vous accompagnerai a[u] départ. A propos, combien vous [a] coûté votre voyage à Berlin ?

— Mille francs.

— Vous vous trompez; le[s] chemins de fer allemands coûten[t] bien moins que les chemins de fe[r] français. »

Au départ, Bismarck et moi cau[] sions sur le quai de la gare d[e] Berlin...

« Salignac ! dis-je au Colon[el] Salignac-Fénelon qui m'accompa[] gnait, voulez-vous allez régler [le] retour ? »

Salignac revient.

« Monsieur le Ministre, no[us] avons payé l'aller et le retour.

— Vous voyez bien, dit Bi[s]marck, que nos chemins de f[er] coûtent moins que les vôtres ! »

Trois fois en route, aux buffet[s] déjeuners et dîners plantureux, pa[r]faitement servis; et quand Salign[ac] se présente pour payer, toujou[rs] cette réponse : « C'est pour M. [le] Ministre plénipotentiaire français[.] C'est compris dans l'aller et retour ![»]

Nous finissons par nous aperc[e]voir que les serviteurs du Prince [et] sa cave nous suivent depuis Berli[n.] Et je rédige cette dépêche: « Dan[s] ces conditions, les chemins de f[er] allemands coûtent moins que l[es] chemins de fer français. »

A. DE MAZADE.

Lettres et Notes intimes, 1870-18[..]
P. Frémont, Beaumont-sur-Oise, 18[..]

ÉDOUARD PAILLERON (1834-1899)

L'écrivain dramatique du MONDE OU L'ON S'ENNUIE *a écrit aussi beaucoup de vers, non seulement pour des saynètes, comme* PENDANT LE BAL, *mais aussi pour*

des recueils de poésies, comme AMOURS ET HAINES, *ou ce poème de circonstance*
PRIÈRE POUR LA FRANCE, *publié en 1871, et qui a sa place dans la littérature
de la guerre par son émotion et sa sincérité d'accent.*

Prière pour la France.

Jour de colère ! jour aux sombres lendemains !
L'ennemi débordant comme une vague immense,
Et l'éternel combat qui toujours recommence ;
Toujours les affûts lourds sautant sur le pavé,
Et l'espoir fou, toujours déçu, toujours rêvé.
Puis l'angoisse, les noirs convois, la ville en armes,
Et les mères comptant les heures par leurs larmes,
Et les efforts géants, hélas ! et superflus...
La défaite ! Le flot emportant dans son flux
Le camp après le camp, la ville après la ville,
Et la victoire aisée au point d'en être vile.
La défaite ! Et sans frein comme un cheval sans mors,
Partout, partout, la guerre ! Et les morts ! et les morts !
Plus d'armée, un troupeau ! plus de combats, des crimes !
D'un côté des bourreaux, de l'autre des victimes !
Plus que l'égorgement d'un grand peuple effaré,
Et toujours la défaite ! Et sur le sol sacré,
S'élargissant toujours irrésistible et lente,
Toujours l'invasion, cette lèpre sanglante !...
Et nous, tournés vers vous, Seigneur, nous, terrassés...

De l'abîme, Seigneur, Seigneur, vers vous je crie ;
Je sais que devant vous nul n'est pur, mais vraiment
Vous nous avez frappés aussi trop rudement.
Grâce ! Épargnez enfin ce peuple qui vous aime.
Maintenant qu'il n'a plus d'ennemi que lui-même,
Liez sa main ! de peur qu'il ne dépense encor
Contre lui sa colère ardente, — ce trésor !
Des partis affolés calmez le rut cynique !
Pour seule ambition et pour pâture unique,

Et pour tourment fécond et des nuits et des jours,
Donnez-nous cet amour fait de tous les amours,
Le tien, Patrie ! Et que ton image voilée
Soit debout dans nos cœurs, ô grande inconsolée !
Obsède-nous sans trêve, à toute heure, en tout lieu,
Amour fait d'un mystère et d'un nom — comme Dieu !
Que son feu nous unisse et sa foi nous enivre...
Sachons mieux que mourir pour elle, — sachons vivre.
O mon Père ! ô mon Dieu ! je vous prie à genoux,
Laissez-nous notre orgueil suprême, laissez-nous
Cette vertu dernière et qui nous est restée,
La seule qui chez nous n'ait jamais eu d'athée,
L'Honneur ! cette pudeur des peuples, oui, l'Honneur !

Et nous vous bénirons dans les siècles, Seigneur !

ÉDOUARD PAILLERON.

Prière pour la France. Calmann Lévy, Éditeur.

* * *

VICTOR TISSOT (1848)

Écrivain suisse d'origine, mais depuis longtemps naturalisé français par son talent et ses nombreux travaux. Ceux-ci sont même une vraie œuvre patriotique au profit de la France, puisque — avec la plus grande ferveur pour elle et en prenant toujours son parti — il a étudié spécialement la vie intime et les mœurs de son ennemie, l'Allemagne. Un de ses livres surtout, AU PAYS DES MILLIARDS, *obtint un succès considérable. Il y en a une quantité de lui du même genre :* VOYAGE AUX PAYS ANNEXÉS, LA SOCIÉTÉ ET LES MŒURS ALLEMANDES, L'ALLEMAGNE AMOUREUSE. *C'est de la documentation précise et piquante, assaisonnée par un esprit observateur, aigu et littéraire, quelque chose comme les historiettes de l'histoire.*

* * *

ANECDOTES SUR M. DE MOLTKE.

J'AI vu M. de Moltke deux fois. Il est long, maigre, légèrement voûté. La lame a usé le fourreau. Sa taille ne se redresse que lorsqu'il est à cheval. On lui donnerait alors trente ans. Sa figure soigneusement rasée est sillonnée de mille petites rides qui se croisent et s'entre-croisent comme les hachures d'une gravure sur bois. Son profil numismatique rappelle vaguement celui de César. Le nez, fortement accusé, indique là volonté, la persévérance, le courage. Avec ces nez-là on va loin. Les lèvres sont minces et ont une expression de profonde mélancolie. Le menton est d'un modelé vigoureux. Les yeux, noirs et brillants, achèvent de donner à cette tête un peu sèche, qu'on dirait taillée dans une vieille racine de buis, un caractère particulier qui la distingue entre mille. Le cou, décharné comme celui d'un vautour, est emprisonné dans un col noir autour duquel s'enroule le cordon de la Croix de fer. C'est la seule décoration que porte M. de Moltke, sur son uniforme à collet rouge et aux boutons d'argent. Il déteste les vêtements civils, qui lui donnent l'air d'un maître d'école endimanché. Il lui faut son uniforme, comme à la tortue sa carapace.

Chaque fois que M. de Moltke passe sous la porte de Brandebourg, les tambours battent aux champs et le corps de garde se met sous les armes. A ce bruit, les croisées s'ouvrent, les passants accourent, et le vieux feld-maréchal descend les *Tilleuls* entre une double haie « d'ennemis de la France » qui l'acclament. On dit qu'il est tout surpris lui-même de sa popularité et qu'il n'attribue ses victoires qu'à la bonne discipline des soldats et à la capacité de leurs chefs.

Cet homme habitué aux brutalités des champs de bataille faillit mourir de chagrin à la mort de sa femme. Ses subordonnés vantent son caractère égal et doux. Une fois seulement il a voulu prouver que cette douceur n'est peut-être qu'un gant sur une main de fer: il donna un maître soufflet à un de ses valets de ferme qu'il surprit à l'écurie avec une pipe allumée.

De la race des grands travailleurs, M. de Moltke se lève de bon matin. Il passe neuf heures à sa table de travail, sans prendre autre chose qu'un verre de bordeaux et un biscuit. Il dîne à deux heures et soupe à huit heures, sauf les jours de session parlementaire. Aucun député n'est aussi régulier que lui aux séances du Reichstag. Il écoute avec une attention soutenue, mais se mêle rarement aux luttes oratoires. Ses collègues l'ont surnommé le « Grand Silencieux ». Cette voix qui semble faite pour dominer les champs de bataille est d'ailleurs sourde et cassée. Un penseur de cette trempe est rarement orateur. Sa parole est brève, simple, sans éclat. Ses phrases sont des aphorismes.

Le plan colorié du Parlement classe M. de Moltke parmi les vieux conservateurs. Ce parti n'étant plus que l'ombre de lui-même, le Feld-Maréchal semble aujourd'hui se promener sur les limites du camp national-libéral. Il hait du fond de son âme les démocrates socialistes, et il n'aime pas beaucoup plus les catholiques. En parlant des premiers, il répète souvent ce refrain d'une chanson de 1848: *Gegen Democraten, helfen nur Soldaten* (On ne met les démagogues à la raison qu'à l'aide des canons).

Au mois de Février 1874, M. de Moltke honora de sa présence le meeting de remerciement convoqué à l'hôtel de ville de Berlin, en l'honneur des protestants anglais qui avaient voté à Saint James et à Exeter Hall, des résolutions favorables à la politique religieuse de l'Empire allemand. M. de Moltke fut salué par des applaudissements enthousiastes, mais il ne parla pas.

M. de Moltke est moins un capitaine de génie qu'un admirable organisateur. Il est prudent comme le serpent, circonspect comme le cerf. Il a cette seconde vue qu'on appelle la prévoyance, et, comme les vieux limiers, il flaire le vent. Il a flairé la guerre d'Autriche trois ans avant Sadowa, et celle de France cinq ans avant Reichshoffen. Ses opérations sont des opérations mathématiques et raisonnées. Il ne traite pas la guerre comme un art, mais comme une industrie pour laquelle il a pris un brevet. Il se regarde comme le contremaître de la maison de Guillaume, Bismarck et Cⁱᵉ. Les canons, les monitors sont les machines de l'usine, et les soldats les ouvriers. La conquête et la rançon, voilà les produits. Sous son habile direction, les bénéfices ont été considérables, et les actions de Hohenzollern ont décuplé de valeur.

On n'a jamais vu M. de Moltke frapper un coup d'audace, obéir à une inspiration subite. Ses plans sont dressés d'avance. Le plan de la dernière campagne, fait depuis 1866, a été suivi étape par étape. A la veille de Wœrth, M. de Moltke disait à un diplomate étranger, sur le ton d'un industriel assidu à son comptoir : « Tout marche chez nous comme sur un parquet ciré ; vous n'entendez pas de bruit et vous ne voyez presque rien. » Les militaires prussiens avouent eux-mêmes que le décret ordonnant la mobilisation de l'armée ne fut publié que lorsque la mobilisation était déjà un fait accompli.

« Il faut, — répondit l'an dernier M. de Moltke à un officier italien qui lui parlait de ses étonnants succès, — il faut avant tout avoir pleine et entière confiance dans ses troupes ; et il n'est pas moins nécessaire que celles-ci croient en leur chef. Les fautes de l'ennemi sont aussi pour beaucoup dans nos rapides victoires.

Nous étions sûrs que chacun de nos corps d'armée tiendrait vingt-quatre heures ; en vingt-quatre heures on peut tout réparer, surtout avec des hommes disciplinés comme les nôtres. »

Dans les journées de poudre, le sang-froid de M. de Moltke a quelque chose d'olympien. A Königgrätz, on l'a vu s'avancer tranquillement jusqu'aux lignes de tirailleurs. On a dit, mais à tort, qu'à Gravelotte il avait chargé à la tête des hussards de Poméranie. M. de Moltke n'a jamais pris une part active à la lutte.

En voyant Paris après la reddition, on raconte qu'il se tourna vers le Prince Frédéric-Charles et lui dit : « Sans un Gouvernement fort, ce peuple est perdu. »·

A la mort de Napoléon III, M. de Moltke reçut de Monaco le billet suivant : « Vous, un des grands moteurs de la force brutale, apprêtez-vous à paraître bientôt devant le grand maître de la force morale, au tribunal duquel l'Empereur Napoléon vous a précédé. »

Cette menace anonyme a été fort mal prise par le vieux guerrier, qui n'entend pas la plaisanterie. Elle a fourni un nouvel aliment à sa haine contre les races latines. Quelque temps après, M. de Moltke se trouvait dans un salon, au milieu d'un cercle d'officiers ; il ne parlait pas et semblait plongé dans de profondes réflexions ; on lui demanda à quoi il songeait : « Je me demande, répondit-il, où ces pauvres Français prendraient la terrible (*schrecklich*) somme d'argent que nous exigerions d'eux après une seconde défaite. » Le correspondant de Berlin de la *Gazette de France*, toujours si bien renseigné, relate ces paroles dans une de ses lettres, et ajoute : « Cette hautaine impertinence n'a rien de surprenant chez le Feld-Maréchal, qui ne parle de nous que sur un ton empreint d'âpre rancune et d'amertume. Il paraît que des troupes françaises (c'étaient peut-être des soldats bavarois) dévalisèrent dans son enfance la modeste habitation de son père dans le Mecklembourg, et de là le ressentiment qu'il a contre nous. »

Victor Tissot.

Voyage au Pays des milliards.
E. Dentu, Éditeur.

AUGUSTE BURDEAU (1851-1894)

Avant d'être l'un des hommes notables de la troisième République, puisqu'il fut ministre de la Marine, ministre des Finances, président de la Chambre des députés, BURDEAU s'était fait connaître par sa conduite héroïque en 1870. A dix-neuf ans, lauréat du prix d'honneur de philosophie au Concours général, il venait d'être reçu à l'École normale quand on apprit le désastre de Reichshoffen : un mois après, il s'était engagé. Il fait avec le 21ᵉ bataillon de chasseurs toute la campagne de l'Est ; lors de la retraite désastreuse, il soutient un combat de quatre heures avec une poignée de 120 hommes au village de Sainte-Marie, il y est blessé et pris. Emmené au camp de Lechfeld en Bavière, il parvient à s'évader à la troisième ten-

tative. Quelques mois après, le jeune normalien reprenait ses études et recevait la croix de la Légion d'honneur.

UNE ÉVASION.

Camp de Lechfeld.

ALLONS ! le moment est venu, dix heures du soir, c'est l'heure de l'extinction des feux, l'heure convenable, en ce camp de Lechfeld, pour qui veut tenter la chance d'une évasion.

Le « frichti » de lard et de haricots, toute une gamelle de campement, a été mangé avec lenteur, emmagasiné consciencieusement dans quatre estomacs qui avaient à faire provision. Un coup de « schnaps » pour mettre le tout en ordre, et maintenant, mes amis, en avant !

Une dernière revue ! C'est ma besogne, cela ! car la captivité ne m'a pas enlevé mes galons de sergent, et dans nos rangs, personne ne voulant croire que pour lui la guerre soit finie et qu'il ait cessé d'être utile, la même hiérarchie, la même discipline s'est maintenue. Voilà mes trois hommes en ligne. Faure d'abord, un marin devenu chasseur à pied, mon « soldat », mon camarade, en campagne, en captivité, partout, l'un des survivants intacts (ils ne sont pas très nombreux) de la dernière affaire où notre bataillon fut engagé, dans l'Est, au premier jour de cette triste retraite. Au physique, un petit homme, si petit qu'on le refusait à l'engagement ; il s'obstina dans la caserne, tant et tant qu'on se décida à lui donner un uniforme. Aussi large d'ailleurs qu'il est court ; face rougeaude, des yeux furibonds, une poigne terrible : en tout, la physionomie d'un crabe qui se tiendrait debout. — Poichet, surnommé dans tout le camp « le professeur » ; et il l'est, en effet, dans un des grands lycées de l'Ouest. Engagé au 4e zouaves après Sedan. A découvert alors que c'était sa vraie carrière ; au régiment, il a si bien joué son rôle et caché son origine, qu'après quatre mois de combats, il s'est poussé jusqu'au grade de premier soldat. Au demeurant, c'est l'idéal du simple zouave : grand gaillard, aux allures décidées, nez busqué ; en guise de sourcils, deux broussailles au fond desquelles étincellent des yeux qu'on ne peut voir de près, et qui de loin ont un air très farouche ; un hérissement de barbe qui lui fait une tête formidable, excepté quand il sourit. Mais, alors, quelle éclaircie, quelle explosion rassurante d'une bonne gaîté rabelaisienne, que le vin de France avait allumée et que la bière allemande n'a pu noyer encore ! — Et Nux, enfin, un être singulier, stature imposante qui jure avec des gestes et des façons gouailleuses ; une sorte de gamin de Paris qui aurait six pieds de haut. Maigre, avec une tête de Kalmouk emmanchée sur un corps trop long, qui en marche s'ouvre brusquement, menaçant de se fendre jusqu'au cou, avec des saccades comme d'un compas qui marcherait. Une bouche immense, à peine suffisante encore pour un éclat de rire qui vaut une trompette. Un courage bizarre, qui procède par coup de folie, et qui réussit mieux que l'habileté la plus consommée, comme s'il s'y mêlait quelque calcul secret. Il fut de ces quelques artilleurs qui, devant Héricourt, se trouvant avec trois pièces de quatre sur une côte escarpée, sans abri, pris d'écharpe par les obus prussiens, et ne pouvant être sauvés que par un miracle, le firent : à bras d'homme, en quinze minutes ils enlevèrent leurs pièces, les reportèrent dix mètres plus haut, sur le plateau, les installèrent derrière un épaulement naturel, et là tinrent bon, survécurent.

Nous quittons nos souliers, nous les pendons à nos ceintures, par derrière, pour marcher sans bruit et ramper sans embarras. Nos bâtons sont placés de même. Bouvier, mon brave brosseur, nous serre la main. Il éteint la lampe, puis doucement, avec des précautions infinies, il entr'ouvre la porte, passe la tête : ténèbres épaisses, il pleut. Pas de sentinelles volantes auprès de la baraque. L'un après l'autre, nous nous glissons au dehors ; sous nos pieds nus, les cailloux restent muets. Glissant le long des baraques, et, dans les intervalles qu'elles laissent entre elles, filant d'un pas leste, amorti sur la terre à demi détrempée, nous arrivons à la barrière, à l'endroit choisi durant le jour.

Jusqu'ici tout marche à souhait, « classiquement », dit Poichet. Maintenant, c'est l'espace ouvert, la grande route, il ne s'agit plus que de la suivre jusqu'au milieu de ces belles montagnes neigeuses, les Alpes du Tyrol, qui dans le sud se dressent depuis cinq mois à nos yeux, nous apportant à 150 kilomètres de distance, par les beaux jours clairs, toutes les tentations de la liberté. Sur nos têtes, le ciel invisible, qui distille une pluie menue et froide ; elle nous pénètre, cette pluie, comme un bain glacé ; mais elle nous enveloppe comme un voile mobile. Elle nous rassure. A droite et à gauche, sur les hauts seigles, elle fait entendre son bruit monotone, le reste est bien à nous : nos pieds, enfin chaussés, sonnent sur le cailloutis comme pour en prendre possession. Deux par deux, d'un pas élastique, ce pas du soldat français, « cette danse inimitable d'une gaîté entraînante », qui enchante Michelet, nous voilà lancés. Les souvenirs du régiment renaissent : on rit presque. Faure grogne une marche à effaroucher les cantinières.

Dans la salle étroite où l'on arrive par un couloir étroit, au fond, sous une lampe à pétrole dont le verre graisseux semble salir la lumière, quatre ou cinq gaillards causent entre eux, à demi étalés sur la table, les coudes en avant, le nez sur leurs chopes, comme s'ils dialoguaient avec leur bière. Nous entrons cependant, nous restons, debout, autour de la table la plus voisine de la porte. La maîtresse est accourue au bruit : sur la demande que je lui adresse, après avoir rassemblé tout ce que je trouve d'allemand : *Meine Frau. Brod, Eier, Bier*, elle nous apporte de ces tout petits pains ronds, blancs et fades, qui là-bas se mangent dans le café au lait, des œufs durs, et pose devant chacun de nous un « moos » de bière, presque un litre. Je mets un thaler sur la table. La bière est avalée d'un trait. Je fourre dans ma poche ma part de vivres. Mais Poichet, qui s'est laissé choir sur une chaise, tout amolli déjà de cette rentrée dans la vie civilisée, avec un sourire contraint sur les lèvres, s'installe, veut demander un second « moos ». Faure lui prend le bras : « Vous nous perdez, Poichet. » Cet instant de lutte a suffi : l'un des hommes, que j'avais déjà remarqué — il semblait causer de la campagne de France, de nous peut-être, et nous jetait des regards obliques — s'est glissé dehors. Enfin Poichet se lève sur ses jambes raidies : est-il temps encore ? déjà des clameurs se font entendre dans la rue. Nous nous précipitons, Nux en tête ; l'entrée du couloir est barrée. Nux et Faure, d'un furieux élan, renversent tout : sur leurs talons, tête baissée, j'arrive au milieu de la rue : nous voilà dégagés. Mais Poichet ? Nous nous en apercevons alors, il n'a pu suivre. « Revenons, nous ressortirons tous par le jardin, » dit Nux, qui a remarqué une double sortie. Rentrés, nous nous trouvons refoulés par nos agresseurs, qui se multiplient, et déjà sont en foule. Dans le couloir, la poussée, devenue irrésistible, menace de nous écraser ; nous rentrons presque projetés par la bousculade, dans la salle. La foule nous y suit, hurlant, brandissant des bâtons.

Massés dans un coin, retranchés derrière une table, qui bientôt est enlevée, nous armant alors de tabourets, grâce aux immenses bras de Nux, à la mine de Faure, effroyable en ce moment, nous réussissons à faire, à maintenir un cercle d'espace libre entre nous et ces brutes furieuses, qui se contentent de nous insulter à distance. Seul l'auteur principal de notre désastre, que ses camarades appellent *der Bäcker* (le Boulanger), s'approche, et de sa main tendue fait le geste de me caresser, comme à un petit enfant, mon menton sans barbe. Je lève en l'air mon tabouret, mon brave recule, et se met à faire sa partie dans le chœur dont nous régalent ses dignes amis, et où les *Schwein* et les *Speck* se détachent sur un fond d'épithètes moins claires pour nos oreilles peu familiarisées avec cette musique allemande. Cela dure une demi-heure et nos concertants ne paraissent pas se fatiguer. L'arrivée des gendarmes nous apporte un peu de calme ; le brigadier, gros homme pansu, à figure débonnaire, ses quatre hommes sur deux rangs derrière lui, vient se poser en face de nous ; il essaye un interrogatoire ; à l'aide de quelques mots : *Franzosen. Gefangene* (prisonniers), *Lager* (camp) *von Lechfeld*, je le satisfais dans la mesure de nos convenances. Il demande nos noms : je ne comprends pas ; à quoi bon aider à reconnaître ceux d'entre nous qui ont déjà quelques escapades à leur actif? Le brigadier, alors, de sa baguette qu'il enfonce dans le canon, nous montre que son fusil est chargé. Compris. Une dernière formalité : les menottes. Nous connaissons tous déjà l'instrument ; néanmoins, à ce coup, nous jetons un regard sur Poichet. Le pauvre garçon a des larmes dans les yeux ; à travers sa barbe, je vois ses lèvres trembler d'émotion. Je me rapproche de lui, nos mains se trouvent liées par la menotte : je serre la sienne, et pour essayer de rire : « Deux universitaires à la même chaîne, lui dis-je, voilà qui a encore son originalité. »

AUG. BURDEAU.

Une Évasion. Armand Colin et Cie, Éditeurs.

JULES CLARETIE (1840)

L'administrateur actuel de la Comédie Française a produit un œuvre brillant et considérable : des romans ; des études critiques ; LA VIE A PARIS, cinq volumes de notes colorées et documentées sur l'actualité ; des ouvrages dramatiques, et aussi des livres d'histoire. C'est même dans ce genre qu'il avait débuté, à l'école du grand Michelet, quand éclata la guerre. Il se jeta dans cette histoire vivante. Tout en suivant les armées, les batailles, tous les mouvements du grand drame, il en communiquait au jour le jour les nouvelles aux gazettes parisiennes. C'est la matière de plusieurs volumes qui resteront parmi les plus curieux, nourris de faits, évocateurs et aigus, sur toute cette période historique de 1870-1871.

LE RETOUR DES PRISONNIERS.

JE les ai revus, ces prisonniers, à leur retour.

A Busigny, près Saint-Quentin, un train venant d'Allemagne, avec ses wagons couverts d'inscriptions gothiques, tracées à la craie, déposait les soldats qui retrouvaient leur Patrie, mais la Patrie déchirée et saignante par la guerre civile ! Pauvres gens ! L'émotion était grande en regardant ces visages maigres, tannés, ces uniformes en lambeaux. Il y en avait de toutes les armes et de tous les corps, des débris de tous nos revers. Les uns avaient été pris à Wœrth, les autres à Forbach, d'autres à Verdun. Képis informes, pantalons frangés, capotes déchiquetées comme les haillons d'un loqueteux, on lisait sur toutes ces faces creusées la souffrance profonde. Tous ou presque tous portaient la barbe longue, barbe poussée depuis la défaite, poudreuse, point peignée. Beaucoup avaient modifié leur uniforme, portaient une casquette d'ouvrier ou une veste bourgeoise. On eût ri de la mascarade si elle n'eût pas été si triste. Presque tous avaient des mots de vengeance à la bouche. Un vieux soldat du 72ᵉ disait : « Ils ont attaché les camarades au poteau, et ils les ont tenus la baïonnette devant le menton durant des heures. Nous qui traitons les prisonniers en camarades ! Laissez faire, à la revanche on s'en donnera, du camarade ! » Tout cela entremêlé de quelques mots d'un baragouin semi-germain et de jurons qu'ils prenaient pour de l'Allemand.

Des officiers, dans un coin, assis, les galons de leurs uniformes jaunis, fanés, décousus, leurs cabans à doublure rouge salis et fripés, regardaient devant eux et fumaient d'un air ennuyé ; on les envoyait rejoindre, à Cambrai, le Corps d'armée en formation pour se rendre à Versailles, et marcher sur Paris. La guerre fratricide après la guerre insensée !

Et voilà dans quel état je devais retrouver ces soldats que je voyais, en Juillet 1870, entrer à Metz, et se mettre en ligne, le matin de Forbach. Des troupiers, il y a un an ; des malades, des estropiés, aujourd'hui. Mais sous l'affaissement et dans cette misère même, sous ces vêtements sordides, qui ressemblaient à des costumes d'hôpitaux, je retrouvais l'éclair pourtant, la virilité de la vieille armée d'autrefois, les rudes soldats de France. Il faudrait peu de temps pour que l'âme reconquît ces corps épuisés. La discipline, le sentiment du devoir, le respect du droit, feront le miracle. La valeur gauloise, je l'espère, est toujours vivante.

JULES CLARETIE.

La Guerre nationale. A. Lemerre, Éditeur.

LUCIEN PATÉ (1845)

M. LUCIEN PATÉ, qui appartient aujourd'hui à l'Administration des Beaux-Arts, s'engagea au moment de la guerre, à vingt-cinq ans, fit la campagne du siège et publia en 1871 un recueil : LACRYMÆ RERUM ; il était bien « les larmes des choses », de toutes ces lamentables choses, de la guerre qui avaient pleuré en larmes de sang. Dans cette pièce, « LES ÉPIS », qu'on pourrait intituler aussi « la Moisson de 1871 », comme dans les autres œuvres de ce poète, un sens philosophique agrandit encore l'intense perception des événements.

Les Épis.

A C. Coquelin.

Comme autant de flambeaux que le soleil allume,
Les épis se dressaient plus beaux que de coutume,
Et l'on voyait à peine au vent leurs fronts plier,
Et, souriant d'espoir à sa moisson future,
Le laboureur disait : « Oh ! comme la nature
A su se guérir vite et su vite oublier ! »

Je passais : c'était l'an qui suivit notre guerre.
Dans ces splendides champs on se battait naguère ;
(Le cœur se serre encore au nom de Châtillon !)
Et je dis au fermier nombrant déjà ses gerbes :
« Tu fais bien d'admirer tes blés, qui sont superbes,
Mais prête un peu l'oreille à la voix du sillon ! »

Et des épis mouvants, pleins d'ardentes cigales,
Bruirent un instant les têtes inégales ;
Leur voix couvrit la voix des petits animaux :
« Songe que, pour nous faire aussi beaux que nous sommes,
La terre, notre mère, a bu le sang des hommes !
Un sang vraiment français court dans nos chalumeaux.

Ne t'y méprends donc pas, si notre tête brille !
Car nos pieds saigneront au jour de la faucille ;
Le meunier frémira qui broîra notre grain.
Ce pain, c'est votre sang, ô Bourgogne ! ô Bretagne !
Il faut que, dans dix ans, les épis d'Allemagne
Fassent la joie aussi des fermiers d'outre Rhin ! »

LUCIEN PATÉ.

Poésies. G. Charpentier et E. Fasquelle, Éditeurs.

ALEX. DE MAZADE
VOIR LA NOTICE PAGE 11.

LE DÉPART D'UN OFFICIER PRUSSIEN.

Vendredi. 9 Juin. Ronquerolles (Oise).

Ouf ! Départ de notre officier prussien. Je dois avouer que, à part l'impression pénible de son séjour imposé, nous n'avons réellement pas eu à nous en plaindre. Politesse, discrétion, égards, rien à dire ; nous n'avons eu qu'à souffrir de sa présence avec un amer dépit rentré.

Avant de quitter la cour, il m'envoie chercher dans les ateliers, s'avance vers moi, me salue militairement et me tend la main.

« Ah ! ça, non, par exemple ! jamais de la vie, vous devez sentir que ça n'est pas possible !

— Pardon ! c'est vrai ; j'oubliais ! Mais en compensation et en remerciement de ce que j'ai reçu de vous depuis quinze jours, n'accepterez-vous pas l'envoi d'une caisse de vin du Rhin ?

— *Du Rhin !* »

Si je n'avais pas été convaincu de sa naïveté, je ne sais pas si j'aurais pu me contenir. Je lui réponds :

« Non, non ! sachez bien que ce que vous avez reçu de nous n'a été donné ni de bon gré, ni de bon cœur ; si vous oubliez, nous, jamais nous n'oublierons ! Adieu, Monsieur ! »

Et l'Allemand part tout sec, en saluant de nouveau.

A. DE MAZADE.

Let'res et Notes intimes, 1870-1871.
P. Frémont, Beaumont-sur-Oise, 1872.

PAUL MARGUERITTE

VOIR LA NOTICE PAGE 64

Le fils aîné du Général Margueritte, enfant de dix ans lors de l'Année tragique, traversa, effaré, ces tempêtes et cette débâcle. Mais ses yeux en avaient emporté l'empreinte inoubliable et, plus tard, lorsqu'il fut devenu écrivain, ces souvenirs lui inspirèrent des livres, des contes saisissants. C'est d'abord un ouvrage ému, MON PÈRE, *puis un volume,* LE CUIRASSIER BLANC, *où figure, sous ce titre, une nouvelle puissamment dramatique que nous citons ici dans sa partie essentielle.*

LE CUIRASSIER BLANC

A Louis Ganderax.

C'ÉTAIT le second été après la guerre. L'occupation allemande durait encore, dans l'Est. On voyait, dans les villages, bivouaquer des Prussiens noirs, tandis que, sur les quais des gares, des Bavarois bleus, sous le casque à chenille, montaient la garde.

J'avais treize ans, mon imagination restait ébranlée par ce choc d'événements rudes : d'abord le cauchemar de la guerre et de la Commune, la mort de notre père ; ensuite l'arrachement de mon enfance de rêve, poussée libre au soleil dans le jardin d'une villa d'Alger, et qui maintenant s'étiolait, à l'ombre froide du Prytanée de la Flèche, école pour fils d'officiers, dont je portais l'uniforme militaire, gauche lycéen, grandi trop vite.

Tristes, singulièrement, ces vacances d'août passées à la campagne chez des amis, les Paul D..., propriétaires du château de Saint-Lambert, près d'Attigny ! De quoi parler, sinon des jours d'épreuve ? On se taisait aussi, comme oppressés par un poids trop lourd. Les regards pensaient alors, longuement. Je revois le sourire mouillé de larmes de notre mère, sous son voile de veuve. Devant sa douleur, nos hôtes détournaient par pudeur la tête, en soupirant.

Le ciel si bleu, les épis mûrs d'un admirable été, le vert et l'or des bois, toutes les fleurs des champs exhalaient vainement leur âme en fête, sans saveur pour moi. Une angoisse vague paralysait mes élans et mes instincts de vivre. Il me semblait que cette terre d'Ardennes, si proche de la frontière, que le sol où l'on s'était battu et entre-tué, sentait la mort. La mort ! Elle planait invisible et redoutable sur ces champs refleuris et ces bois reverdis, jadis défoncés par les roues des canons, piétinés par les troupeaux d'hommes, ensemencés de cartouches et fumés de cadavres !

Je pensais trop à ces choses-là. Elles m'entouraient d'une atmosphère de rêvasseries pâles le jour et de songes fiévreux la nuit ; tous les enfants en mal de croissance qui vécurent ces temps troublés en ont gardé la malaria au cœur ; c'est pour cela que notre génération de conteurs est mélancolique.

Paul D..., homme excellent, prenait souvent en pitié mes airs d'exil et le spleen de ce petit garçon qui ne savait pas jouer. Il me hissait alors sur ses grands chevaux, et m'emmenait aux fermes des environs, car il cultivait lui-même ses terres.

Je l'aimais, parce qu'il me parlait

constamment de mon père ; ami de la dernière heure, accouru, dès qu'il l'avait su blessé ; à Sedan, il avait assisté à sa fin, suivi le calvaire de cette agonie de six jours, depuis Sedan jusqu'au château de Beauraing en Belgique, où le blessé rendit son dernier souffle.

Ces soins pieux, et le culte qu'il gardait à *cette mémoire, investissaient* à mes yeux Paul D... d'un grand prestige ; il m'inspirait plus *que du respect :* je l'admirais aussi, l'enfance allant d'instinct aux âmes généreuses. Tout en lui me plaisait, son œil franc, sa force de corps, sa droiture fougueuse, ce feu qu'il jetait par tout l'être, comme un cheval de race.

Que de fois l'ai-je senti bouillonner, en souvenir de nos défaites ! Il pâlissait, à la vue des Allemands occupant encore le pays. Pendant la guerre, ils avaient violé son château, couché dans son lit, bu sa cave : le *roi de Prusse avait fait de Saint-Lambert son Quartier général.* Souvent, passant dans la campagne, *nous faisions de longs détours pour* ne point rencontrer les soldats prussiens à l'exercice.

Je me souviens qu'un jour, dans un village, nous tombâmes sur un détachement d'infanterie, les rangs rompus derrière les faisceaux. Il était trop tard pour tourner bride. Du moins, l'on pouvait passer vite.

« Au grand trot ! » dit Paul D...

Et sur la route sèche, où claquaient les fers, la tête haute, à grande et fière allure, nous passâmes, si vite *et si dru, que les fantassins surpris* n'eurent que le temps de se débander et de faire place. L'un d'eux, qui ne se dérangeait pas, faillit être culbuté.

« Au trot ! au trot ! » répétait D...

Son regard était devenu mauvais, et je compris qu'il aurait sans regret écrasé le Prussien. Notre bravade choqua l'officier à cheval qui commandait ; car, quelques instants après, il se lança derrière nous, au trot allongé. A ce bruit de poursuite, nos bêtes s'enlevèrent, les naseaux

au vent ; mais Paul D.., les ramenant à la première allure, pour ne pas paraître fuir, intima :

« Au trot seulement ! »

L'officier, par amour-propre, voulait nous gagner de vitesse, sans galoper. *Ce fut un match qui dura* quelques minutes. Puis, je vis Paul D... se retourner avec mépris pour *apercevoir au loin l'officier distancé,* qui galopait maintenant, ventre à terre, penché sur l'encolure.

« Au pas ! » dit alors D.. ; et rien qu'à ses sourcils froncés et ses dents serrées, je prévis une collision possible. J'eus peur, je l'avoue, mais pas pour lui ; son air fier m'exaltait, et je me sentais courageux comme un homme. L'Allemand heureusement réfléchit, voyant qu'on l'attendait, et rebroussa court.

Une autre fois...

Pourquoi Paul D... et moi primes-nous, ce jour-là, le train pour Rethel ? Impossible de me le rappeler... Mais je nous revois très bien, courant le long des marchepieds, ouvrant et repoussant aussitôt les portières sur les compartiments bondés d'uniformes prussiens. Pas un wagon pour Français seuls !

« En voiture, messieurs, en voiture ! »

Le train partait. Paul D... me poussa dans les premières, au hasard, *au milieu d'un nuage de fumée* bleue à travers laquelle s'ébauchèrent, dans un coin, trois officiers de ligne berlinois, fumant de gros cigares, et, juste en face de nous, un gigantesque cuirassier blanc. Il nous salua très poliment, la main au casque, et force nous fut de rendre le salut. Les trois Berlinois, eux, n'avaient pas bougé. Sanglés dans leur tunique noire, ils tendaient, sous *la* casquette plate à galons rouges, des visages maussades : moustaches fauves et *durs yeux bleus.* L'un d'eux portait des lunettes. Ils continuèrent à fumer, raidement.

Le cuirassier nous regardait avec bienveillance, de l'air d'un homme prêt à lier conversation ; et il me souriait presque, intéressé peut-être par cet habit militaire du Prytanée que je portais et dans lequel je redressais ma taille frêle, par je ne sais quel puéril et douloureux orgueil, en fils de soldat tué à l'ennemi, en futur soldat de la revanche.

Il avait l'air très doux, ce géant blond. On l'eût dit habillé en drap de neige ; sur sa poitrine, bombant en bouclier, une barbe annelée ruisselait, du même or que ses galons et les croix d'officier supérieur. Ses bottes s'évasant haut, armées d'éperons à chaînette de vermeil, jetaient des feux de vernis noir. Il sentait bon l'eau de Chypre. Ses fortes mains, très soignées, montraient, à l'annulaire gauche, l'alliance du mariage. Peut-être avait-il des fils de mon âge. Tout cela, je le démêlais pêle-mêle, et malgré la sourde rancœur qui me faisait songer de tout Prussien : « C'est peut-être celui-là qui a tué mon père ! » je devinais bien que je ne pouvais considérer cet homme comme mon ennemi. Et cela m'humiliait ; son regard paternel m'oppressait le cœur.

On étouffait, du reste, dans ce compartiment plein de vapeur de tabac. Délibérément, Paul D... ouvrit la vitre, toisa les fumeurs, et, prenant dans sa poche des londrès, en choisit un, de l'air d'un homme qui se dit : « J'ai bien le droit de fumer aussi, j'imagine ? »

Mais il s'aperçut qu'il n'avait pas d'allumettes. Le cuirassier vit son geste de dépit nerveux, et, avec une courtoisie parfaite, lui tendit le feu d'un briquet de métal. D... hésita une seconde, alluma et s'inclina, silencieux. A son tour, le géant blond tira d'un étui armorié un cigare, et ce fut Paul D... qui, secouant la cendre du sien, lui offrit du feu. Le geste et le sourire dont l'Allemand remercia furent plus marqués qu'il n'y était tenu. Sa bonhomie pleine de franchise semblait s'excuser d'être, en notre présence, l'hôte importun, l'ennemi vainqueur.

Il me regarda de nouveau, et, désignant mon uniforme bleu et rouge, il demanda curieusement :

« École Saint-Cyr ? »

Paul D... répondit, par un mensonge dont je compris la vanité chauvine :

« Saumur, école des officiers. »

C'était me vieillir beaucoup. Je n'étais encore, à la Flèche, qu'un pauvre interne de quatrième, pâlissant sur l'Énéide.

« Vraiment, dit le cuirassier, si jeune ! Et quel âge ? »

D... répondit pour moi :

« Seize ans ! »

Et tout à coup, rougissant dans sa loyauté, il eut un besoin de fierté et déclara, à voix haute, en mettant la main sur mon épaule :

« C'est le fils du Général de cavalerie Margueritte, tué à Sedan. »

Les trois officiers prussiens, à ces mots, tournèrent automatiquement la tête, et du même geste spontané, nous firent le salut militaire. Fut-ce cet hommage inattendu, ou le bon regard du cuirassier, qui me plaignait en hochant la tête ? Un acide brûla mes paupières, et je me mordis les lèvres pour ne pas pleurer.

Les trois officiers noirs me considéraient avec une sympathie austère ; deux d'entre eux jetèrent leur cigare et ils murmurèrent de l'un à l'autre :

« *Ia wohl*, Sedan, chasseurs d'Afrique ! »

Un silence régna, où chacun de nous revit, par les yeux de l'âme, la charge, déjà légendaire, des chasseurs bleu de ciel sur leurs chevaux arabes. Parmi des rauquements de trompette, bêtes et cavaliers fous, cinglant à toute bride, pointant et sabrant à grands éclairs de sabre, fonçaient dans une trouée sanglante, droit sur les baïonnettes, et s'abîmaient dans cette course à la mort, héros perdus d'un grand désastre.

Si intense fut l'évocation, et tout ce qu'elle rappelait : — la Patrie *en danger*, *l'Empire à bas*, Paris assiégé puis brûlant, la paix achetée au prix de cinq milliards et de deux provinces, tant de veuves et d'orphelins, pas une famille qui ne pleurât, et l'oppresseur foulant encore du pied notre sol ! — oui, si cruelle fut l'évocation que, Français et Allemands, nous nous détournâmes, pour cacher l'éloquence de nos regards.

Et le cuirassier blanc murmura :

« J'ai perdu mon frère à Frœschwiller ; il était *Colonel de hussards :* un obus l'a coupé en deux sur son cheval. »

Ses yeux devinrent humides. Le plus âgé des officiers prussiens, qui cependant n'avait pas l'air bien vieux, déclara alors, d'une voix très dure :

« Mon fils aussi est tombé, devant Strasbourg, pour la Patrie ! »

Le cuirassier blanc, levant sur Paul D... ses yeux où flottait une brume du Nord, soupira dans sa barbe d'or, qu'il tenait à poignée, de ce geste pensif qu'ont les statues, et dit :

« *Triste chose, monsieur, la guerre !* »

PAUL MARGUERITTE.

Le Cuirassier blanc, Lecène, Oudin et Cie, Éditeurs.

LE P. DIDON (1840-1900)

Entré dans l'ordre des Frères prêcheurs sous l'influence du P. Lacordaire, le P. DIDON conquit rapidement une place d'honneur parmi les orateurs sacrés. Fidèle à la tradition de son père spirituel, il se signala par le libéralisme de sa parole, par des essais de conciliation entre la foi et la philosophie, qui ne furent pas à un moment sans inquiéter l'autorité ecclésiastique. Esprit ouvert à toutes les questions de son temps, ayant tenu comme directeur de l'École Albert-le-Grand une place éminente parmi les éducateurs, le P. Didon a parlé de la France, de son passé, de ses destinées présentes dans plusieurs de ses discours et de ses écrits. Un sermon qu'il prononça à Marseille en 1872 sur le patriotisme et la libération du territoire nous fournit une page d'un admirable souffle oratoire.

SOYONS CHEZ NOUS

OR, Messieurs, où en est la France à l'heure où je parle ? Prenez une carte de géographie telle que nos vainqueurs ont pu *la dessiner* depuis un an, que verrez-vous ? Vous verrez le territoire changé, vous verrez la patrie amaigrie, *vous verrez* ses traits allongés, vous verrez qu'elle a des membres qui ne peuvent pas *se mouvoir à l'aise* ; et qu'elle est réduite à l'état d'un lutteur exténué qu'un plus fort oppresse et tient sous son genou. La Patrie est asservie, voilà le mot ; et il faut bien le dire, quelque dur qu'il soit pour des Français. Oui, la Patrie est asservie, elle n'est pas libre. *Elle n'est pas indépendante, elle n'a pas son chez soi.*

Sentez-vous bien ce qu'il y a de rude pour une âme française à reconnaître cela ? Le chez soi : quel mot ! *Nous avons tous, en ce siècle,* je ne sais quel souffle ardent de liberté, qui nous fait apprécier *l'autonomie comme un bien suprême.* Je suis chez moi, c'est-à-dire : j'ai mes convictions, j'ai ma personnalité, j'ai ma conscience, domaine inviolable, dont nul ne peut forcer l'enceinte. Vous pourrez dresser contre mon caractère un caractère autre que le mien, contre mes passions d'autres passions, contre ma volonté d'autres volontés ; mais qu'importe ? je m'appartiens, *je ne relève que de moi*, je suis mon maître ! Nous sommes enfiévrés de ce *magnifique sentiment* où respire toute la fierté qui convient à un homme.

Or, Messieurs, la Patrie ne peut

pas tenir ce superbe langage ; elle est obligée de se taire. Et moi qui ai vu ces beaux champs, ces vertes collines, ces rivières charmantes, autrefois sa frontière orientale et maintenant la terre de l'étranger, quand je songe à la belle image de mon pays, telle que je l'ai connue dans ma jeunesse, et telle qu'elle est encore en rêve, devant mes yeux ; quand je songe qu'il y a là des ombres, qu'il y a là des lignes tordues, qu'il y a là des envahissements, et que ce sol n'est plus à nous, que même là où il nous appartient encore, absolument parlant, il est obligé de subir la présence de l'étranger, ah ! messieurs, c'est rude, pour un homme qui aime son pays !

Eh bien ! savez-vous le cri qui s'échappe alors d'un cœur patriotique ? Il n'y en a qu'un, un seul, impétueux comme le rugissement d'un lion, c'est le cri de l'affranchissement: délivrons notre territoire, et soyons chez nous !

R. P. DIDON.

Discours sur le patriotisme. Marseille,
Marius Olive, Éditeur.

❧ ✧ ❧

JULES VALFREY (1838-1900)

La carrière de M. VALFREY s'est faite au ministère des Affaires étrangères. On peut dire que ses divers livres d'histoire se sont faits aussi à ce ministère, car ils se rapportent tous à l'histoire diplomatique, soit du XVIIe siècle, soit surtout de l'époque contemporaine, et ils ont été composés sur les documents eux-mêmes. Des passages de son HISTOIRE DU TRAITÉ DE FRANCFORT nous font connaître les dernières circonstances de l'évacuation du territoire, en Septembre 1873.

❧ ❧

L'ÉVACUATION DU TERRITOIRE

Le 5 Septembre était la date officielle de la libération. Le ministre des Affaires étrangères de France crut devoir adresser à ce propos à nos agents diplomatiques à l'étranger une circulaire pour leur faire connaître dans quel sentiment le Chef de l'État et le ministère voyaient arriver cette échéance, si impatiemment attendue. Après avoir constaté la pleine et entière exécution par la France des conditions de la paix de Francfort, le Duc de Broglie ajoutait :

« C'est à maintenir et à consolider la paix que nous devons consacrer la liberté d'action que nous allons recouvrer. Sans doute cette paix a été achetée par de cruels sacrifices. Il en est un pourtant que nous n'avons pas fait, le seul qui soit irréparable, c'est celui de notre honneur. Quels que soient les jugements que l'histoire porte sur les origines et la conduite de la malheureuse guerre de 1870, les reproches qui peuvent être adressés aux gouvernements ne retombent pas sur la nation qui, privée d'un seul coup de toutes ses armées régulières, a pourtant soutenu la lutte pendant cinq mois avec des troupes improvisées, et dont la capitale a supporté sans murmures les souffrances du siège le plus rigoureux.

Une nation qui s'est montrée capable d'un tel effort après un tel désastre, peut se résigner aux conditions que lui a imposées le sort des armes, sans rien perdre dans l'estime du monde. »

L'ordre impérial d'évacuation fut reçu à Verdun le 7 Septembre par le Général de Manteuffel. Dès le lendemain, son exécution commença ; la place de Verdun fut libérée le 13, à huit heures du matin et les villages d'étapes, le 16 du même mois. Ce jour-là, à midi, le dernier soldat allemand franchit la frontière française, au point, hélas ! où l'a ramenée le traité de Francfort.

J. VALFREY.

Histoire du Traité de Francfort.
Paris, Amyot, Éditeur.

ALBERT DELPIT (1849-1893)

ALBERT DELPIT, le poète et le romancier mort si prématurément, combattit vaillamment durant la guerre, car sur la proposition de l'Amiral Saisset, il reçut la croix de la Légion d'honneur en 1871, c'est-à-dire à 22 ans. Des spectacles traversés et vécus, il fit un livre de poésies, L'INVASION, que l'Académie couronna, et qui sont des chants vibrants, des scènes, des récits. LES DIEUX QU'ON BRISE : c'est le titre d'un autre recueil de beaux vers, où le souvenir de la France vaincue et blessée est passé à maintes reprises devant l'imagination de l'ancien soldat.

En regardant Paul

I

Quand je vois mon fils triste et grave,
La rêverie en son œil bleu,
Je me demande ce que grave
En son cerveau la main de Dieu.

Pendant les studieuses veilles,
Qui sait les songes de l'enfant,
Quand son esprit s'en va rêvant
A l'avenir plein de merveilles ?

L'un voit passer devant ses yeux
Tous les bataillons d'une armée,
Derrière un drapeau glorieux
Qui frissonne dans la fumée !

L'autre au regard doux et profond,
Cause tout bas avec Shakespeare,
Et c'est Hamlet qui lui répond
De son mystérieux sourire...

Que te garde le Ciel jaloux ?
Quelle sera ta destinée ?
Où t'en iras-tu loin de nous,
Mon fils, dans ta vingtième année ?

. . . .

II

Je l'ignore, et ne peux rien faire
Pour cet immuable avenir ;
Mais c'est le devoir de ton père
De t'enseigner le souvenir.

Que tu sois voyageur, poète,
Peintre, marin, prêtre ou tribun,
Que tu doives marcher en tête,
Ou bien obéir à quelqu'un,

Que tu sois heureux en ce monde,
Ou dans le malheur prisonnier ;
Que ta moisson reste inféconde,
Ou qu'elle emplisse ton grenier ;

Quel que soit le chef qui commande,
Républicain ou fils de roi,
Pour que ta force soit plus grande,
Souviens-toi, mon fils, souviens-toi !

Souviens-toi des anniversaires
Où nous pleurons nos morts sacrés !
Ce sont des douleurs nécessaires
Qu'à votre tour vous souffrirez.

Souviens-toi de Metz, cette vierge
Qu'on vendit pieds et poings liés ;
De ton pays pris pour auberge
Par les Allemands alliés !

Je ne veux pas que tu l'oublies,
Cette parole, quand demain
Tu liras partout les folies
Des apôtres du genre humain !

Ton seul genre humain, c'est la France.
Qu'elle te soit le monde entier !
C'est ta mère, et dans la souffrance
Elle courbe son front altier.

La meilleure carrière est celle
Où tu la serviras le mieux :
Vis pour elle, grandis pour elle,
Ainsi que firent tes aïeux !

Et quand un jour, vengeurs sublimes,
Secouant le sort endormi,
Vous irez aux cités victimes,
Pleurant sur le sol ennemi,

Tu seras soldat de la France !
Ce sont là des jours bien vécus !
Enfants, vous êtes l'espérance
De vos pères qu'on a vaincus !

ALBERT DELPIT.

Les Dieux qu'on brise. Paul Ollendorff, Éditeur.

SULLY-PRUDHOMME (1839)

Le poète des SOLITUDES *et des* ÉPREUVES, *dont l'inspiration fut toujours si noble et si pure, chercha avant tout la raison philosophique des événements et des sentiments. Il ne s'arrête pas à la plastique de l'Univers, pas plus qu'à l'objet de l'Amour. C'est ainsi qu'il a écrit la* JUSTICE, *où il marche d'un pas si résolu à la recherche de l'Absolu. C'est ainsi qu'il a écrit aussi tant d'élégies profondes, d'où se dégage la philosophie du sentiment. De même, à propos de la guerre : elle lui inspira toute une suite de poèmes, car ce poète est très sensitif et souffrit intimement dans son patriotisme. Ces poèmes sont réunis dans le second volume de ses œuvres complètes sous le titre :* IMPRESSIONS DE LA GUERRE. *On y trouvera, suivant le tour ordinaire de son talent, une sorte de rêverie philosophique sur la guerre et les malheurs civiques, ce qui se dégage d'idées éternelles au milieu des luttes de peuples et des effusions de sang.*

Repentir

J'aimais froidement ma patrie,
Au temps de la sécurité ;
De son grand renom mérité
J'étais fier sans idolâtrie.

Je m'écriais avec Schiller :
« Je suis un citoyen du monde ;
En tous lieux où la vie abonde,
Le sol m'est doux et l'homme cher !

« Des plages où le jour se lève
Aux pays du soleil couchant,
Mon ennemi, c'est le méchant,
Mon drapeau, l'azur de mon rêve !

« Où règne en paix le droit vainqueur,
Où l'art me sourit et m'appelle,
Où la race est polie et belle,
Je naturalise mon cœur ;

« Mon compatriote, c'est l'homme ! »
Naguère ainsi je dispersais
Sur l'univers ce cœur français :
J'en suis maintenant économe.

J'oubliais que j'ai tout reçu,
Mon foyer et tout ce qui m'aime,
Mon pain, et mon idéal même,
Du peuple dont je suis issu,

Et que j'ai goûté dès l'enfance,
Dans les yeux qui m'ont caressé,
Dans ceux mêmes qui m'ont blessé,
L'enchantement du ciel de France !

Je ne l'avais pas bien senti ;
Mais depuis nos sombres journées,
De mes tendresses détournées
Je me suis enfin repenti ;

Ces tendresses, je les ramène
Étroitement sur mon pays,
Sur les hommes que j'ai trahis
Par amour de l'espèce humaine,

Sur tous ceux dont le sang coula
Pour mes droits et pour mes chimères :
Si tous les hommes sont mes frères,
Que me sont désormais ceux-là ?

Sur le pavé des grandes routes,
Dans les ravins, sur les talus,
De ce sang, qu'on ne lavait plus,
Je baiserai les moindres gouttes ;

Je ramasserai dans les tours
Et les fossés des citadelles
Les miettes noires, mais fidèles,
Du pain sans blé des derniers jours ;

Dans nos champs défoncés encore,
Pèlerin, je recueillerai,
Ainsi qu'un monument sacré,
Le moindre lambeau tricolore ;

Car je t'aime dans tes malheurs,
O France, depuis cette guerre,
En enfant, comme le vulgaire
Qui sait mourir pour tes couleurs !

J'aime avec lui tes vieilles vignes
Ton soleil, ton sol admiré
D'où nos ancêtres ont tiré
Leur force et leur génie insignes.

Quand j'ai de tes clochers tremblants
Vu les aigles noires voisines,
J'ai senti frémir les racines
De ma vie entière en tes flancs.

Pris d'une pitié jalouse
Et navré d'un tardif remords,
J'assume ma part de tes torts ;
Et ta misère, je l'épouse.

Sully Prudhomme.

Œuvres, poésies. A. Lemerre, Éditeur.

HENRI DE BORNIER (1825)

M. HENRI DE BORNIER, conservateur de la bibliothèque de l'Arsenal, est un écrivain dramatique applaudi, dont la FILLE DE ROLAND, jouée peu d'années après la guerre, obtint un énorme succès, parce que, en racontant l'épopée de Charlemagne, la trahison de Ganelon, l'héroïsme de Roland, il avait l'air d'évoquer, sous ces lointains épisodes, les désastres récents, et aussi les chers espoirs du relèvement de la Patrie. Quand M. Mounet-Sully, l'admirable tragédien, apparut en Gérald, on crut que c'était la jeune France elle-même qui recommençait sa destinée de gloire. Parmi les vers les plus applaudis, ces strophes patriotiques que nous citons, sur les Épées. Or, ce drame qui parut d'une si pathétique actualité, avait, en réalité, été écrit plusieurs années avant la guerre et s'intitulait d'abord CHARLEMAGNE. *Mais est-ce que les poètes ne sont pas un peu des prophètes ?*

La Chanson des Épées

La France, dans ce siècle, eut deux grandes épées,
Deux glaives, l'un royal et l'autre féodal,
Dont les lames d'un flot divin furent trempées :
L'une a pour nom Joyeuse, et l'autre Durandal.

Roland eut Durandal, Charlemagne a Joyeuse,
Sœurs jumelles de gloire, héroïnes d'acier,
En qui vivait du fer l'âme mystérieuse,
Que pour son œuvre Dieu voulut s'associer.

> Toutes les deux dans les mêlées
> Entraient, jetant leur rude éclair,
> Et les bannières étoilées
> Les suivaient en flottant dans l'air.
> Quand elles faisaient leur ouvrage,
> L'étranger frémissant de rage,
> Sarrasins, Saxons ou Danois,
> Tourbe haletante et carnassière,
> Tombait dans la rouge poussière
> De ces formidables tournois !

> Durandal a conquis l'Espagne ;
> Joyeuse a dompté le Lombard ;
> Chacune à sa noble compagne
> Pouvait dire : Voici ma part !
> Toutes les deux ont par le monde
> Suivi, chassé le crime immonde,
> Vaincu les païens en tout lieu ;
> Après mille et mille batailles,
> Aucune d'elles n'a d'entailles
> Pas plus que le glaive de Dieu !

Hélas ! la même fin ne leur est pas donnée :
Joyeuse est fière et libre après tant de combats.
Et quand Roland périt dans la sombre journée,
Durandal des païens fut captive là-bas !

Elle est captive encore, et la France la pleure ;
Mais le sort différent laisse l'honneur égal,
Et la France, attendant quelque chance meilleure,
Aime du même amour Joyeuse et Durandal.

HENRI DE BORNIER.

La Fille de Roland, E. Dentu, Éditeur.

LOUIS LEGENDRE

*Auteur dramatique, applaudi dans des comédies en prose et en vers d'une verve
féconde et subtile, d'une gaîté qui cache des idées, M. LEGENDRE a publié aussi
un recueil de poèmes : LE SON D'UNE AME, dont l'inspiration est très variée et
contient entre autres ce souvenir ému et vibrant sur la guerre : RELENT, qui,
écrit longtemps après, donne l'impression de l'ancienne blessure qui se rouvre.*

L'Ombre germaine

Relent.

(1885)

Depuis plus de vingt ans, depuis les grands revers,
Depuis que de Strasbourg et de Metz dans les fers
    Un crêpe voile les statues,
Au vieux pays gaulois où, comme un messager
De fête, leur chant clair montait dans l'air léger,
    Les alouettes se sont tues.

Ce n'était rien que tant de butin emporté ;
On allait réparer ce qu'avait dévasté
    Le passage de l'avalanche ;
Nos pendules avaient toutes franchi le Rhin :
De plus neuves sauraient de leur timbre d'airain
    Aussi bien sonner la revanche.

Cinq milliards ! Le chiffre était pour effrayer !
Cependant on pouvait, on a pu les payer ;
    Et vous, captives qu'on maltraite,
Vous fûtes la rançon de la fatalité !
Mais nous gardions sans vous notre vitalité :
    Même on dit que la France est prête.

D'où vient que sur nos fronts une ombre reste encor ?
Dans nos champs le blé mûr épand ses nappes d'or ;
Notre existence continue ;
On s'est remis à l'œuvre, et, le travail aidant,
Voici qu'on est très riche et très fort. — Cependant
La gaieté n'est pas revenue.

Les Teutons sont partis. Pourtant même aujourd'hui
Il reste derrière eux je ne sais quel ennui
Dans nos âmes découragées,
Pareil à ce relent de vieilles salaisons
Qui s'imprégnait aux murs dans toutes les maisons
Où leurs bandes s'étaient logées !

LOUIS LGENDRE.

Le Son d'une âme, Léon Chailley, Éditeur.

PAUL DÉROULÈDE

VOIR LA NOTICE PAGE 30.

Chanson

Dans la France que tout divise,
Quel Français a pris pour devise
Chacun pour tous, tous pour l'État ?
Le Soldat.

Dans nos heures d'indifférence,
Qui garde au cœur une espérance
Que tout heurte et que rien n'abat ?
Le Soldat.

Qui fait le guet quand tout sommeille ?
Quand tout est en péril, qui veille ?
Qui souffre, qui meurt, qui combat ?
Le Soldat.

O rôle immense ! O tâche sainte !
Marchant sans cris, tombant sans plainte,
Qui travaille à notre rachat ?
Le Soldat.

Et sur sa tombe obscure et fière,
Pour récompense, et pour prière
Que voudrait-il que l'on gravât ?

« Un Soldat ».

PAUL DÉROULÈDE.

Nouveaux Chants du Soldat, Calmann Lévy, Éditeur.

ALBERT DELPIT

VOIR LA NOTICE PAGE 255.

La CHANSON DU PETIT PIOUPIOU *a été récitée bien des fois après 1870. Nous en faisons la conclusion de notre recueil. Si les deux premiers couplets évoquent l'image des années de gloire et de bonheur, le dernier, qui parle de l'Année tragique, nous rappelle le plus sacré de nos devoirs : le souvenir.*

Chanson

I

« Petit pioupiou,
Soldat d'un sou,
Qu'as-tu rapporté de Crimée ?
C'était le temps où notre armée,
Toujours sans trêve ni repos,
Portait à travers la fumée,
Troués de balles, nos drapeaux !
Mais de ces vingt champs de victoire,
Où l'aigle ardent prenait son vol,
Qu'as-tu rapporté pour ta gloire ?...

— J'ai rapporté Sébastopol. »

II

« Petit pioupiou,
Soldat d'un sou,
Qu'as-tu rapporté d'Italie ?
C'était le temps de la folie,
Nous nous battions comme des preux.
A quoi bon ? Comme on vous oublie
Quand viennent les jours malheureux !

Mais de ces vingt champs de victoire,
De l'Adriatique à l'Arno,
Qu'as-tu rapporté pour ta gloire ?

— J'ai rapporté Solférino. »

III

« Petit pioupiou,
Soldat d'un sou,
Qu'as-tu rapporté d'Allemagne ?
C'était le temps où la campagne
De notre pur sang s'arrosa :
La Guerre, ayant pris pour compagne
La Déroute, nous écrasa.
Mais de l'invasion infâme
Qui t'assombrissait l'avenir,
Qu'as-tu rapporté dans ton âme ?

— J'ai rapporté le souvenir. »

ALBERT DELPIT.

Les Dieux qu'on brise, Paul Ollendorff, Éditeur.

TABLE DES MATIÈRES

IV

Le Siège de Paris.

TABLE DES MATIÈRES

VIII

Après la Guerre.

10.419-00. — Corbeil. Imprimerie Éd. Crété.

www.ingramcontent.com/pod-product-compliance
Ingram Content Group UK Ltd.
Pitfield, Milton Keynes, MK11 3LW, UK
UKHW021509090726
13657UKWH00001B/130